# CONTABILIDADE BÁSICA

OSNI MOURA **RIBEIRO**

SÉRIE + EM **FOCO**

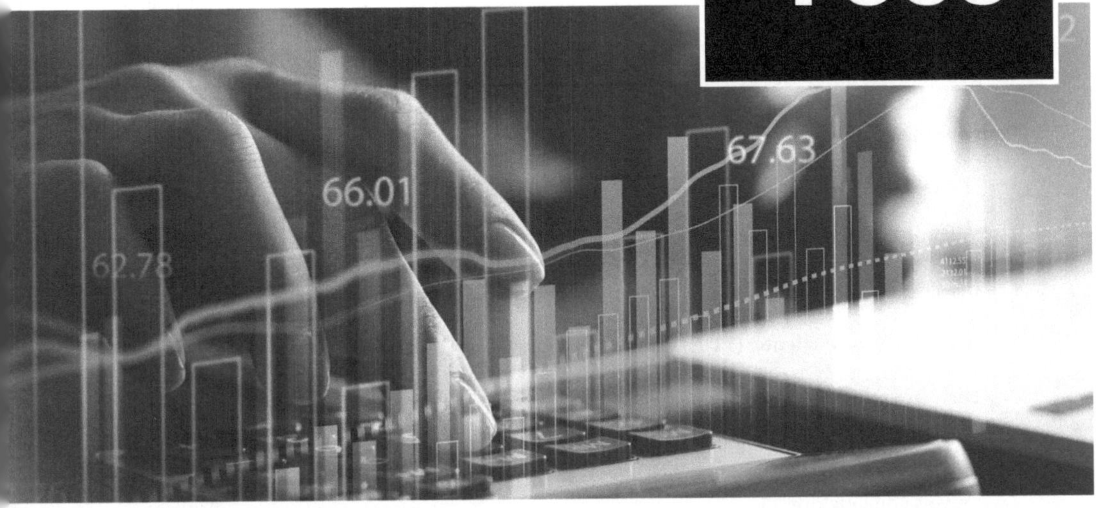


# CONTABILIDADE BÁSICA

CONTEMPLA AS NORMAS BRASILEIRAS DE CONTABILIDADE CONVERGENTES COM OS PADRÕES INTERNACIONAIS DE CONTABILIDADE **IFRS** E A **REFORMA TRIBUTÁRIA**

gen | atlas

**31ª EDIÇÃO**

- Data do fechamento do livro: 21/10/2025



- **Atendimento ao cliente: (11) 5080-0751 | faleconosco@grupogen.com.br**


**Publicado pelo selo Atlas**
*Uma editora integrante do GEN | Grupo Editorial Nacional*
Travessa do Ouvidor, 11
Rio de Janeiro – RJ – 20040-040
www.grupogen.com.br



- Capa: Leônidas Leite
- Imagem de capa: iStockphoto/Tippapatt
- Editoração eletrônica: Rafael Cancio Padovan

- Ficha catalográfica

**CIP-BRASIL. CATALOGAÇÃO NA PUBLICAÇÃO**
**SINDICATO NACIONAL DOS EDITORES DE LIVROS, RJ**

---

R87c
31. ed.

Ribeiro, Osni Moura
Contabilidade básica : contempla as normas brasileiras de contabilidade convergentes com os padrões internacionais de contabilidade IFRS e a reforma tributária / Osni Moura Ribeiro. – 31. ed. – Barueri [SP] : Atlas, 2025.
(Série em foco)

Inclui bibliografia e índice
ISBN 978-85-7144-227-6

1. Contabilidade. 2. Escrituração contábil. 3. Balanço (Contabilidade). I. Título. II. Série.

CDD: 657
25-100090.0 CDU: 657

---

Carla Rosa Martins Gonçalves – Bibliotecária – CRB-7/4782

# APRESENTAÇÃO

A proposta desta obra é oferecer um trabalho didático e acessível, voltado especialmente aos que iniciam o estudo da Contabilidade. Ao lado de uma sólida iniciação teórica ao assunto, você encontrará atividades práticas que o levarão a um melhor desempenho e compreensão da matéria.

Deste modo, você tem em mãos um instrumento de consulta e de orientação profissional escrito em linguagem simples, porém correta, com um mínimo de termos técnicos – apenas os essenciais. Assim, a Contabilidade fica mais fácil e em foco.

Você perceberá que a Escrituração contábil tem início a partir dos documentos hábeis que comprovam a ocorrência dos Fatos Administrativos na empresa. Por exemplo:

- Fato Administrativo: venda de um computador.
- Documento hábil: Nota Fiscal.

A partir desse documento comprobatório – Nota Fiscal – inicia-se o processo contábil. Após várias etapas, esse processo é concluído nas Demonstrações Contábeis, entre as quais encontra-se o **Balanço Patrimonial**, uma das metas deste livro.

A experiência acumulada lecionando Contabilidade por mais de 40 anos revela, ainda, que a grande dificuldade de assimilação da matéria por parte dos alunos – muito mais os principiantes – está na falta de sequência no ensino da Contabilidade.

No ***Contabilidade Básica*** da Série em Foco, antiga Série Fácil, esse problema não ocorre. A distribuição dos assuntos e o encadeamento dos diversos capítulos atendem a um enfoque teórico que lhe permite captar com facilidade as várias etapas da contabilização. Em cada aula, você encontrará novas informações e novas práticas que aumentarão seu interesse por esses assuntos e, consequentemente, irão tornar mais e mais familiar o universo da Ciência Contábil.

Desde seu lançamento, em 1983, trabalhamos permanentemente para aprimorar o seu conteúdo e mantê-lo sempre atualizado, pois são constantes as mudanças tanto na legislação como nas normas contábeis.

Assim, visando tornar a obra mais dinâmica e interessante, na 20ª edição, procedemos a uma importante reformulação, que resultou na atualização do texto e na redistribuição de alguns assuntos, atingindo até mesmo o formato do livro.

A partir da 24ª edição, foram introduzidas outras importantes alterações na estrutura do livro, que passou de 11 para 15 capítulos. Essas mudanças permitiram que a mesma Metodologia Fácil, presente nos capítulos de 1 a 8, fosse aplicada aos demais – importante e recorrente reivindicação de professores e alunos.

Com as mudanças, as características que distinguem o ***Contabilidade Básica*** (**Série em Foco**) como livro didático e prático estão mais visíveis ao longo da obra:

- **Texto:** claro, objetivo e de fácil compreensão;
- **Leituras Complementares:** detalham partes do texto;
- **Observações:** esclarecem melhor o que foi estudado em determinado item;
- **Notas:** apresentam dicas para a compreensão do tema em estudo;
- **Notas de Rodapé:** esclarecimentos sobre termos, expressões, conceitos ou outras questões;
- **Atividades Teóricas:** estão relacionadas ao tema em estudo;
- **Atividades Práticas:** avaliam conhecimentos acumulados.

Em 2008, procedemos importante atualização nesta obra, especialmente para ajustá-la às mudanças trazidas pela Lei n. 11.638/2007 e pela Medida Provisória n. 449/2008, convertida na Lei n. 11.941/2009 que promoveram importantes alterações na Lei das Sociedades por Ações, especialmente na parte que trata de matéria contábil, para adequar os procedimentos contábeis praticados no Brasil aos padrões internacionais de contabilidade.

Em 2013, procedemos a novas atualizações nesta obra, que resultaram na 29ª edição, para adequá-la às Normas Brasileiras de Contabilidade Técnicas do tipo NBC TG, aprovadas pelo CFC (Conselho Federal de Contabilidade), com fundamento nos Pronunciamentos Técnicos CPCs do CPC (Comitê de Pronunciamentos Contábeis), convergentes com as Normas Internacionais de Contabilidade IFRS (International Financial Reporting Standards – Padrões de Relatórios Financeiros Internacionais), emitidas pelo IASB (International Accounting Standards Board) com sede em Londres na Inglaterra.

Essas atualizações abrangeram, também, as mudanças introduzidas na legislação brasileira em geral e nas Normas Brasileiras de Contabilidade, desde 2002 (data da 24ª edição) até 2013.

Em 2017, procedemos outras importantes alterações que resultaram na 30ª edição desta obra, as quais contemplaram as revisões em várias NBCS TGS processadas pelo Conselho Federal de Contabilidade até o início de 2017, bem como a revogação da Resolução CFC n. 750/1993.

Em 2025, lançamos esta 31ª edição, que contempla a legislação brasileira e as normas brasileiras de contabilidade convergentes com os padrões internacionais de contabilidade IFRS, atualizadas até 31 de dezembro de 2024, inclusive a Reforma Tributária consubstanciada na Emenda Constitucional n. 132/2023.

Portanto, você tem em mãos a obra já consagrada, ideal para todo e qualquer curso introdutório de Contabilidade, em nível médio ou superior, dirigida a futuros contabilistas ou a profissionais de outras áreas, inclusive para aqueles que pretendem se preparar para concursos.

O autor

# SUMÁRIO

## CAPÍTULO 1 – A CONTABILIDADE É FÁCIL



## CAPÍTULO 2 – PATRIMÔNIO



## CAPÍTULO 3 – CONTAS

# CAPÍTULO 1

# A CONTABILIDADE É FÁCIL

## 1.1 Introdução

O que é Contabilidade, para que serve, qual o ponto de partida para entendê-la e como aplicá-la na minha empresa ou na empresa em que irei trabalhar?

Essas são algumas questões para as quais você certamente gostaria de obter respostas.

Nossa proposta é oferecer um material didático que lhe possibilite assimilar com facilidade todo o mecanismo que envolve a Ciência Contábil, mesmo que você nunca a tenha estudado.

Nos cursos regulares, você encontra várias matérias para estudar: Matemática, Língua Portuguesa, Geografia, História, Sociologia, Filosofia e outras. Dentre as matérias que você estuda, algumas não exigem concentração permanente, pois em certos casos, a compreensão de determinado capítulo independe de conhecimentos anteriores.

Com a Contabilidade é diferente. Não que seja mais difícil, porém, a compreensão de cada aula é necessária para que você consiga acompanhar as aulas seguintes.

A meta principal deste livro é ensinar todo o processo de contabilização, dando-lhe condições para conhecer e elaborar as Demonstrações Contábeis, dentre elas o Balanço Patrimonial.

O que é Balanço Patrimonial?

Se você nunca estudou Contabilidade, dificilmente saberá responder a essa pergunta. Entretanto, esse conceito não pode ser explicado agora. Veja por quê:

Vamos comparar este curso com uma escada (veja o gráfico a seguir). No ápice está o Balanço Patrimonial.

Cada degrau dessa escada representa um capítulo do livro. Vamos conduzi-lo até o ponto máximo, partindo do marco zero, conforme dissemos, considerando que você nunca tenha estudado Contabilidade. Assim, progressivamente, a cada linha, parágrafo, Seção ou Capítulo, acrescentaremos novas informações de modo que, ao passar para o capítulo seguinte, você tenha adquirido a base necessária para entendê-lo com facilidade.

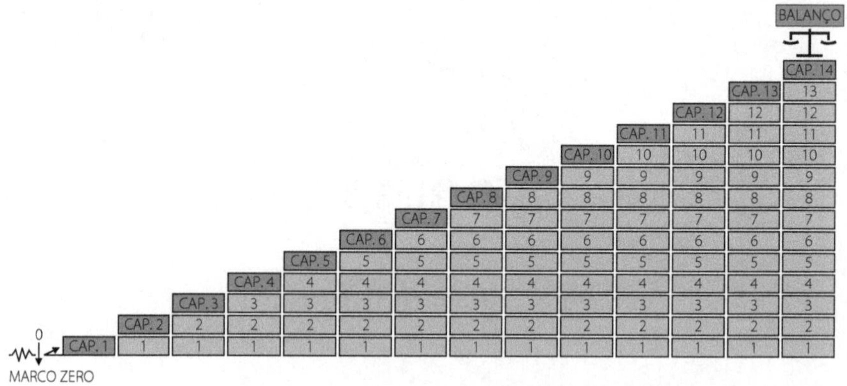


Porém, é preciso que você estude muito bem toda a parte teórica, lendo com atenção as **notas**, as **observações** e, inclusive, as **notas de rodapé**. Os assuntos foram organizados obedecendo à sequência lógica que a disciplina exige, permitindo que você, a todo instante, esteja em sintonia com a matéria.

Para entender o que é Balanço Patrimonial, observe o 14º degrau (capítulo) do esquema da escada. Você verá que só é possível chegar ao último degrau se percorrer os 13 degraus (capítulos) anteriores, cujas informações constituem a base prática e teórica ideal para se compreender o que é Balanço Patrimonial.

Assim, logo nos primeiros capítulos você perceberá que aprender Contabilidade é fácil.

O estudo da Contabilidade pode ser comparado, também, com a construção de uma casa, na qual cada tijolo deve ser cuidadosamente colocado; cada porta e cada janela devem ser cuidadosamente assentadas, para que a obra seja resistente e bem-acabada.

Assim é o estudo da Contabilidade. Cada aula, cada parágrafo, Seção ou Capítulo devem ser minuciosamente estudados, pois o assunto seguinte sempre fica mais fácil quando o aluno assimilou bem o capítulo anterior. Por isso dizemos que a Contabilidade é uma matéria cujo estudo deve obedecer a uma sequência gradual; deve-se dar a devida importância para cada caso, tornando, assim, mais eficiente a aprendizagem.

Para compreender melhor o que é a Contabilidade, sua finalidade e aplicação, leia atentamente a história a seguir.

Suponha, neste momento, que você pretende tornar-se comerciante. Você vai constituir uma empresa para comprar e vender calçados.

Até o presente momento, você só tem uma vontade, ou seja: quer tornar-se comerciante. A partir daí, surgem as primeiras perguntas:

— Eu vou constituir uma empresa com o quê? O que preciso ter em mãos para montar o meu negócio?

*Você precisa de um* ***Capital****.*

— O que é Capital?

*Capital pode ser uma importância em dinheiro com a qual você irá comprar tudo de que precisa para constituir (montar) o seu negócio.*

Suponha, então, que você possua $ 50.000 em dinheiro, importância suficiente para iniciar suas atividades comerciais.

Pronto! Esse montante de $ 50.000 em dinheiro é o seu **Capital Inicial**.

— Pois bem, agora que eu já tenho no bolso $ 50.000 em dinheiro, qual o próximo passo?

*Antes que você comece a comprar alguma coisa, é preciso providenciar um local para se instalar.*

— Local?

*Você precisa de um estabelecimento, que poderá ser uma casa, uma sala, um salão...*

Suponha, então, ter assinado um contrato de locação de um imóvel situado na sua cidade, em local privilegiado, no qual instalará sua empresa. Com a assinatura do contrato de locação, você não precisou dispor de nenhum dinheiro hoje, mas se comprometeu a pagar a importância de $ 1.000 de aluguel mensal, e o valor do aluguel referente a este mês será pago no dia 10 do mês seguinte, e assim sucessivamente.

— Está bem, agora que já tenho o Capital e o ponto comercial, o que farei?

*Agora, você precisa procurar um escritório de Contabilidade, para providenciar a legalização de sua empresa.*

— Legalização da minha empresa?

*A legalização consiste no registro da empresa em vários órgãos públicos, para que ela adquira personalidade jurídica.*

— E o que é personalidade jurídica?

*Veja bem: você é uma pessoa física, é uma pessoa natural. Quando você nasceu, seus pais providenciaram o seu registro no Cartório do Registro Civil. A Certidão de Nascimento foi o primeiro documento que comprovou a sua existência perante a sociedade, dando-lhe condições de exercer a sua cidadania. As empresas, em geral, sob o ponto de vista legal, também são consideradas pessoas, não de existência física, mas de existência jurídica. Para que as empresas adquiram personalidade jurídica e possam exercer as suas atividades mercantis, precisam ser registradas em vários órgãos públicos.*

— E quais são os órgãos públicos nos quais deverei registrar minha empresa?

*Tratando-se de empresa comercial, como é o caso da sua suposta empresa de calçados, o registro deverá ser feito em pelo menos seis órgãos públicos: Junta Comercial do Estado; Secretaria da Receita Federal; Prefeitura Municipal; Secretaria da Fazenda do Estado; Previdência Social e Sindicato de Classe.*

— E como efetuarei esses registros?

*O contador do Escritório de Contabilidade que você escolheu redigirá petições, preencherá documentos e formulários, recolherá taxas e entregará a documentação exigida em cada um desses órgãos, diretamente em seus postos de arrecadação ou via Internet.*

— Em quanto tempo minha empresa ficará legalizada?

*Se a documentação apresentada em cada órgão estiver em ordem, dentro de 20 a 30 dias sua empresa estará legalizada e você poderá providenciar as primeiras Compras.*

Suponhamos agora que já se passaram 30 dias desde o momento que você decidiu se tornar comerciante. Vamos assumir, também, que dos $ 50.000 representativos do seu Capital Inicial, você pagou $ 1.000 ao Escritório de Contabilidade, que, além de providenciar a legalização da sua empresa, comprou livros fiscais e adquiriu um equipamento emissor de Cupom Fiscal.

— Agora que minha empresa está devidamente cadastrada nos órgãos públicos competentes, qual será o próximo passo que deverei dar?

*Imagine que, neste momento, você esteja abrindo as portas do seu ponto comercial. O salão está vazio. Pense nos móveis e nos utensílios que deverá comprar para equipar a sua loja.*

— Móveis e Utensílios?

*Compreendem os Bens adquiridos para uso próprio. Suponha ter adquirido (de uma empresa especializada na decoração de empresas) os seguintes Bens: duas vitrinas, quatro balcões, cinco prateleiras uma caixa registradora, dez cadeiras, cinco sofás, cinco tapetes e oito espelhos. Por todos esses Bens, você pagou a importância de $ 10.000 em dinheiro.*

*Suponha que você tenha adquirido também um computador e uma impressora, pelos quais pagou $ 1.000 em dinheiro.*

*Suponha, também, ter efetuado o pagamento de $ 1.000,00, em dinheiro, referente ao aluguel do primeiro mês de uso do imóvel onde está instalada sua empresa e que tenha mandado instalar um telefone, tendo gasto a importância de $ 200 para pagar o aparelho, além das despesas com a instalação.*

— E os calçados para venda?

*Pois bem, agora você deverá adquirir as Mercadorias.*

— Como é? Mercadorias? O que é isso?

*A palavra "Mercadorias", muito utilizada nos meios comerciais, serve para representar todos os Bens que a empresa comercial compra para revender. No nosso exemplo, são os calçados.*

— Quer dizer, então, que os balcões, as prateleiras, a caixa registradora, as cadeiras, não são Mercadorias?

*Exatamente. Para a sua empresa, esses objetos são considerados Bens de Uso, enquanto Mercadorias são Bens de Troca, correspondendo aos calçados que você comprará para revender.*

Suponha, então, ter adquirido $ 30.000 em Mercadorias, e $ 20.000 você pagou à vista, em dinheiro, e $ 10.000 você comprou a prazo, para pagar após 60 dias.

Pronto! Agora a sua empresa está instalada, montada. Você já gastou parte do seu Capital Inicial, contraiu uma Obrigação (terá de pagar $ 10.000 para o fornecedor das Mercadorias, em 60 dias) e, a partir deste momento, já pode abrir as portas de sua loja e começar a trabalhar.

Ah! Estava me esquecendo... vamos assumir que, durante o processo de legalização de sua empresa, você tenha contratado uma empreiteira de obras, que efetuou pequenos reparos no imóvel visando adaptá-lo melhor ao fim desejado, incluindo parte hidráulica, elétrica, alvenaria e pintura, tendo pago a importância de $ 2.300 em dinheiro.

Recapitulando tudo o que aconteceu até aqui, veja se você consegue responder às seguintes perguntas:

1. Qual é o valor do Capital de sua empresa?
2. Quanto, em dinheiro, você gastou até o presente momento e qual é o saldo que possui em Caixa?
3. Qual o valor do estoque de Mercadorias da sua empresa?
4. Qual o valor das suas Obrigações?

Certamente, em poucos minutos, após rápidos cálculos, você encontrará as respostas a todas essas perguntas. Confira:

1. o valor do Capital é $ 50.000;
2. gastou $ 35.500, e o saldo em Caixa é de $ 14.500;
3. o valor do estoque de Mercadorias é de $ 30.000;
4. o valor das Obrigações é de $ 10.000.

Pois bem, agora sua empresa existe, e você poderá abrir as portas e colocá-la em funcionamento. Neste momento, perguntamos:

— Qual é o principal objetivo do seu negócio?

Certamente você responderá que é a obtenção de **lucros**.

Para conseguir obter o lucro desejado, você precisará **vender** as suas Mercadorias, não é mesmo?

Para que as transações comerciais se realizem na sua empresa, diariamente entrarão nela pessoas com duas finalidades:

a. algumas pessoas entrarão na sua empresa para lhe vender Mercadorias. Essas pessoas são conhecidas nos meios comerciais por **Fornecedores**; logo, você **comprará** delas, à vista ou a prazo. Quando a compra for efetuada a prazo, você passará a ter uma Obrigação para pagamento futuro;

**b.** outras pessoas entrarão na sua empresa para comprar as suas Mercadorias. Essas pessoas são conhecidas nos meios comerciais por **Clientes**; logo, você **venderá** para elas, à vista ou a prazo. Quando a venda for efetuada a prazo, você passará a ter Direito para recebimento futuro.

— Afinal, é o Fornecedor quem vende para mim ou sou eu quem compra do Fornecedor?

*Na verdade ocorrem as duas coisas, pois estamos diante de uma operação de compra e venda. Entretanto, o correto, sob o ponto de vista contábil, é que você raciocine sempre se colocando em lugar da sua empresa. Pense assim: Eu compro do Fornecedor, logo, quando a compra for efetuada a prazo, a palavra Compras estará ligada à palavra Fornecedores e a palavra Fornecedores, por sua vez, estará ligada à palavra Obrigações.*

— Afinal, é o Cliente quem compra de mim ou sou eu quem vende para o Cliente?

*O raciocínio, neste caso, é o mesmo já explicado na relação de sua empresa com o Fornecedor. Eu vendo para o Cliente, logo, quando a venda for efetuada a prazo, a palavra Vendas estará ligada à palavra Clientes, e a palavra Clientes, por sua vez, estará ligada à palavra Direitos.*

Portanto, compra a prazo resulta em Obrigação para pagar ao Fornecedor; e venda a prazo resulta em Direito a receber do Cliente.

Observe quantas pessoas estão envolvidas no seu negócio:

**a.** Você, proprietário, titular da empresa (pessoa física).

**b.** A sua empresa (pessoa jurídica).

**c.** Clientes, Fornecedores, bancos, Governo, empregados etc. (pessoas físicas e pessoas jurídicas).

As pessoas que diariamente, direta ou indiretamente, se relacionam com sua empresa, como Clientes, Fornecedores, bancos etc., são conhecidas nos meios comerciais, em relação à sua empresa, por **Terceiros**. Esses Terceiros movimentarão o **Patrimônio** da sua empresa por meio de quatro operações principais: **Compras**, **Vendas**, **pagamentos** e **recebimentos**.

É evidente que, além desses acontecimentos, no cotidiano das empresas ocorrem outros, como a admissão e demissão de empregados, o recebimento e o encaminhamento de correspondências, o fornecimento de cotações de preços de Mercadorias por telefone, a organização de Mercadorias nas prateleiras e nas vitrinas, depósitos e saques de dinheiro em estabelecimentos bancários etc. São esses acontecimentos que dão vida à empresa, contudo podem ou não interferir no Patrimônio.

É importante salientar que esses acontecimentos que diariamente ocorrem na empresa, responsáveis pela movimentação do Patrimônio, podem ou não interferir no Patrimônio.

Por um lado, quando os acontecimentos interferem no Patrimônio, aumentando-o ou diminuindo-o, eles são classificados como **Fatos Administrativos**, como é o caso das Compras, das Vendas, dos pagamentos e dos recebimentos. Por outro lado, aqueles acontecimentos que não interferem no Patrimônio recebem o nome de **Atos Administrativos**, como é o caso de demissões e admissões de empregados, atendimentos de telefonemas, recebimento e encaminhamento de correspondências, assinaturas de contratos de locação etc.

Imagine agora que, após cinco anos da data de constituição da sua empresa, eu (professor Osni), resolvi fazer-lhe uma visita. Daquela pequena loja de cinco anos atrás só restam lembranças. Você ampliou o seu negócio. Comprou o imóvel e o transformou em um prédio de quatro andares; construiu nas dependências do imóvel vários galpões para estocar as Mercadorias; diversificou-as; e agora vende não só calçados, como também artigos de couro em geral (bolsas, cintos, carteiras, luvas, malas etc.), inclusive materiais esportivos, os quais você vende no atacado e no varejo; montou no quarto andar uma lanchonete, para maior conforto da clientela; possui cadastrados mais de 10 mil Clientes, oriundos não só de sua cidade, como também de todas as cidades da região, para os quais vende à vista e a prazo; mantém contato com mais de 50 Fornecedores, sendo alguns do exterior, dos quais compra Mercadorias; possui mais de 100 empregados entre vendedores, gerentes, contadores, escriturários, motoristas, serventes, faxineiros, vigias etc.; movimenta contas-correntes em cinco estabelecimentos bancários diferentes. A todo instante, podemos ver Clientes comprando à vista e a prazo, efetuando pagamentos de prestações, preenchendo cadastros etc.

Ao constatar o sucesso de sua empresa, faço-lhe as seguintes perguntas:

1. Qual o valor do Capital da sua empresa hoje?
2. Quanto você gastou em dinheiro até o presente momento, considerando desde o dia em que a constituiu, e qual o saldo em Caixa?
3. Qual o valor do estoque de Mercadorias?
4. Quais são os tipos, modelos, marcas, tamanhos, cores etc., das Mercadorias estocadas?
5. Qual montante de dinheiro você tem depositado nesse momento, considerando todas as suas contas-correntes bancárias?
6. Se parte do seu dinheiro está aplicada no mercado financeiro, qual o montante dessas aplicações e quais são elas?
7. Em quanto importam as suas Obrigações e quais são os nomes dos seus Credores?
8. Quais são as suas Obrigações fiscais, trabalhistas e previdenciárias para os próximos 30 dias?
9. Quanto você deve a seus Fornecedores de Mercadorias e quanto terá de desembolsar ainda hoje, amanhã, daqui a dez dias e daqui a 30 dias para pagá-los?

**10.** Quantos Clientes você tem, quantos são pontuais e quantos são inadimplentes?

**11.** Quanto você tem para receber de seus Clientes ainda hoje, amanhã, daqui a dez dias e daqui a 30 dias?

**12.** Quanto vale o Patrimônio da sua empresa hoje?

**13.** Quanto você já apurou de Lucro? Ou será que apurou Prejuízo em seu negócio?

Certamente você não conseguirá responder a essas perguntas na mesma velocidade em que respondeu às perguntas anteriores, quando a sua empresa era recém-constituída. Acho que já deu para você perceber que há necessidade de manter um **controle do seu Patrimônio**, e é exatamente aí que a Contabilidade entra em cena.

Mediante o conhecimento e a aplicação de técnicas contábeis, você poderá ter um controle permanente e eficiente da movimentação do Patrimônio da sua empresa, obtendo informações econômicas, financeiras ou de outra natureza, no momento em que precisar.

**NOTAS:**

- Para facilitar o entendimento da matéria, considere a empresa, objeto de estudo, como se fosse sua. Assim, quando a empresa compra, pense: eu compro; quando a empresa vende, pense: eu vendo, e assim por diante.
- Você aprendeu até aqui que Capital é uma importância em dinheiro com a qual uma pessoa constitui uma empresa. Porém, o Capital Inicial de qualquer empresa poderá ser formado também por outros elementos, como casa, carro, móveis, equipamentos etc. Portanto, o Capital de uma empresa poderá ser constituído somente por dinheiro, ou por dinheiro e outros Bens conjuntamente.
- Antes de entrarmos na contabilização propriamente dita, é necessário que você conheça alguns conceitos básicos para facilitar o entendimento da matéria. Sendo assim, para se situar bem no assunto, você deve estudar com atenção os primeiros capítulos, que são importantíssimos.

## 1.2 O desafio da terminologia

A terminologia é um dos desafios enfrentados pelos que iniciam o estudo da Contabilidade, pois pode, num primeiro momento, se constituir como obstáculo para o entendimento da matéria.

Na Língua Portuguesa, encontramos palavras que, dependendo do ponto de vista em que são consideradas, assumem significados diversos. A palavra **ativo**, por exemplo, poderá significar coisas diferentes, dependendo do setor de atuação de cada pessoa. Há casos em que dezenas de palavras podem ser utilizadas para significar a mesma coisa.

Por exemplo, de acordo com o dicionário *Novo Aurélio da Língua Portuguesa – Século XXI* (São Paulo, Nova Fronteira, 1999), há mais de 20 maneiras diferentes de se dizer "ideia". Assim, é comum encontrarmos, em toda profissão, um conjunto de palavras cujo significado seja específico para aquela área de trabalho.

A Contabilidade também possui linguagem própria e, em muitos casos, alguns termos, palavras ou expressões coincidem com termos, palavras ou expressões de nossa linguagem comum. Ocorre, porém, que nem sempre significam a mesma coisa.

As palavras que mais perturbam o estudante, principalmente o principiante no estudo da Contabilidade, são **débito** e **crédito**. A palavra débito, na nossa linguagem comum, significa situação negativa, desfavorável; ou saldo negativo na conta-corrente bancária; ou estar em falta com alguém etc. Na terminologia contábil, essa palavra poderá ter esses mesmos significados ou até mesmo assumir uma situação positiva. A palavra crédito, na nossa linguagem cotidiana, poderá representar situação positiva, favorável; ou saldo positivo na conta-corrente bancária; ou ter crédito no mercado (possibilidade de poder comprar a prazo) etc. Na terminologia contábil, essa palavra poderá adquirir esses mesmos significados ou até mesmo corresponder à situação negativa.

Não é fácil para o principiante no estudo da Contabilidade concordar que em determinado momento a palavra débito seja utilizada para significar algo positivo, favorável, uma vez que, em sua vida diária, essa palavra nunca assume esse significado.

Portanto, para que você possa entender com facilidade não só o mecanismo do débito e do crédito, bem como todo o processo contábil, é preciso ter consciência de que algumas palavras, termos ou expressões utilizados no seu dia a dia, podem ter significados diferentes quando utilizados pela Ciência Contábil. Veja outros exemplos de termos, palavras e expressões que fazem parte da terminologia contábil, os quais mencionamos na Seção anterior, quando supostamente constituímos a sua empresa para comercializar calçados: empresa, Capital, estabelecimento, imóvel, ponto comercial, legalização da empresa, personalidade jurídica, pessoa física, pessoa jurídica, livros fiscais, computador, Móveis e Utensílios, Mercadorias, Compras à vista, Compras a prazo, Vendas à vista, Vendas a prazo, Obrigações, Direitos, saldos, estoque, lucro, prejuízo, Patrimônio, Fornecedores, Clientes, terceiros, Fatos Administrativos, Atos Administrativos etc.

Se, no decorrer dos seus estudos, você encontrar alguma dificuldade para entender alguma explicação, procure verificar se o problema não está no significado de palavras, termos ou expressões técnicas que fazem parte da terminologia contábil. Procure analisar o significado de tais palavras a partir do contexto do tema em estudo.

Para facilitar e orientar seus estudos, sempre que palavras ou expressões que integram a terminologia contábil forem apresentadas no texto, serão devidamente explicadas, e você não encontrará dificuldade para entender o significado de cada uma delas.

## 1.3 Conceito

A **Contabilidade** é uma ciência que possibilita, por meio de suas técnicas, o controle permanente do Patrimônio das empresas.

Sobre este conceito, poderão ocorrer indagações como:

- O que é Patrimônio?
- O que é empresa?

**Patrimônio:** no exemplo que apresentamos no início deste capítulo (empresa para comercializar calçados), o Patrimônio era composto por dinheiro, balcões, vitrinas, prateleiras, máquina registradora, Mercadorias, enfim, pelo conjunto dos elementos necessários à sua existência. (No Capítulo 2, você encontrará mais detalhes sobre Patrimônio.)

**Empresa:** é uma unidade de produção, resultante da combinação dos três fatores da produção (natureza, trabalho e Capital) e constituída para o desenvolvimento de uma atividade econômica.

A principal finalidade da Contabilidade é fornecer informações sobre o Patrimônio, informações essas de ordem econômica e financeira, que facilitam as tomadas de decisões, tanto por parte dos administradores ou proprietários como também por parte daqueles que pretendem investir na empresa.

As informações de ordem econômica referem-se à movimentação das Compras e Vendas, despesas e receitas, evidenciando os lucros ou os prejuízos apurados nas transações realizadas pela empresa.

As informações de ordem financeira referem-se ao Fluxo de Caixa (entradas e saídas de dinheiro).

Para fornecer tais informações, a Contabilidade precisa registrar toda a movimentação do Patrimônio.

— Registrar de que maneira?

*Vamos assumir que você seja contabilista de uma empresa. Você fará a contabilização de todos os fatos que ocorrerem nessa empresa.*

— E agora? Por onde começar?

*Respondemos que o primeiro passo é a Escrituração.*

A **Escrituração** é uma das técnicas utilizadas pela Contabilidade; consiste em registrar, nos livros próprios, os acontecimentos que provocam modificações no Patrimônio da empresa.

A Escrituração começa pelo livro **Diário**, no qual todos os registros são efetuados mediante documentos que comprovem as ocorrências dos fatos. Os documentos mais comuns são: Notas Fiscais, Recibos de Aluguéis, Contas de Água e Esgoto, Notas Fiscais de Fornecimento de Energia Elétrica, Faturas, Duplicatas, Contratos etc.

Veja um exemplo:

Ocorreu na empresa o seguinte fato: venda de um automóvel à vista. Para comprovar essa venda, foi emitida uma Nota Fiscal. Mediante esse documento, o contabilista providenciará o registro do fato (venda do automóvel à vista) no livro **Diário**. Inicia-se aí o processo de contabilização.

**NOTA:**

- Não se pode escriturar nada nos livros contábeis sem que documentos idôneos comprovem a veracidade do registro.

## 1.4 Aplicação e usuários da Contabilidade

- Qual é o campo de aplicação da Contabilidade?
- Quem são seus usuários?

O campo de aplicação da Contabilidade abrange todas as entidades econômico-administrativas, até mesmo as pessoas de direito público, como a União, os Estados, os Municípios, as Autarquias etc.

**Entidades econômico-administrativas:** são organizações que reúnem os seguintes elementos: titular, capital, patrimônio, pessoas, ações administrativas e fim determinado.

As entidades econômico-administrativas, considerando-se o fim a que se destinam, podem ser classificadas em Instituições e Empresas.

**Instituições:** são entidades econômico-administrativas com finalidades sociais e socioeconômicas. As com objetivos **sociais** são aquelas cuja administração tem por objetivo o bem-estar social da coletividade, como as associações recreativas e esportivas, os hospitais beneficentes, os asilos etc.; as com finalidades **socioeconômicas** são aquelas cuja administração tem interesse no aspecto econômico da entidade, porém este reverte em benefício da coletividade a que pertencem. São exemplos os institutos de aposentadorias, pensões, previdência etc.

**Empresas:** são entidades econômico-administrativas que têm finalidade econômica, isto é, visam ao **lucro**. Desenvolvem os mais variados ramos de atividades, como comércio, indústria, agricultura, pecuária, transporte, telecomunicações, turismo e uma infinidade de serviços.

Quanto à natureza do Capital com que são constituídas, as entidades podem ser públicas, privadas e mistas. São **públicas** aquelas constituídas com Capital do Governo. São **privadas** (particulares) aquelas constituídas com Capital de particulares. São **mistas** aquelas constituídas com Capital do Governo e de particulares.

Certamente você já ouviu falar em empresas, firmas, lojas, casas comerciais, clubes de futebol, indústrias, escolas, cinemas, teatros, lanchonetes etc. Há uma infinidade de entidades econômico-administrativas que o ser humano constitui para atingir algum objetivo, seja de ordem econômica, seja social.

Você pode imaginar vários tipos de organizações: instituições governamentais; empresas públicas, particulares e mistas; instituições com finalidades sociais ou socioeconômicas. Todas elas devem ser adequadamente organizadas e bem controladas para que possam atingir seus objetivos da melhor maneira possível. Esses controles são efetuados, como vimos, pela Contabilidade, por meio de suas técnicas. Esse é o campo de aplicação da Contabilidade.

Os usuários da Contabilidade, portanto, são todas as entidades econômico-administrativas que a utilizam para registrar e controlar a movimentação de seus patrimônios, incluindo proprietários, acionistas, gerentes, administradores, Clientes, Fornecedores, bancos, Governo etc.

Enfim, os usuários da Contabilidade são todos aqueles que direta ou indiretamente utilizam as informações fornecidas por ela, seja para acompanhar o desenvolvimento da empresa, seja para tomar decisões administrativas, econômicas ou financeiras, seja para conhecer as garantias que a empresa oferece para cumprir seus compromissos junto aos seus Clientes, Fornecedores e, principalmente, ao fisco.

## Atividades Teóricas 1

**1.** Responda:

a) O que é Contabilidade?

b) Como poderá ser constituído o Capital Inicial de uma empresa?

c) Quais são as operações mais comuns que provocam movimentação no Patrimônio da empresa?

d) O que é empresa?

e) Como ocorre a movimentação do Patrimônio da empresa?

f) Em que consiste a Escrituração?

g) Quando se inicia o processo da Escrituração?

h) Cite três documentos usados como suporte para os registros contábeis.

i) Cite cinco palavras, termos ou expressões que fazem parte da terminologia contábil.

**2.** Escolha a alternativa correta:

I. A palavra débito, que na nossa linguagem comum significa dívida ou situação negativa, quando utilizada pela Contabilidade, poderá:

a) ter o mesmo significado que tem na nossa linguagem comum;

b) ter significado diferente daquele que tem na nossa linguagem comum;

c) as alternativas **a** e **b** estão erradas;

d) as alternativas **a** e **b** estão corretas.

II. A palavra crédito, que na nossa linguagem comum significa situação positiva ou favorável, quando utilizada pela Contabilidade, poderá:

a) ter o mesmo significado que tem em nossa linguagem comum;

b) ter significado diferente daquele que tem em nossa linguagem comum;

c) as alternativas **a** e **b** estão erradas;

d) as alternativas **a** e **b** estão corretas.

III. Conscientizar-se de que termos, palavras ou expressões usadas na nossa linguagem comum, quando utilizadas pela terminologia contábil, poderão significar ou não a mesma coisa:

a) é irrelevante para o estudo da Contabilidade;

b) é importante, pois essa conscientização facilita a aprendizagem da Contabilidade;

c) é importante somente para quem já conhece Contabilidade.

d) as alternativas **a** e **b** estão corretas.

**3.** Complete:

A principal finalidade da Contabilidade é fornecer .................................................. sobre o ...................................., informações essas de ordem econômica e ..............................., que facilitam assim as tomadas de ............ ................., tanto por parte dos administradores ou ........................................ como também por parte daqueles que pretendem .............................. na empresa.

**4.** Escolha a alternativa correta:

A Escrituração começa pelo livro:

a) Registro de Inventário.

b) Contabilidade.

c) Caixa.

d) Diário.

5. Coloque **V** se a afirmativa for verdadeira e **F** se for falsa:
   ( ) A Escrituração no livro Diário poderá ser feita sem que haja documentos comprobatórios.
   ( ) A Escrituração no livro Diário poderá ser feita mediante qualquer comprovante.
   ( ) Não se pode escriturar nada nos livros contábeis sem que haja documentos idôneos que comprovem a veracidade do registro.
   ( ) O Capital Inicial de uma empresa só poderá ser constituído por dinheiro.
   ( ) O Capital Inicial de uma empresa não poderá ser constituído por dinheiro.
   ( ) O Capital Inicial de uma empresa não será necessariamente constituído apenas por dinheiro.

6. Escolha a alternativa correta:
   I. A sua empresa compra Mercadorias dos:
      a) Fornecedores. c) Compradores.
      b) Clientes. d) Bancos.
   II. A sua empresa vende Mercadorias para os:
      a) Fornecedores. c) Vendedores.
      b) Clientes. d) Bancos.

7. Complete:
   O campo de aplicação da Contabilidade abrange todas as ........................................ econômico-administrativas, até mesmo as ........ ................................ de direito público, como a ............................., os ............................., os .............. ..............., as ................................ etc.

8. Coloque **V** se a afirmativa for verdadeira e **F** se for falsa:
   ( ) São públicas as empresas constituídas com Capital de particulares.
   ( ) São públicas as empresas constituídas com Capital do Governo.
   ( ) São públicas as empresas constituídas com Capital do Governo e de particulares.

9. Complete:
   a) As empresas constituídas com Capital de particulares, sem interferência do Governo, são denominadas empresas .................................. .
   b) As empresas .................................. são constituídas com Capital do Governo.
   c) As empresas constituídas com Capital do Governo e de particulares ao mesmo tempo são denominadas empresas .................................. .

10. Escolha a alternativa correta:
   I. O principal objetivo da empresa é:
      a) Prestar serviços à coletividade.
      b) Vender Mercadorias.
      c) Pagar impostos.
      d) Obter lucro.
   II. São usuários da Contabilidade:
      a) Fornecedores, Clientes e estoques.
      b) Dinheiro, bancos e Governo.
      c) Mercadorias, Patrimônios e empresas.
      d) Fornecedores, Clientes, bancos, administradores.

# CAPÍTULO 2

# PATRIMÔNIO

## 2.1 Conceito e definição

O **Patrimônio** é um conjunto de Bens, Direitos e Obrigações de uma pessoa, avaliado em moeda.

Sendo assim, podemos imaginar o Patrimônio da seguinte maneira:

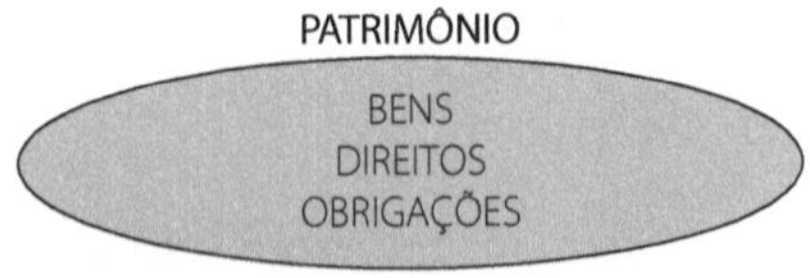


Vamos, então, estudar cada um desses elementos que compõem o Patrimônio.

### 2.1.1 Bens

São as coisas capazes de satisfazer as necessidades humanas e suscetíveis de avaliação econômica.

Quando você entra em um supermercado, por exemplo, encontra inúmeros objetos, como balcões, vitrinas, equipamentos emissores de cupons fiscais e uma infinidade de mercadorias expostas para venda em gôndolas, prateleiras, *displays* etc. Todos esses objetos são os Bens que o supermercado possui.

Sob o ponto de vista contábil, pode-se entender como **Bens** todos os objetos que uma empresa possui, seja para uso, troca ou consumo. Para exemplificar esse conceito, retornemos à sua empresa, que compra e vende calçados, a qual serviu como base para as explicações do Capítulo 1. Vamos assumir que essa empresa possua somente os seguintes Bens: balcão, prateleira, vitrina, equipamento emissor de cupom fiscal, espelho, calçados para venda (mercadorias), papel para embalagem, material para limpeza da loja, meio quilo de pó de café e uma pequena quantia em dinheiro. Neste caso, temos:

| BENS DE USO | BENS DE TROCA | BENS DE CONSUMO |
|---|---|---|
| • balcão;<br>• prateleira;<br>• vitrina;<br>• equipamento emissor;<br>de cupom fiscal;<br>• espelho. | • calçados para venda;<br>• dinheiro. | • papel para embalagem;<br>• material para limpeza;<br>• meio quilo de pó de café. |

Os Bens podem ser classificados de várias maneiras, tendo em vista o interesse de quem os classifica.

A classificação que mais interessa a você, nesse momento inicial de seus estudos, é aquela que os divide em:

- Bens materiais.
- Bens imateriais.

Os **Bens materiais**, como o próprio nome diz, são aqueles que possuem corpo, matéria. Por sua vez, dividem-se em:

- **Bens móveis:** os que podem ser removidos do seu lugar. Exemplos: mesas, veículos, computadores, dinheiro, mercadorias etc.
- **Bens imóveis**: os que não podem ser deslocados de seu lugar. Exemplos: terrenos, edifícios etc.

Os **Bens imateriais** são aqueles que, embora considerados Bens, não possuem corpo, não têm matéria. São determinados gastos que a empresa faz, os quais, pela sua natureza, devem ser considerados parte integrante do Patrimônio e, por esse motivo, são registrados pela Contabilidade como Bens. Não há muita variedade. Os mais comuns são:

- **Fundo de Comércio:** suponhamos que sua empresa (comércio de calçados) tenha decidido ampliar os negócios, abrindo uma filial. Para isso, comprou, à vista, por $ 50.000, um imóvel onde estava instalada uma empresa concorrente. Vamos assumir que o antigo proprietário tenha cobrado $ 30.000 pelo valor de mercado do imóvel, que era igual ao valor registrado nos livros contábeis da empresa, e $ 20.000 pelo ponto comercial, ou seja, pela clientela que já estava formada.

Nesse caso, a sua empresa registrará na contabilidade \$ 30.000 como bem material, com o título de Imóveis, e \$ 20.000 como bem imaterial, com o título de Fundo de Comércio;

- **Marcas e Patentes:** são valores gastos com o registro ou com a compra de uma marca (nome comercial ou industrial) ou de uma patente de invenção.

Para que a empresa possa usufruir com exclusividade de todos os direitos reservados pela legislação para o uso desses bens imateriais, é preciso que essa marca ou patente esteja devidamente registrada no Instituto Nacional da Propriedade Industrial (INPI).

**NOTA:**

- Nos meios comerciais, são muito usadas tanto a expressão Bens materiais como Bens tangíveis (ambas têm o mesmo significado); o mesmo ocorre com as expressões Bens imateriais ou Bens intangíveis.

## 2.1.2 Direitos

É comum as empresas efetuarem vendas de mercadorias a prazo. Quando uma empresa vende mercadorias a prazo, ela não recebe dinheiro no momento da venda, mas alguns dias depois, semanas ou até mesmo meses. Dessa forma, na venda de mercadorias a prazo, essa empresa passa a ter **Direito** de receber do cliente o valor da respectiva venda no prazo determinado.

Convém salientar que os Direitos podem se originar não só das vendas de mercadorias a prazo como também das vendas a prazo de outros bens ou serviços, ou em decorrência de outras transações, como aluguel de bens móveis ou imóveis, empréstimos de dinheiro efetuados a terceiros etc.

Constituem **Direitos** para a empresa todos os valores que ela tem **a receber** de terceiros (clientes, inquilinos etc.).

Esses Direitos geralmente aparecem registrados nos livros contábeis da empresa, com o nome do elemento representativo do respectivo Direito, seguido da expressão **a Receber**.

*Exemplos:*

| ELEMENTOS | EXPRESSÃO |
|---|---|
| Duplicatas | a Receber |
| Promissórias | a Receber |
| Aluguéis | a Receber |

## 2.1.3 Obrigações

É comum, também, as empresas efetuarem compras de mercadorias a prazo. Quando uma empresa compra mercadorias a prazo, ela não paga o valor das mercadorias no momento da compra, mas alguns dias depois, semanas ou até mesmo meses. Desta forma, na compra de mercadorias a prazo, essa empresa cria uma **Obrigação** de pagar ao fornecedor o valor da respectiva compra no prazo determinado.

Convém salientar que as Obrigações podem se originar não só das compras de mercadorias a prazo como também das compras a prazo de outros bens ou serviços, ou em decorrência de outras transações, como aluguel de bens móveis ou imóveis, empréstimos de dinheiro captados de terceiros etc.

Constituem **Obrigações** para a empresa todos os valores que ela tem **a pagar** para terceiros (fornecedores, proprietários de imóveis, empregados, Governo, bancos etc.).

As Obrigações geralmente aparecem registradas nos livros contábeis das empresas, com o nome do elemento representativo da respectiva Obrigação, seguido da expressão **a Pagar**.

*Exemplos:*

| ELEMENTOS | EXPRESSÃO |
|---|---|
| Duplicatas | a Pagar |
| Promissórias | a Pagar |
| Aluguéis | a Pagar |
| Salários | a Pagar |
| Impostos | a Pagar |

## 2.2 Aspectos qualitativo e quantitativo do Patrimônio

Vimos que o Patrimônio é um conjunto de Bens, Direitos e Obrigações.

Suponhamos que eu seja proprietário de uma empresa e, neste momento, pretenda lhe passar informações sobre o tamanho dela. Se eu disser que o Patrimônio da minha empresa é:

Somente com essas informações, será possível avaliar o tamanho desse Patrimônio? É evidente que não.

Então, há necessidade de ressaltar dois aspectos que a Contabilidade leva em conta para representar adequadamente os elementos que compõem o Patrimônio: o qualitativo e o quantitativo.

### 2.2.1 Aspecto qualitativo

Este aspecto consiste em especificar, segundo a natureza de cada um, os Bens, os Direitos e as Obrigações. Assim:

Ressaltado o aspecto qualitativo, em que os elementos componentes do Patrimônio foram devidamente qualificados, isto é, especificados segundo a natureza de cada um, você concordará que tais informações lhe permitem ter uma noção mais precisa do tamanho do Patrimônio da minha empresa. No entanto, essas informações ainda não são suficientes, pois algumas perguntas continuam sem respostas: Quanto de dinheiro possuo? Qual o valor dos meus veículos? Quanto de Duplicatas tenho a receber? Quanto de Duplicatas tenho a pagar? Enfim, qual é o valor do meu Patrimônio? Daí a necessidade do segundo aspecto.

### 2.2.2 Aspecto quantitativo

Esse aspecto consiste em dar a esses Bens, Direitos e Obrigações, seus respectivos valores, levando-nos a conhecer o valor do Patrimônio da minha empresa. Veja:

PATRIMÔNIO

Bens:

- Dinheiro .................... 5.000
- Veículos .................... 50.000
- Máquinas .................... 10.000

Direitos:

- Duplicatas a Receber .................... 3.000
- Promissórias a Receber .................... 2.000

Obrigações:

- Duplicatas a Pagar .................... 8.000
- Impostos a Pagar .................... 500

Finalmente, depois de ressaltados os aspectos qualitativo e quantitativo, ficou mais fácil avaliar o tamanho do Patrimônio da minha empresa, pois agora você conhece **o que** e **quanto** minha empresa possui em Bens, Direitos e Obrigações.

Portanto, não se esqueça: todas as vezes que forem extraídas demonstrações baseadas nos registros contábeis da empresa, nelas deverão estar ressaltados os aspectos qualitativo e quantitativo (elementos especificados com seus respectivos valores em moeda).

## 2.3 Representação gráfica do Patrimônio

Até aqui, quando nos referimos ao Patrimônio, fizemos sua representação da seguinte forma:

PATRIMÔNIO

BENS
DIREITOS
OBRIGAÇÕES

Porém, visando atender o aspecto didático, e para tornar mais fácil a compreensão do Patrimônio – ponto de partida para se entender com clareza todo o mecanismo que envolve o processo contábil –, a partir de agora vamos representá-lo em um gráfico simplificado, em forma de **T**:

O **T**, como vemos, tem dois lados. No lado esquerdo, colocamos os Bens e os Direitos:

| PATRIMÔNIO | |
|---|---|
| Bens | |
| Direitos | |

No lado direito, colocamos as Obrigações:

| PATRIMÔNIO | |
|---|---|
| | Obrigações |

Então, a representação gráfica do Patrimônio fica assim:

| PATRIMÔNIO | |
|---|---|
| Bens | Obrigações |
| Direitos | |

No início de nosso estudo, alertamos você para que estudasse com bastante atenção a parte teórica da nossa matéria. Reforçamos o alerta. Lembramos, também, que a Contabilidade atribui nomes aos elementos componentes do Patrimônio dentro da lógica que a teoria contábil exige, conforme veremos.

Na representação gráfica apresentada temos, de um lado, os Bens e os Direitos, que formam o grupo dos elementos positivos; de outro lado, as Obrigações, que formam o grupo dos elementos negativos. Eis aí os primeiros nomes: **elementos positivos** e **elementos negativos**. Assim, temos:

| PATRIMÔNIO | |
|---|---|
| ELEMENTOS POSITIVOS | ELEMENTOS NEGATIVOS |
| Bens | Obrigações |
| Caixa (dinheiro) | Duplicatas a Pagar |
| Estoque de Mercadorias | Aluguéis a Pagar |
| Móveis e Utensílios | Impostos a Pagar |
| Direitos | Salários a Pagar |
| Duplicatas a Receber | |
| Promissórias a Receber | |

O lado esquerdo do gráfico é chamado de **lado positivo**, pois os Bens e os Direitos representam a parte positiva do Patrimônio da empresa (é o que a empresa tem efetivamente – **Bens** – e o que ela tem a receber – **Direitos**).

O lado direito é chamado de **lado negativo**, pois as Obrigações representam a parte negativa do Patrimônio da empresa (é o que a empresa tem a pagar).

Os elementos positivos são denominados **componentes Ativos**, e o seu conjunto forma o **Ativo**.

Os elementos negativos são denominados **componentes Passivos**, e o seu conjunto forma o **Passivo**.

Note que mais dois nomes aparecem: Ativo e Passivo. Veja, então, como fica o gráfico:

PATRIMÔNIO

| ATIVO | PASSIVO |
|---|---|
| Bens | Obrigações |
| Caixa (dinheiro) | Duplicatas a Pagar |
| Estoque de Mercadorias | Aluguéis a Pagar |
| Móveis e Utensílios | Impostos a Pagar |
| Direitos | Salários a Pagar |
| Duplicatas a Receber | |
| Promissórias a Receber | |

## Atividades Teóricas 1

**1.** Resolva:

I. Relacione a coluna da esquerda com a da direita:

a) Direitos ( ) Duplicatas a Pagar

b) Bens materiais ( ) Fundo de Comércio

c) Bens imateriais ( ) Clientes

d) Obrigações ( ) Computador

II. Escolha a alternativa que contém apenas Obrigações:

a) Fornecedores, Duplicatas a Receber, dinheiro.

b) Móveis, Clientes, Fornecedores.

c) Fornecedores, Salários a Pagar, Impostos a Pagar.

III. Escolha a alternativa que contém apenas Bens móveis:

a) Dinheiro, terrenos, Duplicatas.

b) Fornecedores, computadores, armários.

c) Computadores, armários, prateleiras.

**2.** Complete:

a) O aspecto qualitativo consiste em ........................, segundo a ........................ de cada um, os Bens, os Direitos e as Obrigações.

b) O aspecto quantitativo consiste em ............................ aos Bens, aos Direitos e às Obrigações, os seus respectivos ............................. .

**3.** Coloque **V** se a afirmativa for verdadeira ou **F** se for falsa:

( ) Elementos positivos são as Obrigações.

( ) Elementos positivos são os Bens e as Obrigações.

( ) Elementos positivos são os Bens e os Direitos.

( ) O Ativo é composto por Bens e por Obrigações.

( ) O Passivo é composto por elementos negativos.

( ) O Ativo e o Passivo compõem o Patrimônio da empresa.

**4.** Complete:

a) Os elementos que devem ser representados do lado esquerdo do gráfico representativo do Patrimônio são ............................ e ............................ .

b) Os elementos que devem ser representados do lado direito do gráfico representativo do Patrimônio são ................................ .

**5.** Responda:

a) O que é Patrimônio?

b) O que são Bens?

c) Cite cinco exemplos de Bens.

d) Do ponto de vista contábil, o que são Bens?

e) O que são Bens materiais e como se dividem?

f) O que são Bens móveis? Cite três exemplos.

g) O que são Bens imóveis? Cite três exemplos.

h) O que são Bens imateriais? Cite dois exemplos.

i) O que são Direitos? Cite três exemplos.

j) O que são Obrigações? Cite três exemplos.

l) Quantos e quais são os elementos componentes do Patrimônio?

m) Qual é a forma gráfica que didaticamente utilizamos para representar o Patrimônio?

n) Quais nomes recebem os elementos colocados do lado esquerdo do gráfico representativo do Patrimônio?

o) O que é Ativo?

## Atividades Práticas 1

PRÁTICA 1

Classifique os elementos constantes do quadro a seguir em:

(A) Bens ou Direitos ou Obrigações;

(B) Positivo ou Negativo;

(C) Ativo ou Passivo.

| N. | ELEMENTOS | A | B | C |
|---|---|---|---|---|
| 1 | Dinheiro | Bem | Positivo | Ativo |
| 2 | Estoque de Mercadorias | | | |
| 3 | Duplicatas a Receber | | | |
| 4 | Duplicatas a Pagar | | | |

*(continua)*

*(continuação)*

| N. | ELEMENTOS | A | B | C |
|---|---|---|---|---|
| 5 | Imóveis | | | |
| 6 | Biblioteca | | | |
| 7 | Calculadoras Eletrônicas | | | |
| 8 | Terrenos | | | |
| 9 | Veículos | | | |
| 10 | Impostos a Pagar | | | |
| 11 | Promissórias a Receber | | | |
| 12 | Promissórias a Pagar | | | |
| 13 | Instalações* | | | |
| 14 | Ferramentas | | | |
| 15 | Aluguéis a Pagar | | | |
| 16 | Mesas | | | |
| 17 | Prateleiras | | | |
| 18 | Computadores | | | |
| 19 | Circulador de Ar | | | |
| 20 | Carnês a Receber | | | |

**NOTA:**

- Esta Atividade Prática 1 pode ser usada como referência na avaliação do aproveitamento dos seus estudos até esta parte do capítulo. Portanto, se você não teve dúvidas ao solucioná-la, significa que você está preparado para avançar na matéria. Se as dúvidas foram muitas, sugerimos um novo estudo do texto antes de passar para a próxima Seção.

PRÁTICA 2

Represente os seguintes elementos no gráfico em forma de T, colocando no lado esquerdo os Bens e os Direitos e no lado direito as Obrigações:

Caixa, Veículos, Instalações, Duplicatas a Pagar, Fornecedores, Duplicatas a Receber, Clientes, Móveis e Utensílios, Promissórias a Pagar, Impostos a Pagar e Promissórias a Receber.

* O título Instalações é usado para registrar bens móveis que integram as construções, mas que devem ser contabilizados separadamente delas. São exemplos de Instalações as divisões de ambientes, os lustres e demais instalações elétricas, hidráulicas, frigoríficas, contra incêndio, de comunicações etc.

## 2.4 Situações Líquidas Patrimoniais

Situação Líquida Patrimonial é a diferença entre o Ativo (Bens e Direitos) e o Passivo (Obrigações).

**NOTA:**

- Até agora, conforme nosso propósito, nos limitamos a esclarecer o que é Ativo e Passivo e o local em que devem ser colocados os elementos representativos dos Bens, dos Direitos e das Obrigações. Deixamos de lado, porém, o aspecto quantitativo, isto é, o valor de cada um desses elementos. Para que a representação gráfica do Patrimônio esteja completa, é preciso representar os elementos que o compõem com seus respectivos valores. Isso é o que faremos nesta parte do Capítulo 2.

Por que estudar as Situações Líquidas agora?

Para atender a um grande objetivo: acrescentar ao seu conhecimento mais um grupo de elementos na representação gráfica do Patrimônio.

Este novo grupo, que se chama **Patrimônio Líquido** (não mencionado até o presente momento), juntamente com os Bens, com os Direitos e com as Obrigações, completará a já conhecida representação gráfica do Patrimônio, permitindo que o total do lado esquerdo seja igual ao total do lado direito, dando-lhe forma de equação. Entretanto, para que você possa compreender melhor esse novo grupo de elementos (Patrimônio Líquido), vamos estudar antes as Situações Líquidas Patrimoniais possíveis.

Considerando cada um dos elementos que representam os Bens e os Direitos, com seus respectivos valores em moeda, temos o total do Ativo:

| | |
|---|---|
| **Bens** | |
| Caixa | $ 30 |
| Móveis | $ 50 |
| Estoque de Mercadorias | $ 20 |
| Soma dos Bens | $ 100 |
| **Direitos** | |
| Duplicatas a Receber | $ 40 |
| Promissórias a Receber | $ 10 |
| Soma dos Direitos | $ 50 |
| Soma total do Ativo | $ 150 |

Procedendo da mesma forma com os elementos que representam as Obrigações, temos:

| Obrigações | |
|---|---|
| Duplicatas a Pagar | $ 35 |
| Salários a Pagar | $ 15 |
| Impostos a Pagar | $ 30 |
| Soma total das Obrigações | $ 80 |

O total dos Bens mais o total dos Direitos menos o total das Obrigações denomina-se **Situação Líquida Patrimonial**. Logo:

| | |
|---|---|
| Ativo (Bens e Direitos) | $ 150 |
| (menos) Passivo (Obrigações) | $ (80) |
| = Diferença | $ 70 |

Essa diferença de $ 70 denomina-se **Situação Líquida Patrimonial.**

BENS + DIREITOS − OBRIGAÇÕES = SITUAÇÃO LÍQUIDA PATRIMONIAL

No gráfico utilizado para representar o Patrimônio, a Situação Líquida Patrimonial é colocada sempre do lado direito. Ela deve ser somada ou subtraída das Obrigações, de modo que se iguale o lado do Passivo com o lado do Ativo, dando ao gráfico forma de equação. Assim:

| PATRIMÔNIO | | | |
|---|---|---|---|
| ATIVO | | PASSIVO | |
| **Bens** | | **Obrigações** | |
| Caixa | 30 | Duplicatas a Pagar | 35 |
| Estoque de Mercadorias | 20 | Salários a Pagar | 15 |
| Móveis | 50 | Impostos a Pagar | 30 |
| **Direitos** | | SITUAÇÃO LÍQUIDA | 70 |
| Duplicatas a Receber | 40 | | |
| Promissórias a Receber | 10 | | |
| TOTAL | 150 | TOTAL | 150 |

Conforme afirmamos, o total do lado esquerdo ($ 150) tem de ser igual ao total do lado direito ($ 150). Veja: no Ativo, temos: Bens + Direitos = $ 150; e no Passivo, temos: Obrigações + Situação Líquida = $ 150.

**NOTA:**

- A partir daqui passaremos a representar o Patrimônio por meio do mesmo gráfico em forma de **T**, porém com o título apropriado de **Balanço Patrimonial.***

## 2.4.1 Situações Líquidas Patrimoniais possíveis**

### Ativo maior que o Passivo

*Exemplo:*

Bens.................................... $ 200
Direitos................................ $ 100
Obrigações............................ $ 180

Representando graficamente essa situação, sem levar em conta, ainda, a Situação Líquida, temos:

| BALANÇO PATRIMONIAL | | | |
|---|---|---|---|
| **ATIVO** | | **PASSIVO** | |
| Bens.................................... | 200 | Obrigações.................................... | 180 |
| Direitos.................................... | 100 | | |
| TOTAL.................................... | 300 | TOTAL.................................... | 180 |

Observe que os dois lados não têm o mesmo total. Logo, precisamos igualá-los. Veja:

- Lado do Ativo.................... (+) $ 300
- Lado do Passivo.................. (–) $ 180
- Diferença......................... (+) $ 120

**OBSERVAÇÕES:**

- Antes de cada valor colocamos um sinal.
- O Ativo, contendo Bens e Direitos, é positivo; logo, sinal (+).
- O Passivo, contendo Obrigações, é negativo; logo, sinal (–).

---

* O **Balanço Patrimonial** é uma das Demonstrações Contábeis exigidas pela Lei n. 6.404/1976 das Sociedades por Ações e deve exprimir, com clareza, a situação do Patrimônio da empresa em dado momento.

** Para efeito didático, neste tópico deixaremos de especificar os Bens, os Direitos e as Obrigações, apresentando apenas suas somas.

A diferença de $ 120 é denominada Situação Líquida; será colocada do lado do Passivo e adicionada ao valor das Obrigações, já que o total do Ativo é maior que o total das Obrigações.

O Balanço Patrimonial ficará assim:

| BALANÇO PATRIMONIAL | | | |
|---|---|---|---|
| ATIVO | | PASSIVO | |
| Bens | 200 | Obrigações | 180 |
| Direitos | 100 | (+) Situação Líquida | 120 |
| TOTAL | 300 | TOTAL | 300 |

Neste caso, a Situação Líquida poderá ter uma das seguintes denominações:

**a. Situação Líquida Positiva**;

**b. Situação Líquida Ativa**;

**c. Situação Líquida Superavitária**.

Veja por quê:

**a.** denomina-se **Situação Líquida Positiva** porque o total dos elementos positivos (Bens + Direitos) supera o total dos elementos negativos (Obrigações) em $ 120;

**b.** denomina-se **Situação Líquida Ativa** porque o total do Ativo (Bens + Direitos) supera o total do Passivo (Obrigações) em $ 120;

**c.** denomina-se **Situação Líquida Superavitária** por ser uma situação positiva. Suponhamos que, neste momento, haja intenção de se liquidar essa empresa. Vendendo os Bens, ao preço que custaram, teremos $ 200, e, recebendo todos os Direitos no valor de $ 100, teremos em mãos $ 300. Pagando todas as Obrigações, no valor de $ 180, sobrariam para o proprietário da empresa $ 120. Por isso, dizemos que a importância de $ 120 corresponde à Situação Líquida Superavitária; é o que restou positivamente. É o valor positivo que **superou** o negativo.

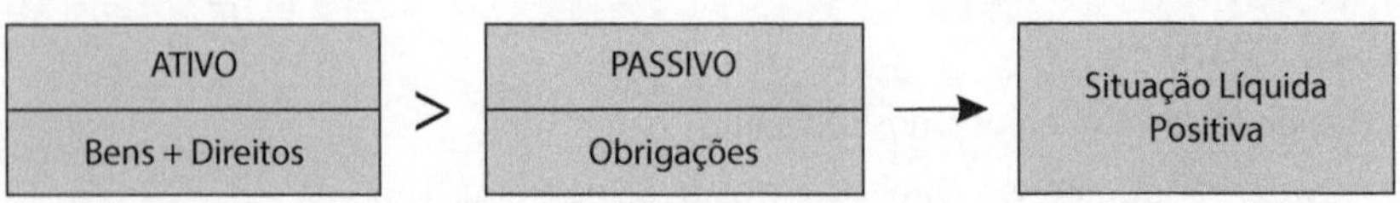


## Ativo menor que o Passivo

*Exemplo:*

| | |
|---|---|
| Bens | $ 200 |
| Direitos | $ 100 |
| Obrigações | $ 340 |

Representando graficamente, temos:

| BALANÇO PATRIMONIAL | | | |
|---|---|---|---|
| **ATIVO** | | **PASSIVO** | |
| Bens | 200 | Obrigações | 340 |
| Direitos | 100 | | |
| TOTAL | 300 | TOTAL | 340 |

Veja:

- Lado do Ativo ........ (+) $ 300
- Lado do Passivo ........ (–) $ 340
- Diferença ........ (–) $ 40

Sendo a diferença negativa, a representação gráfica completa ficará assim:

| BALANÇO PATRIMONIAL | | | |
|---|---|---|---|
| **ATIVO** | | **PASSIVO** | |
| Bens | 200 | Obrigações | 340 |
| Direitos | 100 | (–) Situação Líquida | (40) |
| TOTAL | 300 | TOTAL | 300 |

Neste caso, a Situação Líquida poderá ter uma das seguintes denominações:

**a. Situação Líquida Negativa;**

**b. Situação Líquida Passiva;**

**c. Situação Líquida Deficitária;**

**d. Passivo a Descoberto.**

Veja por quê:

**a.** denomina-se **Situação Líquida Negativa** porque o total dos elementos negativos (Obrigações) supera o total dos elementos positivos (Bens e Direitos) em $ 40;

**b.** denomina-se **Situação Líquida Passiva** porque o total do Passivo (Obrigações) é superior ao total do Ativo (Bens e Direitos);

**c.** denomina-se **Situação Líquida Deficitária** por ser uma situação negativa. Havendo interesse em liquidar a empresa neste momento, vendendo os Bens ao preço de custo, teremos $ 200; recebendo os Direitos, teremos $ 100. Portanto, teremos $ 300 em mãos. Para saldar nossos compromissos, precisaremos de $ 340, que é o valor das Obrigações. Logo, faltam $ 40. Por isso, a Situação Líquida é deficitária, ou seja, o total dos elementos positivos é insuficiente para saldar os compromissos assumidos pela empresa;

**d.** denomina-se **Passivo a Descoberto** porque o total do Ativo não é suficiente para cobrir o total do Passivo.

| ATIVO | | PASSIVO | | |
|---|---|---|---|---|
| Bens + Direitos | < | Obrigações | → | Situação Líquida Negativa |

## Ativo igual ao Passivo

*Exemplo:*

| | |
|---|---|
| Bens | $ 200 |
| Direitos | $ 100 |
| Obrigações | $ 300 |

Graficamente, teremos:

| BALANÇO PATRIMONIAL | | | |
|---|---|---|---|
| **ATIVO** | | **PASSIVO** | |
| Bens | 200 | Obrigações | 300 |
| Direitos | 100 | | |
| TOTAL | 300 | TOTAL | 300 |

Veja:

- Lado do Ativo ........ (+) $ 300
- Lado do Passivo ........ (–) $ 300
- Diferença ........ (+) – 0 –

Neste caso, o Ativo é inteiramente absorvido pelas Obrigações, e a **Situação Líquida** é **nula**, inexistente.

Observe que, se pretendêssemos liquidar essa empresa neste momento, tudo o que se apuraria com a venda dos Bens e com o recebimento dos Direitos seria necessário para cobrir apenas as Obrigações, não restando nada para o proprietário.

| ATIVO | | PASSIVO | | |
|---|---|---|---|---|
| Bens + Direitos | = | Obrigações | → | Situação Líquida Nula |

**NOTAS:**

- Além dessas três situações apresentadas, podem ocorrer mais duas. Porém, deixaremos de comentá-las minuciosamente porque são variantes das Situações Líquidas Positiva e Negativa, já estudadas. Veja:
- **Ativo igual à Situação Líquida**

  Ocorre quando não há Obrigações, existindo apenas elementos positivos. Neste caso, a Situação Líquida é positiva:

| BALANÇO PATRIMONIAL | | | |
|---|---|---|---|
| ATIVO | | PASSIVO | |
| Bens | 80 | (+) Situação Líquida | 100 |
| Direitos | 20 | | |
| TOTAL | 100 | TOTAL | 100 |

  Esta situação é comum quando a empresa encontra-se na fase de constituição.

- **Situação Líquida igual ao Passivo**

  Ocorre quando não há Ativo, apenas Obrigações. Neste caso, a Situação Líquida é negativa:

| BALANÇO PATRIMONIAL | | | |
|---|---|---|---|
| ATIVO | | PASSIVO | |
| | | Obrigações | 200 |
| | | (–) Situação Líquida | (200) |
| TOTAL | 0 | TOTAL | 0 |

  Esta situação não é comum, entretanto, poderá ocorrer quando a empresa encontrar-se na fase de liquidação.

## 2.5 Equação básica do Patrimônio

A equação básica do Patrimônio, também conhecida por equação fundamental do Patrimônio, é a que evidencia o Patrimônio em situação normal, ou seja, em situação líquida positiva. É expressa da seguinte maneira:

| ATIVO | | PASSIVO | | |
|---|---|---|---|---|
| Bens + Direitos | – | Obrigações | = | Situação Líquida |

## Atividades Teóricas 2

**1.** Coloque **V** se a afirmativa for verdadeira e **F** se for falsa:

( ) A Situação Líquida Patrimonial é igual à soma do Ativo com o Passivo.

( ) A Situação Líquida Patrimonial será sempre negativa.

( ) A Situação Líquida Patrimonial é igual ao Ativo diminuído das Obrigações.

**2.** Leia com atenção as afirmativas:

I. Ativo > Obrigações = Situação Líquida Ativa.

II. Situação Deficitária ocorre quando o total do Ativo é igual ao total das Obrigações.

III. Situação Líquida Passiva é o mesmo que Passivo a Descoberto.

IV. A Situação Líquida será nula quando não houver Ativo.

Escolha a alternativa correta:

a) Todas estão corretas.

b) Somente a I está correta.

c) Somente a I e a III estão corretas.

d) Nenhuma das alternativas está correta.

**3.** Complete:

a) Quando o total dos Bens e Direitos for menor que o total das Obrigações, a Situação Líquida será .................................. .

b) Quando o Ativo for igual ........................., a Situação Líquida será nula.

c) Quando o total das Obrigações for menor que o Ativo, a Situação Líquida será .......... ............................. .

d) Situação Líquida Positiva é o mesmo que Situação Líquida ........................... .

**4.** Resolva:

Relacione os itens da primeira lista com os da segunda:

a) Situação Líquida Positiva

b) Situação Líquida Passiva

c) Situação Líquida Nula

( ) Situação Líquida Inexistente

( ) Situação Líquida Superavitária

( ) Situação Líquida Deficitária

( ) Passivo a Descoberto5.

**5.** Responda:

a) Quando ocorre uma Situação Líquida Superavitária?

b) Quando ocorre uma Situação Líquida Deficitária?

# Atividades Práticas 2

O objetivo destas Atividades Práticas é permitir que você fixe bem as Situações Líquidas possíveis. Por isso, a situação encontrada deverá ser colocada do lado direito com sinal positivo ou negativo, conforme o caso, sendo somada ou subtraída das Obrigações e com o nome de Situação Líquida, para que haja igualdade entre os dois lados do Balanço Patrimonial.

PRÁTICA 1 – SOLUCIONADA

Represente graficamente e apure a Situação Líquida:

| | $ |
|---|---|
| Caixa | 200 |
| Móveis e Utensílios | 300 |
| Duplicatas a Pagar | 170 |
| Veículos | 30 |
| Salários a Pagar | 20 |
| Duplicatas a Receber | 70 |

| BALANÇO PATRIMONIAL | | | |
|---|---|---|---|
| ATIVO | | PASSIVO | |
| Caixa | 200 | Duplicatas a Pagar | 170 |
| Móveis e Utensílios | 300 | Salários a Pagar | 20 |
| Veículos | 30 | Subtotal | 190 |
| Duplicatas a Receber | 70 | (+) Situação Líquida | 410 |
| TOTAL | 600 | TOTAL | 600 |

A Situação Líquida é positiva em $ 410.

Desenvolva da mesma forma as Práticas 2, 3 e 4:

PRÁTICA 2

| | $ |
|---|---|
| Veículos | 4.000 |
| Móveis e Utensílios | 2.000 |
| Máquinas e Equipamentos | 1.000 |
| Caixa | 1.000 |
| Promissórias a Pagar | 2.000 |
| Impostos a Pagar | 5.000 |
| Duplicatas a Pagar | 7.000 |
| Títulos a Receber | 500 |
| Aluguéis a Receber | 500 |

PRÁTICA 3

| | $ |
|---|---|
| Imóveis | 6.000 |
| Veículos | 1.500 |
| Títulos a Pagar | 5.000 |
| Títulos a Receber | 3.000 |
| Aluguéis a Pagar | 1.000 |
| Impostos a Pagar | 4.500 |

PRÁTICA 4

| | $ |
|---|---|
| Imóveis | 100.000 |
| Instalações | 10.000 |
| Móveis e Utensílios | 5.000 |
| Veículos | 14.000 |
| Caixa | 5.000 |
| Bancos conta Movimento | 63.000 |
| Estoque de Mercadorias | 50.000 |
| Clientes | 10.000 |
| Promissórias a Receber | 8.000 |
| Fornecedores | 30.000 |
| Bancos conta Empréstimos | 100.000 |
| Salários a Pagar | 28.000 |
| Impostos a Pagar | 40.000 |
| Duplicatas a Pagar | 39.000 |

## 2.6 Patrimônio Líquido

Patrimônio Líquido é o quarto grupo de elementos patrimoniais que, juntamente com os Bens, os Direitos e as Obrigações, completará a Demonstração Contábil denominada Balanço Patrimonial.

Assim, no Balanço Patrimonial temos os seguintes elementos:

| BALANÇO PATRIMONIAL | |
|---|---|
| ATIVO | PASSIVO |
| Bens | Obrigações |
| Direitos | Patrimônio Líquido |

Até aqui, você já estudou e assimilou três dos quatro grupos de elementos que integram o Patrimônio: Bens, Direitos e Obrigações, e conhece todos os elementos que compõem cada um desses três grupos. Pois bem, agora, você estudará o Patrimônio Líquido, que é composto pelos seguintes elementos:

- Capital;
- Reservas; e
- Lucros ou Prejuízos Acumulados.

O Capital você já conhece, pois já o estudamos no Capítulo 1. Na fase de constituição da empresa, ele representa o elemento ativo ou o conjunto de elementos ativos que o proprietário investiu (colocou) na empresa. Assim, esse Capital Inicial poderá ser composto somente por dinheiro, ou dinheiro e outros bens como Móveis e Utensílios, Veículos, Mercadorias etc. Durante a vida normal das empresas, o capital pode ser aumentado com novas somas colocadas pelos titulares ou pela incorporação de parte dos lucros auferidos pelas próprias empresas.

As Reservas são parcelas dos lucros apurados pelas empresas que ficam retidas (retiradas, reservadas) para determinados fins, como é o caso da Reserva para Investimentos, que normalmente é utilizada para ampliação das instalações da empresa, abertura de filiais etc.

Os Lucros ou Prejuízos Acumulados correspondem ao resultado positivo (Lucros) ou negativo (Prejuízos) apurados pela empresa na movimentação do patrimônio.

Você já sabe que o principal objetivo das empresas é o lucro. No final de cada exercício social (período em que a empresa opera, geralmente igual a um ano), a movimentação do patrimônio poderá resultar em lucro ou em prejuízo.

Quando o resultado apurado no final do exercício social corresponder a lucro, ele terá várias destinações: uma parte vai para o Governo (contribuição social e Imposto de Renda); uma parte poderá ser destinada a compensar prejuízos apurados em exercícios anteriores; uma parte poderá ser destinada aos participantes no lucro (empregados, administradores etc.); outra parte poderá ser destinada à constituição de reservas; outra à distribuição aos titulares ou sócios em forma de dividendos; e, outra parte, poderá, ainda, ficar retida no Patrimônio para futuras destinações. Nesse último caso, essa parcela do lucro figurará no grupo do Patrimônio Líquido com o título de "Lucros Acumulados" ou de "Lucros ou Prejuízos Acumulados".

Quando o resultado apurado no final do exercício social corresponder a prejuízo, ele poderá ser amortizado (pago) pelo titular ou pelos sócios, ou, ainda, poderá ser mantido no grupo do Patrimônio Líquido para ser compensado com lucros apurados em exercícios futuros. Nesse caso, o prejuízo poderá figurar no grupo do Patrimônio Líquido com o título de "Prejuízos Acumulados" ou de "Lucros ou Prejuízos Acumulados".

Quando a empresa optar pela denominação de "Lucros ou Prejuízos Acumulados", deverá apresentar esse elemento no Patrimônio Líquido com sinal negativo e o valor entre parênteses quando for prejuízo e com sinal positivo quando for lucro.

Além do Capital, das Reservas e dos Lucros ou Prejuízos Acumulados, existem outros elementos que integram o grupo do Patrimônio Líquido e que serão estudados oportunamente.

**NOTAS:**

- Por ora, essas explicações sobre os elementos componentes do Patrimônio Líquido são suficientes para que você possa continuar os estudos da Contabilidade. Na sequência da matéria, esse assunto será retomado e explicado com mais detalhes.
- Na Seção a seguir, você saberá como os acontecimentos que ocorrem diariamente nas empresas interferem no Patrimônio; também conhecerá a origem e movimentação dos Bens, dos Direitos, das Obrigações e do Patrimônio Líquido, além dos seus corretos posicionamentos no Balanço Patrimonial.

## LEITURA COMPLEMENTAR

Patrimônio Líquido é o mesmo que Situação Líquida?

É isso mesmo! Tomemos como exemplo uma empresa com Situação Líquida Positiva, tendo no Ativo, Bens e Direitos o valor de $ 5.000, e no Passivo, Obrigações o valor de $ 4.000. Neste caso, subtraindo do total do Ativo, que é de $ 5.000, o valor das Obrigações, que é de $ 4.000, obteremos um Patrimônio Líquido de $ 1.000. Esse valor corresponde à parte do Patrimônio que pertence ao proprietário da empresa, podendo ser denominado Patrimônio Líquido ou Situação Líquida, pois essas duas expressões significam a mesma coisa.

Entretanto, fique atento às seguintes informações:

**I. Empresa que não mantém escrita contábil**

Quando for preciso conhecer a Situação Líquida Patrimonial de uma empresa que não mantém escrita contábil regular, seja porque funciona na informalidade, seja porque, em decorrência da própria legislação, esteja desobrigada de manter escrituração contábil, o procedimento mais adequado será:

a) efetuar um inventário físico (levantamento) de todos os Bens, Direitos e Obrigações existentes;

b) apurar a Situação Líquida aplicando a fórmula:

| Situação Líquida | = | ATIVO | – | PASSIVO |
|---|---|---|---|---|
| | | Bens + Direitos | | Obrigações |

**II. Empresa que mantém escrita contábil**

Caso a empresa mantenha escrita contábil regular, a Situação Líquida já estará registrada contabilmente, mediante os elementos que compõem o grupo do Patrimônio Líquido.

Para conhecer, portanto, a Situação Líquida de uma empresa que não mantém escrita contábil regular, deve-se efetuar um cálculo, que você já conhece (Ativo – Obrigações); por

*(continua)*

*(continuação)*

outro lado, se pretender conhecer a Situação Líquida de uma empresa que mantém escrita contábil regular, não é necessário efetuar cálculo algum – basta verificar o total do grupo do Patrimônio Líquido, o qual corresponderá à Situação Líquida. Neste caso, se a Situação Líquida da empresa for positiva, o total do grupo Patrimônio Líquido será igualmente positivo; se, por outro lado, a Situação Líquida for negativa, o total do grupo Patrimônio Líquido será igualmente negativo; e, ainda, se a Situação Líquida for nula, o grupo Patrimônio Líquido também refletirá essa situação.

**NOTA:**

- A partir deste ponto, em que já ficou definido o **Patrimônio Líquido** e mostrado o seu posicionamento no gráfico representativo do **Patrimônio**, você não deverá escrever, ao representar graficamente uma Situação Patrimonial, **Bens**, **Direitos**, **Obrigações** e **Situação Líquida**. Deverá, sim, especificar esses elementos (aspecto qualitativo). Terá de ter sempre em mente que no lado do Ativo são colocados os elementos que representam os Bens e os Direitos, e no lado do Passivo, os elementos que representam as Obrigações e o Patrimônio Líquido.

## 2.7 Formação do Patrimônio e suas variações

### 2.7.1 Introdução

Para se constituir uma empresa é preciso que se tenha, inicialmente, um Capital. Quando a empresa está sendo constituída, a palavra **Capital** é usada para representar o conjunto de elementos que o proprietário da empresa possui para montar o seu negócio e, consequentemente, iniciar suas atividades.

Vera Lúcia vai abrir uma butique. Ela possui, para esse fim, $ 60.000 em dinheiro. Logo, esses $ 60.000 em dinheiro constituem o seu Capital Inicial.

O **Capital Inicial** pode ser composto por:

**a.** somente dinheiro;

**b.** parte em dinheiro e parte em outros Bens;

**c.** parte em dinheiro, parte em outros Bens e parte em Direitos.

Suponhamos que uma pessoa deseje iniciar suas atividades (abrir uma empresa) para comercializar materiais para construção e possua $ 30.000 em dinheiro e um caminhão no valor de $ 50.000. Neste caso, o seu Capital Inicial é $ 80.000.

Esse Capital, ou seja, a soma dos valores de que o proprietário dispõe para constituir uma empresa, pode receber várias denominações:

- **Capital**
- **Capital Inicial**
- **Capital Nominal**
- **Capital Subscrito**
- **Capital Social** (quando se tratar de sociedades)

## 2.7.2 Exemplo de formação do Patrimônio e suas variações

Vamos acompanhar a formação do Patrimônio de uma empresa comercial e alguns exemplos de sua movimentação, representando, a cada acontecimento, a Situação Patrimonial respectiva:

**1.** Luiz Felipe constitui uma empresa para explorar o comércio de tintas, com um Capital Inicial, em dinheiro, de $ 50.000.

Considerando apenas esta ocorrência, veja como será representada a situação patrimonial da empresa de Luiz Felipe, mediante o Balanço Patrimonial:

| BALANÇO PATRIMONIAL | | | |
|---|---|---|---|
| ATIVO | | PASSIVO | |
| Caixa | 50.000 | Capital | 50.000 |
| TOTAL | 50.000 | TOTAL | 50.000 |

**OBSERVAÇÃO:**

- Veja que na representação gráfica temos dois elementos: **Caixa** e **Capital**. O elemento Caixa foi colocado no lado do Ativo, pois representa **Bens** (você já aprendeu que no lado do Ativo devem constar os elementos que representam os Bens e os Direitos); o elemento Capital foi colocado do lado do Passivo, pois trata-se de um elemento do grupo do Patrimônio Líquido (você já aprendeu que no lado do Passivo devem constar os elementos que representam as Obrigações e o Patrimônio Líquido).

Se desejarmos conhecer a Situação Líquida atual do Patrimônio da empresa de Luiz Felipe, como do lado do Passivo consta apenas um elemento do grupo Patrimônio Líquido, concluímos que a Situação Líquida corresponderá ao valor desse elemento; logo, é positiva em $ 50.000.

Se você preferir aplicar a fórmula já conhecida para encontrar a Situação Líquida, deverá proceder da seguinte forma:

- Ativo (Bens e Direitos) (+) $ 50.000
- (menos) Passivo (Obrigações) (–) $ – 0 –
- (igual) Situação Líquida (+) $ 50.000

Observe, finalmente, que a Situação Líquida encontrada é positiva em $ 50.000, e coincide com o total do grupo Patrimônio Líquido, que, neste momento, é representado apenas pelo elemento Capital.

**2.** Em seguida, surgem as aplicações do Capital na compra de Bens:

**a.** Compra de Móveis e Utensílios, à vista, por $ 5.000;

**b.** Compra de um automóvel, à vista, por $ 30.000.

Veja como ficou o Patrimônio de Luiz Felipe após essa operação:

| BALANÇO PATRIMONIAL | | | |
|---|---|---|---|
| ATIVO | | PASSIVO | |
| Caixa | 15.000 | Capital | 50.000 |
| Móveis e Utensílios | 5.000 | | |
| Veículos | 30.000 | | |
| TOTAL | 50.000 | TOTAL | 50.000 |

## OBSERVAÇÃO:

- Observe que, embora tenha havido movimento no Patrimônio, o seu valor total não se alterou. Apenas houve troca de valores no Ativo: o Caixa diminuiu em $ 35.000, mas esse valor apareceu novamente em Móveis e Utensílios e em Veículos. No lado do Passivo, não houve alteração; o Patrimônio Líquido permanece. Por isso, repetimos o elemento Capital com o mesmo valor do Balanço anterior.

**3.** Precisando adquirir mercadorias e sendo o seu Capital insuficiente, Luiz Felipe compra a prazo:

- Compra de tintas (mercadorias), a prazo, no valor de $ 20.000, da Casa de Tintas Taubaté, conforme Nota Fiscal n. 325, com aceite de quatro Duplicatas no valor de $ 5.000 cada uma, vencíveis de 30 em 30 dias.

  Veja como ficou o Patrimônio de Luiz Felipe após essa operação:

| BALANÇO PATRIMONIAL | | | |
|---|---|---|---|
| ATIVO | | PASSIVO | |
| Caixa | 15.000 | Duplicatas a Pagar | 20.000 |
| Móveis e Utensílios | 5.000 | Capital | 50.000 |

*(continua)*

*(continuação)*

| | | | |
|---|---|---|---|
| Veículos | 30.000 | | |
| Estoque de Mercadorias | 20.000 | | |
| TOTAL | 70.000 | TOTAL | 70.000 |

## OBSERVAÇÕES:

- Quando a empresa compra a prazo, ela passa a trabalhar com Capital que não é seu (é do fornecedor das mercadorias). Cria, assim, Obrigações para futuros pagamentos. Nesse caso, tanto o Ativo quanto o Passivo serão aumentados. O Ativo, pela entrada das mercadorias (Bens); e o Passivo, pela Obrigação assumida em decorrência do aceite das Duplicatas.
- Observe, também, que o total do Ativo, que era de $ 50.000, passou para $ 70.000 com a inclusão do elemento Estoque de Mercadorias, em decorrência da compra efetuada; da mesma forma, o total do lado do Passivo, que era de $ 50.000, também aumentou, passando para $ 70.000 em decorrência da obrigação contraída junto ao fornecedor, devidamente registrada com o título de Duplicatas a Pagar.
- Observe, finalmente, que, embora o valor do Patrimônio tenha aumentado de $ 50.000 para $ 70.000, o Patrimônio Líquido não sofreu alteração, pois a Situação Líquida ficou inalterada. Veja:

| | |
|---|---|
| · Ativo (Bens e Direitos) | (+) $ 70.000 |
| · (menos) Passivo (Obrigações) | (–) $ 20.000 |
| · (igual) Situação Líquida | (+) $ 50.000 |

Portanto, a Situação Líquida continua positiva em $ 50.000, representada pelo elemento Capital.

**4.** Vamos assumir agora, que a empresa de Luiz Felipe tenha efetuado o pagamento, em dinheiro, de uma Duplicata no valor de $ 5.000.

Veja como ficou o Patrimônio de Luiz Felipe após essa operação:

| BALANÇO PATRIMONIAL | | | |
|---|---|---|---|
| ATIVO | | PASSIVO | |
| Caixa | 10.000 | Duplicatas a Pagar | 15.000 |
| Móveis e Utensílios | 5.000 | Capital | 50.000 |
| Veículos | 30.000 | | |
| Estoque de Mercadorias | 20.000 | | |
| TOTAL | 65.000 | TOTAL | 65.000 |

**OBSERVAÇÃO:**

- Esse pagamento acarretou uma redução no Ativo, pois o Caixa foi diminuído em $ 5.000, e uma redução no Passivo, pela extinção de parte das Obrigações em $ 5.000.

A partir desse exemplo prático da empresa montada por Luiz Felipe, você percebeu que cada Fato Administrativo que ocorre na empresa provoca modificações entre os elementos patrimoniais, as quais resultam em nova situação, que poderá ou não alterar o valor do Patrimônio **e/ou** do Patrimônio Líquido.

## Atividades Práticas 3

PRÁTICA 1

Represente, mediante Balanço Patrimonial, a situação do Patrimônio da empresa individual de Vera Lúcia Pereira Ribeiro, após cada Fato ocorrido.

I. Vera Lúcia inicia suas atividades comerciais com um Capital de $ 80.000 em dinheiro.

II. Compras à vista (em dinheiro):

a) Móveis e Utensílios .................... $ 3.000

b) Um automóvel .......................... $ 25.000

c) Mercadorias ............................. $ 20.000

III. Compras de Mercadorias a prazo, mediante aceite de Duplicatas, no valor de $ 30.000.

IV. Compra, a prazo, de uma casa no valor de $ 100.000, mediante emissão de Notas Promissórias.

V. Vendas de Mercadorias:

a) à vista: $ 10.000;

b) a prazo, mediante aceite de Duplicatas: $ 8.000.

**NOTA:**

- Não leve em conta o possível lucro nas vendas, pois será estudado posteriormente. Considere os valores como estão.

VI. Pagamento de uma Duplicata, em dinheiro, no valor de $ 10.000.

VII. Recebimento de uma Duplicata, em dinheiro, no valor de $ 2.000.

## 2.8 Origens e aplicações dos recursos

Vimos que a palavra **Capital** representa um elemento do grupo do Patrimônio Líquido e que, quando da constituição de uma empresa, corresponde à soma dos valores com os quais o proprietário inicia suas atividades.

Entretanto, na Contabilidade, quando a palavra Capital está acompanhada do adjetivo **Total**, compondo a expressão **Capital Total** à disposição da empresa, ela representa os recursos totais que a empresa possui.

Observe o Patrimônio representado a seguir:

| BALANÇO PATRIMONIAL DA EMPRESA COMERCIAL TAUBATÉ LTDA. | | | |
|---|---|---|---|
| ATIVO | | PASSIVO | |
| Caixa | 500 | Fornecedores | 350 |
| Estoque de Mercadorias | 200 | Capital | 800 |
| Duplicatas a Receber | 50 | | |
| Móveis e Utensílios | 100 | | |
| Veículos | 300 | | |
| TOTAL | 1.150 | TOTAL | 1.150 |

Note que o **Capital Nominal** da empresa é de $ 800, e o Capital à disposição da empresa ou **Capital Total** é de $ 1.150.

Conforme já dissemos, todos os nomes, títulos ou denominações utilizados pela Contabilidade são assim aplicados com muita lógica.

Chegou o momento de você saber por que o Patrimônio da empresa é representado pelo Balanço Patrimonial em um gráfico de dois lados e por que ambos os lados possuem o mesmo total; e, ainda, por que o valor do Patrimônio não é igual à soma dos dois totais encontrados em cada um dos lados do Balanço Patrimonial.

Para começar, o que a representação gráfica mostra?

Respondemos que o **Passivo** mostra a **Origem de Capitais**, isto é, como a empresa conseguiu os recursos que possui; e o **Ativo** mostra a **aplicação de Capitais**; isto é, em que a empresa aplicou os recursos originados, conforme mostra o lado do Passivo.

Veja, a seguir, o que vem a ser **Origem** e **Aplicação dos Recursos.**

## 2.8.1 Passivo: origem dos recursos

| BALANÇO PATRIMONIAL | |
|---|---|
| | PASSIVO |
| | Obrigações |
| | Patrimônio Líquido |

No lado do Passivo, como você já sabe, são representados dois grupos de elementos patrimoniais:

- **Obrigações:** correspondem à parte do Patrimônio que a empresa deve a terceiros. Por isso, são também chamadas de **Capitais de Terceiros**.

  No desenvolvimento normal de suas atividades, uma empresa efetua diariamente uma série de operações que poderão acarretar Obrigações, as quais serão representadas por Duplicatas a Pagar, Promissórias a Pagar etc. Essas Obrigações terão de ser pagas a fornecedores, empregados, Governo, bancos etc.

- **Patrimônio Líquido:** é a parte do Patrimônio que pertence ao proprietário da empresa. São os **Capitais Próprios**, que podem se originar de duas fontes:

  1ª) Recursos do Proprietário: é o caso do Capital Inicial e dos aumentos posteriores, quando esses aumentos forem efetuados com recursos do proprietário, oriundos de fora da empresa.

  2ª) Evolução normal da empresa: a movimentação do patrimônio gera acréscimos no Patrimônio Líquido, em decorrência dos lucros apurados.

## 2.8.2 Ativo: aplicação dos recursos

| BALANÇO PATRIMONIAL | |
|---|---|
| ATIVO | |
| Bens<br>Direitos | |

Os Capitais Próprios e de Terceiros, cujas origens são demonstradas mediante os elementos que compõem o Passivo, são aplicados na empresa em Bens e Direitos, conforme mostram os elementos que compõem o Ativo. Portanto, os recursos que a empresa utilizou para ter no seu Ativo os Bens e os Direitos foram obtidos conforme mostram os elementos do Passivo.

**RESUMINDO:**

Passivo (origem dos recursos)

- Obrigações = Capitais de Terceiros
- Patrimônio Líquido = Capitais Próprios

Ativo (aplicação dos recursos)

- Bens
- Direitos

Veja a representação gráfica a seguir, analise os comentários e responda às questões propostas:

| BALANÇO PATRIMONIAL | | | |
|---|---|---|---|
| ATIVO | | PASSIVO | |
| Caixa | 1.100 | Duplicatas a Pagar | 1.000 |
| Duplicatas a Receber | 700 | Promissórias a Pagar | 500 |
| Estoque de Mercadorias | 1.400 | Capital | 1.700 |
| TOTAL | 3.200 | TOTAL | 3.200 |

Quando você analisar um Balanço Patrimonial, atente para os seguintes pontos:

- o **Ativo** mostra em que a empresa aplicou os recursos, ou em que ela aplicou todo o seu Capital. No exemplo em questão, os recursos totais à disposição da empresa estão aplicados: no **Caixa**, $ 1.100; em **Duplicatas a Receber**, $ 700 e em **Estoque de Mercadorias**, $ 1.400;
- o **Passivo** mostra a origem dos recursos da empresa que estão aplicados no Ativo. No exemplo, $ 1.700 representa o **Capital Nominal** ou **Capital Inicial**, e $ 1.500 são **Capitais de Terceiros**, originados, possivelmente, em decorrência de compras a prazo.

### *Questões propostas sobre o gráfico anterior*

**1.** Qual é o valor do Capital Nominal?

**2.** Qual é o valor dos recursos totais à disposição da empresa?

**3.** O Capital Próprio é de $ ..............................

**4.** O Capital de Terceiros é de $ ..............................

**5.** A origem dos recursos está:

a) no Ativo b) no Passivo

**6.** A aplicação dos recursos está:

a) no Ativo b) no Passivo

## Atividades Teóricas 3

**1.** Responda:

a) O que é Capital Próprio? Cite dois exemplos.

b) O que são Capitais de Terceiros? Cite três exemplos.

**2.** Escolha a alternativa correta:

I. O Patrimônio Líquido representa:

a) Capitais Próprios

b) Capitais de Terceiros

II. As Obrigações representam:

a) Capitais Próprios

b) Capitais de Terceiros

# Atividades Práticas 4

PRÁTICA 1

Crie uma Situação Patrimonial representando-a graficamente por meio do Balanço Patrimonial. Tal situação deverá conter:

a) um elemento que represente Capital Próprio;
b) quatro elementos que representem Capitais de Terceiros;
c) oito elementos que representem a aplicação desses Capitais.

| BALANÇO PATRIMONIAL | |
|---|---|
| ATIVO | PASSIVO |
| (aplicação dos recursos) | (origem dos recursos) |
| Bens e Direitos | Capitais de Terceiros |
| 1. | 1. |
| 2. | 2. |
| 3. | 3. |
| 4. | 4. |
| 5. | |
| 6. | Capitais Próprios |
| 7. | 1. |
| 8. | |
| TOTAL | TOTAL |

PRÁTICA 2

Represente graficamente, após cada fato apresentado, a Situação Patrimonial da empresa, considerando-a em evolução, isto é, cada gráfico apresentado deve ser igual ao gráfico anterior, modificado pelas operações subsequentes:

I. Investimento inicial:
 a) em dinheiro: $ 200
 b) em móveis: $ 100
II. Compras efetuadas:
 a) mercadorias em dinheiro: $ 50
 b) veículos, a prazo, mediante aceite de Duplicatas: $ 130
III. Vendas de mercadorias, à vista, por $ 20.
IV. Venda de mercadorias, a prazo, mediante emissão de Duplicatas, por $ 20.
V. Empréstimo obtido junto ao Banco do Brasil S/A, mediante emissão de Nota Promissória, no valor de $ 80.
VI. Pagamento, em dinheiro, de uma Duplicata de nosso aceite, no valor de $ 30.
VII. Recebimento, em dinheiro, de uma Duplicata no valor de $ 10.

PRÁTICA 3

Identifique as operações que deram origem às Situações Patrimoniais a seguir representadas.

Considere o Patrimônio em evolução, isto é, compare o gráfico do item em análise sempre com o gráfico anterior e responda qual ou quais foram os Fatos que provocaram tais modificações.

Observe que, na Prática anterior, você partiu de Fatos e elaborou as representações gráficas; nesta Prática, o raciocínio é invertido, ou seja, você já tem o gráfico pronto e deverá compará-lo sempre com o anterior para descobrir o Fato ou os Fatos que provocaram as modificações.

I.

| BALANÇO PATRIMONIAL | | | |
|---|---|---|---|
| **ATIVO** | | **PASSIVO** | |
| Caixa | 24.000 | Capital | 24.000 |

II.

| BALANÇO PATRIMONIAL | | | |
|---|---|---|---|
| **ATIVO** | | **PASSIVO** | |
| Caixa | 24.000 | Duplicatas a Pagar | 6.000 |
| Móveis e Utensílios | 6.000 | Capital | 24.000 |
| TOTAL | 30.000 | TOTAL | 30.000 |

III.

| BALANÇO PATRIMONIAL | | | |
|---|---|---|---|
| **ATIVO** | | **PASSIVO** | |
| Caixa | 10.000 | Duplicatas a Pagar | 6.000 |
| Móveis e Utensílios | 6.000 | Capital | 24.000 |
| Veículos | 14.000 | | |
| TOTAL | 30.000 | TOTAL | 30.000 |

IV.

| BALANÇO PATRIMONIAL | | | |
|---|---|---|---|
| **ATIVO** | | **PASSIVO** | |
| Caixa | 4.000 | Capital | 24.000 |
| Móveis e Utensílios | 6.000 | | |
| Veículos | 14.000 | | |
| TOTAL | 24.000 | TOTAL | 24.000 |

# CAPÍTULO 3

# CONTAS

## 3.1 Conceito

Na sua linguagem cotidiana, o que representa a palavra **conta**? Certamente você responderá assim:

Pode ser:

**a.** uma operação aritmética de soma, subtração, multiplicação ou divisão;

**b.** uma conta de água e esgoto, energia elétrica ou telefone;

**c.** uma conta-corrente bancária;

**d.** uma conta que temos para pagar na loja, na padaria etc.

Veja o conceito do ponto de vista técnico:

> **Conta** é o nome técnico dado aos componentes patrimoniais (Bens, Direitos, Obrigações e Patrimônio Líquido) e aos elementos de Resultado (Despesas e Receitas).

Até o presente, quando nos referimos aos componentes patrimoniais, falamos em elementos. Por exemplo: elemento Caixa, elemento Veículos, elemento Móveis e Utensílios, elemento Duplicatas a Pagar. Agora, não apresentaremos nada de novo; simplesmente, quando nos referirmos aos componentes patrimoniais, não diremos elementos e sim **contas** (conta **Caixa**, conta **Veículos**, conta **Móveis e Utensílios**, conta **Duplicatas a Pagar** etc.).

Para que servem as contas?

É por meio delas que a Contabilidade consegue desempenhar o seu papel, que consiste no registro e no controle de todos os acontecimentos responsáveis pela movimentação do Patrimônio. Por isso, as contas devem ser tratadas com muito carinho pelos Contabilistas.

Imagine a conta como uma caixinha, uma ficha ou um arquivo em que o Contabilista armazena os dados correspondentes à movimentação de entradas e saídas de valores de cada um dos elementos patrimoniais ou de resultado. Haverá uma conta para cada elemento.

A conta Caixa, por exemplo, é uma das contas mais movimentadas no dia a dia das empresas. Constantemente ocorrem entradas e saídas de dinheiro do Caixa. Pois bem, todos os Fatos correspondentes a essas entradas e saídas de dinheiro ficam registrados no arquivo (caixinha, ficha) destinado ao controle da conta Caixa. Assim, nos registros contábeis, haverá uma conta para cada elemento, seja ele do grupo dos Bens, dos Direitos, das Obrigações e do Patrimônio Líquido, seja do grupo das Despesas ou das Receitas.

Portanto, todos os acontecimentos que ocorrem na empresa, responsáveis pela movimentação do seu Patrimônio, como as compras, as vendas, os pagamentos, os recebimentos, são registrados em livros próprios por meio das contas.

## 3.2 Classificação das contas

As contas podem ser classificadas de acordo com vários critérios. Entretanto, aquele que nos interessa nesse momento é o que as classifica em dois grupos (**Teoria Patrimonialista***):

**a. Contas Patrimoniais**;

**b. Contas de Resultado**.

### 3.2.1 Contas Patrimoniais

As **Contas Patrimoniais** você já conhece, pois até agora só nos referimos a elas; representam os Bens, os Direitos, as Obrigações e o Patrimônio Líquido. Dividem-se em Ativas e Passivas e são elas que representam o Patrimônio da empresa num dado momento, mediante o Balanço Patrimonial.

Veja:

| BALANÇO PATRIMONIAL | |
|---|---|
| ATIVO | PASSIVO |
| Bens | Obrigações |
| Caixa | Fornecedores |
| Veículos | Duplicatas a Pagar |

(continua)

* As Teorias de contas mais conhecidas são: Personalística, Materialista e Patrimonialista. Veja mais detalhes em Leitura Complementar, na página 63.

*(continuação)*

| Direitos | Patrimônio Líquido |
|---|---|
| Duplicatas a Receber | Capital |
| Promissórias a Receber | Reservas |

## 3.2.2 Contas de Resultado

As **Contas de Resultado** você ainda não conhece. Elas dividem-se em **Contas de Despesas** e **Contas de Receitas**. Aparecem durante o exercício social,* encerrando-se no final de tal exercício. Não fazem parte do Balanço Patrimonial, mas é por meio delas que sabemos se a empresa apresentou lucro ou prejuízo em suas atividades.

Vamos, então, estudá-las.

### Despesas

As **Despesas** decorrem do consumo de Bens e da utilização de serviços. Por exemplo: a energia elétrica consumida, os materiais de limpeza consumidos (sabões, desinfetantes, vassouras, detergentes), o café consumido, os materiais de expediente consumidos (canetas, papéis, cartuchos de tintas para impressoras, impressos e outros), a utilização dos serviços telefônicos etc.

As Despesas são registradas pela Contabilidade por meio das Contas de Resultado. Lendo os exemplos de Contas de Despesas a seguir, você identificará o tipo de Despesa correspondente a cada uma delas:

- Água e Esgoto;
- Aluguéis Passivos;
- Café e Lanches;
- Contribuições de Previdência;
- Descontos Concedidos;
- Despesas Bancárias;
- Energia Elétrica;
- Fretes e Carretos;
- Impostos;
- Juros Passivos;

* Exercício social ou exercício contábil compreende períodos de igual duração em que a empresa opera; geralmente tem duração de um ano. No final desses períodos, as empresas apuram seus resultados e elaboram as demonstrações contábeis.

- Material de Expediente;
- Material de Limpeza;
- Prêmios de Seguro;
- Salários.

## Receitas

As **Receitas** decorrem da venda de Bens e da prestação de serviços. Existem em número menor do que as Despesas, sendo as mais comuns representadas pelas seguintes contas:

- Aluguéis Ativos;
- Descontos Obtidos;
- Juros Ativos;
- Receitas de Serviços;
- Vendas de Mercadorias.

Há Contas de Resultado que podem aparecer tanto no grupo das Despesas quanto no grupo das Receitas. É o caso dos Aluguéis, dos Juros e dos Descontos.

Como saber quando tais contas representam Despesas e quando representam Receitas?

Na Língua Portuguesa, conforme já dissemos, há palavras que possuem vários significados, dependendo da sua colocação. Alertamos você para analisar com cuidado os adjetivos que apresentaremos a seguir. Veja a diferença entre uma conta de Aluguéis que representa Despesa e uma conta de Aluguéis que representa Receita:

- A conta Aluguéis **Passivos** é Despesa.
- A conta Aluguéis **Ativos** é Receita.

A diferença está nos **adjetivos** empregados. Note que as palavras Passivos e Ativos não têm nenhuma ligação com Ativo e Passivo do Balanço Patrimonial. Portanto, a palavra Ativos, colocada após a palavra Aluguéis, é usada como adjetivo, qualificando os Aluguéis de **positivos** (logo, **Receita**). Por outro lado, a conta Aluguéis Passivos não é do Passivo; representa, sim, Aluguéis **negativos** (logo, **Despesa**). O mesmo raciocínio deve ser aplicado às contas que registram juros:

- A conta Juros **Passivos** é Despesa.
- A conta Juros **Ativos** é Receita.

**NOTAS:**

- A conta utilizada para registro das despesas com aluguéis poderá ter uma das seguintes denominações: **Aluguéis Passivos, Aluguéis Pagos, Despesas de Aluguéis** ou outra semelhante.
- A conta utilizada para registro das receitas com aluguéis poderá receber uma das seguintes denominações: **Aluguéis Ativos, Aluguéis Recebidos, Receitas de Aluguéis** ou outra semelhante.
- A conta utilizada para registro das despesas com juros poderá receber uma das seguintes denominações: **Juros Passivos, Juros Pagos, Despesas de Juros** ou outra semelhante.
- A conta utilizada para registro das receitas com juros poderá receber uma das seguintes denominações: **Juros Ativos, Juros Recebidos, Receitas de Juros** ou outra semelhante.

No caso dos **Descontos**, são **Despesas** quando concedidos pela empresa; daí serem registrados na conta Descontos Concedidos. E são **Receitas** quando obtidos pela empresa; daí serem registrados na conta Descontos Obtidos.

Veja:

José, nosso cliente, vem à nossa empresa pagar uma Duplicata no valor de $ 1.000. Ao recebermos o valor da Duplicata, damos um desconto de 5%. Logo, recebemos $ 950. Os $ 50 que deixamos de receber referem-se a **Descontos Concedidos** (Despesa).

Outro caso:

Nossa empresa pagará ao fornecedor uma Duplicata no valor de $ 5.000. Ao efetuarmos o pagamento, ganhamos um desconto de 10%. Logo, pagamos apenas $ 4.500. Os $ 500 que deixamos de pagar representam, para nossa empresa, uma Receita, que será registrada na conta **Descontos Obtidos**.

Voltaremos a explicar mais detalhadamente esses casos quando estudarmos o capítulo referente a Escrituração.

## LEITURA COMPLEMENTAR

Você sabia que Aluguéis Ativos, Aluguéis a Receber, Aluguéis Passivos e Aluguéis a Pagar correspondem a quatro contas diferentes?

Se você imaginar, conforme já sugerimos, que a conta nada mais é do que uma ficha, na qual são armazenados dados correspondentes a um único elemento, não confundirá Aluguel que representa Receita com Aluguel que representa Direito, Despesa ou Obrigação.

Quando você estiver diante da conta Aluguéis Ativos, por exemplo, pense assim: "Tenho em mãos uma ficha denominada Aluguéis Ativos, em que constam os registros das Receitas com Aluguéis"; logo, esta conta representa Receita. O Direito, a Despesa ou a Obrigação relativos a Aluguéis estarão registrados em outras fichas como Aluguéis a Receber, Aluguéis Passivos ou Aluguéis a Pagar.

Em relação às contas, a Contabilidade funciona da seguinte maneira:

Imagine o registro contábil como se fosse um grande fichário, dividido em quatro grupos de Fichas:

**Grupo 1:** Contas Patrimoniais Ativas;

**Grupo 2:** Contas Patrimoniais Passivas;

**Grupo 3:** Contas de Resultado Despesas;

**Grupo 4:** Contas de Resultado Receitas.

Dentro desses grupos, cada Ficha corresponde a uma conta.

Veja melhor:

Suponhamos que nossa empresa possua um imóvel e alugue-o a Terceiro, que pagará mensalmente a importância de $ 100. Como o locador geralmente recebe o valor do aluguel nos primeiros dias do mês seguinte, a referida receita ganha, porém ainda não recebida, deverá ser registrada pela empresa no último dia de cada mês, da seguinte maneira:

Em 31 de janeiro:

a) No grupo das Contas de Resultado Receitas, pega-se a Ficha destinada ao registro das Receitas com Aluguéis, denominada Aluguéis Ativos, na qual é lançado o valor de $ 100, correspondente à Receita ganha em janeiro.
b) No grupo das Contas Patrimoniais Ativas, pega-se a Ficha destinada ao Registro do Direito, denominada Aluguéis a Receber, na qual é lançado um Direito no valor de $ 100, correspondente ao aluguel ganho em janeiro, que será recebido no dia 10 de fevereiro.

Em 10 de fevereiro:

O locatário (inquilino) vem até a empresa e paga o valor correspondente ao aluguel de janeiro.

a) No grupo das Contas Patrimoniais Ativas, pega-se a Ficha destinada ao controle das entradas e saídas de dinheiro, denominada Caixa, na qual é lançada a entrada de $ 100 em dinheiro, correspondente à Receita de Aluguel ganha em janeiro e recebida nesta data.

*(continua)*

*(continuação)*

b) No grupo das Contas Patrimoniais Ativas, pega-se a Ficha destinada ao registro do Direito com Aluguel, denominada Aluguéis a Receber, na qual consta que temos a receber $ 100, e damos baixa neste valor. É como se o riscássemos, zerando a conta Aluguéis a Receber.

Pois bem, é assim que procedemos em relação às Receitas com Aluguéis. Quando chegarmos em 31 de dezembro, também efetuaremos o mesmo procedimento do final de cada mês. Assim, se neste último dia do ano consultarmos a Ficha da conta Aluguéis Ativos, notaremos que nela constará o valor de $ 1.200, que corresponde ao somatório das Receitas de Aluguéis ganhas durante todo o ano e que foram acumuladas nesta conta; por outro lado, se consultarmos a Ficha da conta Aluguéis a Receber, perceberemos que nela constará apenas o valor de $ 100, que corresponde ao aluguel de dezembro a ser recebido em janeiro do próximo ano.

Portanto, você não pode confundir uma conta utilizada para o registro de Receita (Aluguéis Ativos) com conta utilizada para o registro de Direito (Aluguéis a Receber), pois cada uma delas tem função distinta na Contabilidade.

O mesmo procedimento deve ser adotado em relação aos Aluguéis Passivos (Despesas), Aluguéis a Pagar (Obrigação), Juros Ativos (Receitas), Juros a Receber (Direito), Juros Passivos (Despesas) e Juros a Pagar (Obrigação).

# 3.3 Outras informações envolvendo contas

## Impostos

Somente o Governo pode cobrar impostos. Portanto, as empresas nunca terão Receitas dessa natureza.

Os impostos mais comuns são: Imposto Predial e Territorial Urbano (IPTU), Imposto sobre Operações Relativas à Circulação de Mercadorias e sobre Prestações de Serviços de Transporte Interestadual e Intermunicipal e de Comunicação (ICMS), Imposto de Renda (IR), Imposto sobre Serviços de Qualquer Natureza (ISS).

**NOTA:**

- É importante destacar que o ICMS e o ISS serão substituídos pelo IBS (Imposto sobre Bens e Serviços), gradativamente, a partir de 2029 e definitivamente a partir de 2033. Veja mais detalhes na Seção 10.4.4 do Capítulo 10 deste livro.

O mesmo raciocínio desenvolvido para as contas que registram os Aluguéis aplica-se também aos impostos, ressaltando-se que, neste caso, como não podem ocorrer Receitas, somente duas contas figurarão na Contabilidade: Impostos (para registrar as Despesas) e Impostos a Pagar (para registrar as Obrigações).

## Salários

Os Salários correspondem às remunerações pagas aos empregados pelos serviços prestados à empresa. Logo, Salários são Despesas da empresa, nunca Receitas.

O mesmo raciocínio desenvolvido para os Aluguéis aplica-se também aos Salários, ressaltando-se que, neste caso, apenas duas contas aparecerão na Contabilidade: Salários (Conta de Despesa) – acumula, mês a mês, a Despesa com o salário do pessoal; e Salários a Pagar (Conta de Obrigação) – registra o compromisso da empresa enquanto o Salário não tiver sido pago.

## Seguros

Para efeito didático, não contabilizaremos, neste curso, a movimentação do Patrimônio de uma empresa de seguros. Por isso, quando figurar esse tipo de conta na nossa Contabilidade, só poderá ser Despesa. A Despesa com seguro normalmente é contabilizada na Conta de Despesa denominada Prêmios de Seguro.

# Atividades Teóricas 1

**1.** Complete:

a) As Contas Patrimoniais são aquelas que representam o .................................. da empresa num dado momento, por meio do Balanço Patrimonial, e se dividem em ................................ e ............................... .

b) As Contas de Resultado são aquelas que permitem apurar o ......................... do exercício e se dividem em ......................... e ......................... .

**2.** Resolva:

Leia com atenção as afirmativas:

I. As Receitas decorrem do consumo de Bens e da prestação de serviços.

II. As Despesas decorrem da venda de Bens e do consumo de serviços.

III. As Contas Patrimoniais são usadas para apurar o resultado do exercício.

IV. Contas do Ativo significam Contas de Despesa.

Agora, escolha a alternativa correta:

a) I e II estão corretas.

b) Somente I e III estão erradas.

c) Todas estão certas.

d) Todas estão erradas.

**3.** Responda:

a) Do ponto de vista técnico-contábil, o que é conta?

b) Todas as contas utilizadas pela Contabilidade, segundo a Teoria Patrimonialista, dividem-se em dois grupos. Quais são esses grupos?

c) No Ativo encontramos contas que representam que espécie de elementos?

d) No Passivo encontramos contas que representam que espécie de elementos?

e) Para que servem as Contas de Resultado?
f) O que é exercício social ou exercício contábil?
g) O que você entende por Despesa? Cite três exemplos.
h) O que você entende por Receitas? Cite três exemplos.

4. Escolha a alternativa correta:
   I. Qual das contas abaixo representa Despesa?
      a) Aluguéis Ativos
      b) Aluguéis Passivos
   II. Qual das contas abaixo representa Receita?
      a) Juros Ativos
      b) Juros Passivos
   III. A conta Descontos Concedidos é de:
      a) Receita
      b) Despesa
   IV. A conta Descontos Obtidos é de:
      a) Receita
      b) Despesa

5. Assinale a alternativa que contém somente Contas de Receitas:
   a) Aluguéis Passivos, Prêmios de Seguro e Descontos Obtidos
   b) Juros Passivos, Juros Ativos e Descontos Obtidos
   c) Aluguéis Ativos, Juros Ativos e Descontos Obtidos
   d) Aluguéis Pagos, Juros Ativos e Aluguéis Recebidos

6. Responda:
   Como podemos saber quando as contas Aluguéis, Juros e Descontos representam Receitas ou Despesas?

## 3.4 Noções de débito e crédito

Mais um alerta para não confundir termos da linguagem comum, quando usados na terminologia contábil.

**Débito:** na linguagem comum, significa:

- dívida;
- situação negativa;
- estar em débito com alguém;
- estar devendo para alguém etc.

Quando falarmos na palavra **débito**, procure não ligar o seu significado do ponto de vista técnico com o que ela representa na linguagem comum.

Na terminologia contábil, essa palavra tem vários significados, os quais raramente correspondem aos da linguagem comum. Quando o aluno principiante no estudo da Contabilidade não se conscientiza disso, dificilmente aceita que débito pode representar elementos positivos, o que prejudica sensivelmente a aprendizagem. Portanto, muito cuidado com a terminologia.

Neste tópico é importante memorizar o seguinte:

a. Na representação gráfica em forma de **T**, que estamos usando para representar as contas que compõem o Patrimônio (Balanço Patrimonial), o lado esquerdo é o lado do **débito**.

**b.** Na representação gráfica, também em forma de **T**, que vamos usar para representar as Contas de Resultado, o lado esquerdo é o lado do **débito**.

**Crédito:** na linguagem comum, significa:

- ter crédito com alguém, em uma loja etc.;
- situação positiva;
- poder comprar a prazo etc.

Na terminologia contábil, a palavra **crédito** também possui vários significados. As mesmas observações que fizemos para a palavra débito aplicam-se à palavra crédito. Portanto, neste momento é importante memorizar:

**a.** Na representação gráfica em forma de **T**, que estamos usando para representar as contas que compõem o Patrimônio (Balanço Patrimonial), o lado direito é o lado do **crédito**.

**b.** Na representação gráfica, também em forma de **T**, que vamos usar para representar as Contas de Resultado, o lado direito é o lado do **crédito**.

Veja, a seguir, os gráficos das referidas contas:

| CONTAS PATRIMONIAIS | | | |
|---|---|---|---|
| ATIVO = DÉBITO | | PASSIVO = CRÉDITO | |
| Bens........................................ | (+) | Obrigações........................................ | (–) |
| Direitos........................................ | (+) | Patrimônio Líquido........................................ | (+ ou –) |

| CONTAS DE RESULTADO | | | |
|---|---|---|---|
| DÉBITO | | CRÉDITO | |
| Despesas........................................ | (–) | Receitas........................................ | (+) |

## 3.4.1 Observações finais sobre as primeiras noções de débito e crédito

Parece realmente estranho dizer que Ativo é igual a débito, não é? Isto ocorre porque, para nós, débito tem os significados que já comentamos. Na realidade, há muita lógica em chamar de débito o lado do Ativo. Existem até teorias que explicam tal fato. Preferimos ficar, por enquanto, com a seguinte convenção:

- Na Ciência Contábil, em toda representação gráfica em forma de **T**, o lado esquerdo será sempre o lado do débito e o direito, o do crédito.

Como no Balanço Patrimonial apresentado no gráfico em forma de **T** as Contas do Ativo foram naturalmente posicionadas do lado esquerdo, e as do Passivo do lado direito, temos que:

**a.** as **Contas do Ativo** são de natureza **devedora**;

**b.** as **Contas do Passivo** são de natureza **credora**.

Da mesma forma, como no gráfico em forma de **T**, utilizado para representar as Contas de Resultado, as Contas de Despesas foram naturalmente posicionadas do lado esquerdo, e as de Receitas do lado direito, temos que:

**a.** as **Contas de Despesas** são de natureza **devedora**;

**b.** as **Contas de Receitas** são de natureza **credora**.

## 3.5 Função e funcionamento das contas

As contas têm, por função, possibilitar que a Contabilidade registre e controle as operações que modifiquem ou possam modificar a Situação Patrimonial da empresa.

No Capítulo 5 – **Escrituração**, na Seção **Lançamentos**, você perceberá que o funcionamento das contas se dá por meio dos débitos e dos créditos nelas lançados.

## 3.6 Plano de Contas

Até aqui você ficou sabendo que as contas são importantíssimas para os registros contábeis. São elas que permitem a Escrituração dos Fatos ocorridos nas empresas. Todo contabilista, ao proceder à escrituração contábil, deve ter em mãos uma relação de todas as contas necessárias ao seu processo contábil.

O que é, então, o Plano de Contas?

### 3.6.1 Conceito

O **Plano de Contas** é um conjunto de contas, diretrizes e normas que disciplina as tarefas do Setor de Contabilidade, objetivando a uniformização dos registros contábeis.

É um instrumento de grande importância no desenvolvimento do processo contábil de uma empresa.

Cada empresa deve elaborar o seu Plano de Contas, sempre obedecendo aos seus interesses e, principalmente, à legislação pertinente. Atualmente, o Plano de Contas deve obedecer às disposições contidas na **Lei n. 6.404, de 15 de dezembro de 1976 (Lei das Sociedades por Ações)**.

Para atender ao estágio de estudo em que você se encontra, o Elenco de Contas apresentado na Seção seguinte (3.6.2) contém apenas as contas suficientes para a resolução das Atividades Teóricas e Práticas propostas até o Capítulo 8. A partir do Capítulo 9, **Plano de Contas**, apresentaremos um Elenco de Contas mais completo, com novas informações sobre o tema.

**NOTAS:**

- Após o Elenco de Contas, você encontrará informações que o auxiliarão a manuseá-lo ("Informações sobre o Elenco de Contas Simplificado").
- Mesmo simplificando, mantivemos determinadas contas ou grupos de contas que, talvez, não sejam muito claros para você neste momento dos estudos. Não se aflija, pois a sequência normal da matéria o levará a dominar todos esses pontos.

## 3.6.2 Elenco de Contas

### Elenco de Contas Simplificado

Gráfico I

CONTAS PATRIMONIAIS

| 1. ATIVO | | 2. PASSIVO | |
|---|---|---|---|
| 1.1 | ATIVO CIRCULANTE | 2.1 | PASSIVO CIRCULANTE |
| 1.1.01 | Caixa | 2.1.01 | Fornecedores |
| 1.1.02 | Bancos conta Movimento | 2.1.02 | Duplicatas a Pagar |
| 1.1.03 | Clientes | 2.1.03 | Promissórias a Pagar |
| 1.1.04 | Duplicatas a Receber | 2.1.04 | Salários a Pagar |
| 1.1.05 | Promissórias a Receber | 2.1.05 | Impostos e Taxas a Recolher |
| 1.1.06 | Estoque de Mercadorias | | |
| 1.1.07 | Estoque de Material de Expediente | | |
| 1.2 | ATIVO NÃO CIRCULANTE* | 2.2 | PASSIVO NÃO CIRCULANTE** |
| 1.2.01 | Duplicatas a Receber | 2.2.01 | Duplicatas a Pagar |
| 1.2.02 | Promissórias a Receber | 2.2.02 | Promissórias a Pagar |

* No Ativo Não Circulante são classificados, além dos bens de uso e dos bens imateriais, também os Direitos cujos vencimentos ocorram após o término do exercício social seguinte ao do Balanço. Os Direitos cujos vencimentos ocorram durante o exercício social seguinte ao do Balanço devem ser classificados no Ativo Circulante.

** No Passivo Não Circulante são classificadas as Obrigações cujos vencimentos ocorram após o término do exercício social seguinte ao do Balanço. As Obrigações cujos vencimentos ocorram durante o exercício social seguinte ao do Balanço devem ser classificadas no Passivo Circulante.

| | | | |
|---|---|---|---|
| 1.2.03 | Computadores | | |
| 1.2.04 | Imóveis | 2.3 | PATRIMÔNIO LÍQUIDO |
| 1.2.05 | Instalações | 2.3.01 | Capital |
| 1.2.06 | Móveis e Utensílios | 2.3.02 | Lucros Acumulados |
| 1.2.07 | Veículos | | |
| 1.2.08 | Fundo de Comércio | | |

Gráfico II

CONTAS DE RESULTADO

| 3. DESPESAS | | 4. RECEITAS | |
|---|---|---|---|
| 3.1 | DESPESAS OPERACIONAIS | 4.1 | RECEITAS OPERACIONAIS |
| 3.1.01 | Água e Esgoto | 4.1.01 | Aluguéis Ativos |
| 3.1.02 | Aluguéis Passivos | 4.1.02 | Descontos Obtidos |
| 3.1.03 | Café e Lanches | 4.1.03 | Juros Ativos |
| 3.1.04 | Combustíveis | 4.1.04 | Receitas Eventuais |
| 3.1.05 | Descontos Concedidos | 4.1.05 | Receitas de Serviços |
| 3.1.06 | Despesas Bancárias | | |
| 3.1.07 | Despesas (ou Gastos) de Organização | | |
| 3.1.08 | Energia Elétrica | | |
| 3.1.09 | Fretes e Carretos | | |
| 3.1.10 | Impostos e Taxas | | |
| 3.1.11 | Juros Passivos | | |
| 3.1.12 | Material de Expediente | | |
| 3.1.13 | Material de Limpeza | | |
| 3.1.14 | Serviços de Terceiros | | |
| 3.1.15 | Telefones | | |
| 3.1.16 | Despesas Eventuais | | |

| 5. CONTAS DE APURAÇÃO DO RESULTADO |
|---|
| 5.1 RESULTADO LÍQUIDO |
| 5.1.01 Resultado do Exercício |

## Informações sobre o Elenco de Contas Simplificado

Para que serve o **Elenco de Contas**?

Daqui em diante, toda vez que procedermos à escrituração, precisaremos consultar esse Elenco de Contas. Para facilitar, dividimos as contas em dois gráficos:

- No **gráfico I**, colocamos as **Contas Patrimoniais**.
- No **gráfico II**, colocamos as **Contas de Resultado**.

**Código das contas**: é o número que você encontra à esquerda de cada conta e que facilita o seu manuseio. Note que os códigos das contas começam pelos seguintes algarismos:

| ALGARISMOS | CONTAS |
|---|---|
| 1 | Contas do Ativo |
| 2 | Contas do Passivo |
| 3 | Contas de Despesas |
| 4 | Contas de Receitas |
| 5 | Contas de Apuração do Resultado |

### *Informações sobre o gráfico I*

Antes que apresentássemos o Elenco de Contas simplificado, você havia aprendido que Contas Patrimoniais são aquelas que representam, por meio do Balanço Patrimonial, a situação do Patrimônio da empresa, dividindo-se em **ativas** e **passivas**. Você ficou sabendo, também, que o lado do Ativo é composto pelos Bens e pelos Direitos e que o lado do Passivo é composto pelas Obrigações e pelo Patrimônio Líquido. Porém, essas Contas Patrimoniais são agrupadas no Balanço Patrimonial em grupos e subgrupos, conforme determina a **Lei n. 6.404/1976**. Para facilitar, conforme nosso propósito, elaboramos o Elenco de Contas utilizando apenas os grupos principais.

CONTAS PATRIMONIAIS

### *1.ATIVO*

No Ativo você encontra todas as contas que representam os Bens e os Direitos, devidamente classificadas em dois grupos:

1.1 Ativo Circulante; e

1.2 Ativo Não Circulante.

A ordem de disposição das contas no Ativo, segundo a **Lei n. 6.404/1976**, é a ordem decrescente do grau de liquidez dos elementos nelas registrados.

**OBSERVAÇÕES:**

- **Grau de liquidez** é o maior ou menor prazo no qual Bens e Direitos podem ser transformados em dinheiro. Por exemplo, os Estoques de Mercadorias serão transformados em dinheiro quando forem vendidos à vista; as Duplicatas a Receber, quando forem recebidas, e assim por diante.
- A conta Caixa e a conta Bancos conta Movimento são as que possuem maior grau de liquidez, pois representam disponibilidades imediatas. Por isso, são as primeiras contas que aparecem no Elenco de Contas.

### *1.1 Ativo Circulante*

Neste grupo, você encontra classificadas todas as contas que representam os Bens e os Direitos que, pela natureza de cada um, estão em constante circulação. Correspondem aos recursos aplicados em elementos que estão em frequente movimento, por exemplo, a conta Caixa, que a todo instante está sendo movimentada (entra e sai dinheiro); o mesmo ocorre com as Contas de Estoque, Bancos conta Movimento etc.

### *1.2 Ativo Não Circulante*

Neste grupo você encontra classificadas todas as contas que representam a aplicação de recursos em Direitos realizáveis a longo prazo, bem como em bens de uso e em bens imateriais.

Os Direitos realizáveis a longo prazo são aqueles cujos vencimentos ocorrem após o término do exercício social seguinte ao do Balanço.

Suponhamos que, no dia 31 de dezembro de x3, você esteja levantando o Balanço de uma empresa. Neste caso, todos os Direitos cujos vencimentos ocorram em x4 deverão ser classificados no Ativo Circulante; já os Direitos cujos vencimentos ocorram a partir de 1º de janeiro de x5 deverão ser classificados no Ativo Não Circulante, uma vez que eles vencerão após o término do exercício seguinte ao do Balanço (exercício do Balanço = x3; exercício seguinte ao do Balanço = x4; período considerado após o término do exercício seguinte ao do Balanço = x5 em diante).

Os bens de uso são aqueles necessários ao desenvolvimento das atividades normais da empresa, como é o caso dos Móveis e utensílios, dos Computadores, dos Veículos etc.

Os bens imateriais, conforme já mencionamos no Capítulo 2, correspondem a determinados gastos realizados pela empresa que pela sua natureza devem ser ativados como Fundo de Comércio, Marcas e Patentes etc.

São classificadas, ainda no Ativo Não Circulante, as contas representativas de investimentos, que serão tratadas mais adiante.

## *2. PASSIVO*

No Passivo, você encontra as contas que representam as Obrigações e o Patrimônio Líquido devidamente classificadas em três grupos:

2.1 Passivo Circulante;

2.2 Passivo Não Circulante; e

2.3 Patrimônio Líquido.

A ordem de disposição das contas no Passivo, segundo a **Lei n. 6.404/1976**, é a ordem decrescente do grau de exigibilidade.

**OBSERVAÇÃO:**

- **Grau de exigibilidade** é o maior ou menor prazo em que as Obrigações devem ser pagas pela empresa. Assim, serão classificadas no Passivo Circulante as Obrigações cujos vencimentos ocorram em prazo inferior a um ano, a contar da data do respectivo Balanço, bem como serão classificadas no Passivo Não Circulante as Obrigações cujos vencimentos ocorram após um ano da data do respectivo Balanço.

### *2.1 Passivo Circulante*

Neste grupo são classificadas todas as contas que representam as Obrigações que a empresa terá de pagar no exercício seguinte ao do Balanço.

### *2.2 Passivo Não Circulante*

Conforme já dissemos, neste grupo são classificadas todas as contas que representam as Obrigações que a empresa terá de pagar após o término do exercício social seguinte ao do Balanço.

### *2.3 Patrimônio Líquido*

Neste grupo são classificadas todas as contas que representam o Capital Próprio da empresa. No Elenco de Contas Simplificado, apresentamos apenas duas contas: Capital e Lucros Acumulados. Contudo, você já sabe que podem figurar neste grupo, ainda, as contas Reservas e Prejuízos Acumulados, conforme já estudamos no Capítulo 2, Seção 2.6 – Patrimônio Líquido.

É importante saber, neste momento dos estudos, que se no Patrimônio Líquido figurar a conta Prejuízos Acumulados, não figurará a conta Lucros Acumulados, uma vez que, havendo prejuízos, este deverá ser compensado com os lucros apurados. Contudo, você já aprendeu que a empresa pode optar em usar a conta "Lucros ou Prejuízos Acumulados" para representar lucro ou prejuízo. Neste caso, esta conta figurará com sinal negativo quando corresponder a prejuízo.

## Informações sobre o gráfico II

As Contas de Resultado dividem-se em dois grupos: Despesas e Receitas.

Conforme já dissemos, é por meio dessas contas que podemos conhecer o resultado da movimentação do Patrimônio da empresa, ou seja, se em determinado período a empresa apurou lucro ou prejuízo em suas transações.

E como isto se dá?

Confrontando-se as Despesas com as Receitas. Para isso, são necessárias três operações:

1. somam-se os valores das Receitas;
2. somam-se os valores das Despesas;

3. confrontam-se os totais das Receitas e das Despesas. Se o total das Receitas for superior ao das Despesas, o resultado revela apuração de Lucro; se o total das Despesas for superior ao das Receitas, o resultado revela a apuração de Prejuízo.

Contabilmente, tal operação é feita mediante a transferência dos saldos das Contas de Despesas e de Receitas para uma conta Transitória, denominada Resultado do Exercício. Em vista disso, inserimos o grupo 5 no gráfico II do Elenco de Contas. Este grupo é composto apenas pela conta Resultado do Exercício. No Capítulo 8, aprofundaremos o estudo dessa conta.

**NOTAS:**

- A numeração das Contas de Resultado é sequência das contas do gráfico I (Patrimoniais).
- O Resultado do Exercício, lucro ou prejuízo, bem como todas as contas utilizadas para a sua apuração, devem ser demonstradas por meio da **Demonstração do Resultado do Exercício**, que você estudará no Capítulo 14.

## LEITURA COMPLEMENTAR

Teorias das Contas

Conforme dissemos na Seção 3.2, as contas podem ser classificadas de várias maneiras, de acordo com a linha de pensamento estabelecida por seus defensores. Na Itália, no século XV, várias escolas – ou correntes – propiciaram o surgimento de diferentes teorias, das quais destacamos as mais aceitas hoje:

a) **Teoria Personalística** (defendida por Francesco Marchi e Giuseppe Cerboni): classifica as contas em três grupos – Contas dos Agentes Consignatários (Bens); Contas dos Agentes Correspondentes (Direitos e Obrigações); e Contas do Proprietário (Patrimônio Líquido, Despesas e Receitas);

b) **Teoria Materialista** (proposta por Fábio Besta): classifica as contas em dois grupos – Contas Integrais (Bens, Direitos e Obrigações) e Contas Diferenciais (Patrimônio Líquido, Despesas e Receitas);

c) **Teoria Patrimonialista** (idealizada por Vincenzo Masi): classifica as contas em dois grupos – Contas Patrimoniais (Bens, Direitos, Obrigações e Patrimônio Líquido) e Contas de Resultado (Despesas e Receitas).

## Atividades Teóricas 2

**1.** Resolva:

Relacione os itens da primeira lista com os itens da segunda:

a) Ativo Circulante
b) Ativo Não Circulante
c) Passivo Circulante
d) Patrimônio Líquido
e) Despesas Operacionais
f) Receitas Operacionais

( ) Fornecedores
( ) Caixa
( ) Imóveis
( ) Água e Esgoto
( ) Receitas de Serviços
( ) Clientes
( ) Juros Ativos
( ) Impostos e Taxas a Recolher
( ) Estoque de Mercadorias
( ) Capital
( ) Veículos
( ) Fretes e Carretos
( ) Reserva
( ) Salários
( ) Salários a Pagar

**2.** Complete:

a) As Obrigações cujos vencimentos ocorram no curso do exercício social seguinte ao do Balanço são classificadas no ............ ........................................ .

b) Os Direitos cujos vencimentos ocorram no curso do exercício social seguinte ao do Balanço são classificados no ............................................................ .

c) As contas que representam Bens aplicados na empresa em bens de uso são classificadas no .............................. .

d) As Contas de Obrigações cujos vencimentos ocorram após o término do exercício social seguinte ao do Balanço são classificadas no .............................. .

**3.** Resolva:

Indique a natureza das contas, colocando as seguintes letras de referência:

D = Devedora

C = Credora

( ) Caixa
( ) Estoque de Mercadorias
( ) Fornecedores
( ) Veículos
( ) Receitas de Serviços
( ) Fretes e Carretos
( ) Bancos conta Movimento
( ) Duplicatas a Receber
( ) Capital
( ) Juros Passivos
( ) Impostos
( ) Impostos a Pagar
( ) Móveis e Utensílios

**4.** Responda:

a) O que é Plano de Contas?

b) Existe um Plano de Contas que deve ser usado por todo e qualquer tipo de empresa?

c) Atualmente o Plano de Contas deve obedecer às disposições contidas em que Lei?

d) Em quantos grupos principais se divide o Ativo? Quais são?

e) Que tipos de contas devem figurar no Passivo Circulante?

f) Como se divide o Passivo?

g) Que tipos de contas devem figurar no Patrimônio Líquido? Cite dois exemplos.

h) Como se dividem as Contas de Resultado?

i) Cite três exemplos de Despesas Operacionais.

j) Cite quatro exemplos de Receitas Operacionais.

l) O que você entende por função da conta?

## Atividade Prática 1

Classifique as contas constantes do quadro a seguir em:

(A) Patrimonial ou Resultado

(B) Ativo, Passivo, Despesa ou Receita

(C) Devedora ou Credora

(D) Por seus respectivos grupos, conforme o Plano de Contas

| N. | CONTAS | A | B | C | D |
|---|---|---|---|---|---|
| 1 | Caixa | P | A | D | AC* |
| 2 | Bancos conta Movimento | | | | |
| 3 | Duplicatas a Pagar | | | | |
| 4 | Água e Esgoto | | | | |
| 5 | Aluguéis Passivos | | | | |
| 6 | Descontos Obtidos | | | | |
| 7 | Fornecedores | | | | |
| 8 | Promissórias a Pagar | | | | |
| 9 | Clientes | | | | |
| 10 | Gastos de Organização | | | | |
| 11 | Imóveis | | | | |
| 12 | Instalações | | | | |
| 13 | Café e Lanches | | | | |
| 14 | Descontos Concedidos | | | | |
| 15 | Juros Ativos | | | | |
| 16 | Salários a Pagar | | | | |
| 17 | Fundo de Comércio | | | | |
| 18 | Duplicatas a Receber | | | | |
| 19 | Estoque de Material de Expediente | | | | |
| 20 | Material de Expediente | | | | |
| 21 | Impostos e Taxas a Recolher | | | | |

* De acordo com as respostas do modelo, temos: P = Patrimonial; A = Ativo; D = Devedora; AC = Ativo Circulante. Proceda da mesma forma com as demais contas.

| 22 | Móveis e Utensílios | | | | |
|---|---|---|---|---|---|
| 23 | Veículos | | | | |
| 24 | Estoque de Mercadorias | | | | |
| 25 | Capital | | | | |
| 26 | Juros Passivos | | | | |
| 27 | Fretes e Carretos | | | | |
| 28 | Aluguéis Ativos | | | | |
| 29 | Despesas Bancárias | | | | |
| 30 | Computadores | | | | |

CAPÍTULO 4

# ATOS E FATOS ADMINISTRATIVOS

O Patrimônio das empresas está em constante movimento, por causa dos acontecimentos que ocorrem diariamente. Esses acontecimentos podem ser divididos em dois grupos:

- Atos Administrativos;
- Fatos Administrativos.

## 4.1 Atos Administrativos

**Atos Administrativos** são os acontecimentos que ocorrem na empresa e não provocam alterações no Patrimônio.

Exemplos: admissão de empregados; assinatura de contratos de compras, vendas e seguros; aval de títulos; fianças em favor de terceiros etc.

Alguns Atos Administrativos poderão, no futuro, provocar alterações no Patrimônio da empresa. Esses Atos são considerados relevantes, motivo pelo qual devem ser registrados pela Contabilidade por meio das Contas de Compensação, que lhe serão apresentadas no Capítulo 9, Seção 9.2 – Elenco de Contas.

Veja, agora, alguns exemplos de Atos Administrativos considerados relevantes:

- **Aval de Títulos:** ocorre quando nossa empresa avaliza Títulos para Terceiros. Esse Ato coloca em risco o Patrimônio da empresa, que se compromete a pagar a dívida caso o devedor (nosso avalizado) não o faça.

- **Fianças em favor de Terceiros:** ocorre quando nossa empresa se torna fiadora de um Terceiro, prática comum nos contratos de locação de imóveis. Esse Ato põe em risco o Patrimônio da empresa, que se obriga a efetuar o pagamento do aluguel caso o devedor (nosso afiançado) não o faça.
- **Contratação de Seguros:** ocorre quando nossa empresa contrata, junto a uma companhia seguradora, cobertura de riscos contra incêndio, roubo etc. Trata-se de Ato relevante uma vez que, ocorrendo o sinistro, nossa empresa será ressarcida do valor do prejuízo.
- **Remessa de Duplicatas para cobrança simples:** ocorre quando nossa empresa encaminha ao banco lotes de Duplicatas de nossa emissão para cobrança. Trata-se de Ato relevante, que deve ser contabilizado por meio das Contas de Compensação, que comprovam que os respectivos títulos, os quais representam Direitos, não se encontram em poder da empresa por terem sido encaminhados ao banco, que efetuará a cobrança.

## 4.2 Fatos Administrativos

**Fatos Administrativos** são os acontecimentos que provocam variações nos valores patrimoniais, podendo ou não alterar o Patrimônio Líquido.

Por modificarem o Patrimônio, devem ser contabilizados por meio das Contas Patrimoniais e/ou das Contas de Resultado.

Os Fatos Administrativos podem ser classificados em três grupos:

- Fatos Permutativos;
- Fatos Modificativos;
- Fatos Mistos.

**NOTA:**

- Para explicar cada tipo de Fato Administrativo, partiremos da situação patrimonial representada pelo Balanço Patrimonial da empresa J. Fernandes Ltda, que será modificada com a ocorrência de cada um dos Fatos Administrativos apresentados nos exemplos deste capítulo. Para facilitar as explicações, classificaremos as contas no Balanço Patrimonial da mesma maneira adotada no Capítulo 2, ou seja, em Bens, Direitos, Obrigações e Patrimônio Líquido, e não de acordo com a classificação contida no Plano de Contas.

Eis a situação patrimonial da qual partiremos:

| BALANÇO PATRIMONIAL DE J. FERNANDES LTDA. | | | |
|---|---|---|---|
| ATIVO | | PASSIVO | |
| Bens | | Obrigações | |
| Caixa | 1.000 | Salários a Pagar | 300 |
| Imóveis | 2.800 | Patrimônio Líquido | |
| Direitos | | Capital | 3.200 |
| Duplicatas a Receber | 500 | Lucros Acumulados | 800 |
| TOTAL | 4.300 | TOTAL | 4.300 |

## 4.2.1 Fatos Permutativos

**Fatos Permutativos** são aqueles que provocam permutações entre os elementos componentes do Ativo e/ou do Passivo, sem modificar o valor do Patrimônio Líquido. São também denominados Fatos Qualitativos. Pode ocorrer troca entre os elementos do Ativo, entre os elementos do Passivo e entre ambos ao mesmo tempo.

### Permutação entre elementos Ativos

Partindo do Balanço Patrimonial apresentado, suponhamos que na empresa J. Fernandes Ltda. tenha ocorrido o seguinte Fato, o qual chamaremos de **Fato A**: Recebimento da importância de $ 500, em dinheiro, referente a uma Duplicata.

Esse Fato aumentará o valor da conta Caixa em $ 500, pela entrada do dinheiro, e diminuirá a conta Duplicatas a Receber, também em $ 500, pois o cliente quitou sua dívida com nossa empresa. Uma vez quitada a dívida, nosso Direito já não mais existe.

Portanto, esse Fato provoca ao mesmo tempo aumento e diminuição entre os elementos do Ativo.

O Balanço Patrimonial, após esse acontecimento, ficará assim:

| BALANÇO PATRIMONIAL DE J. FERNANDES LTDA. | | | |
|---|---|---|---|
| ATIVO | | PASSIVO | |
| Bens | | Obrigações | |
| Caixa | 1.500 | Salários a Pagar | 300 |
| Imóveis | 2.800 | Patrimônio Líquido | |
| | | Capital | 3.200 |
| | | Lucros Acumulados | 800 |
| TOTAL | 4.300 | TOTAL | 4.300 |

**OBSERVAÇÃO:**

- Veja que a importância de $ 500, que estava em Duplicatas a Receber, passou para a conta Caixa. Houve permutação entre os elementos do Ativo; no entanto, o valor do Patrimônio Líquido não sofreu alteração com a ocorrência do Fato. O Patrimônio Líquido, no Balanço apresentado, é composto pelas contas Capital e Lucros Acumulados, que, juntas, somam $ 4.000.

## Permutação entre elementos Passivos

Partindo do Balanço anterior, já modificado pelo **Fato A**, consideremos agora o **Fato B**: suponhamos que na conta Salários a Pagar, com valor de $ 300, registrada no Passivo, representando o valor líquido dos salários que a empresa tem a pagar a seus empregados, esteja contida a importância de $ 30, correspondente a Imposto de Renda. Esse valor deveria ter sido retido do salário dos empregados, mas ainda não foi. Para regularizar a situação, vamos retirar esse valor da conta Salários a Pagar e transferi-lo para a conta própria, denominada **Impostos a Recolher**.

É bom ressaltar que, para a empresa J. Fernandes Ltda., tanto em uma como em outra conta, a referida importância representa Obrigação.

Veja como fica o Balanço Patrimonial após esse evento:

| BALANÇO PATRIMONIAL DE J. FERNANDES LTDA. | | | |
|---|---|---|---|
| **ATIVO** | | **PASSIVO** | |
| Bens | | Obrigações | |
| Caixa | 1.500 | Salários a Pagar | 270 |
| Imóveis | 2.800 | Impostos a Recolher | 30 |
| | | Patrimônio Líquido | |
| | | Capital | 3.200 |
| | | Lucros Acumulados | 800 |
| TOTAL | 4.300 | TOTAL | 4.300 |

**OBSERVAÇÃO:**

- Observe, no lado do Passivo, o surgimento da Conta Impostos a Recolher, no valor de $ 30, que foram retirados da Conta Salários a Pagar. Houve permutação entre elementos do Passivo; no entanto, o valor do Patrimônio Líquido não sofreu alteração com a ocorrência do Fato.

## Permutação entre elementos Ativos e Passivos

Neste caso, o Fato ocorrido poderá acarretar aumento ou diminuição no valor total do Patrimônio, embora não interfira no Patrimônio Líquido.

### *Aumento*

**Fato C**: Compra de Móveis e Utensílios a prazo, por $ 700.

Esse Fato provocará, ao mesmo tempo, aumento no Ativo e no Passivo.

Veja como ficará o Balanço Patrimonial após esse evento:

| BALANÇO PATRIMONIAL DE J. FERNANDES LTDA. | | | |
|---|---|---|---|
| ATIVO | | PASSIVO | |
| Bens | | Obrigações | |
| Caixa | 1.500 | Salários a Pagar | 270 |
| Imóveis | 2.800 | Impostos a Recolher | 30 |
| Móveis e Utensílios | 700 | Duplicatas a Pagar | 700 |
| | | Patrimônio Líquido | |
| | | Capital | 3.200 |
| | | Lucros Acumulados | 800 |
| TOTAL | 5.000 | TOTAL | 5.000 |

**OBSERVAÇÃO:**

- Observe que o Ativo aumentou em $ 700, passando de $ 4.300 para $ 5.000, com a inclusão da conta Móveis e Utensílios, tendo em vista a compra efetuada; o Passivo também aumentou em $ 700, passando de $ 4.300 para $ 5.000, com a inclusão da conta Duplicatas a Pagar, tendo em vista a Obrigação contraída.

### *Diminuição*

**Fato D**: suponhamos, agora, que a empresa J. Fernandes Ltda. tenha efetuado o pagamento, em dinheiro, de uma Duplicata no valor de $ 500.

Este evento diminuirá o Ativo, pela saída do dinheiro da conta Caixa; e também o Passivo, pela liquidação da Obrigação, no mesmo valor.

Veja, então, como ficará a situação patrimonial:

| BALANÇO PATRIMONIAL DE J. FERNANDES LTDA. | | | |
|---|---|---|---|
| ATIVO | | PASSIVO | |
| Bens | | Obrigações | |
| Caixa | 1.000 | Salários a Pagar | 270 |
| Imóveis | 2.800 | Impostos a Recolher | 30 |
| Móveis e Utensílios | 700 | Duplicatas a Pagar | 200 |
| | | Patrimônio Líquido | |
| | | Capital | 3.200 |
| | | Lucros Acumulados | 800 |
| TOTAL | 4.500 | TOTAL | 4.500 |

**OBSERVAÇÃO:**

- Observe que tanto no caso de aumento como no caso de diminuição houve permutação simultânea entre elementos do Ativo e do Passivo, sem interferência no Patrimônio Líquido, que não sofreu alteração.

## 4.2.2 Fatos Modificativos

**Fatos Modificativos** são aqueles que acarretam alterações, para mais ou para menos, no Patrimônio Líquido. São também denominados **Fatos Quantitativos.**

Como você pode observar, os Fatos Permutativos envolvem apenas as Contas Patrimoniais, sem provocar alteração alguma no Patrimônio Líquido. Porém os Fatos Modificativos envolvem Contas de Resultado (Receitas ou Despesas) e, consequentemente, alteram o Patrimônio Líquido, para mais ou para menos.

Veja os exemplos a seguir:

### *Diminuição*

Partindo do Balanço anterior, suponhamos a ocorrência do **Fato E**: a empresa J. Fernandes Ltda. pagou a importância de $ 100, em dinheiro, referente a Despesas com o uso de telefones.

Esse Fato diminuirá o Caixa em $ 100, pela saída do dinheiro, e, por envolver uma Despesa, diminuirá também o Patrimônio Líquido no mesmo valor.

Após esse Fato, a Situação Patrimonial da empresa fica assim:

| BALANÇO PATRIMONIAL DE J. FERNANDES LTDA. | | | |
|---|---|---|---|
| ATIVO | | PASSIVO | |
| Bens | | Obrigações | |
| Caixa | 900 | Salários a Pagar | 270 |
| Imóveis | 2.800 | Impostos a Recolher | 30 |
| Móveis e Utensílios | 700 | Duplicatas a Pagar | 200 |
| | | Patrimônio Líquido | |
| | | Capital | 3.200 |
| | | Lucros Acumulados | 700 |
| TOTAL | 4.400 | TOTAL | 4.400 |

**OBSERVAÇÕES:**

- Observe que o pagamento da Despesa com o uso de telefones provocou diminuição no Patrimônio, pois o Caixa, que tinha $ 1.000, passou a ter $ 900.
- Observe também que essa Despesa reduziu o lucro da empresa: a conta Lucros Acumulados, que tinha $ 800, passou a ter $ 700.
- Convém ressaltar, neste momento, que toda Despesa acarreta redução nos Lucros e toda Receita acarreta aumento nos Lucros. Portanto, Despesas e Receitas provocam variações no Patrimônio Líquido.

**NOTA:**

- É evidente que, na vida prática, não é imediatamente após cada evento ocorrido que o contabilista altera o Balanço Patrimonial da empresa, diminuindo ou aumentando os lucros. Estamos simulando situações apenas para você entender como o Fato Administrativo atua na Situação Patrimonial.

### *Aumento*

Suponhamos, agora, a ocorrência do **Fato F**: a empresa J. Fernandes Ltda. recebe a importância de $ 200, em dinheiro, proveniente de Receitas de Aluguéis de Imóveis.

Esse Fato aumentará o Ativo pela entrada do dinheiro na conta Caixa e aumentará o Patrimônio Líquido pela Receita auferida.

Veja a Situação Patrimonial anterior, modificada por esse evento:

| BALANÇO PATRIMONIAL DE J. FERNANDES LTDA. | | | |
|---|---|---|---|
| ATIVO | | PASSIVO | |
| Bens | | Obrigações | |
| Caixa | 1.100 | Salários a Pagar | 270 |
| Imóveis | 2.800 | Impostos a Recolher | 30 |
| Móveis e Utensílios | 700 | Duplicatas a Pagar | 200 |
| | | Patrimônio Líquido | |
| | | Capital | 3.200 |
| | | Lucros Acumulados | 900 |
| TOTAL | 4.600 | TOTAL | 4.600 |

## 4.2.3 Fatos Mistos

O **Fato Misto** envolve, ao mesmo tempo, um Fato Permutativo e um Fato Modificativo. Pode, portanto, acarretar alterações no Ativo e no Patrimônio Líquido, ou no Passivo e no Patrimônio Líquido, ou no Ativo, no Passivo e no Patrimônio Líquido simultaneamente.

Os Fatos Mistos também poderão acarretar aumento ou diminuição no Patrimônio:

### *Aumento*

Partindo da Situação Patrimonial anterior, suponhamos a ocorrência do **Fato G**: os Móveis e Utensílios, que custaram $ 700, foram vendidos, à vista, por $ 750.

Esse evento diminuirá o Ativo em $ 700, pela saída de Móveis e Utensílios; aumentará novamente o Ativo, pela entrada de $ 750, em dinheiro, no Caixa; e aumentará o Patrimônio Líquido, pelo lucro auferido de $ 50.

O Balanço Patrimonial ficará assim:

| BALANÇO PATRIMONIAL DE J. FERNANDES LTDA. | | | |
|---|---|---|---|
| ATIVO | | PASSIVO | |
| Bens | | Obrigações | |
| Caixa | 1.850 | Salários a Pagar | 270 |
| Imóveis | 2.800 | Impostos a Recolher | 30 |
| | | Duplicatas a Pagar | 200 |
| | | Patrimônio Líquido | |
| | | Capital | 3.200 |
| | | Lucros Acumulados | 950 |
| TOTAL | 4.650 | TOTAL | 4.650 |

**OBSERVAÇÕES:**

- Veja que o Ativo sofreu permutação: diminuiu em $ 700 pela saída dos Móveis e Utensílios e aumentou em $ 750 pela entrada do dinheiro no Caixa.
- Perceba também que a transação provocou aumento de $ 50 no Ativo, pois os Móveis e Utensílios foram vendidos por $ 50 acima do preço de custo.
- Observe, finalmente, que o aumento de $ 50 no Ativo foi compensado pelo aumento de $ 50 no Patrimônio Líquido, pois o lucro obtido foi adicionado à conta Lucros Acumulados.
- No exemplo em questão, portanto, constatamos a ocorrência simultânea de um Fato Permutativo (permuta entre as contas Móveis e Utensílios e Caixa) e um Fato Modificativo (recebimento de Receitas pelo lucro obtido na transação).

### *Diminuição*

Vamos imaginar a ocorrência do **Fato H**: a empresa J. Fernandes Ltda. efetuou o pagamento de uma Duplicata no valor de $ 200 em dinheiro, tendo pago, também, $ 20 de juros pelo atraso. Pagou, portanto, $ 220.

Esse Fato acarretará diminuição no Ativo, pela saída de $ 220 do Caixa; diminuição no Passivo, pela extinção da Obrigação em Duplicatas a Pagar, no valor de $ 200; e diminuição no Patrimônio Líquido, pela redução dos lucros em $ 20, em consequência da Despesa ocorrida.

A Situação do Patrimônio passou a ser a seguinte:

| BALANÇO PATRIMONIAL DE J. FERNANDES LTDA. | | | |
|---|---|---|---|
| ATIVO | | PASSIVO | |
| Bens | | Obrigações | |
| Caixa | 1.630 | Salários a Pagar | 270 |
| Imóveis | 2.800 | Impostos a Recolher | 30 |
| | | Patrimônio Líquido | |
| | | Capital | 3.200 |
| | | Lucros Acumulados | 930 |
| TOTAL | 4.430 | TOTAL | 4.430 |

**OBSERVAÇÃO:**

- Observe também que, nesse caso, constatamos a ocorrência simultânea de um Fato Permutativo (permuta entre as contas Duplicatas a Pagar e Caixa) e um Fato Modificativo (o pagamento da Despesa pelos juros ocorridos na operação).

## 4.2.4 Esquema para fixação

Para facilitar a fixação dos tipos de Fatos Administrativos, veja o seguinte esquema:

- **Fatos Permutativos:** envolvem apenas Contas Patrimoniais.
- **Fatos Modificativos:** envolvem apenas uma Conta Patrimonial (que representa Bem, Direito ou Obrigação) e uma ou mais Contas de Resultado ou do Patrimônio Líquido.
- **Fatos Mistos:** envolvem mais de uma Conta Patrimonial e uma ou mais Contas de Resultado ou do Patrimônio Líquido.

## Atividades Teóricas 1

**1.** Complete:

a) Atos Administrativos são os acontecimentos que ocorrem na empresa e que ............... ........................... modificações no Patrimônio.

b) Os Fatos ........................................................são os acontecimentos que provocam ..................... ............................... nos valores patrimoniais, podendo ou não alterar o ................................ ......................... .

c) Os Fatos Permutativos são aqueles que provocam permutações entre os elementos componentes do Ativo e/ou do ........... .............................. .

d) Os Fatos que provocam modificações no Patrimônio Líquido são denominados ............................................ .

**2.** Coloque **V** se a afirmativa for verdadeira ou **F** se for falsa:

( ) Atos Administrativos são os acontecimentos que modificam o Patrimônio Líquido.

( ) Fatos Mistos são aqueles que envolvem, ao mesmo tempo, um Fato Modificativo e um Fato Permutativo.

( ) Os Fatos Permutativos envolvem somente Contas Patrimoniais.

( ) Os Fatos Modificativos envolvem apenas uma Conta Patrimonial e uma ou mais Contas de Resultado ou do Patrimônio Líquido.

**3.** Resolva:

Relacione os itens da primeira lista com os da segunda:

a) Fato Permutativo

b) Fato Modificativo

c) Fato Misto

( ) Compra de veículo à vista

( ) Venda de mercadorias a prazo

( ) Pagamento de Duplicata com desconto

( ) Pagamento de Despesas de juros

**4.** Responda:

a) Cite três exemplos de Atos Administrativos.

b) Os Atos Administrativos que possam provocar alterações futuras no Patrimônio da empresa, considerados relevantes, devem ser contabilizados por meio de que contas?

c) Qual a diferença entre Atos e Fatos Administrativos?

d) Como se classificam os Fatos Administrativos?

e) Os Fatos Administrativos são contabilizados por meio de que contas?

f) O que são Fatos Permutativos?

g) O que são Fatos Modificativos?

h) O que são Fatos Mistos?

**5.** Cite dois exemplos de cada Fato Administrativo a seguir:

a) Fatos Permutativos entre elementos Ativos.

b) Fatos Permutativos entre elementos Passivos.

c) Fatos Permutativos entre elementos do Ativo e do Passivo.

d) Fatos Permutativos entre elementos do Ativo e do Passivo, acarretando diminuição.

e) Fatos Modificativos Aumentativos.

f) Fatos Modificativos Diminutivos.

g) Fatos Mistos Aumentativos.

h) Fatos Mistos Diminutivos.

**6.** Indique o tipo de Fato Administrativo que corresponde a cada um dos acontecimentos a seguir:

a) Vendas de móveis, em dinheiro, pelo preço de custo.

b) Recebimento de juros de mora, em dinheiro.

c) Recebimento de uma Duplicata, em dinheiro, com desconto.

d) Pagamento de uma Duplicata.

e) Compra de mercadorias a prazo.

f) Recebimento, em dinheiro, de Receitas de Aluguéis.

g) Compra de mercadorias, sendo 50% à vista e o restante a prazo.

h) Recebimento de uma Duplicata, em dinheiro, com juros.

i) Venda de um veículo com lucro.

j) Pagamento de Despesas de Aluguéis.

# CAPÍTULO 5

# ESCRITURAÇÃO

## 5.1 Conceito

**Escrituração é uma técnica contábil que consiste em registrar nos livros próprios (Diário, Razão, Caixa etc.) todos os acontecimentos que ocorrem na empresa e que modifiquem ou possam vir a modificar a situação patrimonial.**

Segundo estabelece o artigo 1.179 do Código Civil Brasileiro (Lei n. 10.406/2002), todas as empresas (sejam elas caracterizadas como empresário – antiga empresa individual – ou como sociedade empresária) estão obrigadas a seguir um sistema de contabilidade, mecanizado ou não, com base na escrituração uniforme de seus livros, em correspondência com a documentação respectiva.

Está dispensado da escrituração contábil, pelo Código Civil, somente o pequeno empresário.

Pequeno empresário é o empresário individual caracterizado como microempresa* que aufira receita bruta anual de até $ 81.000,00 (art. 68 da Lei Complementar n. 123/2006).

O controle contábil das empresas começa com a escrituração das operações no livro Diário, completando-se, depois, nos demais livros de escrituração.

É por meio dos Atos e dos Fatos Administrativos que ocorre a movimentação do Patrimônio das empresas, e esses acontecimentos são registrados por meio da Escrituração.

Mas como escriturar esses acontecimentos?

Vamos, inicialmente, estudar **em que** escriturar para depois aprender **como** efetuar tais registros.

---

* Microempresa (ME) é a sociedade empresária, a sociedade simples e o empresário, devidamente registrados no Registro de Empresas Mercantis ou no Registro Civil de Pessoas Jurídicas, conforme o caso, desde que aufira, em cada ano-calendário, receita bruta igual ou inferior a $ 360.000,00.

## 5.2 Livros utilizados na Escrituração

Dos vários livros adotados pelas empresas, vamos estudar apenas os utilizados para contabilização dos Fatos Administrativos, bem como dos Atos Administrativos relevantes (aqueles que podem provocar variações futuras no Patrimônio).

Os principais livros utilizados pela Contabilidade são o Diário e o Razão. Esses dois livros são obrigatórios, conforme veremos mais adiante.

A contabilidade utiliza, ainda, Livros Auxiliares que podem servir de suporte para a escrituração do Diário e do Razão. São exemplos o Caixa, o Contas-Correntes, o Contas a Receber, o Contas a Pagar, o Registro de Duplicatas etc. Com exceção dos livros Caixa, que são obrigatórios em alguns casos (veja Seção 5.2.4 do presente capítulo), e do Registro de Duplicatas, que é exigido pela Lei n. 5.474/1968, os demais livros aqui mencionados são facultativos.

As empresas podem utilizar, ainda, livros exigidos pelas legislações societária, fiscal, trabalhista e previdenciária. São livros obrigatórios em decorrência da forma jurídica, do ramo de atividade ou por outro motivo definido em Lei. Alguns deles também podem ser utilizados como auxiliares do Diário e do Razão, como ocorre com o Livro de Registro de Entradas, Registro de Saídas, Registro de Inventários etc., enquanto outros, por não possuírem cunho comercial, são mantidos apenas por exigências legais, como é o caso dos livros de registro de empregados, de registro de horário de trabalho e do livro de Inspeção do Trabalho, todos exigidos pela legislação trabalhista.

### 5.2.1 Livro Diário

O Diário é um livro obrigatório. Nele são lançadas, com individualização, clareza e indicação do documento comprobatório, dia a dia, por escrita direta ou reprodução, todos os acontecimentos que ocorrem na empresa e que provocam modificações no Patrimônio (Fatos Administrativos), bem como aqueles que possam vir a modificar futuramente o Patrimônio (Atos Administrativos relevantes).

O uso do Diário está previsto na legislação civil (art. 1.180 do Código Civil Brasileiro (Lei n. 10.406/2002), na legislação comercial (Decreto-lei n. 486/1969, art. 5º), na legislação tributária (art. 273 do Regulamento do Imposto de Renda – RIR/2018) e na legislação societária (Lei n. 6.404/1976).

Por ser obrigatório, o Diário está sujeito às formalidades legais extrínsecas e intrínsecas exigidas para os livros de escrituração.

**Formalidades extrínsecas (ou externas)** – dizem respeito ao livro propriamente dito, isto é, sua apresentação material.

O livro Diário deve ser encadernado com folhas numeradas sequencial e tipograficamente.

O empresário ou a sociedade empresária que adotar escrituração mecanizada ou eletrônica poderá substituir o Diário por conjunto de fichas ou folhas soltas, que também deverão ser numeradas tipograficamente, ou ainda por folhas contínuas que deverão ser numeradas mecânica ou tipograficamente.

Os Livros, fichas, folhas soltas ou contínuas do Diário deverão conter Termos de Abertura e de Encerramento, e ser submetidos à autenticação no órgão competente do Registro do Comércio, quando se tratar de empresa civil, no Registro Civil de Pessoas Jurídicas ou no Cartório de Registro de Títulos e Documentos.

Veja um modelo de Termo de Abertura:

TERMO DE ABERTURA

Contém este livro, ____ folhas numeradas tipograficamente, de 1 a___, e servirá de Diário n. ____ do empresário* ______________, sediado na Rua ____________________________ n. __, na cidade de __________ Estado de _____________, Nire** ______, conforme atos constitutivos arquivados em ___/___/___, inscrito no CNPJ sob n. ______________.

***_________________, ____ de ______________ de ____.

______________________________________

(assinatura do titular, administrador ou representante legal da empresa)

______________________________________

(assinatura de contabilista habilitado)

---

* ou sociedade empresária. Neste caso, substituir a palavra "sediado" por "sediada" e a palavra "inscrito" por "inscrita".

** Nire: Número de Inscrição de Registro de Empresas na Junta Comercial.

*** Localidade e data.

**OBSERVAÇÕES:**

- O Termo de Encerramento é idêntico ao de Abertura, diferenciando-se somente no título – Termo de Encerramento – e no tempo do verbo servir, passando de "servirá" para "serviu".
- Os Termos de Abertura e de Encerramento devem ser apostos, respectivamente, no anverso da primeira e no verso da última ficha ou folha numerada do Diário, na mesma data e antes de iniciada a escrituração, salvo quando a escrituração for realizada em fichas ou folhas soltas ou contínuas, caso em que, sendo o Diário encadernado após a sua escrituração, os termos mencionados serão lavrados na data da autenticação.

**NOTA:**

- Feitas as devidas adaptações, tanto o Termo de Abertura como o de Encerramento aqui apresentados, poderão ser utilizados em outros instrumentos de Escrituração das empresas em geral.

**Formalidades intrínsecas (ou internas)** – estão relacionadas à escrituração propriamente dita.

A escrituração será completa, em idioma e moeda corrente nacionais, em forma contábil, com individuação e clareza, por ordem cronológica de dia, mês e ano, sem intervalos em branco nem entrelinhas, borrões, rasuras, emendas ou transportes para as margens.

As formalidades extrínsecas e intrínsecas devem ser observadas para que o livro Diário mereça fé a favor do empresário ou da sociedade empresária.

Como a vida da empresa é registrada neste livro, toda e qualquer Demonstração elaborada com base na Escrituração nele contida, será reconhecida como verdadeira, salvo se na sua escrituração não forem observadas rigorosamente as formalidades legais aqui apresentadas. O livro Diário até hoje passou pelo menos por três estágios de escrituração:

**a.** processamento manual – no princípio, toda escrituração era processada de forma manuscrita. Atualmente, esse processo está em desuso, embora ainda utilizado por algumas empresas de pequeno porte, é de grande utilidade para o ensino da contabilidade;

**b.** processamento mecânico – neste estágio, a escrituração do Diário passou a ser feita em fichas ou em folhas soltas, as quais, posteriormente, eram copiadas por decalque em livro apropriado;

c. processamento eletrônico de dados – hoje, quase que a totalidade das empresas processam a escrituração do Diário por meio do computador, sendo que as folhas impressas são posteriormente encadernadas. A legislação tributária disciplina o uso da escrituração por meio do computador, cuidando inclusive dos critérios a serem observados quanto ao armazenamento de dados em arquivos magnéticos.

É importante salientar, no entanto, que a adoção de qualquer que seja o sistema de escrituração do Diário não exclui a empresa da obediência aos requisitos intrínsecos e extrínsecos, previstos tanto na legislação civil, comercial, tributária e societária, como também nas normas brasileiras de contabilidade.

As empresas que processam a escrituração por meio de fichas, folhas soltas ou contínuas, são obrigadas a adotar livro apropriado para transcrição das demonstrações contábeis.

Na escrituração, é permitido o uso de códigos de números ou de abreviaturas, desde que constem de livro próprio devidamente revestido das formalidades extrínsecas.

É admitida a escrituração resumida no Diário, por totais que não excedam ao período de um mês, relativamente a contas cujas operações sejam numerosas ou realizadas fora da sede do estabelecimento, desde que utilizados livros auxiliares para registro individuado e conservados os documentos que permitam sua perfeita verificação (Decreto-Lei n. 486/1969, art. 5º, § 3º).

A empresa que adotar o sistema de fichas de lançamentos, poderá substituir o livro Diário pelo livro Balancetes Diários e Balanços, desde que sejam observadas as mesmas formalidades extrínsecas exigidas para o livro Diário.

Visando a atender o aspecto didático do nosso curso, apresentaremos o livro Diário próprio para escrituração manual por ser o que melhor atende aos objetivos escolares.

Veja o exemplo de uma folha do livro Diário adequado à escrituração manual:

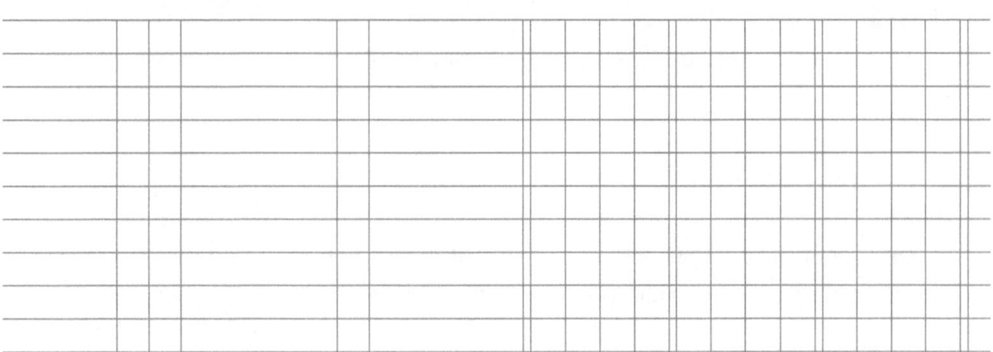

O Diário é o primeiro livro que deve ser escriturado; por isso, começaremos por ele, passando, posteriormente, ao registro nos demais.

A escrituração do Diário é feita com base nos documentos que comprovam a ocorrência dos eventos a serem registrados. No nosso caso, para efeito didático, partiremos dos problemas formulados para Escrituração.

**NOTA:**

- A escrituração do Diário será explicada na Seção 5.4.2 deste capítulo.

## 5.2.2 Livro Razão

O Razão é um livro de grande utilidade para a Contabilidade porque nele é registrado o movimento individualizado de todas as contas.
A Escrituração do livro Razão passou a ser obrigatória a partir de 1991 (art. 14 da Lei n. 8.218 de 29/8/91).

Veja um exemplo de página do livro Razão, próprio para Escrituração manual:

| 20__ | DÉBITO | 20__ | CRÉDITO |
|---|---|---|---|
| | | | |
| | | | |
| | | | |
| | | | |
| | | | |

**NOTA:**

- A Escrituração deste livro será estudada no Capítulo 6.

## 5.2.3 Livro Contas-Correntes

O **Contas-Correntes** é um livro auxiliar do livro Razão. É usado para controlar a movimentação das contas que representam Direitos e Obrigações.

Utilizaremos o seguinte modelo:

| 20___ | HISTÓRICO | DÉBITO | CRÉDITO | D/C | SALDO |
|---|---|---|---|---|---|
| | | | | | |
| | | | | | |
| | | | | | |
| | | | | | |
| | | | | | |
| | | | | | |

## 5.2.4 Livro Caixa

O livro **Caixa** também é auxiliar. Nele são registrados todos os Fatos Administrativos que envolvam entradas e saídas de dinheiro.

É importante salientar que o livro Caixa é obrigatório para as microempresas e para as empresas de pequeno porte[*] optantes pelo Simples[**] (§ 2º do art. 26 da Lei Complementar n. 123/2006), bem como para as empresas que optarem pela tributação do Imposto de Renda com base no lucro presumido[***] desde que optem também pela não manutenção de escrita contábil para fins de recolhimento do Imposto de Renda (parágrafo único do art. 600 do RIR/18).

**NOTA:**

- O Conselho Federal de Contabilidade, por meio dos itens 3 e 7 da Orientação Técnica Geral (OTG 1.000/2015), entende que as microempresas e as empresas de pequeno porte estão dispensadas da escrituração do livro Caixa, tendo em vista que são obrigadas a manter escrita contábil regular nos livros Diário e Razão, ainda que adotando um modelo de escrituração contábil simplificado.

[*] Empresa de Pequeno Porte (EPP) é a sociedade empresária, a sociedade simples e o empresário, devidamente registrados no Registro de Empresas Mercantis ou no Registro Civil de Pessoas Jurídicas, conforme o caso, desde que aufira, em cada ano-calendário, receita bruta superior a $ 360.000,00 e igual ou inferior a $ 3.600.000,00 (art. 3º da Lei Complementar no 123/2006).

[**] Sistema de tributação simplificado, criado especificamente para Beneficiar as ME e as EPP.

[***] Podem optar pela tributação do IR com base no lucro presumido as pessoas jurídicas cuja receita bruta total, no ano-calendário anterior, tenha sido igual ou inferior a $ 78.000.000,00, desde que não estejam obrigadas a tributação com base no lucro real (art. 516 do RIR/99).

Para atender ao aspecto didático do nosso curso, utilizaremos o seguinte modelo para controlar o movimento do Caixa:

MOVIMENTO DE CAIXA

____ DE __________________ DE 20___ N. _________

| DOC. N. | HISTÓRICO | ENTRADAS | SAÍDAS |
|---|---|---|---|
| | | | |
| | | | |
| | | | |
| | | | |
| | | | |
| | A TRANSPORTAR – TOTAIS DO DIA $ | | |
| | SALDO ANTERIOR $ | | |
| | SALDO ATUAL $ | | |
| | | | |

| DETALHES DO SALDO | |
|---|---|
| DINHEIRO | |
| CHEQUES | |
| VALES | |
| | |
| TOTAL | |

CAIXA: ____________________ VISTO: __________

**NOTA:**

- A Escrituração do livro Contas-Correntes e do Movimento de Caixa será explicada no Capítulo 8.

## Atividades Teóricas 1

**1.** Complete:

a) O Diário é um livro ...................................... .

b) O livro que registra o movimento individualizado de todas as Contas chama-se .. ...................................... .

c) O livro utilizado para controlar os Direitos e as Obrigações denomina-se ............ ......................... .

d) No livro Caixa são registradas operações que envolvem ...................................... .

**2.** Coloque **E** se a formalidade for extrínseca ou **I** se for intrínseca:

( ) A Escrituração será em idioma e moeda corrente nacionais.

( ) O livro Diário deverá conter Termos de Abertura e de Encerramento.

( ) O Diário será encadernado, com folhas numeradas seguidamente.

( ) A Escrituração não poderá conter escritos nas entrelinhas.

3. Responda:
   a) Cite três livros utilizados pela Contabilidade.
   b) Para que é usado o livro Diário?
   c) Dos quatro livros de Escrituração apresentados na Seção 5.2 deste capítulo, quais são os obrigatórios?
   d) O que são formalidades extrínsecas do livro Diário? Cite duas.
   e) O que são formalidades intrínsecas do livro Diário? Cite duas.
   f) Qual é o livro que permite um controle individualizado de todas as contas utilizadas pela Contabilidade?

## 5.3 Métodos de Escrituração

Método de Escrituração é o modo de registro dos Fatos Administrativos, bem como dos Atos Administrativos relevantes.

São dois os Métodos de Escrituração conhecidos: **Método das Partidas Simples** e **Método das Partidas Dobradas**.

### 5.3.1 Método das Partidas Simples

Esse método consiste no registro de operações específicas envolvendo o controle de um só elemento. No livro Caixa, por exemplo, os eventos são registrados visando apenas ao controle do dinheiro (entradas e saídas), sem a preocupação de controlar outros elementos patrimoniais ou até mesmo de se evidenciar o lucro ou prejuízo decorrente das respectivas transações. Outro exemplo de registro pelo Método das Partidas Simples ocorre no livro Contas-Correntes, no qual só interessa o controle dos Direitos e/ou das Obrigações.

Esse método é deficiente e incompleto, pois não permite o controle global do Patrimônio.

As entidades que utilizam apenas esse método de registro normalmente são aquelas que não visam ao lucro, pois só conseguem controles estanques de alguns eventos. O conhecimento do resultado econômico, se porventura interessar, só será possível mediante a comparação do Patrimônio existente no início e no final de determinado período.

### 5.3.2 Método das Partidas Dobradas

Esse método, que é de uso universal e foi divulgado no século XV (1494) na cidade de Veneza, na Itália, pelo frade franciscano Luca Pacioli, consiste no seguinte:

> Não há devedor sem que haja credor e não há credor sem que haja devedor, sendo que a cada débito corresponde um crédito de igual valor.

**NOTA:**

- Apareceram novamente as palavras **devedor** e **credor** (**débito** e **crédito**), e voltamos a alertá-lo: procure analisar com cuidado o que essas duas palavras representam para a Contabilidade, de acordo com o enfoque de nossas explicações, não confundindo com os significados que essas mesmas palavras assumem em nossa linguagem comum.

Como aplicar, na prática, o Método das Partidas Dobradas?

É o que veremos em seguida.

## 5.4 Lançamento

### 5.4.1 Conceito

**Lançamento** é o meio pelo qual se processa a Escrituração.

Os Fatos e os Atos Administrativos relevantes são registrados por meio do lançamento, inicialmente no livro Diário, mediante documentos que comprovem a legitimidade da operação (Notas Fiscais, Recibos, Contratos etc.).

### 5.4.2 Elementos essenciais

O lançamento, no livro Diário, é feito em ordem cronológica de dia, mês e ano, e os elementos que o compõem obedecem a uma determinada disposição técnica.

Vejamos, agora, como se faz um lançamento no livro Diário.

Suponhamos o seguinte Fato ocorrido na empresa:

Compra à vista (em dinheiro) de um armário de aço, marca Mantiqueira, conforme Nota Fiscal n. 8.931, da Maquinolândia Ltda., no valor de $ 1.000.

Observe que todo lançamento deve ter os seguintes elementos essenciais:

1. local e data da ocorrência do Fato;
2. conta a ser debitada;
3. conta a ser creditada;
4. histórico;
5. valor.

Para elaborar o lançamento, além de observar os cinco elementos essenciais apresentados, você deve seguir os seguintes passos:

**NOTA:**

- Os sete passos apresentados a seguir constituem orientações para que você aprenda a efetuar o raciocínio sequencial necessário à elaboração do lançamento no livro Diário. Quando você estiver familiarizado com tais procedimentos, eles deverão ser efetuados apenas mentalmente, ou seja, após a leitura de determinado Fato, você deverá registrá-lo diretamente no Diário.

Vamos, então, aos passos:

1º passo – **verificar o local e a data da ocorrência do Fato.**

No caso do nosso exemplo, considere a **sua cidade** e a **data de hoje**.

2º passo – **verificar o documento emitido para comprovar a operação.**

Se não houver documento idôneo que comprove a ocorrência do Fato, este não poderá ser contabilizado.

No nosso exemplo, o documento emitido foi a **Nota Fiscal n. 8.931**.

3º passo – **identificar, no Fato, os elementos envolvidos.**

Todo Fato Administrativo, objeto de Escrituração, envolve, no mínimo, dois elementos patrimoniais ou de resultado. Então, este passo consiste em identificar esses elementos.

Vamos reler o Fato e encontrar o 1º elemento:

- Compra à vista (em dinheiro)...

Identificamos o 1º elemento: **dinheiro**.

Vamos procurar agora o outro elemento na leitura do mesmo Fato:

- Compra à vista (em dinheiro) de um armário de aço...

Eis o segundo elemento: **armário de aço**.

Portanto, os dois elementos envolvidos neste Fato são: dinheiro e armário de aço.

4º passo – **verificar no Elenco de Contas quais contas utilizaremos para registrar cada um dos elementos identificados no 3º passo.**

Para encontrar a conta adequada a cada elemento, raciocine assim:

Em primeiro lugar, você deverá verificar se o elemento em questão corresponde a um bem ou a um direito. Se a resposta for positiva, você deverá procurar a conta adequada no Elenco de Contas do Capítulo 3 (Seção 3.6.2), entre as Contas Patrimoniais que figuram do lado do Ativo, pois Bens e Direitos encontram-se no Ativo.

Se o elemento não corresponder a Bem ou a Direito, verifique então se corresponde a Obrigação ou a elemento do grupo do Patrimônio Líquido. Se a resposta for positiva, procure a conta adequada entre as Contas Patrimoniais que estão do lado do Passivo, pois as Obrigações e os elementos do Patrimônio Líquido encontram-se no lado do Passivo.

Se o elemento não representar Bem, Direito, Obrigação ou Patrimônio Líquido, verifique se corresponde a Despesa. Se a resposta for positiva, procure a conta adequada entre as Contas de Resultado, no lado das Despesas.

Se o elemento não representar Bem, Direito, Obrigação, Patrimônio Líquido ou Despesa, certamente corresponderá a Receita. Neste caso, procure a conta adequada entre as Contas de Resultado, no lado das Receitas.

Repita esse raciocínio para cada elemento indicado no 3º passo.

Veja como ficará o Fato em questão:

O elemento **dinheiro** representa Bem; logo, lendo as Contas do Ativo no Elenco de Contas, concluímos que a mais adequada para registrar este elemento é a **conta Caixa**.

O elemento **armário de aço** também representa Bem; logo, lendo as Contas do Ativo no Elenco de Contas, concluímos que a mais adequada para registrar esse elemento é a **conta Móveis e Utensílios**.

5º passo – **preparar o histórico do problema.**

O histórico consiste no relato do Fato. Este relato deve conter apenas as informações necessárias para o bom esclarecimento do evento. Nunca se deve esquecer de identificar a espécie e o número do documento comprobatório, a coisa transacionada, bem como o nome da pessoa com quem se transaciona.

**NOTA:**

- O histórico do lançamento deve representar a essência econômica da transação, sendo permitido o uso de código de histórico padronizado, desde que baseado em tabela auxiliar inclusa em livro próprio. (Letra "d" do item 6 da Interpretação Técnica ITG 2000, aprovada pela Resolução CFC n. 1.330/2011.)

Veja como poderá ficar o histórico do nosso exemplo:

- Compra de um armário de aço, marca Mantiqueira, conforme Nota Fiscal nº 8.931, da Maquinolândia Ltda.

6º passo – **identificar a conta a ser debitada e a conta a ser creditada.**

O que vem a ser conta a ser debitada e conta a ser creditada?

No Capítulo 3, dissemos que o funcionamento das contas se dá por meio de débitos e de créditos nelas lançados. Pois bem, chegou o momento de você saber quando uma conta deve ser debitada e quando deve ser creditada.

Observe que todo Fato, na empresa, ocorre em forma de troca.

Vamos tomar, por exemplo, a compra à vista do armário de aço em questão. A empresa **recebe o armário** e **dá em troca o dinheiro**. Daí, podemos concluir, nesta fase de aprendizagem, que em todo evento ocorrido na empresa, envolvendo elementos, materiais, existe pelo menos um elemento que entra para a empresa, podendo acarretar aumento nos elementos patrimoniais. E existe, também, pelo menos um elemento que sai em troca do que entrou, podendo acarretar diminuição entre os elementos patrimoniais.

Sendo assim, todo Fato Administrativo, objeto de contabilização, pode aumentar e/ou diminuir os elementos do Ativo, do Passivo e do Patrimônio Líquido, conforme estudamos no Capítulo 4 – **Atos e Fatos Administrativos**.

Para identificar mais facilmente a conta a ser debitada e a conta a ser creditada, observe o quadro a seguir:

QUADRO AUXILIAR DA ESCRITURAÇÃO

| I. Para elementos Patrimoniais: |
|---|
| a. Toda vez que aumentar o Ativo, DEBITAR a respectiva conta. |
| b. Toda vez que diminuir o Ativo, CREDITAR a respectiva conta. |
| c. Toda vez que aumentar o Passivo, CREDITAR a respectiva conta. |
| d. Toda vez que diminuir o Passivo, DEBITAR a respectiva conta. |
| **II. Para os elementos de Resultado:** |
| e. Toda vez que ocorrer uma Despesa, DEBITAR a respectiva conta. |
| f. Toda vez que se realizar uma Receita, CREDITAR a respectiva conta. |

Veja, agora, esse mesmo quadro de maneira simplificada:

| ATIVO | |
|---|---|
| Aumento | Diminuição |
| Débito | Crédito |

| PASSIVO | |
|---|---|
| Diminuição | Aumento |
| Débito | Crédito |

| DESPESA | |
|---|---|
| Quando ocorrer Despesa | Estorno* ou Encerramento de exercício |
| Débito | Crédito |

| RECEITA | |
|---|---|
| Estorno ou Encerramento de exercício | Quando ocorrer Receita |
| Débito | Crédito |

* Estorno é uma correção do lançamento e será estudado na Seção 5.7 deste capítulo.

**NOTAS:**

- As Contas de Despesas só serão creditadas para estorno ou encerramento de exercício.
- As Contas de Receitas só serão debitadas para estorno ou encerramento de exercício.

Continuando o raciocínio do nosso primeiro exemplo de lançamento, vamos, agora, identificar a **conta a ser debitada**: é a conta **Móveis e Utensílios**, porque um armário está entrando para o Patrimônio da empresa. Sendo o armário registrado em Conta do Ativo (Móveis e Utensílios), isso acarreta aumento do Ativo, e a letra **a** do quadro auxiliar da Escrituração diz: **toda vez que aumentar o Ativo, DEBITAR a respectiva conta**. E a respectiva conta que, no caso, está acarretando aumento no Ativo é a conta Móveis e Utensílios.

Vamos, agora, identificar a **conta a ser creditada:** é a conta **Caixa**, porque está saindo dinheiro da empresa. Logo, diminuirá o Ativo, e a letra **b** do quadro auxiliar da Escrituração diz: **toda vez que diminuir o Ativo, CREDITAR a respectiva conta**. E a respectiva conta que, no caso, está acarretando diminuição no Ativo é a conta Caixa.

7º passo – **efetuar o lançamento.**

Antes de apresentarmos o lançamento devidamente escriturado, veja para que são usadas as colunas do Diário. Lembramos mais uma vez que, para fins didáticos, utilizaremos o livro Diário tradicional, próprio para Escrituração manual, o qual contém três colunas para valores. Como você já sabe, há outros modelos, que podem ser perfeitamente utilizados.

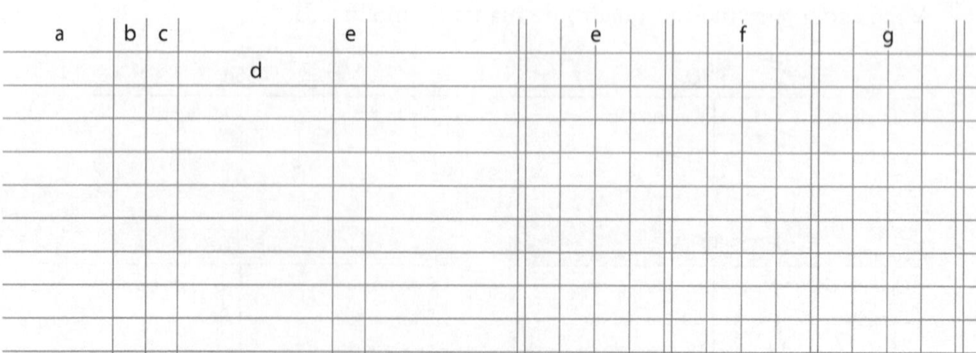


a. Código das contas, segundo o Elenco de Contas.
b. Número da folha do livro Razão em que foi lançada a conta.
c. Coluna reservada para a preposição **a** da conta credora.
d. Coluna reservada para os títulos das contas e para o Histórico.

e. Coluna reservada para o dia em que ocorreu o Fato.

f, g, h. Colunas destinadas aos valores, sendo:

- f. para as parcelas discriminadas no Histórico;
- g. para o total de cada conta, quando o lançamento for de 2ª, 3ª ou 4ª fórmulas;*
- h. para o total do lançamento.

Veja como o lançamento deve ser efetuado no livro Diário:

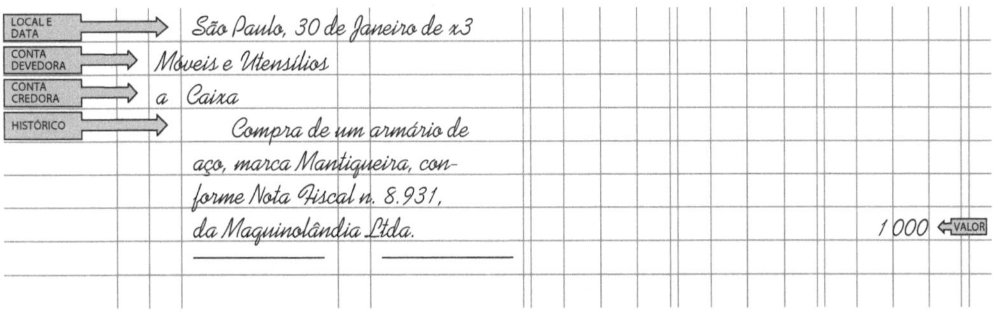


Essa é a forma contábil de se registrar um fato ou um ato administrativo no livro Diário.

## OBSERVAÇÕES:

- Verifique que a conta creditada no lançamento é precedida da letra **a**. A leitura do lançamento é feita assim: Móveis e Utensílios a Caixa.
- No lançamento, uma conta é contrapartida de outra. Assim, no lançamento apresentado, a conta Móveis e Utensílios é contrapartida da conta Caixa e vice-versa.
- O Histórico deve ser resumido. Porém, de propósito, não o resumimos. Se você não tiver facilidade para resumir, escreva todo o texto do problema; com o tempo você notará que muitas palavras poderão ser suprimidas nos Históricos, sem perda da clareza.
- Após cada lançamento devemos encerrá-lo com dois traços seccionados, abrangendo apenas as colunas destinadas ao Histórico, conforme você pode observar no exemplo apresentado. Esses traços são importantes, pois evitam que um lançamento fique unido a outro, dificultando a leitura.

## NOTA:

- O registro contábil deve conter o número de identificação do lançamento em ordem sequencial relacionado ao respectivo documento de origem externa ou interna ou, na sua falta, em elementos que comprovem ou evidenciem fatos contábeis (Item 7 da ITG 2000 – Escrituração Contábil, aprovada pela Resolução CFC n. 1.330/2011).

* Essas fórmulas serão apresentadas na Seção a seguir, "Fórmulas de lançamentos".

### 5.4.3 Fórmulas de lançamentos

No exemplo de lançamento apresentado na Seção 5.4.2 tivemos apenas uma conta debitada e uma conta creditada. Porém, um mesmo lançamento poderá conter mais de uma conta debitada ou mais de uma conta creditada. Daí, a existência de quatro fórmulas de lançamentos:

**1ª FÓRMULA – Quando aparecem no lançamento uma conta debitada e uma conta creditada.**

*Exemplo:*

Compra de uma casa, à vista, do Sr. Plínio de Almeida, situada na Av. Nove de Julho, n.1.001, nesta cidade, conforme Escritura passada no 5º Tabelião, no valor de $ 200.000.

Para resolver esse lançamento, vamos seguir todos os passos contidos na Seção 5.4.2:

1º passo – **Local e data: considerar a sua cidade e a data de hoje.**

2º passo – **Documento emitido: Escritura passada no 5º Tabelião.**

3º passo – **Elementos envolvidos: casa e dinheiro.**

4º passo – **Contas a utilizar: Imóveis e Caixa.**

5º passo – **Preparar o Histórico: utilizaremos todo o texto do problema.**

6º passo – **Identificar qual conta será debitada e qual será creditada:**

- **Debitada:** conta Imóveis, pois estamos comprando uma casa, que aumentará o nosso Ativo (letra **a** do quadro auxiliar da Escrituração).
- **Creditada:** conta Caixa, pois, se estamos pagando em dinheiro, o nosso Ativo diminuirá pela saída dessa importância da conta Caixa (letra **b** do quadro auxiliar da Escrituração).

7º passo – **Efetuar o lançamento:**

| | | | |
|---|---|---|---|
| | | (Sua cidade e data de hoje) | |
| 1.2.06 | Imóveis | | |
| 1.1.01 | a | Caixa | |
| | | Compra de uma casa, do Sr. | |
| | | Plínio de Almeida, situada na | |
| | | Av. Nove de Julho, n. 1.001, | |
| | | nesta cidade, conf. escritura | |
| | | passada no 5º Tabelião. | 200000 |

No exemplo apresentado, colocamos, à esquerda de cada conta, o respectivo código, conforme consta no Elenco de contas do Capítulo 3.

Como já dissemos, esse código facilita a identificação da conta. Ele não é obrigatório e pode ser suprimido para fins didáticos, embora seja de grande utilidade na Escrituração feita por meio de processamento eletrônico de dados.

## Atividades Práticas 1

Escriture, em partidas de Diário, os Fatos Administrativos a seguir.

FATO 1 – SOLUCIONADO

1. Compra, à vista, de um automóvel, marca Ford, conforme Nota Fiscal n. 9.890, da Distribuidora de Veículos Taubaté Ltda., no valor de $ 30.000.

### SOLUÇÃO

Para facilitar o raciocínio deste e dos demais lançamentos desta atividade, você poderá rascunhá-los utilizando o seguinte esquema:

| ELEMENTOS | CONTAS | VALOR | D/C |
|---|---|---|---|
| | | | |
| | | | |
| | | | |

Para exemplificar o uso do **Esquema para Raciocínio Lógico do Lançamento**, veja como rascunharemos o lançamento referente ao Fato em questão:

Para começar, precisamos identificar os elementos envolvidos no Fato. Ao lermos o Fato **1**, concluiremos que os elementos envolvidos são dinheiro e automóvel. Observe como os anotamos no esquema:

| ELEMENTOS | CONTAS | VALOR | D/C |
|---|---|---|---|
| Dinheiro | | | |
| Automóvel | | | |

Em seguida, devemos identificar quais contas utilizaremos para registrar cada um dos elementos. Para isso, vamos consultar o Elenco de Contas apresentado no Capítulo 3. No caso, identificamos as contas Caixa e Veículos, as quais transcrevemos para o esquema. Veja:

| ELEMENTOS | CONTAS | VALOR | D/C |
|---|---|---|---|
| Dinheiro | Caixa | | |
| Automóvel | Veículos | | |

Uma vez identificadas as contas, anotamos ao lado delas seus respectivos valores:

| ELEMENTOS | CONTAS | VALOR | D/C |
|---|---|---|---|
| Dinheiro | Caixa | 30.000 | |
| Automóvel | Veículos | 30.000 | |

Para finalizar o raciocínio, consultamos o **Quadro Auxiliar da Escrituração** (Seção 5.4.2 deste capítulo) para sabermos a conta a ser debitada e a conta a ser creditada, as quais deverão ser indicadas pelas letras **D** ou **C**. No exemplo, a conta a ser debitada é a conta Veículos, e a ser creditada, a conta Caixa.

Veja como ficará o esquema ao concluirmos o raciocínio:

| ELEMENTOS | CONTAS | VALOR | D/C |
|---|---|---|---|
| Dinheiro | Caixa | 30.000 | C |
| Automóvel | Veículos | 30.000 | D |

Agora, registramos o Fato no Diário. Veja como ficará:

*(Sua cidade e data de hoje)*
*1.2.07 Veículos*
*1.1.01 a Caixa*
*Compra de um automóvel, marca Ford, conforme Nota Fiscal n. 9.890, da Distribuidora de Veículos Taubaté Ltda.* 30000

## NOTA:

- O Esquema para Raciocínio Lógico do Lançamento não constitui documento oficial do setor de Contabilidade, sendo usado apenas para facilitar o raciocínio do lançamento, o qual deve ser, em seguida, registrado no Diário. Portanto, não se esqueça: o uso do esquema é opcional e você deixará de usá-lo assim que conseguir efetuar o raciocínio mentalmente.

Proceda da mesma forma com os demais Fatos, raciocinando inicialmente por meio do Esquema e, em seguida, efetuando o registro no Diário.

Sugerimos a você que reserve, à parte, uma folha para os esquemas, e outra somente para os lançamentos em partidas de Diário. Caso prefira utilizar folhas de cadernos comuns para efetuar os lançamentos em partidas de Diário, risque duas ou três colunas à direita de cada página, reservando-as para os valores. Assim, como ocorre no livro Diário, os Históricos ficarão separados dos valores, facilitando a visualização do lançamento.

**2.** Compra, à vista, de quatro cadeiras e uma mesa para uso da empresa, conforme Nota Fiscal n. 897, da Casa de Móveis Embaú S/A, no valor de $ 1.000.

**3.** Compra, à vista, de uma casa situada na Rua América, sem número, do Sr. Pedro Moura, por $ 130.000, conforme Escritura passada no 13º Cartório.

4. Compra de um microcomputador, marca Informática, à vista, conforme Nota Fiscal n. 7.341, da WT Informática Ltda., no valor de $ 2.000.
5. Compra de um armário de aço, à vista, conforme Nota Fiscal n. 555, da Casa Taubaté, no valor de $ 800.
6. Venda, à vista, de um automóvel, marca Ford, ao Sr. Nelson Ribeiro, por $ 30.000, conforme Recibo de Venda de Veículos n. 001.
7. Venda de uma mesa e quatro cadeiras, à vista, para a Indústria de Artefatos de Couro Ltda., conforme nossa Nota Fiscal n. 005, no valor de $ 1.000.
8. Venda, à vista, de uma casa situada na Rua América, sem número, ao Sr. Jorge Augusto Pereira, por $ 130.000, conforme Escritura passada no 13º Cartório desta cidade.
9. Venda de um microcomputador, marca Informática, à vista, conforme nossa Nota Fiscal n. 008, no valor de $ 2.000.
10. Venda de um armário de aço, à vista, à J. Pedrosa Ltda., conforme nossa Nota Fiscal n. 222, no valor de $ 800.
11. Compra de mercadorias, a prazo, conforme Nota Fiscal n. 980, da Casa de Tecidos Caçapava S/A, no valor de $ 3.000, com nosso aceite, no ato, da Duplicata n. 980/01, para 30 dias (usar a conta: 1.1.06 – Estoque de Mercadorias).
12. Venda de mercadorias, a prazo, conforme nossa Nota Fiscal n. 012, ao Sr. Edson Vinícius, no valor de $ 1.000. No ato da venda, o cliente aceitou a Duplicata n. 012/01, com vencimento para 45 dias.

**NOTAS:**

- Nas compras de Mercadorias a prazo, para registrar a Obrigação, você poderá creditar uma das seguintes contas: Fornecedores, Duplicatas a Pagar ou Títulos a Pagar. Entretanto, para fins didáticos, aconselhamos o uso da conta Fornecedores quando no Fato não constar aceite de Duplicatas, e da Conta Duplicatas a Pagar quando no Fato houver aceite de Duplicatas.
- Nas vendas de Mercadorias a prazo, para registrar o Direito, você poderá debitar uma das seguintes contas: Clientes, Duplicatas a Receber ou Títulos a Receber. Entretanto, para fins didáticos, aconselhamos o uso da conta Clientes quando no Fato não constar aceite de Duplicatas, e da conta Duplicatas a Receber quando no Fato houver aceite de Duplicatas.

**2ª FÓRMULA – Quando aparecem no lançamento uma conta debitada e mais de uma conta creditada.**

*Exemplo:*

Compra de uma Motocicleta, marca Lunar, da Casa Estrela, conforme Nota Fiscal n. 5.390, no valor de $ 5.000, nas seguintes condições:

**a.** pagamento, no ato, de $ 3.000, em dinheiro, como entrada;

**b.** o restante será pago após 30 dias, conforme aceite da Duplicata n. 0001.

Para resolver esse lançamento, vamos novamente seguir os passos expostos na Seção 5.4.2:

1º passo – **Local e data:** considerar a sua cidade e a data de hoje.

2º passo – **Documentos:** Nota Fiscal n. 5.390 e Duplicata n. 0001.

3º passo – **Elementos envolvidos:** motocicleta, dinheiro e Duplicata.

4º passo – **Contas a utilizar:** motocicleta – conta Veículos; dinheiro – conta Caixa; e Duplicata – conta Duplicatas a Pagar.

Observe que estamos comprando a prazo, aceitando uma Duplicata; logo, estamos criando Obrigação para pagar a Duplicata após 30 dias.

5º passo – **Preparar o Histórico:** veja no lançamento efetuado no 7º passo.

6º passo – **Identificar qual conta será debitada e qual será creditada:** observe que, neste caso, estão envolvidos três elementos: motocicleta, dinheiro e Duplicata. Vamos analisar cada um deles, conforme o quadro auxiliar da Escrituração:

- **Conta Veículos:** será debitada, pois, se estamos comprando um veículo, este entrará para o Patrimônio da nossa empresa, aumentando, assim, o Ativo. Aplicaremos para esta conta a letra **a** do Quadro Auxiliar da Escrituração.
- **Conta Caixa:** será creditada, pois, se estamos pagando parte da compra em dinheiro, esta importância sairá do Patrimônio da nossa empresa, diminuindo, assim, o Ativo. Aplicaremos para esta conta a letra **b** do Quadro Auxiliar da Escrituração.
- **Conta Duplicatas a Pagar:** será creditada, pois, se estamos criando uma Obrigação para pagar em 30 dias, esta aumentará o Passivo da nossa empresa. Aplicaremos para esta conta a letra **c** do Quadro Auxiliar da Escrituração.

Assim, temos:

Veículos = conta a ser debitada

Caixa = conta a ser creditada

Duplicatas a Pagar = conta a ser creditada

Se quisermos raciocinar utilizando o Esquema para Raciocínio Lógico do Lançamento, este ficará assim:

| ELEMENTOS | CONTAS | VALOR | D/C |
|---|---|---|---|
| Motocicleta | Veículos | 5.000 | D |
| Dinheiro | Caixa | 3.000 | C |
| Duplicata | Duplicatas a Pagar | 2.000 | C |

Note que uma conta será debitada (Veículos) e duas serão creditadas (Caixa e Duplicatas a Pagar). Como aparecem duas contas no crédito, inicialmente utilizaremos, no lançamento de Diário, a palavra **Diversos**.

7º passo – **Efetuar o lançamento:**

| | | | | |
|---|---|---|---|---|
| | | (Sua cidade e data de hoje) | | |
| 1.2.07 | | Veículos | | |
| | a | Diversos | | |
| | | Compra de uma motocicleta, | | |
| | | marca Lunar, da Casa Estrela, | | |
| | | conf. n. 95.390 | | |
| | | paga como segue: | | |
| 1.1.01 | a | Caixa | | |
| | | Em dinheiro | 3000 | |
| 2.1.02 | a | Duplicatas a Pagar | | |
| | | Casa Estrela | | |
| | | Dupl. 001, Venc. 30 dias | 2000 | 5000 |

## OBSERVAÇÕES:

- Observe que debitamos a conta Veículos e creditamos, inicialmente, a palavra Diversos. Nos lançamentos de 2ª, 3ª e 4ª fórmulas, a palavra **Diversos** indica, conforme a posição, a existência de mais de uma conta a ser debitada ou de mais de uma conta a ser creditada.
- No exemplo em questão, observe que, após creditarmos a palavra Diversos, fizemos um breve Histórico para, depois, creditarmos as diversas contas correspondentes. Portanto, a palavra Diversos não é conta; apenas indica a existência de mais de uma conta no débito ou no crédito, conforme a sua posição.
- Perceba, também, o uso das colunas destinadas aos valores.

## Atividade Prática 2

Escriture, em partida de Diário, o seguinte Fato:

Compra de uma escrivaninha, conforme Nota Fiscal n. 287, da Casa Taubaté, no valor de $ 1.000, nas seguintes condições:

a) foram pagos no ato, em dinheiro, $ 200;

b) aceite de quatro Duplicatas números 287/01 a 287/04, no valor de $ 200 cada, vencíveis de 30 em 30 dias.

**3ª FÓRMULA – Quando aparecem no lançamento mais de uma conta debitada e apenas uma conta creditada.**

*Exemplo:*

Venda de uma escrivaninha a Vicente Leite, conforme Nota Fiscal n. 118, por $ 500, nas seguintes condições:

**a.** recebimento, no ato, da importância de $ 100, em dinheiro;

**b.** recebimento do restante em quatro parcelas mensais iguais, no valor de $ 100 cada uma, conforme aceite de quatro Duplicatas números 118/01 a 118/04.

Vamos, agora, resolver o problema:

1º passo – **Local e data**: considere a sua cidade e a data de hoje.

2º passo – **Documentos:** Nota Fiscal n. 118 e Duplicatas números 118/01 a 118/04.

3º passo – **Elementos envolvidos:** escrivaninha, dinheiro e Duplicatas.

4º passo – **Contas a utilizar:** Móveis e Utensílios, Caixa e Duplicatas a Receber.

5º passo – **Preparar o Histórico:** veja no lançamento efetuado.

6º passo – **Contas a serem debitadas e/ou creditadas:**

- **Conta Móveis e Utensílios:** note que vendemos uma escrivaninha. Logo, o nosso Patrimônio ficará reduzido com a saída desse Bem. Assim, a conta Móveis e Utensílios será creditada (letra **b** do Quadro Auxiliar da Escrituração).
- **Conta Caixa:** recebemos $ 100 de entrada; este valor aumentará nosso Ativo. Logo, a conta Caixa será debitada (letra **a** do Quadro Auxiliar da Escrituração).
- **Conta Duplicatas a Receber:** como parte do valor da venda será recebida futuramente, temos Direito com o nosso cliente. Assim, o Direito registrado na conta

Duplicatas a Receber aumentará o Ativo do nosso Patrimônio. Portanto, a conta Duplicatas a Receber será debitada (letra **a** do Quadro Auxiliar da Escrituração).

Temos, então:

Caixa = conta a ser debitada

Duplicatas a Receber = conta a ser debitada

Móveis e Utensílios = conta a ser creditada

Todo o raciocínio que acabamos de apresentar poderia ter sido anotado no Esquema para Raciocínio Lógico do Lançamento, da seguinte maneira:

| ELEMENTOS | CONTAS | VALOR | D/C |
|---|---|---|---|
| Escrivaninha | Móveis e Utensílios | 500 | C |
| Dinheiro | Caixa | 100 | D |
| Duplicatas | Duplicatas a Receber | 400 | D |

**NOTA:**

- Lembramos mais uma vez que o Esquema para Raciocínio Lógico do Lançamento é opcional. Você deverá usá-lo para facilitar o raciocínio sobre o lançamento até conseguir efetuá-lo mentalmente.

Veja, a seguir, como ficará o lançamento, devidamente registrado no livro Diário:

7º passo – **efetuar o lançamento:**

| | | | | |
|---|---|---|---|---|
| | (Sua cidade e data de hoje) | | | |
| | Diversos | | | |
| 1.2.06 | a Móveis e Utensílios | | | |
| | Venda de uma escrivaninha | | | |
| | conf. NF n. 0118, como segue: | | | |
| 1.1.01 | Caixa | | | |
| | Recebido em dinheiro | | 100 | |
| 1.1.04 | Duplicatas a Receber | | | |
| | Vicente Leite | | | |
| | S/aceite Duplicata 0118/01-venc. | 100 | | |
| | Idem, Duplicata 0118/02-venc. | 100 | | |
| | Idem, Duplicata 0118/03-venc. | 100 | | |
| | Idem, Duplicata 0118/04-venc. | 100 | 400 | 500 |

## Atividade Prática 3

Contabilize, agora, o seguinte evento:

Compras, à vista, efetuadas na Importadora 2000 Ltda., de:

a) um microcomputador marca Ficção, com HD, monitor e impressora marca Atol, conforme Nota Fiscal n. 7.234, no valor de $ 2.500;

b) um refrigerador, marca Reno, 320 litros, conforme Nota Fiscal n. 7.245, no valor de $ 1.500.

**4ª FÓRMULA – Quando aparecem no lançamento mais de uma conta debitada e mais de uma conta creditada.**

*Exemplo:*

Compras efetuadas no Supermercado Taubaté de:

**a.** um refrigerador, para uso da empresa, conforme Nota Fiscal n. 1.521, no valor de $ 1.000;

**b.** uma motocicleta, marca Guará, conforme Nota Fiscal n. 372, no valor de $ 10.000.

Foram pagos, no ato, como entrada, $ 2.000, e o restante será pago por meio de três Duplicatas, de números 1 a 3, no valor de $ 3.000 cada, vencíveis de 30 em 30 dias.

Vamos resolver o problema:

1º passo – **Local e data:** considerar a sua cidade e a data de hoje.

2º passo – **Documentos:** Nota Fiscal n. 1.521, Nota Fiscal n. 372 e três Duplicatas, números 1 a 3.

3º passo – **Elementos envolvidos:** refrigerador, motocicleta, dinheiro e Duplicatas.

4º passo – **Contas a utilizar:** Móveis e Utensílios, Veículos, Caixa e Duplicatas a Pagar.

5º passo – **Histórico:** veja no lançamento efetuado.

6º passo – **Contas a serem debitadas e/ou creditadas:**

- **Contas Móveis e Utensílios e Veículos:** serão debitadas, pois se referem a Bens adquiridos, os quais aumentarão o Ativo do Patrimônio.
- **Contas Caixa e Duplicatas a Pagar:** serão creditadas; a conta Caixa porque diminuirá o Ativo pela saída do dinheiro e a conta Duplicatas a Pagar porque o surgimento da Obrigação aumentará o Passivo.

A exemplo dos casos anteriores, veja agora como este lançamento seria esboçado no Esquema para Raciocínio Lógico do Lançamento:

| ELEMENTOS | CONTAS | VALOR | D/C |
|---|---|---|---|
| Refrigerador | Móveis e Utensílios | 1.000 | D |
| Motocicleta | Veículos | 10.000 | D |
| Dinheiro | Caixa | 2.000 | C |
| Duplicatas | Duplicatas a Pagar | 9.000 | C |

Veja, agora, o lançamento em partida de Diário:

7º passo – **Efetuar o lançamento:**

| | | | |
|---|---|---|---|
| | (Sua cidade e data de hoje) | | |
| | Diversos | | |
| | a Diversos | | |
| | Compras a saber: | | |
| 1.2.06 | Móveis e Utensílios | | |
| | n.. 1.521, ref. Um refrigerador | 1 000 | |
| 1.2.07 | Veículos | | |
| | n. 372, ref. 1 motocicleta, mar- | | |
| | ca Guará | 10 000 | 11 000 |
| 1.1.01 | a Caixa | | |
| | Pago em dinheiro | 2 000 | |
| 2.1.02 | a Duplicatas a Pagar | | |
| | Supermercados Taubaté | | |
| | Três Dupls. de $ 3.000 cada, | | |
| | vencíveis de 30 em 30 dias | 9 000 | 11 000 |

**OBSERVAÇÕES:**

- No histórico deste nosso exemplo, deixamos de especificar cada Duplicata, englobando as três e identificando apenas o valor e o vencimento.
- É importante salientarmos que todo Fato Administrativo poderá ser contabilizado pela 1ª fórmula, mesmo quando ocorrer mais de uma conta a ser debitada e/ou a ser creditada, bastando, nesse caso, desdobrar o Fato. As 2ª e 3ª fórmulas facilitam a Escrituração, pois simplificam os lançamentos.

**NOTAS:**

- É importante destacar que a escrituração dos fatos no livro Diário deverá conter informação que permita identificar, de maneira unívoca, todos os registros que integram um mesmo lançamento contábil, especialmente nos lançamentos de 2ª, 3ª e 4ª fórmulas (alínea "f" do item 6 da Interpretação Técnica ITG 2000 do Conselho Federal de Contabilidade).
- Informação unívoca é aquela que comporta uma só forma de interpretação.
- Veja no Capítulo 6 – Monografia, aspectos técnicos sobre Escrituração do livro Diário.

## Atividades Teóricas 2

**1.** Complete:

a) Escrituração é uma técnica que consiste em .............................. nos livros próprios todos os Fatos Administrativos, bem como os Atos Administrativos relevantes que ocorrem na .............................. .

b) Lançamento é o ...................... pelo qual se processa a ......................................... .

**2.** Responda:

a) Qual é o método de Escrituração utilizado universalmente?

b) Quais são os elementos essenciais do lançamento?

**3.** Complete:

Nos lançamentos:

a) toda vez que aumentar o Ativo, a respectiva conta será .............................. ;

b) toda vez que diminuir o Ativo, a respectiva conta será .............................. ;

c) toda vez que aumentar o Passivo, a respectiva conta será .............................. ;

d) toda vez que diminuir o Passivo, a respectiva conta será .............................. ;

e) toda vez que ocorrer uma Despesa, a respectiva conta será .............................. ;

f) toda vez que se realizar uma Receita, a respectiva conta será .............................. .

**4.** Responda:

a) Quantas fórmulas de lançamento existem?

b) Qual a diferença entre lançamentos de 1ª fórmula e lançamentos de 2ª e 3ª fórmulas?

c) Para que serve a palavra **Diversos**, utilizada nos lançamentos de 2ª, 3ª e 4ª fórmulas?

d) Se não houver documentos que comprovem a ocorrência do Fato, como proceder para escriturá-lo?

e) Quais são os passos que você deverá seguir para elaborar o lançamento?

f) Onde você deverá procurar o título correto das contas que serão utilizadas no lançamento?

## Atividades Práticas 4

Escriture, em folhas de Diário, os seguintes Fatos Administrativos:

**1.** Compra de mercadorias, à vista, conforme Nota Fiscal n. 5.340, de V. L. Pereira, no valor de $ 3.000. O pagamento foi efetuado em dinheiro.

**2.** Venda de mercadorias, à vista, conforme nossa Nota Fiscal n. 082, no valor de $ 600.

**3.** Compra de mercadorias, a prazo, de J. A. & Cia., conforme Nota Fiscal n. 8.509, no valor de $ 12.000.

**4.** Venda de mercadorias, a prazo, a Geraldo Gomes, conforme nossa Nota Fiscal n. 141, no valor de $ 2.000.

**5.** Compra de mercadorias, a prazo, de J. Silvestre S/A, conforme Nota Fiscal n. 2.233, no valor de $ 1.500. Houve aceite, no ato, de três Duplicatas, n.os 01 a 03, no valor de $ 500 cada uma, vencíveis de 30 em 30 dias.

**6.** Venda de mercadorias, a prazo, a Pedro Santana, conforme nossa Nota Fiscal n. 987, no valor de $ 6.000. Houve aceite, no ato, de duas Duplicatas, n.os 01 e 02, no valor de $ 3.000 cada uma, vencíveis de 30 em 30 dias.

**7.** Pagamento de Despesas de aluguéis, conforme recibo do mês de fevereiro, ao Sr. Edison Almeida, na importância de $ 1.200, em dinheiro.

**8.** Abertura de uma conta-corrente no Banco do Brasil S/A, com depósito inicial, em dinheiro, de $ 5.000, conforme recibo n. 729.

**9.** Nossa retirada de $ 1.000, do Banco do Brasil S/A, conforme cheque n. 145.766, de nossa emissão, para reforço de Caixa.

**10.** Compra de canetas, papéis para impressora, clipes e impressos para escritório, conforme Nota Fiscal n. 792, da Casa de Cadernos Bauru Ltda., no valor de $ 800, cujo pagamento foi efetuado por meio do cheque n. 145.762, de nossa emissão, contra o Banco do Brasil S/A.

**11.** Venda de mercadorias, à vista, conforme Nota Fiscal n. 701, no valor de $ 2.000.

**12.** Pagamento de Imposto Predial à Prefeitura Municipal, no valor de $ 300, referente a este mês. Pagamento feito em dinheiro, conforme guia.

**13.** Recebida, da Comercial Cardoso, a importância de $ 3.000, em dinheiro, referente a serviços prestados, conforme nossa Nota Fiscal n. 0001.

**14.** Pagamento de conta de Energia Elétrica, referente ao mês, no valor de $ 120, em dinheiro.

**15.** Compra do apartamento n. 52, situado no prédio Dona Tita, na rua Orlando Ribeiro, n. 35, nesta cidade, o qual pertence ao Sr. Frederico Ribeiro, sendo pago nas seguintes condições:

a) no ato, em dinheiro, como sinal: $ 5.000;

b) o restante será pago de 30 em 30 dias, conforme emissão de Notas Promissórias de n.os 01 a 05, no valor de $ 20.000 cada.

**16.** Compra de um refrigerador, conforme Nota Fiscal n. 1.501, de Pazin Móveis Ltda., no valor de $ 1.700. O pagamento foi efetuado mediante cheque de nossa emissão, n. 146.763, contra o Banco do Brasil S/A.

**17.** Compra de mercadorias conforme Nota Fiscal/Fatura n. 1.978, de J. C. Ltda., no valor de $ 15.000, nas seguintes condições:

a) entrada, em dinheiro, de $ 5.000;

b) o restante será pago em 30 dias, conforme nosso aceite da Duplicata n. 1.978/01.

**18.** Venda de mercadorias conforme nossa Nota Fiscal/Fatura n. 5.552, no valor de $ 1.300, nas seguintes condições:

a) entrada, em dinheiro, de $ 300;

b) o restante será pago em 45 dias. O Cliente, Sr. Ernani Pinto, aceitou a Duplicata de nossa emissão, n. 5.552/01.

**NOTAS:**

- Se você ainda não estiver muito firme no raciocínio do lançamento, utilize o Esquema para Raciocínio Lógico, rascunhando-o em folha à parte para, em seguida, transcrever os respectivos lançamentos no livro Diário.
- A partir deste ponto não vamos mais explicar a composição dos lançamentos minuciosamente, seguindo todos os passos, conforme temos feito até aqui. Porém, você, ao elaborar qualquer lançamento, deverá ter em mente todos aqueles passos para facilitar o seu raciocínio e conduzi-lo à conclusão do lançamento com segurança.

A seguir, você encontrará informações envolvendo a contabilização de algumas Contas de Resultado, que poderão figurar nos registros contábeis, tanto como Despesas quanto como Receitas.

## 5.5 Como contabilizar juros, aluguéis e descontos

### 5.5.1 Juros

Quando falamos em **Juros,** logo pensamos em Despesa. No entanto, o Juro pode ser Receita, para quem empresta o dinheiro, ou Despesa, para quem toma emprestado o dinheiro.

Podemos, então, apresentar dois conceitos:

a) Na visão de quem empresta o dinheiro (investidor), **Juro** é a remuneração do capital empregado (Receita).
b) Na visão de quem toma o dinheiro emprestado, **Juro** é o preço do uso do dinheiro (Despesa).

É comum, nas empresas, o pagamento ou recebimento de juros pelo atraso no cumprimento de uma Obrigação ou pelo atraso no recebimento de um Direito. Sendo assim, tanto podemos pagar juros como podemos recebê-los.

Quando pagamos juros, ocorre uma **Despesa**.

Quando recebemos juros, ocorre uma **Receita**.

Observe que, quando falamos que **recebemos juros**, queremos dizer que recebemos dinheiro referente à Receita de juros. Quando falamos que **pagamos juros**, queremos dizer que pagamos dinheiro referente a Despesas de juros. Isto porque todo Fato Administrativo que ocorre na empresa envolve, pelo menos, duas contas. Nesses casos, uma delas é a conta Caixa, e a outra é uma Receita ou uma Despesa de juros.

Assim, toda vez que a nossa empresa for pagar Obrigações com atraso, sejam elas referentes a Duplicatas, Aluguéis, Impostos ou outras, poderá estar sujeita ao pagamento de juros. O mesmo ocorrerá quando for receber Direitos com atraso, sejam eles referentes a Duplicatas, Aluguéis ou outros; neste caso, nossa empresa poderá cobrar juros dos nossos clientes.

Para facilitar nosso estudo, todos os Fatos Administrativos que ocorrem na empresa relacionados a juros serão englobados em apenas dois casos.

## 1º CASO – Quando nós pagamos juros (Despesa).

*Exemplo:*

Pagamento da Duplicata n. 201/01, ao Sr. Ângelo Mariotto, no valor de $ 1.000, com 2% de juros pelo atraso. O pagamento foi efetuado em dinheiro.

| ELEMENTOS | CONTAS | VALOR | D/C |
|---|---|---|---|
| Duplicata | Duplicatas a Pagar | 1.000 | D |
| Juro | Juros Passivos | 20 | D |
| Dinheiro | Caixa | 1.020 | C |

**OBSERVAÇÕES:**

- O Passivo ficará reduzido em $ 1.000 com a liquidação da Obrigação em Duplicatas a Pagar. Logo, a conta Duplicatas a Pagar será debitada. Neste momento também ocorre uma Despesa de $ 20, referente aos juros pagos. Logo, a Conta de Despesa correspondente, que é Juros Passivos, será debitada.
- Observe que sairá do Caixa a importância de $ 1.020, sendo $ 1.000 referentes ao valor da Duplicata e $ 20 referentes a juros pelo atraso. Logo, a conta Caixa será creditada, pois o Ativo sofreu redução de $ 1.020.

Veja o lançamento em partida de Diário:

*Diversos*

*a Caixa*

*Pagamento de uma Dupl., como segue:*

*Duplicatas a Pagar*

*Ângelo Mariotto*

*Valor da Duplicata n. 201/01 ............................ 1.000*

*Juros Passivos*

*Juros de 2% sobre Dupl. supra ............................ 20 1.020*

---

2º CASO – **Quando nós recebemos os juros (Receita).**

*Exemplo:*

Recebemos a Duplicata n. 1.032/04, da Sra. Helena, no valor de $ 1.000, com 5% de juros pelo atraso.

| ELEMENTOS | CONTAS | VALOR | D/C |
|---|---|---|---|
| Duplicata | Duplicatas a Receber | 1.000 | C |
| Juro | Juros Ativos | 50 | C |
| Dinheiro | Caixa | 1.050 | D |

**OBSERVAÇÕES:**

- Neste caso, a conta Duplicatas a Receber será creditada por $ 1.000, pois estamos recebendo a importância em dinheiro, correspondente à Duplicata. Logo, o Ativo ficará reduzido com a extinção do Direito.

- A Conta Juros Ativos será creditada, pois os juros, neste caso, representam Receitas para nossa empresa, e toda Receita será creditada (*vide* letra **f** do Quadro Auxiliar da Escrituração – Seção 5.4.2 deste capítulo).
- A Conta Caixa será debitada por $ 1.050, pois estamos recebendo importância correspondente ao valor da Duplicata e dos juros, a qual, entrando para o Patrimônio, aumentará o nosso Ativo.

O lançamento, em partida de Diário, ficará assim:

*Caixa*
*a Diversos*
*Recebimento de uma Dupl., como segue:*
*a Duplicatas a Receber*
*Helena*
*Valor da Duplicata n. 1.032/04* .......................... *1.000*
*a Juros Ativos*
*Juros de 5% sobre a Dupl. supra* .......................... *50* *1.050*

Por que Juros Ativos e Juros Passivos?

Mais um alerta para você: quando falamos em Juros Ativos e Juros Passivos, esses Ativos e Passivos não têm relação alguma com o Ativo e o Passivo do Balanço Patrimonial. Neste caso, as palavras **Ativos** e **Passivos** são usadas como adjetivos, qualificando os juros de positivos ou negativos.

**Juros Ativos:** representam juros positivos, pois o adjetivo **Ativos** significa coisa positiva, a favor da empresa. Neste caso, a empresa recebeu os juros; logo, trata-se de Receita.

**Juros Passivos:** representam juros negativos para a empresa. Ocorrem quando a empresa paga os juros; logo, trata-se de Despesa.

Se você preferir, poderá denominar a conta Juros Ativos de **Receitas de Juros** ou de **Juros Recebidos**. O mesmo procedimento poderá ser adotado com a conta Juros Passivos, que poderá ser denominada **Despesas de Juros** ou de **Juros Pagos**. Entretanto, sugerimos a adoção das intitulações Juros Ativos e Juros Passivos, pois são mais corretas sob o ponto de vista técnico.

## 5.5.2 Aluguéis

Quando pagamos aluguéis, ocorre Despesa, e a conta a ser utilizada para registrá-la é **Aluguéis Passivos**. Porém quando recebemos aluguéis, ocorre Receita, e a conta utilizada para registrá-la é **Aluguéis Ativos**.

Observe que os adjetivos **Ativos** e **Passivos** aparecem também nesses casos com as mesmas finalidades dos casos de juros, ou seja, de qualificar os aluguéis de positivos (Receitas) ou negativos (Despesas).

### 1º CASO – **Despesa de Aluguéis**

*Exemplo:*

Pagamento efetuado ao Sr. Abreu no valor de $ 1.000, em dinheiro, referente ao Aluguel deste mês.

Veja como este Fato será registrado no Diário:

*Aluguéis Passivos*
*a Caixa*
*Pagamento efetuado ao Sr. Abreu, ref. ao*
*Aluguel deste mês* .................................................. *1.000*

### 2º CASO – **Receita de Aluguéis**

*Exemplo:*

Recebida do Sr. Cláudio Oliveira a importância de $ 500, em dinheiro, correspondente ao Aluguel de imóvel de nossa propriedade, referente a este mês.

Veja como este Fato será registrado no Diário:

*Caixa*
*a Aluguéis Ativos*
*Recebido do Sr. Cláudio Oliveira, ref. ao*
*Aluguel deste mês* .................................................. *500*

Se você preferir, poderá denominar a conta Aluguéis Ativos de **Receitas de Aluguéis** ou de **Aluguéis Recebidos**. O mesmo procedimento poderá ser adotado com a conta Aluguéis Passivos, que poderá ser denominada **Despesas de Aluguéis** ou de **Aluguéis Pagos**. Entretanto, sugerimos a adoção das intitulações Aluguéis Ativos e Aluguéis Passivos, pois são mais corretas sob o ponto de vista técnico.

### 5.5.3 Descontos

Podem ocorrer na empresa dois tipos de descontos: Descontos Incondicionais e Descontos Condicionais.

- **Descontos Incondicionais:** são aqueles que a empresa oferece aos seus clientes sem lhes impor qualquer condição. Esse tipo de desconto ocorre por ocasião das vendas de mercadorias ou de serviços, e aparece destacado na Nota Fiscal. No Capítulo 10 você terá oportunidade de estudá-lo mais detalhadamente.
- **Descontos Condicionais:** são aqueles que a empresa concede aos seus clientes impondo-lhes alguma condição. Um exemplo de condição é a exigência de quitação da dívida antes da data do vencimento.

Enquanto os Descontos Incondicionais ocorrem por ocasião das vendas e, por isso, são também conhecidos por **Descontos Comerciais**, os Descontos Condicionais ocorrem em data posterior à da venda, ou seja, na data do vencimento de Direitos ou de Obrigações; por isso, tais descontos são também conhecidos por **Descontos Financeiros**, dos quais trataremos a seguir.

São apenas dois os casos em que podem ocorrer Descontos Condicionais (ou Descontos Financeiros):

1º CASO – **Quando nós ganhamos o Desconto (Receita: Descontos Obtidos)**

*Exemplo:*

Pagamento, em dinheiro, da Duplicata n. 2.051/02 à Casa Baiana, no valor de $ 5.000, com 10% de desconto.

Veja como fica o esquema para raciocínio:

| ELEMENTOS | CONTAS | VALOR | D/C |
|---|---|---|---|
| Duplicata | Duplicatas a Pagar | 5.000 | D |
| Desconto | Descontos Obtidos | 500 | C |
| Dinheiro | Caixa | 4.500 | C |

**OBSERVAÇÃO:**

- Observe que a conta Duplicatas a Pagar será debitada por $ 5.000, que correspondem ao valor da Obrigação a ser baixada; a conta Descontos Obtidos será creditada por $ 500, que correspondem à Receita ganha com o desconto; e, finalmente, a conta Caixa será creditada por $ 4.500, pela saída dessa importância do Caixa.

O lançamento no Diário fica assim:

*Duplicatas a Pagar*

*Casa Baiana*

*a Diversos*

*Pagamento da Dupl. n. 2.051/02, de n/ aceite,*

*como segue:*

*a Caixa*

*Valor líquido pago ............................................ 4.500*

*a Descontos Obtidos*

*Desconto de 10% s/ a Dupl. supra ......................... 500 5.000*

---

## 2º CASO – Quando nós oferecemos o Desconto (Despesa: Descontos Concedidos)

*Exemplo:*

Recebemos do Sr. Raul Medeiros, em dinheiro, a importância correspondente à Duplicata de nossa emissão n. 321/05, no valor de $ 5.000, com 10% de desconto.

Veja como fica o esquema para raciocínio:

| ELEMENTOS | CONTAS | VALOR | D/C |
|---|---|---|---|
| Duplicata | Duplicatas a Receber | 5.000 | C |
| Desconto | Descontos Concedidos | 500 | D |
| Dinheiro | Caixa | 4.500 | D |

**OBSERVAÇÃO:**

- Observe que a conta Duplicatas a Receber será creditada por $ 5.000, que correspondem ao valor do Direito a ser baixado; a conta Descontos Concedidos será debitada por $ 500, que correspondem ao valor da Despesa com o desconto; e, finalmente, a conta Caixa será debitada por $ 4.500, que correspondem ao valor líquido que estamos recebendo.

O lançamento no Diário fica assim:

*Diversos*

*a Duplicatas a Receber*

*Raul Medeiros*

*Recebimento da Dupl. n. 321/05, de s/ aceite,*

*como segue:*

| | | |
|---|---|---|
| *Caixa* | | |
| *Valor líquido recebido* ........................................ | *4.500* | |
| *Descontos Concedidos* | | |
| *Desconto de 10% s/ Dupl. supra* .......................... | *500* | *5.000* |

Por que Descontos Obtidos e Descontos Concedidos?

Quando damos o desconto para terceiros, será Despesa para nós. Logo, a conta representativa do elemento da Despesa será Descontos Concedidos, pois nós concedemos o desconto.

Quando recebemos o desconto de terceiros, ocorre uma Receita para nós. Logo, a conta representativa do elemento da Receita será Descontos Obtidos, pois nós obtivemos o desconto.

**RESUMINDO:**

Observe que juros ou descontos só podem ocorrer em quatro situações:

1. Pagamento de juros = Despesa (conta **Juros Passivos**).
2. Recebimento de juros = Receita (conta **Juros Ativos**).
3. Pagamento com descontos = Receita (conta **Descontos Obtidos**).
4. Recebimento com descontos = Despesa (conta **Descontos Concedidos**).

## Atividades Teóricas 3

1. Responda:

   O que você entende por Juro?

2. Coloque **V** se a afirmativa for verdadeira e **F** se for falsa:

   ( ) Quando nós pagamos juros, ocorre Receita.

   ( ) Quando nós pagamos juros, ocorre Despesa.

   ( ) Quando nós recebemos juros, ocorre Despesa.

   ( ) Quando nós recebemos juros, ocorre Receita.

3. Escolha a alternativa correta:

   I. Juros Ativos é o mesmo que:

a) Despesas de Juros.

b) Juros Passivos.

c) Receitas de Juros.

II. Juros Passivos é o mesmo que:

a) Juros Ativos.

b) Receitas de Juros.

c) Despesas de Juros.

III. A conta utilizada para registrar o pagamento de Aluguéis efetuados pela nossa empresa é:

a) Aluguéis Ativos.

b) Despesas de Juros.

c) Aluguéis Passivos.

**4.** Escolha a alternativa que contém apenas Contas de Despesas:

a) Juros Ativos, Aluguéis Passivos, Descontos Concedidos.

b) Descontos Concedidos, Juros Passivos, Receitas de Juros.

c) Juros Passivos, Aluguéis Passivos, Descontos Concedidos.

**5.** Assinale a alternativa que contém apenas Contas de Receitas:

a) Juros Ativos, Aluguéis Passivos, Descontos Obtidos.

b) Descontos Concedidos, Juros Ativos, Aluguéis Ativos.

c) Juros Ativos, Aluguéis Ativos, Descontos Obtidos.

**6.** Responda:

Quantos e quais são os tipos de Descontos que podem ocorrer na empresa?

## Atividades Práticas 5

Escriture, em folhas de Diário, os seguintes Fatos:

**1.** Pagamento de $ 3.000, em dinheiro, efetuado ao Sr. Paulo César, referente ao aluguel deste mês do imóvel em que nossa empresa está instalada.

**2.** Recebido da Sra. Teresa Pavanetti a importância de $ 700, correspondente ao aluguel deste mês de imóvel de nossa propriedade.

**3.** Pagamento de uma Duplicata à Casa São Paulo, em dinheiro, com 5% de juros. Valor da Duplicata n. 20: $ 1.000.

**4.** Pagamento, em dinheiro, da Duplicata n. 171 a Pedro Lessa Ltda., no valor de $ 500, com 2% de desconto.

5. Recebimento, em dinheiro, da Duplicata n. 11/05, do Sr. Manoel Santos, no valor de $ 200, com 5% de juros.
6. Recebimento, em dinheiro, da Duplicata n. 741/01, do Sr. José Francisco, no valor de $ 300, com desconto de 2%.
7. Pagamento, em dinheiro, ao Sr. Danilo Pereira, de aluguel do imóvel em que nossa empresa está instalada, referente ao mês em curso, no valor de $ 2.000, com desconto de 5%, conforme recibo n. 2.
8. Recebimento, em dinheiro, da Sra. Sônia Geni Ribeiro de Luca, referente ao aluguel deste mês, no valor de $ 1.500, com 10% de desconto, conforme recibo n. 5.
9. Pagamento da Duplicata n. 455, a Nelson Capelete Ltda., no valor de $ 800, com 1% de juro pelo atraso.
10. Pagamento de aluguel ao Sr. Artur de Biasi, no valor de $ 3.000, com 5% de juros, referente ao mês anterior. O pagamento foi efetuado mediante cheque de nossa emissão n. 111.899, do Banco do Brasil S/A.
11. Recebimento de uma Duplicata n. 899/7, da Sra. Zuleica Padoam Ribeiro, no valor de $ 4.000, com desconto de 10%. No pagamento da Duplicata, recebemos um cheque de emissão da devedora, do Banco Itaú S/A. Cheque n. 100.
12. Pagamento de uma Nota Promissória ao Banco Urupês S/A, no valor de $ 20.000, com 6% de juros pelo atraso. O pagamento foi efetuado mediante cheque n. 100.005, de nossa emissão, contra o Banco do Brasil S/A.

## 5.6 Como contabilizar os Fatos da fase de constituição das empresas

### 5.6.1 Constituição e realização do Capital

No Capítulo 2, vimos que, para constituir uma empresa, precisamos ter, inicialmente, um Capital. Vimos, também, que esse Capital pode ser composto por dinheiro ou, ainda, por parte em dinheiro e parte em outros Bens e/ou Direitos.

Na fase de constituição de uma empresa, podemos considerar dois momentos:

a. **Constituição do Capital:** momento que o proprietário decide montar seu negócio, definindo o valor do Capital e providenciando o registro da empresa nos órgãos competentes, visando dotá-la de personalidade jurídica;
b. **Realização ou Integralização do Capital:** momento que o proprietário entrega para a empresa, como pagamento do Capital que constituiu, em dinheiro ou parte em dinheiro e parte em vários Bens e/ou Direitos.

Nesta Seção, você aprenderá a contabilizar a constituição e a realização do Capital das empresas individuais.

A **empresa individual**, tratada pelo Novo Código Civil Brasileiro – Lei n. 10.406/2002 – simplesmente de "empresário", é aquela constituída por uma só pessoa física, que a representa e responde ilimitadamente pelos atos por ela praticados em nome da empresa.

## Capital realizado em dinheiro

Em 2 de maio de x3, José Paulo constituiu uma empresa individual para explorar o comércio de instrumentos musicais, situada na rua Bento Monteiro, n. 17, nesta cidade, efetuando registro na Junta Comercial do Estado sob n. 978, em sessão de 08/05/x3. Seu Capital é de $ 50.000, realizado em dinheiro no ato da constituição.

Veja como ficará o esquema para raciocínio lógico do lançamento:

| ELEMENTOS | CONTAS | VALOR | D/C |
|---|---|---|---|
| Dinheiro | Caixa | 50.000 | D |
| Capital | Capital | 50.000 | C |

**OBSERVAÇÕES:**

- A conta Caixa será debitada, pois é uma Conta do Ativo que representa a quantia em dinheiro recebida pela empresa, de seu titular, como realização do Capital. Portanto, o recebimento dessa quantia acarreta aumento no Ativo.
- A conta Capital será creditada, pois é uma conta do grupo Patrimônio Líquido, que fica do lado do Passivo e representa, neste caso, a Situação Líquida inicial positiva, motivo pelo qual acarreta aumento no lado do Passivo.

Contabilização no Diário:

*Caixa*
*a Capital*
*Pela constituição do Capital da empresa de José Paulo, registrada na J. C. sob n. 978, em sessão de 08/05/x3, realizado integralmente nesta data, em moeda* .............................................. *50.000*

## Capital realizado em Bens e Direitos

Em 10 de abril de x3, Maria Idalina constituiu uma empresa individual para explorar o comércio de brinquedos, situada na rua Bernardino Querido, n. 4.391, nesta cidade, conforme registro na Junta Comercial do Estado sob n. 1.510, em sessão de 15/04/x3, com Capital no valor de $ 20.000, realizado no ato da constituição com os seguintes Bens e Direitos:

- em dinheiro – $ 9.000;
- diversos móveis, conforme relação, avaliados em $ 6.000;
- duas Notas Promissórias emitidas a seu favor por Natanael dos Santos, no valor de $ 2.500 cada.

Veja como ficará o esquema para raciocínio lógico do lançamento:

| ELEMENTOS | CONTAS | VALOR | D/C |
|---|---|---|---|
| Dinheiro | Caixa | 9.000 | D |
| Móveis | Móveis e Utensílios | 6.000 | D |
| NP | Promissórias a Receber | 5.000 | D |
| Capital | Capital | 20.000 | C |

**OBSERVAÇÕES:**

- Neste lançamento, três contas serão debitadas – Caixa, Móveis e Utensílios e Promissórias a Receber –, pois todas são Contas do Ativo e representam os Bens e os Direitos entregues à empresa, pela proprietária, para realização do Capital.
- A conta Capital, como ocorrerá em todos os lançamentos de constituição de empresas, será creditada pelas mesmas razões já explicadas no caso anterior.

Contabilização no Diário:

*Diversos*

*a Capital*

*Pela constituição da firma individual de Maria Idalina, conforme registro na Junta Comercial do Estado sob n. 1.510, em sessão de 15/04/x3, com Capital realizado nesta data como segue:*

*Caixa*

*Em dinheiro* .................................................. *9.000*

*Móveis e Utensílios*

*conforme relação* ............................................ *6.000*

*Promissórias a Receber*

*Natanael dos Santos*

*Valor de duas NP, transferidas para esta firma, emitidas originalmente a favor de sua titular e que compõem parte do Capital em realização* ........................................................ *5.000* *20.000*

Nos dois casos estudados, a realização do Capital foi feita no momento da constituição da empresa. Entretanto, a entrega (realização ou integralização) para a empresa dos elementos que compõem o Capital, por seu proprietário ou pelos sócios (quando se tratar de sociedade*), pode ser feita parceladamente, como veremos a seguir.

## Capital realizado em parcelas

Em 21 de novembro de x3, Juliana Moura Ribeiro constituiu uma empresa individual para explorar o comércio de artigos infantis em geral, situada na rua Alegria, n. 932, nesta cidade, conforme registro na Junta Comercial do Estado sob n. 732, em sessão de 30/11/x3, com Capital no valor de $ 8.000 a ser realizado da seguinte maneira: 50% no ato da constituição; e o restante 90 dias após.

### a. Pela constituição do Capital em 21/11/x3

Esquema para raciocínio lógico do lançamento:

| ELEMENTOS | CONTAS | VALOR | D/C |
|---|---|---|---|
| Direito | Titular conta Capital a Realizar | 8.000 | D |
| Capital | Capital | 8.000 | C |

* Empresa constituída por duas ou mais pessoas.

**OBSERVAÇÃO:**

- Como a realização do Capital será parcelada, no momento da constituição da empresa, costuma-se debitar uma conta que represente o Direito de a empresa receber, futuramente, o valor do Capital subscrito* por seu proprietário. Neste caso, estamos usando a conta Titular conta Capital a Realizar. De acordo com o tipo da empresa, essa conta poderá ter denominações diferentes, como: Quotistas Conta Capital a Realizar (sociedade por quotas de responsabilidade limitada), Acionistas Conta Capital a Realizar (sociedades por ações) e assim por diante.

**NOTA:**

- O posicionamento da conta Titular conta Capital a Realizar no Plano de Contas e no Balanço Patrimonial, você encontrará no Elenco de Contas que lhe apresentaremos no Capítulo 9.

Contabilização no Diário:

*Titular conta Capital a Realizar*
*Juliana Moura Ribeiro*
*a Capital*
*Pela constituição do Capital da empresa individual de Juliana Moura Ribeiro, conf. registro na Junta Comercial do Estado sob n. 732, em sessão de 30/11/x3* .............................. *8.000*

**b. Pela realização de parte do Capital em 21/11/x3**

Esquema para raciocínio lógico do lançamento:*

| ELEMENTOS | CONTAS | VALOR | D/C |
|---|---|---|---|
| Dinheiro | Caixa | 4.000 | D |
| Direito | Titular conta Capital a Realizar | 4.000 | C |

* A subscrição do Capital consiste no compromisso assumido pelo proprietário (ou pelos sócios) em realizar o Capital. Esse compromisso é assumido no dia da constituição da empresa. As condições em que o Capital será realizado constarão dos contratos assinados pelos sócios (sociedade em geral) ou dos estatutos por eles aprovados (sociedades por ações).

**OBSERVAÇÕES:**

- A conta Caixa será debitada pela entrada do dinheiro recebido de sua titular, acarretando aumento no Ativo.
- A conta Titular conta Capital a Realizar será creditada tendo em vista a diminuição do Direito respectivo.

Contabilização no Diário:

*Caixa*
*a Titular conta Capital a Realizar*
*Juliana Moura Ribeiro*
*Sua realização, em moeda corrente, de parte do Capital, nesta data* ........................................ *4.000*

É conveniente que o valor do Capital realizado em dinheiro seja depositado em conta bancária, em nome da empresa. Agindo dessa forma, fica mais fácil comprovar, para as autoridades fiscais, que o Capital foi realmente realizado.

Para exemplificar, vamos assumir que em 22 de novembro de x3, Juliana tenha efetuado depósito no Banco Urupês S/A, em conta-corrente bancária em nome da empresa, da importância do Capital realizado.

A contabilização do depósito, no livro Diário, é feita da seguinte maneira:

*Bancos conta Movimento*
*Banco Urupês S/A*
*a Caixa*
*Pela abertura de conta conf. recibo* ........................ *4.000*

**OBSERVAÇÕES:**

- A conta Bancos conta Movimento é do Ativo Circulante e foi debitada pelo valor do depósito efetuado, o qual representa aumento na respectiva conta.
- A conta Caixa, que também é do Ativo, foi creditada porque a saída do dinheiro representa diminuição na respectiva conta.

**NOTA:**

- Após 90 dias, a proprietária da empresa realizará o restante do Capital, em dinheiro, e a contabilização será igual ao lançamento apresentado na letra **b** de "Capital realizado em parcelas" – Pela realização de parte do Capital em 21/11/x3.

## LEITURA COMPLEMENTAR

**Aumento e diminuição do Capital**

O Capital da empresa pode ser aumentado ou diminuído a qualquer tempo.

Os aumentos são comuns e podem decorrer de novas subscrições feitas pelo titular (empresa individual) ou pelos sócios (empresa societária), ou por incorporações de reservas, assunto que você estudará no Capítulo 13 deste livro.

No caso de novas subscrições, ou seja, quando o titular da empresa individual, por exemplo, decide aumentar o Capital, investindo mais recursos próprios na empresa, a contabilização é semelhante à da constituição do Capital, que você acabou de estudar: debitam-se as contas representativas dos elementos entregues pelo titular (dinheiro, móveis etc.) e credita-se a conta Capital. Caso haja subscrição do aumento para realização futura, no momento da subscrição será debitada a conta que representa o Direito da empresa: Titular conta Capital a Realizar.

As diminuições do Capital são raras, porém podem ocorrer.

Nas empresas individuais, por exemplo, quando o titular decide reduzir o valor do Capital, a contabilização do Fato é feita debitando-se a conta Capital e creditando-se a conta Caixa ou outra representativa do elemento que lhe for entregue.

Nas sociedades, as reduções do Capital, quando ocorrem, normalmente resultam de retirada de sócios membros da entidade.

Finalmente, convém ressaltar que tanto os aumentos quanto as diminuições do Capital devem ser devidamente registrados na Junta Comercial do Estado, e quando se tratar de empresa civil, no Registro Civil de Pessoas Jurídicas ou no Cartório de Registro de Títulos e Documentos.

## Atividades Práticas 6

Escriture, em partidas de Diário, os seguintes Fatos:

**1.** Paulo de Oliveira inicia suas atividades para explorar o comércio de calçados com o Capital realizado, em dinheiro, no valor de $ 10.000, registrado na Junta Comercial do Estado sob n. 722.481, em sessão de 10/01/x3.

**2.** Alberto da Silva inicia suas atividades para explorar o ramo de prestação de serviços de conserto de eletrodomésticos em geral, na rua do Mercado, n. 300, nesta cidade, conforme inscrição municipal n. 731, com Capital de $ 15.000, integralizado em dinheiro.

**3.** Paulo de Oliveira aumenta hoje seu Capital, em dinheiro, no valor de $ 40.000, conforme registro de alteração de Capital efetuado na Junta Comercial do Estado sob n. 842.790, em sessão de 22/05/x3.

**4.** Paulo de Oliveira reduz hoje seu Capital, retirando da empresa a importância de $ 5.000, em dinheiro, conforme registro de alteração de Capital na Junta Comercial do Estado sob n. 971.222, em sessão de 25/09/x3.

**5.** Letícia constitui uma empresa individual para explorar o comércio de roupas femininas em geral, situada na rua Aurora, n. 721, nesta cidade, conforme registro na Junta Comercial sob n. 4.464, em sessão de 12/04/x3. O Capital é de $ 20.000, sendo integralizados $ 5.000 no dia da constituição e o restante após 150 dias.

Efetuar contabilização da constituição do Capital e da realização parcial, em dinheiro, ocorrida na data da constituição, e a realização do restante, ocorrida 150 dias após, também em dinheiro.

**6.** Nelson constitui uma empresa individual para explorar o comércio de perfumaria, situada na rua dos Operários, nesta cidade, conforme registro na Junta Comercial do Estado, sob n. 1.969, em sessão de 8/05/x3. Seu Capital é de $ 40.000, a ser integralizado da seguinte maneira:

a) no dia da constituição – em dinheiro: $ 10.000; diversos móveis avaliados em $ 5.000; um automóvel, conforme certificado de propriedade n. 93.939, no valor de $ 15.000.

b) o restante será integralizado em dinheiro, 50 dias após.

Efetuar a contabilização da constituição e da realização na data da constituição, bem como a realização ocorrida 50 dias após.

## 5.6.2 Despesas de constituição

Na fase de constituição da empresa, uma série de gastos são necessários visando a sua organização.

Esses gastos são realizados pelo Titular (empresa individual) ou pelos sócios (empresa societária) e representam não só Despesas como também aquisições de Estoques e Bens de uso, e são indispensáveis tanto para que a empresa adquira personalidade jurídica quanto para estruturá-la adequadamente, preparando-a para o início das suas atividades operacionais.

Nesta Seção, trataremos somente dos gastos que representam Despesas, pois as aquisições de Estoques e de Bens de uso devem ser contabilizadas normalmente em contas que representam Bens materiais, conforme já estudamos.

Dessa forma, podemos separar as Despesas da fase de constituição das empresas em dois grupos: **Despesas de Legalização** e **Despesas Pré-operacionais**, embora ambas possam ser contabilizadas em uma só conta e ocorram antes mesmo de a empresa iniciar suas atividades operacionais.

As **Despesas de Legalização** compreendem aquelas necessárias para que a empresa adquira personalidade jurídica e possa operar. São normalmente gastos de pequena monta envolvendo o pagamento de taxas para registro da empresa nos órgãos públicos competentes; aquisição de formulários, livros contábeis e fiscais; confecção de talonários de Documentos Fiscais e de outros documentos, requeridos conforme o porte ou o ramo de atividade a ser explorado pela empresa. As Despesas de Legalização abrangem também pagamento de honorários a contadores, advogados e despachantes.

Quando a empresa estiver devidamente constituída e legalizada perante os órgãos públicos, há um período, denominado **período pré-operacional**, durante o qual o Titular ou os sócios irão estruturar a empresa, preparando-a para entrar em atividade.

O período pré-operacional varia conforme o ramo de atividade e o porte da empresa. Nas empresas comerciais, abrange desde a fase da constituição do Capital até o momento em que a empresa abre as portas para iniciar suas vendas de mercadorias aos clientes. Nesse intervalo de tempo, muitos gastos são efetuados com a compra de Mercadorias, Móveis e Utensílios, e com o pagamento de inúmeras despesas, tais como: reformas do imóvel para melhor adequá-lo às necessidades do negócio (pagamentos a construtores, engenheiros, pedreiros, carpinteiros, marceneiros, pintores, encanadores, decoradores e referentes a compra de materiais necessários à realização dessas reformas); gastos com propaganda e publicidade, pois a nova empresa precisa se tornar conhecida no mercado; pagamentos de despesas com lanches e refeições, transporte etc. Enfim, todos os gastos que ocorrem no período pré-operacional, e que se referem a despesas, devem ser considerados como Despesas de Constituição (Despesas Pré-operacionais).

Convém salientar novamente que, nessa fase de constituição da empresa, os gastos relacionados com a aquisição de Bens de uso (Móveis e Utensílios, Veículos, Computadores etc.) ou de Bens de troca, como é o caso das Mercadorias para revenda, não se enquadram como Despesas de Constituição, devendo ser registrados em contas apropriadas.

Antes do advento da Medida Provisória n. 449 de 3 de dezembro de 2008, que complementou as alterações promovidas na Lei das sociedades por ações pela Lei n. 11.638 de 28/12/2007, esses gastos eram tratados como bens imateriais, sendo contabilizados em conta integrante do grupo Ativo Diferido. Tendo em vista a extinção desse grupo pela Medida Provisória citada, no processo de internacionalização da contabilidade brasileira, a partir de 1º de janeiro de 2009 o tratamento desses gastos mudou. Agora, todos os gastos que o proprietário ou os sócios realizam no período pré-operacional, visando a constituição da empresa, e que correspondam a despesas ou gastos de organização, devem ser contabilizados como despesas, exceto aqueles que possam ser incorporados aos bens de uso, como é o caso dos gastos com treinamento do pessoal que irá colocar máquinas e equipamentos em funcionamento, os quais devem ser incorporados ao custo das respectivas máquinas e equipamentos.

### *Exemplo de contabilização:*

Suponhamos que os gastos realizados por determinada empresa visando a sua organização sejam os constantes da seguinte relação:

| RELAÇÃO DOS GASTOS COM A ORGANIZAÇÃO DA EMPRESA "X", REALIZADOS ENTRE 10 E 30 DE MARÇO DE X3 | |
|---|---|
| 1. Nota Fiscal n. 632, referente à aquisição de formulários para abertura da firma, adquiridos na Papelaria Zico | 50 |
| 2. Nota Fiscal n. 834, da Papelaria Zico, referente à aquisição de livros fiscais e contábeis | 150 |
| 3. Nota Fiscal de Serviços n. 201, referente ao pagamento efetuado ao despachante Sr. Lopes | 200 |
| 4. Nota Fiscal de Serviços n. 009, referente à pintura efetuada na empresa, paga à Casa do Pintor | 2.000 |
| 5. Diversos documentos correspondentes a despesas com condução, lanches e outros | 150 |

*(continua)*

*(continuação)*

| | | |
|---|---|---|
| 6. | Nota Fiscal de Serviços n. 071, da Copiadora AZ, referente a diversas cópias xerográficas | 50 |
| 7. | Recibo, sem número, do Cartório Segundo Ofício, referente a autenticações de documentos e reconhecimento de firmas | 20 |
| 8. | Recibo, sem número, referente ao pagamento efetuado ao Sr. José Silva, por serviços de limpeza realizados nas dependências do estabelecimento | 200 |
| 9. | Nota Fiscal de Serviços n. 981, do Escritório Contábil Taubaté, referente a despesas com registros diversos e honorários | 300 |
| TOTAL | | 3.120 |

O registro contábil no livro Diário será feito pelo seguinte lançamento:

*Gastos de Organização*
*a Caixa*
*Pagamento de despesas com a legalização e organização da empresa, conforme relação* ........................ *3.120*

---

**OBSERVAÇÕES:**

- Observe que debitamos a conta Gastos de Organização, a qual representa despesa do período.
- Observe, também, que creditamos a conta Caixa, pois houve saída de dinheiro e, consequentemente, diminuição do Ativo.

**NOTA:**

- Conforme já dissemos, a maior parte desses gastos normalmente ocorre quando a empresa ainda não está legalizada, motivo pelo qual são realizados pelo proprietário ou pelos sócios, os quais, mediante a apresentação de comprovantes, serão futuramente reembolsados pela empresa.

## 5.7 Retificações de lançamentos (erros de Escrituração)

Dentre os livros de Escrituração que estudamos, vimos que o Diário – obrigatório pelas legislações civil, comercial, tributária e societária – está sujeito a formalidades intrínsecas, como: a Escrituração será completa, em idioma e moeda corrente nacionais, em forma contábil, com individualização e clareza, por ordem cronológica de dia, mês e ano, sem intervalos em branco nem entrelinhas, borrões, rasuras, emendas ou transportes para as margens.

Sabemos que errar é humano (só não erra quem não faz). Por isso, vamos aprender agora como corrigir os erros que porventura ocorram na Escrituração do livro Diário.

Os erros de Escrituração mais comuns são: erros de redação, borrões, rasuras, escritos nas entrelinhas, intervalos em branco (saltos de linhas ou páginas), erros de valores lançados a maior ou a menor, troca de uma conta por outra, inversão de contas, omissão de lançamentos e lançamentos em Duplicata.

A correção pode ser feita por meio de retificação de lançamento e ressalva por profissional habilitado.

Retificação de lançamento é o processo técnico de correção de registro realizado com erro na escrituração contábil.

A retificação de lançamento pode ser realizada por meio de estorno, lançamento de transferência e lançamento complementar.

Estorno é o lançamento inverso àquele feito erroneamente, anulando-o totalmente.

Portanto, estornar significa lançar ao contrário, isto é, a conta debitada no lançamento errado será creditada no lançamento de estorno, e a conta creditada no lançamento errado será debitada no lançamento de estorno. Procedendo assim, o lançamento de estorno anula o lançamento errado.

Lançamento de transferência é aquele que promove a regularização de conta indevidamente debitada ou creditada, por meio da transposição do registro para a conta adequada. (Item 34 da ITG 2000, aprovada pela Resolução CFC n. 1330/2011).

Lançamento complementar é aquele realizado com o fim de retificar o valor de um lançamento por ter sido efetuado a menor ou a maior.

**NOTA:**

- O histórico do lançamento retificativo deve precisar o motivo da retificação, a data e a localização do lançamento de origem. (Item 32 da ITG 2000, aprovada pela Resolução CFC n. 1330/2011).

## 5.7.1 Erros de redação

Nos erros de redação (Histórico), quando constatados antes de encerrado o lançamento, basta utilizar um termo adequado, como: **digo, ou melhor, isto é** etc.

**NOTA:**

- Com o advento do computador, esse tipo de erro na Escrituração deixou de existir.

*Exemplo:*

*Móveis e Utensílios*
*a Caixa*
*Nota Fiscal n. 890, referente à compra de um automóvel, digo, de uma mesa* ................................ *1.000*

Se, porventura, o erro de Histórico for notado posteriormente, a solução será **estornar** o lançamento e efetuar novo lançamento correto.

*Exemplo:*

Suponhamos que o lançamento a seguir, escriturado no dia 30/04/x3, na página 421 do livro Diário, contenha um erro de redação: a compra foi de uma mesa, porém, no Histórico, constou compra de um automóvel.

*Móveis e Utensílios*
*a Caixa*
*NF n. 890, referente à compra de um automóvel* .......................................................... *800*

Suponhamos que o erro tenha sido detectado no dia 20 de setembro do mesmo ano. Veja como ficará o lançamento de estorno:

*Caixa*
*a Móveis e Utensílios*
*Estorno do lançamento escriturado em 30.04 do corrente, na página 421 d/ livro, referente à compra de uma mesa, tendo em vista erro de redação* ................................................ *800*

Aí, lançamos outra vez, corretamente, como se ainda não o tivéssemos lançado.

*Móveis e Utensílios*
*a Caixa*
*NF n. 890, ref. à aquisição de uma mesa* ................ *800*

## 5.7.2 Borrões, rasuras, registros nas entrelinhas

Ocorrendo um desses erros de Escrituração, o contabilista deverá ressalvar, datar e assinar a **ressalva** na página do livro Diário em que constar o respectivo erro.

*Exemplo:*

Suponhamos que o contador de uma empresa, ao lançar manualmente a importância de $ 10.000 no livro Diário, tenha registrado indevidamente a quantia de $ 100.000, e, na tentativa de corrigir o erro, o lançamento fica borrado. Veja como a ressalva poderá ser feita:

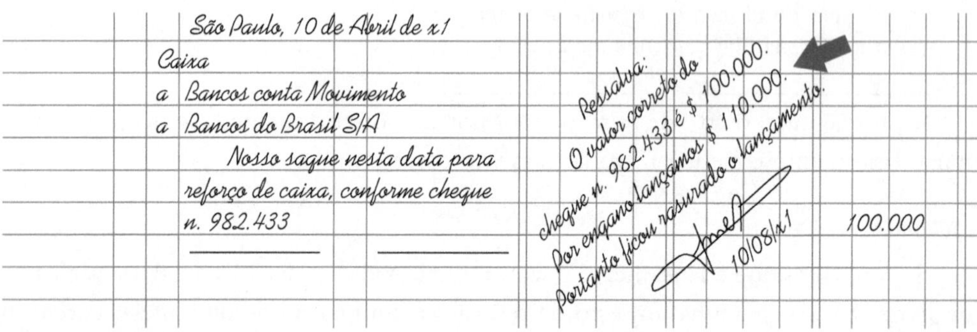


## 5.7.3 Intervalos em branco (saltos de linhas ou de páginas)

Havendo saltos de linhas, estas deverão ser preenchidas com traços horizontais ou com um traço diagonal que transpasse linhas em branco, além da ressalva datada e assinada pelo contabilista.

*Exemplo:*

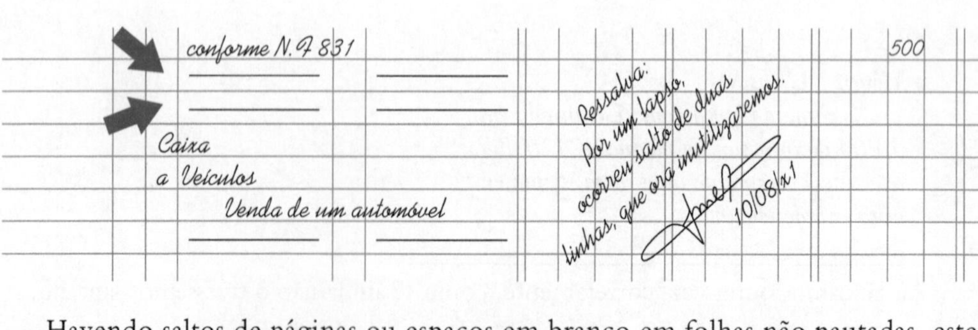


Havendo saltos de páginas ou espaços em branco em folhas não pautadas, estes deverão ser preenchidos com traços diagonais e com a ressalva datada e assinada pelo contabilista.

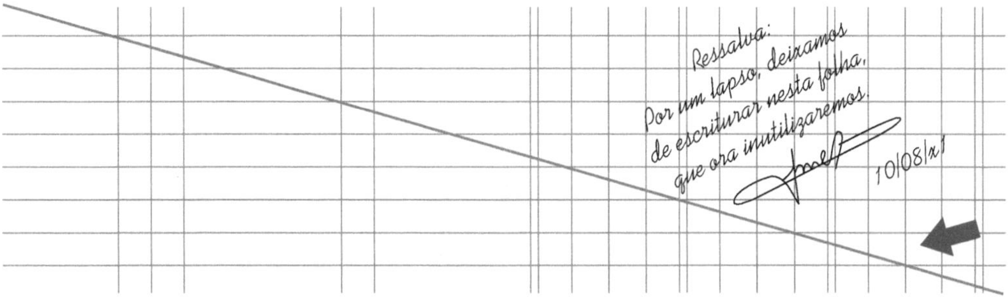


## 5.7.4 Valores lançados a maior

***Exemplo:***

*Impostos e Taxas*
*a Caixa*
*Pago imposto predial ref. este mês, conf.*
*recibo* .............................................................. *785*

Suponhamos que o valor correto do Imposto seja de $ 758. Nesse caso, a correção poderá ser feita de duas maneiras:

**a.** Estorno: estornar o lançamento inteiro (anulá-lo) e lançar novamente a importância correta, conforme visto neste capítulo, Seção 5.7.1.

**b.** Lançamento Complementar: estornar apenas a diferença:

*Valor lançado* ............................... *785*
*Valor que deveria ser lançado* ............. *758*
*Diferença a maior* .......................... *27*

Vamos corrigir essa diferença com um **lançamento complementar**:

*Caixa*
*a Impostos e Taxas*
*Estorno de parte do lançamento efetuado*
*a maior, em ___/___/___, na pg. ____*
*deste livro, ref. pagamento de imposto predial*
*d/ mês* .............................................................. *27*

### 5.7.5 Valores lançados a menor

*Exemplo:*

*Impostos e Taxas*
*a Caixa*
*Pago Imposto Predial ref. a este mês, conf. recibo* .................................................................. *390*

---

Vamos assumir que o valor correto do Imposto seja de $ 890. Esse erro também pode ser corrigido de duas maneiras:

**a.** Estorno: estornar o lançamento e registrar o Fato corretamente.

**b.** Lançamento Complementar: repetir o lançamento original, lançando apenas a diferença:

*Valor do Imposto pago* ..................... *890*
*Valor do Imposto lançado* ................. *390*
*Diferença a lançar* ........................... *500*

Vamos corrigir essa diferença com um **lançamento complementar**:

*Impostos e Taxas*
*a Caixa*
*Complemento do lançamento efetuado a menor em ___/___/___, pg. ____ d/ livro, ref. pagamento de imposto predial deste mês* .................................................................. *500*

---

### 5.7.6 Troca de uma conta por outra

*Exemplo:*

*Móveis e Utensílios*
*a Caixa*
*Compra de um automóvel, conf. NF n. 5.201, da Comercial Taubaté S/A* ......................... *45.000*

---

Vamos assumir que o Histórico esteja correto. Logo, a conta a ser **debitada** seria **Veículos**, porém lançamos erradamente **Móveis e Utensílios**.

A correção pode ser feita de duas maneiras:

**a.** Estorno: estornar o lançamento e escriturar o Fato corretamente.

**b.** Transferência: transferir o débito da conta **Móveis e Utensílios** para a conta **Veículos:**

*Veículos*
*a Móveis e Utensílios*
*Transferência que se processa da 2ª p/ a 1ª conta, tendo em vista lançamento indevido em ___/___/___ ref. à compra de um automóvel, conf. NF* n. *5.201* ........................................ *45.000*

________________ ________________

## 5.7.7 Inversão de contas

***Exemplo:***

*Caixa*
*a Veículos*
*Compra de um veículo etc.* ................................. *30.000*

________________ ________________

Assumindo que o Histórico esteja correto, note que ocorreu compra à vista de um automóvel e não venda. Logo, a conta Veículos é que teria de ser debitada e a conta Caixa, creditada. Nesse caso, a correção também pode ser feita de duas maneiras:

**a.** Estorno: estornar o lançamento e registrar o Fato corretamente.

**b.** Estorno/transferência: inverter a posição das contas, como no estorno, e lançar a importância duas vezes.

Vamos solucionar pela opção **b**. Acompanhe:

*Veículos*
*a Caixa*
*Estorno do lançamento de ___/___/___, constante da pg. ____ deste livro tendo em vista inversão de contas* ........................................ *30.000*
*Compra de um automóvel etc.* .............................. *30.000* *60.000*

________________ ________________

### 5.7.8 Omissão de lançamentos

A omissão se dá pelo esquecimento, isto é, na época oportuna o contabilista deixa de efetuar o registro de um Fato, por um motivo qualquer. Passado algum tempo, ele verifica a omissão. Nesse caso, a correção é simples. Basta proceder ao registro do Fato no dia em que verificou a omissão, mencionando, no Histórico, o motivo e a data correta do evento.

Quando a omissão implicar falta de recolhimento de Tributos, a empresa deverá providenciar os respectivos recolhimentos, espontaneamente, acrescidos dos encargos correspondentes.

### 5.7.9 Lançamento em duplicata

Ocorre quando o contabilista registra, por qualquer motivo, duas vezes o mesmo Fato Administrativo. Quando notada tal ocorrência, basta que se proceda ao estorno do lançamento que estiver a mais.

## Atividades Teóricas 4

**1.** Responda:

a) Cite 3 erros de Escrituração que podem ocorrer no livro Diário.

b) Como podem ser corrigidos os erros de escrituração que ocorrem no livro Diário?

c) O que você entende por estorno?

d) Verificando os documentos da empresa, constatou-se uma Nota Fiscal n. 101, emitida pela Casa Ciranda, referente à aquisição de duas cadeiras giratórias, no valor de $ 2.000, a qual não havia sido registrada ainda pela Contabilidade. O Fato havia ocorrido 15 dias antes do constatado. Quais os procedimentos a serem tomados?

e) Quando se constata uma importância lançada a maior, além do estorno, qual é o outro recurso que temos para correção?

f) Quando é que usamos um lançamento complementar?

## Atividades Práticas 7

PRÁTICA 1

Correções no Diário

1. Pelo Histórico do lançamento a seguir, observe que a conta devedora foi lançada indevidamente. Proceda à correção:

*Veículos*

*a Caixa*

*NF* n. *899, ref. à aquisição de uma estante* ........................................ *2.000*

________________ ________________

2. Pelo Histórico do lançamento a seguir, observe que a conta credora foi lançada indevidamente. Proceda à correção:

*Estoque de Mercadorias*

*a Fornecedores*

*J. C. Ltda.*

*S/ NF* n. *721 , ref. à compra de mercadorias,*
*à vista, cujo pagamento foi efetuado mediante*
*nosso cheque* n. *001*
*Banco Urupês S/A* ........................................................................ *12.000*

________________ ________________

3. Pelo Histórico do lançamento a seguir, observe que o pagamento foi efetuado em dinheiro e não em cheque. Corrija:

*Móveis e Utensílios*

*a Bancos conta Movimento*

*Paga a NF* n. *333, de J. A. & Cia., ref. à*
*compra de móveis, em dinheiro* ........................................................ *5.000*

________________ ________________

4. Pelo Histórico do lançamento a seguir, note que houve débito em conta indevida. Portanto, proceda à correção:

*Móveis e Utensílios*

*a Caixa*

*Pagamento efetuado à Cia. Seguradora Nacional, referente ao prêmio de seguro, conf. recibo* ........................................ *3.000*

---

PRÁTICA 2

Prática de Escrituração

Escriture, em partidas de Diário, os seguintes Fatos:

1. Pagamento efetuado à empreiteira J. C. Ltda. referente a reformas realizadas no prédio em que será instalada nossa empresa, no valor de $ 3.500. O pagamento foi feito em dinheiro.
2. Compra, à vista, de cinco armários de aço para uso da empresa, conforme Nota Fiscal n. 333, do Atacadista Olindense S/A, no valor de $ 7.500.
3. Compra, à vista, de mercadorias para comercializar, conforme Nota Fiscal n. 241, da Casa Araçá S/A, no valor de $ 5.000.
4. Depósito efetuado em conta-corrente, no Banco Urupês S/A, em dinheiro, conforme recibo n. 111: $ 12.000.
5. Venda, à vista, de um automóvel, marca Brasil, no valor de $ 15.000, conforme nossa NF n. 450, desta data.
6. Venda, à vista, de uma casa para a Sra. Arlete Padoam, conforme Escritura lavrada no Quinto Tabelião, no valor de $ 50.000.
7. Saque efetuado junto ao Banco Paineiras S/A, conforme cheque n. 40, no valor de $ 3.500, de nossa emissão, para reforço de Caixa.
8. Venda, à vista, de microcomputador com impressora, marca TRR, conforme nossa Nota Fiscal n. 73, por $ 3.000.
9. Pagamento efetuado na agência bancária do BANESPA, referente a gastos com energia elétrica, conforme Nota Fiscal n. 555: $ 110. O pagamento foi efetuado em dinheiro.
10. Recebida do Sr. Laércio Ferreira a importância de $ 6.000, em dinheiro, referente a serviços prestados, conforme nossa NF n. 99.
11. Recebida do Sr. João Reimberg a importância de $ 600, referente a aluguel de um caminhão de nossa propriedade, conforme recibo n. 30, desta data.
12. Pagamento efetuado à Transportadora Catuçaba Ltda., referente a fretes, no valor de $ 250, conforme Nota Fiscal n. 4.444. Pagamento efetuado com cheque recebido de nosso cliente Pedro Oliveira.
13. Pagamento efetuado no Banco Goiabeira S/A referente a Impostos e Taxas, conforme guia, no valor de $ 300, em dinheiro.
14. Compra de mercadorias, a prazo, conforme Nota Fiscal n. 234, da Casa das Ameixas S/A, com aceite de duas Duplicatas no valor de $ 3.000, cada uma, para vencimentos em 30 e 60 dias.

**15.** Venda de mercadorias, à vista, ao Sr. Mário Fagundes, conforme nossa NF n. 721, no valor de $ 600.

**16.** Venda de mercadorias, a prazo, para a Sra. Clarice Oliveira, conforme nossa NF n. 888, no valor de $ 5.000.

**17.** Venda de mercadorias, a prazo, ao Sr. Flávio Silva, conforme nossa NF n. 654, no valor de $ 8.000. Houve aceite, no ato, de oito Duplicatas vencíveis de 30 em 30 dias.

**18.** Alexandre Reis constituiu uma empresa comercial, nesta cidade, para explorar o comércio de gêneros alimentícios em geral, com Capital de $ 40.000, em dinheiro, integralizado no ato da constituição.

**19.** Alexandre Reis efetuou gastos com a organização de sua empresa no valor de $ 7.500, tendo pago, em dinheiro, conforme relação.

**20.** Wilson Pereira diminuiu o valor do Capital de sua firma individual retirando a importância de $ 8.000, em dinheiro, conforme alteração efetuada na Junta Comercial.

**21.** Neuza Pinho constituiu uma empresa de prestação de serviços, com Capital no valor de $ 50.000, integralizando esse valor, no ato da constituição, da seguinte maneira:

a) em dinheiro: $ 20.000;

b) um terreno avaliado em $ 25.000;

c) vários móveis avaliados em $ 4.000, conforme relação;

d) uma Nota Promissória emitida por Ana Rosa Ferreira, a seu favor, no valor de $ 1.000.

**22.** Venda de mercadorias conforme nossa NF n. 987, ao cliente Josué, no valor de $ 8.000, nas seguintes condições:

a) à vista, em dinheiro: $ 5.000;

b) a prazo, mediante aceite da Duplicata n. 987/01, no valor de $ 3.000, para 30 dias.

**23.** Compras efetuadas no Supermercado Garça, a saber:

- materiais de limpeza: $ 500, conforme NF n. 332;
- um refrigerador para uso da empresa: $ 1.200, conforme NF n. 1.002;
- uma motocicleta para uso da empresa: $ 5.000, conforme NF n. 3.500.

O pagamento será efetuado da seguinte maneira:

a) à vista, por meio do nosso cheque n. 343, contra o Banco Urupês S/A, no valor de $ 3.000;

b) a prazo, conforme aceite da Duplicata n. 01, no valor de $ 3.700, para 30 dias.

**24.** Pagamento efetuado, em dinheiro, junto ao Banco Paineiras S/A, das seguintes Despesas, conforme documentação anexa:

a) energia elétrica: $ 2.000;

b) conta de telefone: $ 3.000;

c) impostos e taxas: $ 500;

d) aluguéis de máquinas: $ 2.500;

e) consumo de água: $ 400.

**25.** Recebemos, em dinheiro, conforme documentação anexa na Folha do Movimento do Caixa desta data:

a) Duplicata n. 15, de nossa emissão, com aceite de Vanessa Éboli: $ 900;

b) Aluguéis: $ 500;

c) Juros: $ 80.

**26.** Pagamento efetuado ao mecânico Norberto, referente a reparos no veículo da empresa, no valor de $ 500, conforme NF n. 80.

**27.** Compra, à vista, de um imóvel para instalação de filial, por $ 30.000, sendo $ 20.000 pelo imóvel e $ 10.000 pelo ponto comercial.

**28.** Pagamento de uma Duplicata a Jaime Mariotto S/A, no valor de $ 10.000, com 10% de desconto.

**29.** Pagamento de Aluguel ao Sr. Edison Natalino Pereira, no valor de $ 900, com 5% de juros.

**30.** Analisando os registros no livro Diário, efetuados no mês anterior, o contador da empresa constatou que um pagamento de Impostos e Taxas efetuado em dinheiro, no valor de $ 435, tinha sido contabilizado por $ 345. Proceder à correção.

**31.** Analisando os registros efetuados no livro Diário, correspondentes à semana anterior, o técnico em contabilidade constatou o registro do pagamento da Duplicata n. 20 para J. Pimenta Ltda., no valor de $ 600; no entanto, o valor real da Duplicata paga foi de $ 500. Proceder à correção.

# CAPÍTULO 6

# MONOGRAFIA – PRÁTICA DE ESCRITURAÇÃO

## 6.1 Instruções gerais

1. Você deve escriturar todos os Fatos Administrativos a seguir nos livros Diário, Razão e, quando couber, no Caixa e no Contas-Correntes.
2. Após efetuada a Escrituração, levante o Balancete de Verificação do Razão (para atender ao solicitado neste item, estude o Capítulo 7).
3. Partindo do Balancete, apure o Resultado do Exercício e levante o Balanço Patrimonial (para atender ao solicitado neste item, estude o Capítulo 8).
4. Os erros de Escrituração que porventura ocorrerem deverão ser corrigidos observando-se as técnicas usuais para correção, estudadas na Seção 5.7 do Capítulo 5.
5. Transcreva o Balanço Patrimonial no livro Diário.
6. Para escriturar esta prática, utilize as contas do Elenco de Contas constante do Capítulo 3, com seus respectivos códigos. Como vimos, esses códigos facilitam a identificação das contas, principalmente se a Escrituração for efetuada em computador.

**NOTA:**

- O objetivo deste trabalho é ensiná-lo a escriturar os livros Diário, Razão, Caixa e Contas-Correntes. Por isso, optamos, como modelo, por uma empresa de **prestação de serviços,** a qual, pela sua natureza, não envolve operações trabalhosas, pois o nosso propósito, neste estágio, é o de situá-lo na matéria de maneira tal que você a domine bem. Por ora, pretendemos ensinar o registro dos Fatos nos livros contábeis.

## 6.2 Dados para Escrituração

### I. Informações sobre a Empresa

1. Empresa individual: Natália Moura Ribeiro
2. Nome fantasia: NACON – Assistência Contábil
3. Ramo de negócio: prestação de serviços profissionais de assistência contábil e fiscal.
4. Endereço: Rua Ipiranga, n. 9, nesta cidade.
5. Registro cadastral no Conselho Regional de Contabilidade/CRC, sob n. 86.000.
6. Inscrição Municipal n. 1.134/04.
7. Inscrição no CNPJ n. 47.112.832-48.
8. Abertura dos livros: início das atividades em 01/10/x1.

### II. Fatos Administrativos para Escrituração

*Em 01/10/x1*

1. Natália Moura Ribeiro inicia suas atividades com Capital de $ 10.000, realizado em dinheiro, nesta data.
2. Abertura de Conta-Corrente bancária, no Banco Urupês S/A, para movimento da empresa, sob n. 417.74.70881-6, com depósito inicial de $ 10.000, conforme recibo n. 1.348.
3. Saque de $ 5.000, para reforço de Caixa, por meio do nosso cheque n. 731.401, contra o Banco Urupês S/A.
4. Pagamento, em dinheiro, de diversas despesas referentes à legalização da empresa, incluindo aquisição de livros contábeis e fiscais, taxas etc., no valor de $ 500, conforme relação.

*Em 05/10/x1*

5. Compra, a prazo, conforme NF n. 0721, da Casa de Móveis Moreira Ltda., de duas escrivaninhas, uma mesa para computador, duas mesas comuns, oito cadeiras e dois armários de aço, para uso da empresa, no valor de $ 6.000. Houve aceite, no ato, de seis Duplicatas n.os 0721/01 a 0721/06, no valor de $ 1.000 cada, para vencimentos de 30 em 30 dias.

*Em 08/10/x1*

6. Compra de um microcomputador conforme configurações constantes da NF n. 1.951, da Importadora USA, no valor de $ 3.000. A compra foi efetuada a prazo, com aceite de seis Duplicatas n.os 1.951/01 a 1.951/06, no valor de $ 500 cada, para vencimentos de 30 em 30 dias.

7. Natália efetuou outros gastos com a organização da empresa, conforme relação (pintura, reforma do imóvel etc.), cujo pagamento foi efetuado nesta data, em dinheiro: $ 800.
8. Compra de materiais de limpeza (vassoura, rodo, sabões, desinfetantes e papéis), conforme NF n. 9.000, do Supermercado São Francisco, no valor de $ 15. O pagamento foi efetuado em dinheiro.

*Em 10/10/x1*

9. O prédio em que a empresa está instalada é de propriedade do Sr. Nelson Moura Ribeiro, ao qual foi pago o aluguel referente ao mês de setembro, conforme recibo n. 001, no valor de $ 2.000. O pagamento foi efetuado por meio do nosso cheque n. 731.402, emitido contra o Banco Urupês S/A.

*Em 15/10/x1*

10. Aquisição de livros, impressos e materiais diversos para uso durante o expediente da empresa, conforme NF n. 342, da Papelaria Espaço Cultural, no valor de $ 40, pago em dinheiro.
11. Natália prestou serviços diversos, recebendo, em dinheiro, a importância de $ 2.000, e emitiu a NF n. 001.

*Em 20/10/x1*

12. Natália recebeu, do Banco Urupês S/A, um aviso de débito efetuado em sua Conta-Corrente, referente à emissão de talões de cheques e outras taxas, no valor de $ 8.
13. Aquisição de um refrigerador e duas calculadoras eletrônicas, para uso da empresa, conforme Notas Fiscais n.os 401 e 402, de Marco Antônio Ltda., no valor de $ 4.000. O pagamento foi efetuado à vista, em dinheiro.

*Em 28/10/x1*

14. Compra de um automóvel marca Chevrolet (Corsa), a prazo, da Distribuidora de Veículos Vale do Paraíba Ltda., no valor de $ 12.000, conforme NF n. 2.000. Houve aceite, no ato, de 4 Duplicatas n.os 2.000/01 a 2.000/04, no valor de $ 3.000 cada, vencíveis de 30 em 30 dias.
15. Pagamento efetuado ao despachante Luiz de Almeida, referente ao licenciamento do veículo, incluindo Imposto, taxa de licenciamento etc., conforme recibo n. 380, no valor de $ 450. O pagamento foi efetuado em dinheiro.
16. Recebida a importância de $ 8.000 referente a serviços prestados, conforme nossas Notas Fiscais n.os 002 a 019.

**17.** Paga, no banco do Estado, conta de energia elétrica, conforme Nota Fiscal referente ao mês corrente, no valor de $ 60. O pagamento foi efetuado em dinheiro.

*Em 29/10/x1*

**18.** Depósito efetuado no Banco Urupês S/A, conforme recibo, da importância de $ 6.000, em dinheiro.

*Em 03/11/x1*

**19.** Serviços prestados ao Sr. Oswaldo Leite, conforme nossa NF n. 020, no valor de $ 1.500. Houve aceite, no ato, de três Duplicatas n.os 020/01 a 020/03, no valor de $ 500 cada, vencíveis de 30 em 30 dias.

*Em 05/11/x1*

**20.** Natália aumenta, nesta data, o seu Capital, em $ 5.000, em dinheiro, com depósito efetuado no Banco Urupês S/A, conforme recibo n. 501.

**21.** Pagamento da Duplicata n. 1.951/01 à Importadora USA, no valor de $ 500, com 10% de desconto. O pagamento foi efetuado em dinheiro.

**22.** Pagamento efetuado ao Posto Mangueira, referente à aquisição de gasolina, conforme NF n. 44.433, no valor de $ 55. O pagamento foi efetuado em dinheiro.

*Em 10/11/x1*

**23.** Pagamento do aluguel referente ao mês de outubro do corrente, ao Sr. Nelson Moura Ribeiro, no valor de $ 2.000. Pagamento efetuado em dinheiro, conforme recibo n. 002.

**24.** Pagamento da Duplicata n. 0721/01, à Casa de Móveis Moreira Ltda., no valor de $ 1.000, acrescido de 10% de juros por atraso. O pagamento foi efetuado por meio do nosso cheque n. 731.403, contra o Banco Urupês S/A.

**25.** Serviços prestados ao Sr. Edison Natalino, conforme nossa NF n. 021, no valor de $ 2.000. Houve aceite, no ato, de cinco Duplicatas n.os 021/01 a 021/05, no valor de $ 400 cada, com vencimentos de 30 em 30 dias.

*Em 28/11/x1*

**26.** Pagamento efetuado à Distribuidora de Veículos Vale do Paraíba Ltda., referente à Duplicata n. 1.999/01, no valor de $ 3.000. O pagamento foi efetuado por meio do nosso cheque n. 731.404, contra o Banco Urupês S/A.

*Em 30/11/x1*

**27.** Aquisição de material de expediente, conforme NF n. 1.743, da Fulgor S/A, no valor de $ 130. O pagamento foi efetuado por meio do nosso cheque n. 731.405, contra o Banco Urupês S/A.

**28.** Recebida a importância de $ 3.800, referente a serviços prestados, conforme nossas Notas Fiscais n.os 022 a 050. Dentre a importância citada, $ 1.100 foram recebidos em cheques emitidos por nossos clientes, e o restante, em dinheiro.

**29.** Compra de uma cafeteira elétrica, 250 gramas de café e um quilo de açúcar, conforme NF n. 123 do Supermercados Aliança, no valor de $ 35. O pagamento foi efetuado em dinheiro.

**30.** Pagamento efetuado no Banco do Brasil S/A, de conta de água e esgoto, no valor de $ 20. O pagamento foi efetuado em dinheiro.

**31.** Pagamento efetuado, em dinheiro, à Prefeitura Municipal, referente a impostos, taxas e alvará de funcionamento, no valor de $ 140, conforme guia.

**32.** Pagamento efetuado, no banco do Estado, de conta de energia elétrica, conforme NF n. 1.020.805, no valor de $ 100. O pagamento foi efetuado em dinheiro.

**33.** Depósito efetuado no Banco Urupês S/A, conforme recibo desta data, no valor de $ 3.000.

*Em 01/12/x1*

**34.** Pagamento efetuado ao Posto Mangueira, referente à aquisição de gasolina, conforme NF n. 9.933, no valor de $ 60. O pagamento foi efetuado em dinheiro.

**35.** Recebida do Sr. Oswaldo Leite Duplicata n. 020/01, com 5% de desconto. O valor da Duplicata é de $ 500, e o cliente nos pagou com cheque de sua emissão, contra o banco do Estado.

*Em 05/12/x1*

**36.** Pagamento efetuado à Casa de Móveis Moreira Ltda., de uma Duplicata n. 0721/02, no valor de $ 1.000. O pagamento foi efetuado em dinheiro.

*Em 08/12/x1*

**37.** Pagamento da Duplicata n. 1.951/02 à Importadora USA, no valor de $ 500. O pagamento foi efetuado por meio do cheque nº 731.406, de nossa emissão, contra o Banco Urupês S/A.

*Em 10/12/x1*

**38.** Pagamento do aluguel de novembro ao Sr. Nelson Moura Ribeiro, no valor de $ 2.000. O pagamento foi efetuado por meio do nosso cheque n. 731.407, contra o Banco Urupês S/A, conforme Recibo n. 003.

*Em 20/12/x1*

**39.** Recebida do cliente Edison Natalino Duplicata de nossa emissão, com 10% de juros. O valor da Duplicata n. 021/01 é de $ 400. O cliente nos pagou mediante cheque, de sua emissão, contra o Banco do Brasil S/A.

*Em 23/12/x1*

**40.** Pagamento efetuado à Distribuidora de Veículos Vale do Paraíba Ltda., da Duplicata n. 2.000/02, com 10% de desconto. O valor da Duplicata é de $ 3.000 e foi paga por meio do nosso cheque n. 731.408, emitido contra o Banco Urupês S/A.

*Em 31/12/x1*

**41.** Nossas Notas Fiscais n.os 051 a 080, referentes a serviços prestados no mês, à vista, no valor de $ 9.100.

**42.** Pagamento efetuado no Banco do Brasil S/A de conta de energia elétrica, referente ao mês de dezembro, conforme NF n. 1.103.371, no valor de $ 90.

**43.** O Banco Urupês S/A nos comunicou, mediante aviso bancário, que debitou de nossa Conta-Corrente a importância de $ 4, referente à emissão de talões de cheques.

**44.** Pagamento efetuado no Banco do Brasil S/A, referente à conta de água e esgoto do mês de dezembro do corrente, no valor de $ 70. Pagamento efetuado em dinheiro.

**45.** Depósito efetuado no Banco Urupês S/A, conforme recibo desta data, no valor de $ 9.000.

## 6.3 Livros para Escrituração

**NOTAS:**

- Com o advento do computador, a Escrituração contábil realizada por processo manual ou mecanizado praticamente caiu em desuso, embora ainda possa ser utilizada. Entretanto, para fins didáticos, a Escrituração processada manualmente continua sendo eficaz. Assim, nesta Prática de Escrituração, mantivemos os modelos tradicionais de livros de Escrituração.
- Lembramos que o computador é um instrumento de que o contabilista dispõe para processar não só a Escrituração de livros contábeis e fiscais, como outros trabalhos relacionados à sua profissão. Portanto, esta Prática de Monografia, apesar de feita em processo manual e baseada em modelos tradicionais, poderá ser efetuada em qualquer programa de Contabilidade.

### 6.3.1 Roteiro

Para facilitar seu trabalho, proceda da seguinte maneira:

1. No livro Diário, registre os 45 Fatos propostos.
2. Em seguida, transcreva-os no livro Razão e, quando couber, no Caixa e no Contas-Correntes.
3. Depois do registro desses 45 Fatos, apure o saldo de cada conta no livro Razão.
4. Levante um Balancete de Verificação do Razão.
5. Apure o Resultado do Exercício efetuando os registros no Diário e no Razão.
6. Transcreva o Balanço Patrimonial no Diário.

### 6.3.2 Livro Diário

A Escrituração do livro Diário você já aprendeu no Capítulo 5. Para simples conferência, apresentaremos, a seguir, os seis primeiros Fatos devidamente escriturados. Examine-os. Para maior clareza dos registros no livro Diário, próprio para Escrituração manual que estamos adotando, observe:

- A primeira linha de cada folha deve conter o nome da cidade e a data.
- Quando a Escrituração chegar às últimas linhas da página, esta deverá conter:
  a. a palavra **continua**, se o lançamento continuar na outra página;
  b. o termo **a transportar** e o respectivo valor ou os respectivos valores para transporte, quando no lançamento for usada mais de uma coluna de valores, sendo que um ou mais valores já tenham sido lançados, e um ou mais valores ainda precisem ser lançados na página seguinte. Nesse caso, na página seguinte, após colocado o nome da cidade e a data, a segunda linha deverá conter o termo **de transporte** e o respectivo valor ou os respectivos valores transportados da página anterior;
  c. traços horizontais para anular as linhas finais;
  d. traços de encerramento do lançamento;
  e. a última linha escrita pelo Histórico e valor, se coincidir.

| | | | | |
|---|---|---|---|---|
| | | | São Paulo , 01 de Outubro de x1 | |
| 1.1.01 | 01 | | Caixa | |
| 2.3.01 | 09 | a | Capital | |
| | | | Pela constituição de empresa de | |
| | | | Natália Moura Ribeiro, com capital | |
| | ② | | realizado nesta data. 10 000 | 10 000 |
| | | | ——— " ——— | |
| 1.1.02 | 02 | | Bancos conta Movimento | |
| | | | Banco Urupês S/A | |
| 1.1.01 | 01 | a | Caixa | |
| | | | Abertura da conta n. | |
| | | | 417.74.70881-6, com depósito em | |
| | ③ | | dinheiro conf. Rec. n. 1.348 | 10 000 |
| | | | ——— " ——— | |
| 1.1.01 | 01 | | Caixa | |
| 1.1.02 | 02 | a | Bancos Conta Movimento | |
| | | | Banco Urupês S/A | |
| | ④ | | N/retirada conf. Ch/n. 731.401 | 5 000 |
| | | | ——— " ——— | |
| 1.3.07 | 07 | | Gastos de Organização | |
| 1.1.01 | 01 | a | Caixa | |
| | ⑤ | | Conf. Relação | 500 |
| | | | ——— 05 ——— | |
| 1.2.06 | 05 | | Móveis e Utensílios | |
| 2.1.02 | 08 | a | Duplicatas a Pagar | |
| | | | Casa de Móveis Moreira Ltda. | |
| | | | Na compra de duas escrivaninhas, | |
| | | | uma mesa p/ computador, duas | |
| | | | mesas comuns, oito cadeiras e dois | |
| | | | armários de aço, conf. N.F. | |
| | | | n. 0721/01, com aceite das Dupl. | |
| | | | n.os 0721/1 a 0721/6, no valor de | |
| | | | $ 1.000 cada, vencíveis de 30 em | |
| | ⑥ | | 30 dias. | 6 000 |
| | | | ——— 08 ——— | |
| 1.2.03 | 04 | | Computadores | |
| 2.1.02 | 08 | a | Duplicatas a Pagar | |
| | | | Importadora USA | |
| | | | Compra de um microcompu- | |
| | | | tador conf. N.F. n. 1.951, com | |
| | | | aceite de 6 Dupl. n.os 1.951/01 a | |
| | | | 1.951/06, no valor de $ 500 cada, | |
| | | | vencíveis de 30 em 30 dias. | 3 000 |
| | | | ——— " ——— | |

### 6.3.3 Livro Razão

Veja um modelo do livro Razão tradicional e como escriturá-lo:

①

| 20__ | | DÉBITO | | | | 20__ | | CRÉDITO | | | |
|---|---|---|---|---|---|---|---|---|---|---|---|
| ② | ③ | ④ | ⑤ | ⑥ | ⑦ | ⑧ | ⑨ | ⑩ | ⑪ | ⑫ | ⑬ |
| | | | | | | | | | | | |
| | | | | | | | | | | | |
| | | | | | | | | | | | |
| | | | | | | | | | | | |

① Título da conta.
② Mês.
③ Dia.
④ Espaço reservado para a preposição **a**.
⑤ Contrapartida creditada.
⑥ N. da folha do Diário da qual foi retirado este lançamento.
⑦ Valor.
⑧ Mês.
⑨ Dia.
⑩ Espaço reservado para a preposição **de**.
⑪ Contrapartida debitada.
⑫ N. da folha do Diário da qual foi retirado este lançamento.
⑬ Valor.

O **Razão** é o livro mais importante para a Contabilidade, porque permite o controle do movimento de cada conta, separadamente. O primeiro passo para escriturar este livro é abrir uma página para cada conta usada na Escrituração do livro Diário.

Portanto, antes de iniciar a Escrituração do Razão, você deverá examinar o Diário e, baseando-se no Elenco de Contas do Capítulo 3, marcar todas as contas utilizadas. Feito isso, deverá reservar no Razão uma página para cada conta, seguindo a ordem em que elas estão dispostas no Elenco de Contas.

Para escriturar o Razão, partimos do Diário. Pegamos em cada lançamento as contas envolvidas e lançamos no débito ou no crédito, conforme essas contas estejam debitadas ou creditadas no Diário.

***Exemplo:***

Observe que o lançamento n. 1 do Diário é o seguinte:

*(1) 1.1.01 Caixa*

*2.3.01 a Capital*

*Pela constituição... etc.* ..................... *10.000*

Veja que a conta Caixa está debitada; logo, devemos procurar, no livro Razão, a página que foi reservada para essa conta e lançar o referido valor do lado do débito.

Veja como ficará esse registro no Razão:

*1.1.01 Caixa*

| 20x1 | | DÉBITO | | | 20x1 | | CRÉDITO | | |
|---|---|---|---|---|---|---|---|---|---|
| OUT | 01 | a Capital | 01 | 10000 | | | | | |
| | | | | | | | | | |
| | | | | | | | | | |
| | | | | | | | | | |

Observe que o lançamento no Razão é feito em uma linha, na qual o registramos na seguinte ordem:

1. mês (outubro – OUT);
2. dia (primeiro – 01);
3. nome da conta contrapartida da conta Caixa no Diário (**a** Capital);
4. número da página do Diário da qual foi extraído o respectivo lançamento (1);
5. e, finalmente, o valor ($ 10.000).

Perceba, também, que a conta Capital, lançada na coluna do Histórico, é precedida da preposição **a**, pois, neste caso, dizemos que a conta Caixa deve à conta Capital.

Uma vez efetuado o lançamento no Razão, devemos retornar ao livro Diário e anotar, em coluna e linha próprias, o número da página do Razão na qual efetuamos o referido registro.

O mesmo procedimento faremos com a conta Capital. Veja que no lançamento n. 1 do Diário a conta Capital está no crédito. Vamos então ao Razão, procuramos a página destinada a essa conta e a lançamos do lado do crédito.

*2.3.01 Capital*

| 20x1 | | DÉBITO | | | 20x1 | | CRÉDITO | | |
|---|---|---|---|---|---|---|---|---|---|
| | | | | | OUT | 01 | de Caixa | 01 | 10000 |
| | | | | | | | | | |
| | | | | | | | | | |
| | | | | | | | | | |

Observe que lançamos a conta Caixa na coluna do Histórico, pois ela é contrapartida da conta Capital lançada no Diário. Neste caso, a conta Caixa é precedida da preposição **de**, revelando-nos que a conta Capital tem um crédito de Caixa.

Agora, baseado nas explicações apresentadas, efetue os demais registros no seu livro Razão.

## 6.3.4 Livro Caixa

No livro **Caixa** são controladas as entradas e saídas de dinheiro. O **Caixa** deve ser escriturado diariamente.

Em substituição a esse livro, pode-se optar pelo controle do Caixa por meio da ficha **Movimento de Caixa**. Veja o modelo:

MOVIMENTO DE CAIXA

____ DE ______ ① ______ DE 20___ N. ___ ② ___

| DOC. N. | HISTÓRICO | ENTRADAS | SAÍDAS |
|---|---|---|---|
| ③ | ④ | ⑤ | ⑥ |
| | | | |
| | | | |
| | | | |
| | | | |
| | A TRANSPORTAR — TOTAIS DO DIA $ | ⑦ | ⑧ |
| | SALDO ANTERIOR $ | ⑨ | ⑩ |
| | SALDO ATUAL $ | | |
| | | ⑪ | ⑫ |

| DETALHES DO SALDO | |
|---|---|
| DINHEIRO | ⑬ |
| CHEQUES | |
| VALES | |
| | |
| TOTAL | |

FIRMA: ______ ⑭ ______

CAIXA: ______ ⑮ ______ VISTO: ______ ⑯ ______

Veja como deve ser preenchido este modelo de Movimento do Caixa:

① Dia, mês e ano a que se refere o Movimento do Caixa.

② Número sequencial do Movimento.

③ Os documentos relacionados nessa ficha de controle devem ser numerados em ordem sequencial e seus números anotados na respectiva coluna.

④ Neste campo deve-se especificar, com clareza, o pagamento ou recebimento feito, com indicação do número e da espécie do documento comprobatório, do nome da pessoa com quem se transaciona, bem como a coisa transacionada, podendo, inclusive, ser anotado o nome da conta contrapartida de Caixa que originará o lançamento no Diário. Quando a empresa organiza os documentos que comprovam as entradas e saídas diárias de Caixa, numerando-os sequencialmente, as anotações neste campo poderão ser bem resumidas.

⑤ Coluna destinada ao registro dos valores das entradas de dinheiro no Caixa.

⑥ Coluna destinada ao registro dos valores das saídas de dinheiro no Caixa.

⑦ Total das entradas do dia.

⑧ Total das saídas do dia.

⑨ Campo reservado ao valor do saldo inicial, ou seja, ao saldo de Caixa do dia anterior.

⑩ Campo reservado ao valor do saldo atual, obtido pela seguinte operação: saldo inicial 9 + total das entradas 7 – total das saídas 8.

⑪ Total obtido pela soma dos números 7 e 9.

⑫ Total obtido pela soma dos números 8 e 10.

⑬ Neste quadro devem ser especificados os valores que compõem o saldo de Caixa do dia. Observe que o saldo de Caixa pode ser composto de dinheiro (moedas, cédulas), cheques recebidos de clientes, vales etc.

⑭ Assinatura do proprietário da empresa ou seu responsável legal.

⑮ Assinatura do responsável pelo Caixa.

⑯ Visto do supervisor ou de superior que proceda à conferência dos dados contidos no respectivo Movimento do Caixa.

Para exemplificar, apresentamos, a seguir, uma folha de Movimento do Caixa contendo os lançamentos referentes ao mês de outubro (Fatos 1 a 18).

MOVIMENTO DE CAIXA

31 DE Outubro DE 20x1 N. 1

| DOC. N. | HISTÓRICO | ENTRADAS | SAÍDAS |
|---|---|---|---|
| 01 | Rec. do titular ref. realização de Capital | 10 000 | |
| 02 | N/ Depósito conf. Rec. n. 1.340 | | 10 000 |
| 03 | Saque cheque n. 731.401 | 5 000 | |
| 04 | Conf. relação | | 500 |
| 05 | Conf. relação | | 800 |
| 06 | N.F. 9.000 do Supermercado São Francisco | | 15 |
| 07 | N.F. 342 da Papelaria Espaço Cultural | | 40 |
| 08 | N/N.F. ref. serviços prestados | 2 000 | |
| 09 | N.F. 401 e 402 de Marco Antônio Ltda. | | 4 000 |
| 10 | Rec. 380 de Luiz de Almeida | | 450 |
| 11 | N/N.F. 002 a 019 ref. serviços prestados | 8 000 | |
| 12 | N.F. ref. energia elétrica | | 60 |
| 13 | N/ depósito conf. rec. | | 6 000 |
| | | | |
| | | | |
| | | | |
| | | | |
| | | | |
| | | | |
| | | | |
| | | | |
| | | | |
| | | | |
| | A TRANSPORTAR – TOTAIS DO DIA $ | 25 000 | 21 865 |
| | SALDO ANTERIOR $ | | |
| | SALDO ATUAL $ | | 3 135 |
| | | 25 000 | 25 000 |

| DETALHES DO SALDO | |
|---|---|
| DINHEIRO | 3 135 |
| CHEQUES | |
| VALES | |
| | |
| TOTAL | 3 135 |

FIRMA: ______

CAIXA: ______ VISTO: ______

Agora, proceda da mesma maneira em relação aos lançamentos dos meses de novembro e dezembro (Fatos 19 a 45).

**OBSERVAÇÃO:**

- Embora o Movimento de Caixa deva ser efetuado diariamente, o que requer a utilização de uma ou mais folhas para cada dia, no exemplo apresentado optamos, por razões práticas, por lançar as operações em partidas mensais.

## 6.3.5 Livro Contas-Correntes

O livro **Contas-Correntes** é usado para controlar os Direitos e as Obrigações da empresa. Permite o controle individualizado de cada cliente e de cada fornecedor.

Para escriturá-lo, partimos também do livro Diário, e toda vez que registrarmos no Diário um Fato que envolva uma **conta pessoal** (representativa de Direito ou de Obrigação), devemos escriturar o referido Fato também no livro Contas-Correntes.

Veja como escriturá-lo:

①

| 20___ | | HISTÓRICO | DÉBITO | CRÉDITO | D/C | SALDO |
|---|---|---|---|---|---|---|
| ② | ③ | ④ | ⑤ | ⑥ | ⑦ | ⑧ |
| | | | | | | |
| | | | | | | |
| | | | | | | |
| | | | | | | |
| | | | | | | |
| | | | | | | |
| | | | | | | |

① Nome da conta e do correntista.
② Mês.
③ Dia.
④ Histórico.
⑤ Valor do débito.
⑥ Valor do crédito.
⑦ **D** (se for saldo devedor) ou **C** (se for credor).
⑧ Saldo.

Tomando como exemplo as informações da Prática de Monografia (Seção 6.2 deste capítulo), escrituramos a folha correspondente ao movimento da conta Bancos conta Movimento. Observe os lançamentos e depois proceda da mesma forma com as seguintes contas: 1.1.04 Duplicatas a Receber (Oswaldo Leite); 1.1.04 Duplicatas a Receber

(Edison Natalino); 2.1.02 Duplicatas a Pagar (Casa de Móveis Moreira Ltda.); 2.1.02 Duplicatas a Pagar (Importadora USA); e 2.1.02 Duplicatas a Pagar (Distribuidora de Veículos Vale do Paraíba Ltda.).

1.1.02 Bancos conta Movimento

Banco Urupês S/A

| 20x1 | | HISTÓRICO | DÉBITO | CRÉDITO | D/C | SALDO |
|---|---|---|---|---|---|---|
| OUT | 01 | Abertura de Conta c/ depósito | 10 000 | | D | 10 000 |
| | | Ch. 731.401, saque | | 5 000 | C | 5 000 |
| | 10 | Ch. 731.402, pagamento aluguel | | 2 000 | C | 3 000 |
| | 20 | Conf. aviso de débito | | 8 | C | 2 992 |
| | 29 | N/ depósito, conf. Rec. | 6 000 | | D | 8 992 |
| NOV | 05 | Dep. Conf. Rec. 501 | 5 000 | | D | 13 992 |
| | 10 | Ch. 731.403, pg. Dupl. 0721/01 | | 1 100 | C | 12 892 |
| | 28 | Ch. 731.404, pg. Dupl. 1.999/01 | | 3 000 | C | 9 892 |
| | 30 | Ch. 732.405, pg. N.F. 1.743 | | 1 300 | C | 8 592 |
| | | Depósito conf. Rec. | 3 000 | | D | 11 592 |
| DEZ | 08 | Ch. 731.406, pg. Dupl. 1.951/02 | | 500 | C | 11 092 |
| | 10 | Ch. 731.407, pg. Aluguel | | 2 000 | C | 9 092 |
| | 23 | Ch. 731.408, pg. Dupl. 1.999/02 | | 2 700 | C | 6 392 |
| | 31 | Conf. aviso | | 4 | C | 6 388 |
| | | N/ depósito, conf. Rec. | 9 000 | | D | 15 388 |

## 6.4 Partidas Simples x Partidas Dobradas

Na Seção 5.3 do Capítulo 5, fizemos breves comentários acerca de dois Métodos de Escrituração: o das Partidas Simples e o das Partidas Dobradas. Agora que você conhece bem o Método das Partidas Dobradas e já sabe escriturar os livros Diário, Razão, Caixa e Contas-Correntes, o momento é propício para sedimentar bem a diferença entre esses dois métodos.

Dentre os livros de Escrituração que você estudou, o Diário e o Razão são escriturados pelo **Método das Partidas Dobradas**: no **Diário**, os registros são efetuados por meio de lançamentos que, com seus cinco elementos essenciais, caracteriza o princípio fundamental do Método das Partidas Dobradas; no **Razão**, o controle individualizado de cada conta, cuja origem está registrada no Diário, faz que o mesmo valor lançado a débito de uma ou mais contas seja lançado a crédito de uma ou mais contas, conforme estejam debitadas e/ou creditadas no Diário. A grande prova de que os registros no Razão são feitos pelo Método das Partidas Dobradas encontra-se no Balancete de Verificação, no qual a soma dos saldos devedores é igual à soma dos saldos credores.

Quanto aos livros Caixa e Contas-Correntes, podemos afirmar que são escriturados com base no **Método das Partidas Simples**, pois neles só interessa o controle de apenas um elemento. No livro ou no movimento do **Caixa**, interessa saber o quanto entrou, saiu e restou em dinheiro em determinado dia ou período, não importando controlar o que foi adquirido, pago, recebido ou mesmo os elementos que originaram as importâncias recebidas; no livro **Contas-Correntes**, interessa controlar apenas os Direitos ou as Obrigações da empresa, independentemente das contrapartidas, sejam elas em decorrência de compras, vendas, empréstimos etc.

## 6.5 A Contabilidade informatizada

Com o avanço da Informática, que revolucionou todos os setores da atividade humana a partir do final do século XX, o trabalho do contabilista passou a ser feito com mais rapidez, segurança e credibilidade.

A informatização dos registros contábeis possibilitou o acesso quase que imediato às informações de que tanto necessitam os usuários da Contabilidade, tornando desnecessárias tarefas repetitivas, realizadas nos sistemas manual ou mecanizado, os quais praticamente caíram em desuso.

Hoje, as informações extraídas dos documentos comprobatórios da ocorrência dos Fatos Administrativos são processadas por meio de programas de Contabilidade instalados no computador da empresa. Esses programas – também conhecidos por *softwares* – fornecem informações em forma de relatórios, demonstrações, notas explicativas, as quais podem vir acompanhadas por uma infinidade de gráficos, mapas, quadros ou outros documentos (sintéticos ou analíticos). O acesso rápido a tais informações atende tanto às necessidades dos administradores e proprietários da empresa quanto às dos demais usuários.

Há vários tipos de programas de Contabilidade, os quais, a partir de registros contábeis, fornecem grande número de informações.

Antes de ingressar no processo informatizado, recomendamos-lhe que estude bem as noções básicas da Contabilidade e pratique a Escrituração manual. Você precisa estar bem familiarizado com o mecanismo do débito e do crédito e devidamente capacitado a apurar o Resultado do Exercício e a fazer o levantamento do Balanço Patrimonial – ainda que simplificado – antes de partir para o registro de dados no computador.

Como você já sabe, um dos primeiros passos para se implantar a Contabilidade, seja qual for o processo de registro utilizado, é a elaboração de um Plano de Contas que contenha, pelo menos, um Elenco de Contas devidamente codificado, o que facilita a digitação; um Manual de Contas; e Modelos Padronizados de Demonstrações Contábeis.

A chave para que o processamento eletrônico seja bem-sucedido está na classificação adequada dos documentos mediante os quais serão fornecidas as informações ao programa instalado no computador. Ciente disso, o contabilista deverá em primeiro lugar classificar toda a documentação comprobatória dos Fatos Administrativos responsáveis pela movimentação do Patrimônio da empresa, para, num segundo momento, iniciar a inserção de dados no referido programa.

A classificação de documentos é uma prévia do lançamento. O contabilista a utiliza para identificar, por códigos, as contas que serão debitadas e/ou creditadas; o valor do débito e do crédito de cada conta e o Histórico.

O uso de Históricos padronizados contribui com a agilização do processo. No computador, parte do Histórico já estará pronta, cabendo ao contabilista completar as informações já processadas, tais como: o número do documento, o nome da pessoa com quem se transaciona, enfim, todos os dados necessários à clareza do registro contábil.

Para facilitar a digitação dos dados, a classificação dos documentos poderá ser feita em planilhas ou nos próprios documentos, mediante a aposição de carimbo.

Portanto, a adoção de carimbo deve ocorrer quando a digitação for efetuada a partir dos documentos originais. O carimbo poderá conter os seguintes dados: código contábil da conta a ser debitada e da conta a ser creditada; número do Histórico – quando houver Históricos padronizados; o valor ($); a data do lançamento; e a rubrica do contabilista responsável pela classificação.

Quando a empresa preferir efetuar lançamentos também pelas 2ª, 3ª e 4ª fórmulas, no carimbo deverá haver espaço suficiente para a anotação dos códigos de todas as contas envolvidas. As planilhas nada mais são do que mapas nos quais o contabilista, para facilitar a digitação, lança inicialmente os Fatos Administrativos. Há empresas que adotam as duas tarefas: inicialmente rascunham os lançamentos nos próprios documentos, mediante a aposição do carimbo apropriado e, em seguida, elaboram as planilhas pelas quais os dados serão lançados no programa de Contabilidade.

## 6.6 A Monografia no computador

Para solucionar a Prática de Monografia (Seção 6.2 deste capítulo) por meio de processamento eletrônico de dados, você precisará receber algumas orientações do seu professor ou do fabricante do programa de Contabilidade instalado em seu computador. Temos, contudo, três sugestões a lhe fazer:

1. **Classificação dos documentos:** como você não tem em mãos os documentos comprobatórios dos Fatos Administrativos, pois partirá dos 45 Fatos apresentados no referido item, sugerimos, inicialmente, a utilização de folhas de Diário tradicional como Planilhas, nas quais deverão ser escriturados os Fatos propostos.
2. **Código das contas:** após escriturar os 45 Fatos a partir da codificação apresentada no Capítulo 3, substitua os códigos utilizados nas folhas de Diário pelos códigos fornecidos pelo seu programa de computador. As intitulações que adotamos neste livro são comuns a todos os Elencos de Contas, sendo as diferenças facilmente adaptáveis.
3. **Digitação:** digite os lançamentos no computador a partir do seu Diário manuscrito.

Você observará que, terminada a digitação dos lançamentos em Partidas de Diário, as demais tarefas – Escrituração do Caixa, do Razão, do Contas-Correntes; a apuração do Resultado e a elaboração do Balanço Patrimonial – serão feitas automaticamente pelo programa.

# CAPÍTULO 7

# RAZONETE E BALANCETE

## 7.1 Razonete

Também denominado **Gráfico em T** ou **Conta em T**, o Razonete nada mais é do que uma versão simplificada do livro Razão.

Sob o ponto de vista contábil, o livro Razão, cujo modelo foi apresentado no capítulo anterior, é o mais importante dos livros utilizados pela Contabilidade. Por meio dele é possível controlar, separadamente, o movimento de todas as contas.

O controle individualizado das contas é importante para se conhecer os seus saldos, possibilitando a apuração de resultados e a elaboração de demonstrações contábeis, como o Balancete de Verificação do Razão, o Balanço Patrimonial e outras.

Para facilitar a aprendizagem do processo contábil, substituiremos o livro Razão pelo Razonete, o qual, por se tratar de versão simplificada, favorecerá a visualização do movimento de débito e de crédito nele lançados.

Veja um modelo de Razonete:

| CAIXA | |
|---|---|
| D | C |
| | |

Esse é o Razonete da conta Caixa. No lado esquerdo, lado do débito, lançaremos todas as importâncias que representarem entradas de Caixa; no lado direito, lado do crédito, lançaremos todas as importâncias que representarem saídas de Caixa.

Sendo assim, para controlar o movimento das contas, em substituição ao livro Razão didaticamente poderemos utilizar gráficos em **T**, em número igual ao de contas existentes na Escrituração do livro Diário.

Esse mesmo gráfico em **T** já foi utilizado para representar o Balanço Patrimonial, lembra-se? Agora, ele será utilizado para controlar o movimento individualizado das contas.

Veja, no Exemplo Prático a seguir, como se deve proceder para lançar valores nos Razonetes.

## Exemplo Prático

Escriturar, no Diário e em Razonetes, os seguintes eventos:

1. Investimento inicial em dinheiro no valor de $ 50.000.
2. Compra de um automóvel, à vista, por $ 30.000.
3. Depósito efetuado no Banco Urupês S/A, no valor de $ 20.000.
4. Saque efetuado mediante o cheque n. 1, de nossa emissão, contra o Banco Urupês S/A, no valor de $ 5.000, para reforço de Caixa.

Veja, inicialmente, como esses Fatos serão lançados em partidas de Diário:

**DIÁRIO**

*(1) Caixa*
*a Capital*
*Investimento inicial ........................................ 50.000*

---

*(2) Veículos*
*a Caixa*
*Compra de um automóvel ................................. 30.000*

---

*(3) Bancos conta Movimento*
*Banco Urupês S/A*
*a Caixa*
*N/ depósito ................................................. 20.000*

---

*(4) Caixa*
*a Bancos conta Movimento*
*a Banco Urupês S/A*
*Saque mediante o n/ cheque n. 1 ........................... 5.000*

---

Veja, agora, como escriturar nos Razonetes:

**Orientações Gerais:**

- Devemos utilizar tantos Razonetes quantas forem as contas utilizadas na Escrituração do Diário; entretanto, cada conta terá um só Razonete.
- Lançaremos os valores no débito ou no crédito das contas, conforme estejam debitadas ou creditadas no Diário.
- Para evitar enganos, os registros nos Razonetes devem obedecer rigorosamente a ordem em que as contas se encontram escrituradas no livro Diário.

Acompanhe, agora, as orientações para registro dos valores referentes ao exemplo em questão:

Iniciaremos os registros, obviamente, pelo lançamento 1 do Diário. Observe que neste lançamento consta, em primeiro lugar, no débito, a conta Caixa. Assim, o primeiro registro que faremos nos Razonetes será o débito de $ 50.000, no Razonete da conta Caixa.

Veja:

| CAIXA | |
|---|---|
| (1) 50.000 | |

Para facilitar a identificação da origem dos valores lançados nos Razonetes, podemos colocar, à esquerda de cada valor, o número do lançamento de Diário do qual foi extraído o respectivo valor. Por este motivo, colocamos o algarismo 1 à esquerda dos 50.000 lançados no débito de Caixa.

Agora que já lançamos $ 50.000 no débito da conta Caixa, o próximo passo será lançar o mesmo valor no Razonete da conta Capital, que é a contrapartida da conta Caixa no lançamento 1. Observe que a conta Capital está creditada, pois vem precedida da preposição **a**.

Veja como ficará o lançamento no Razonete da respectiva conta:

| CAPITAL | |
|---|---|
| | (1) 50.000 |

É fácil, não é mesmo?

Como temos duas contas no lançamento 1, registramos o valor de $ 50.000 duas vezes nos Razonetes, ou seja, uma vez no débito do Razonete da conta Caixa e uma vez no crédito do Razonete da conta Capital.

Em seguida, passaremos para o lançamento 2 do Diário.

Observe que neste lançamento consta, no débito, a conta Veículos. Sendo assim, lançaremos no Razonete da conta Veículos, no lado do débito, a importância de $ 30.000.

Veja:

| VEÍCULOS | | | |
|---|---|---|---|
| (2) | 30.000 | | |

Como a contrapartida da conta Veículos no lançamento 2 é a conta Caixa, a qual está creditada, lançaremos também no Razonete da conta Caixa, no lado do crédito, a importância de $ 30.000.

| CAIXA | | | |
|---|---|---|---|
| (1) | 50.000 | (2) | 30.000 |

Observe que no Razonete da conta Caixa já havia um débito de $ 50.000, referente ao lançamento 1.

Portanto, é assim que procedemos para transcrever os valores do Diário para os Razonetes: primeiro lançamos o valor da conta devedora e, posteriormente, o da conta credora.

No lançamento 3 do Diário, a conta Bancos conta Movimento possui um débito de $ 20.000.

Veja como ficará esse registro:

| BANCOS CONTA MOVIMENTO | | | |
|---|---|---|---|
| (3) | 20.000 | | |

Como a contrapartida da conta Bancos conta Movimento, neste mesmo lançamento 3, é a conta Caixa, que possui um crédito de $ 20.000, veja como ficará o Razonete:

| CAIXA | | | |
|---|---|---|---|
| (1) | 50.000 | (2) | 30.000 |
| | | (3) | 20.000 |

Vamos, finalmente, transcrever o lançamento 4.

Neste lançamento, a conta Caixa é debitada por $ 5.000.

Veja:

| CAIXA | | | |
|---|---|---|---|
| (1) | 50.000 | (2) | 30.000 |
| (4) | 5.000 | (3) | 20.000 |

Como a contrapartida da conta Caixa, neste lançamento 4, é a conta Bancos conta Movimento, temos:

| BANCOS CONTA MOVIMENTO | | | |
|---|---|---|---|
| (3) | 20.000 | (4) | 5.000 |

Lembre-se que, no lançamento de Diário, uma conta é contrapartida da outra. Assim, no lançamento 1 do nosso exemplo, a conta Caixa é contrapartida da conta Capital e vice-versa.

Pronto, já explicamos como se transferem valores do Diário para os Razonetes e temos certeza de que você entendeu o processo. É fácil! Pois é assim que você deverá proceder todas as vezes que precisar transcrever valores do Diário para os Razonetes.

Depois que todos os lançamentos do Diário estiverem devidamente transcritos nos Razonetes, o próximo passo será apurar o saldo de cada conta em seu respectivo Razonete.

O que é saldo da conta?

Saldo da conta é a diferença entre a soma dos débitos e a soma dos créditos nela lançados.

Para apurarmos o saldo de cada conta, procedemos da seguinte maneira:

**a.** somamos os valores lançados no lado do débito;

**b.** em seguida, somamos os valores lançados no lado do crédito;

Veja o Razonete da conta Caixa, com as respectivas somas no lado do débito e do crédito:

| CAIXA | | | |
|---|---|---|---|
| (1) | 50.000 | (2) | 30.000 |
| (4) | 5.000 | (3) | 20.000 |
| Soma | 55.000 | Soma | 50.000 |

**c.** agora, apuramos o saldo da conta, ou seja, subtraímos o débito do crédito, ou vice-versa.

- Débito ........................................ 55.000
- (menos) Crédito ........................... 50.000
- (igual) Saldo ................................ 5.000

Uma vez apurado o saldo da conta, o próximo passo será colocar um traço horizontal logo abaixo das somas, de lado a lado, com o qual **limpamos o Razonete**, passando a valer apenas os valores lançados a partir do respectivo traço; em seguida, lançamos o saldo no débito ou no crédito, conforme o caso.

Veja, finalmente, como ficará o Razonete da conta Caixa:

| CAIXA | | | |
|---|---|---|---|
| (1) | 50.000 | (2) | 30.000 |
| (4) | 5.000 | (3) | 20.000 |
| Soma | 55.000 | Soma | 50.000 |
| Saldo | 5.000 | | |

Note que, no nosso exemplo, o lado do débito apresentou soma de $ 55.000, portanto, maior que a soma do lado do crédito, que foi $ 50.000. O saldo encontrado é devedor, pois o lado do débito foi superior ao lado do crédito em $ 5.000. Por esse motivo, nós o lançamos do lado do débito.

Observando o Razonete da conta Caixa, concluímos que, feito o movimento de débito e de crédito do período, restou no Caixa $ 5.000.

O saldo de uma conta, portanto, poderá ser devedor ou credor. Será devedor quando a soma dos valores lançados a débito for superior à soma dos valores lançados a crédito; e credor quando a soma dos valores lançados a crédito for maior que a soma dos valores lançados a débito.

Veja, finalmente, como ficarão os Razonetes do nosso exemplo, com seus saldos devidamente apurados:

| CAIXA | | | |
|---|---|---|---|
| (1) | 50.000 | (2) | 30.000 |
| (4) | 5.000 | (3) | 20.000 |
| Soma | 55.000 | Soma | 50.000 |
| Saldo | 5.000 | | |

| CAPITAL | | | |
|---|---|---|---|
| | | (1) | 50.000 |

| VEÍCULOS | | | |
|---|---|---|---|
| (2) | 30.000 | | |

| BANCOS CONTA MOVIMENTO | | | |
|---|---|---|---|
| (3) | 20.000 | (4) | 5.000 |
| Saldo | 15.000 | | |

## 7.2 Balancete

**Balancete** é uma relação de contas extraídas do livro Razão (ou de Razonetes), com seus saldos devedores ou credores.

Os Balancetes podem diferir uns dos outros em relação ao número de colunas. Há Balancetes que poderão conter apenas duas colunas – uma destinada ao saldo devedor e outra ao saldo credor de cada conta; outros poderão apresentar colunas destinadas ao movimento de cada conta; aos ajustes efetuados para apuração do resultado; aos saldos etc.

Veja um modelo de Balancete com duas colunas, sendo uma destinada ao saldo devedor e outra ao saldo credor de cada conta:

BALANCETE DE VERIFICAÇÃO

| N. | CONTAS | SALDO | |
|---|---|---|---|
| | | DEVEDOR | CREDOR |
| | | | |
| | | | |
| | | | |
| | | | |
| | TOTAIS | | |

A elaboração do Balancete é muito fácil. Cada conta será transferida do Razonete para o Balancete, com seu respectivo saldo. Assim, se a conta no Razonete apontar saldo devedor, este saldo será transportado para a coluna do saldo devedor do Balancete; se a conta apresentar no Razonete saldo credor, este saldo será transportado para a coluna do saldo credor do Balancete.

Veja, finalmente, como ficará o Balancete de Verificação elaborado com base nas contas extraídas dos Razonetes do **Exemplo Prático** apresentado na Seção 7.1:

BALANCETE DE VERIFICAÇÃO

| N. | CONTAS | SALDO | |
|---|---|---|---|
| | | DEVEDOR | CREDOR |
| 1 | Caixa | 5.000 | |
| 2 | Capital | | 50.000 |
| 3 | Veículos | 30.000 | |
| 4 | Bancos conta Movimento | 15.000 | |
| | TOTAIS | 50.000 | 50.000 |

Note que no Balancete constam todas as contas que figuram nos Razonetes, bem como seus respectivos saldos. A soma da coluna do Saldo Devedor tem de ser igual à soma da coluna do Saldo Credor, pois os Fatos Administrativos são registrados no livro Diário pelo Método das Partidas Dobradas, cujo princípio fundamental estabelece que, na Escrituração, a cada débito deve corresponder um crédito de igual valor. Assim, ao relacionarmos no Balancete todas as contas utilizadas pela contabilidade de uma empresa, com seus respectivos saldos devedores e credores, a soma da coluna do débito deverá ser igual à soma da coluna do crédito.

## Atividades Teóricas 1

**1.** Escolha a alternativa correta em cada questão:

I. A versão simplificada do livro Razão denomina-se:

a) Balancete.

b) Razonete.

c) Balanço.

II. No Balancete, a soma dos saldos devedores será igual:

a) Ao movimento do Caixa.

b) À soma do movimento devedor.

c) À soma dos saldos credores.

III. A relação de contas extraída do livro Razão, com seus saldos devedores e credores, denomina-se:

a) Razonete.

b) Balancete.

c) Razão.

IV. Quantos gráficos em **T** deveremos usar para controlar o movimento das contas?

a) Tantos quantos forem as contas devedoras.

b) Tantos quantos forem as contas de Receitas.

c) Tantos quantos forem as contas existentes na Escrituração do Diário.

V. Os Razonetes, didaticamente, são utilizados em substituição ao:

a) Livro Caixa.

b) Livro Razão.

c) Livro Diário.

**2.** Assinale a ordem correta dos acontecimentos:

a) Diário, Balancete e Razonete.

b) Razonete, Diário e Balancete.

c) Diário, Razonete e Balancete.

**3.** Saldo da conta é:

a) A diferença entre a soma dos débitos e a soma dos créditos nela lançados.

b) A diferença entre o Ativo e o Passivo.

c) A diferença entre o movimento credor e o saldo positivo.

## Atividades Práticas 1

Nas **Práticas** a seguir, escriture os Fatos em partidas de Diário, em Razonetes, e levante o Balancete de Verificação.

NOTA:

- Até aqui, para registrar Fatos envolvendo compras e vendas de Mercadorias, você debitou ou creditou a conta Estoque de Mercadorias. Porém, para solucionar as Práticas a seguir, utilize a conta Compras e a conta Vendas (Método da conta Desdobrada, que será estudado no Capítulo 10). Assim, quando ocorrer compra de Mercadorias, você debitará a conta Compras, e creditará uma das seguintes contas: Caixa, Bancos conta Movimento, Duplicatas a Pagar ou Fornecedores; quando ocorrer venda de Mercadorias, você creditará a conta Vendas, e debitará uma das seguintes contas: Caixa, Duplicatas a Receber ou Clientes.

## PRÁTICA 1 – SOLUCIONADA

Fatos ocorridos na Comercial Paduam

1. Miguel Paduam inicia suas atividades para explorar o comércio de artefatos de couro em geral, com um Capital integralizado, em dinheiro, no valor de $ 60.000.
2. Efetuou depósito no Banco Urupês S/A, em conta Movimento, conforme recibo desta data: $ 40.000.
3. Compra à vista, de vários móveis para uso da empresa, conforme Nota Fiscal n. 1.265, da Casa de Móveis Santo Antônio, no valor de $ 7.000. O pagamento foi efetuado por meio do cheque n. 001, de nossa emissão, contra o Banco Urupês S/A.
4. Compra de Mercadorias, conforme Nota Fiscal n. 0039, de J.C. S/A, à vista, no valor de $ 3.000.
5. Venda de Mercadorias, no balcão, conforme Nota Fiscal de nossa emissão n. 01, à vista: $ 4.500.
6. Compra de Mercadorias, a prazo, de Papiro Ltda., conforme Nota Fiscal n. 33.331, no valor de $ 12.000. Houve aceite de seis Duplicatas, no valor de $ 2.000 cada, com vencimentos de 30 em 30 dias. As Duplicatas estão numeradas de 1 a 6.
7. Venda de Mercadorias à vista, conforme Notas Fiscais de nossa emissão, de números 02 a 50, no valor de $ 6.000.
8. Venda de Mercadorias, a prazo, ao Sr. Jorge Salvador, conforme nossa Nota Fiscal n. 051: $ 1.200. Houve aceite de quatro Duplicatas números 051/01 a 051/04, no valor de $ 300 cada, para vencimentos de 30 em 30 dias.
9. Miguel Paduam aumenta, hoje, seu Capital, com os seguintes bens:
   a. uma casa situada nesta cidade, no valor venal de $ 200.000;
   b. um automóvel marca Ford, no valor de $ 20.000;
   c. em dinheiro: $ 18.000.
10. Pagamento, em dinheiro, da Duplicata n. 01, no valor de $ 2.000, para o fornecedor Papiro Ltda., com 10% de juro.
11. Venda de Mercadorias, a prazo, a Maria Santana, conforme nossa NF n. 090 e Duplicata n. 090/01, com vencimento para 30 dias, no valor de $ 3.000.
12. Recebimento, em dinheiro, da Duplicata n. 051/01, no valor de $ 300, do Sr. Jorge Salvador, com 10% de juros.
13. Pagamento de uma Duplicata n. 02, no valor de $ 2.000, para o fornecedor Papiro Ltda., por meio do nosso cheque n. 002, contra o Banco Urupês S/A, com 5% de desconto.
14. Pagamento efetuado à Imobiliária Nova Ltda., conforme recibo n. 01, referente ao aluguel do imóvel em que a empresa está instalada. O pagamento foi efetuado mediante o cheque n. 003, contra o Banco Urupês S/A, no valor de $ 500.

## SOLUÇÃO:

### DIÁRIO

*(1) Caixa*

*a Capital*

*Pela constituição do Capital da empresa*

*de Miguel Paduam* ........................................ *60.000*

---

*(2) Bancos conta Movimento*

*Banco Urupês S/A*

*a Caixa*

*Abertura de conta com depósito em*

*dinheiro Conf. Rec.* ........................................ *40.000*

---

*(3) Móveis e Utensílios*

*a Bancos conta Movimento*

*Banco Urupês S/A*

*NF n. 1.265 da Casa de Móveis Santo*

*Antônio, Conf. Ch/n. 001* ........................................ *7.000*

---

*(4) Compras*

*a Caixa*

*NF n. 0039 de J.C. S/A* ........................................ *3.000*

---

*(5) Caixa*

*a Vendas*

*NNF n. 01* ........................................ *4.500*

---

*(6) Compras*

*a Duplicatas a Pagar*

*Papiro Ltda.*

*NF n. 33.331, com aceite das Duplic.*

*n. 1 a 6 no valor de $ 2.000 cada, vencíveis*

*de 30 em 30 dias* ........................................ *12.000*

---

*(7) Caixa*

*a Vendas*

*NNF n.os 02 a 50 ........ 6.000*

---

*(8) Duplicatas a Receber*

*Jorge Salvador*

*a Vendas*

*NNF n. 051, com aceite das Dupl.*

*n.os 051/01 a 051/04 no valor de $ 300 cada,*

*para venc. de 30 em 30 dias ........ 1.200*

---

*(9) Diversos*

*a Capital*

*Aumento de Capital, como segue:*

*Imóveis*

*Uma casa ........ 200.000*

*Veículos*

*Um automóvel marca Ford ........ 20.000*

*Caixa*

*Em dinheiro ........ 18.000 238.000*

---

*(10) Diversos*

*a Caixa*

*Pagamento da Dupl. n. 01, como segue:*

*Duplicatas a Pagar*

*Papiro Ltda.*

*Valor da Duplicata ........ 2.000*

*Juros Passivos*

*10% sobre a Dupl. supra ........ 200 2.200*

---

*(11) Duplicatas a Receber*

*Maria Santana*

*a Vendas*

*NNF n. 090 com aceite da Dupl.*

*n. 090/01 para 30 dias ........ 3.000*

---

*(12) Caixa*

*a Diversos*

*Recebido Dupl. nº 05/01, a saber:*

*a Duplicatas a Receber*

*Jorge Salvador*

*Valor da Dupl.* .................... *300*

*a Juros Ativos*

*10% sobre Dupl. supra* .................... *30* *330*

---

*(13) Duplicatas a Pagar*

*Papiro Ltda.*

*a Diversos*

*Pago Dupl. n. 02, como segue:*

*a Bancos conta Movimento*

*Banco Urupês S/A*

*N/Ch. n. 002* .................... *1.900*

*a Descontos Obtidos*

*5% sobre Dupl. supra* .................... *100* *2.000*

---

*(14) Aluguéis Passivos*

*a Bancos conta Movimento*

*Banco Urupês S/A*

*Pago a Imobiliária Nova Ltda. Ref.*

*aluguel conf. Ch. n. 003* .................... *500*

---

## RAZONETES

| CAIXA | | | |
|---|---|---|---|
| (1) | 60.000 | (2) | 40.000 |
| (5) | 4.500 | (4) | 3.000 |
| (7) | 6.000 | (10) | 2.200 |
| (9) | 18.000 | Soma | 45.200 |
| (12) | 330 | | |
| Soma | 88.830 | | |
| Saldo | 43.630 | | |

| CAPITAL | | | |
|---|---|---|---|
| | | (1) | 60.000 |
| | | (9) | 238.000 |
| | | Soma | 298.000 |

| BANCOS CONTA MOVIMENTO | | | |
|---|---|---|---|
| (2) | 40.000 | (3) | 7.000 |
| | | (13) | 1.900 |
| | | (14) | 500 |
| | | Soma | 9.400 |
| Saldo | 30.600 | | |

| MÓVEIS E UTENSÍLIOS | | | |
|---|---|---|---|
| (3) | 7.000 | | |

| COMPRAS | | | |
|---|---|---|---|
| (4) | 3.000 | | |
| (6) | 12.000 | | |
| Soma | 15.000 | | |

| VENDAS | | | |
|---|---|---|---|
| | | (5) | 4.500 |
| | | (7) | 6.000 |
| | | (8) | 1.200 |
| | | (11) | 3.000 |
| | | Saldo | 14.700 |

| DUPLICATAS A PAGAR | | | |
|---|---|---|---|
| (10) | 2.000 | (6) | 12.000 |
| (13) | 2.000 | | |
| Soma | 4.000 | | |
| | | Saldo | 8.000 |

| DUPLICATAS A RECEBER | | | |
|---|---|---|---|
| (8) | 1.200 | (12) | 300 |
| (11) | 3.000 | | |
| Soma | 4.200 | | |
| Saldo | 3.900 | | |

| IMÓVEIS | | | |
|---|---|---|---|
| (9) | 200.000 | | |

| VEÍCULOS | | | |
|---|---|---|---|
| (9) | 20.000 | | |

| JUROS PASSIVOS | | | |
|---|---|---|---|
| (10) | 200 | | |

| JUROS ATIVOS | | | |
|---|---|---|---|
| | | (12) | 30 |

| DESCONTOS OBTIDOS | | | |
|---|---|---|---|
| | | (13) | 100 |

| ALUGUÉIS PASSIVOS | | | |
|---|---|---|---|
| (14) | 500 | | |

**Balancete**

| N. | CONTAS | SALDO | |
|---|---|---|---|
| | | DEVEDOR | CREDOR |
| 1 | Caixa | 43.630 | |
| 2 | Capital | | 298.000 |
| 3 | Bancos conta Movimento | 30.600 | |
| 4 | Móveis e Utensílios | 7.000 | |

*(continua)*

*(continuação)*

| | | | |
|---|---|---|---|
| 5 | Compras | 15.000 | |
| 6 | Vendas | | 14.700 |
| 7 | Duplicatas a Pagar | | 8.000 |
| 8 | Duplicatas a Receber | 3.900 | |
| 9 | Imóveis | 200.000 | |
| 10 | Veículos | 20.000 | |
| 11 | Juros Passivos | 200 | |
| 12 | Juros Ativos | | 30 |
| 13 | Descontos Obtidos | | 100 |
| 14 | Aluguéis Passivos | 500 | |
| | TOTAIS | 320.830 | 320.830 |

PRÁTICA 2

Fatos ocorridos na Comercial Veneza

1. Investimento inicial em dinheiro: $ 50.000.
2. Compra, a prazo, de um automóvel do Sr. Geraldo Lopes, conforme Notas Promissórias números 1 a 5, no valor de $ 6.000 cada, vencíveis de 30 em 30 dias.
3. Compra de mercadorias, à vista, conforme Nota Fiscal n. 931, de B. Bueno Ltda., no valor de $ 5.000.
4. Abertura de conta-corrente no Banco do Brasil S/A com depósito inicial de $ 20.000, em dinheiro, conforme recibo.
5. Venda de mercadorias, à vista, conforme nossa NF n. 001, $ 3.000.
6. Compra de mercadorias, à vista, conforme NF n. 892, de C.L. S/A, no valor de $ 2.000. O pagamento foi efetuado com nosso cheque n. 01, do Banco do Brasil S/A.
7. Pagamento efetuado, em dinheiro, à Senhora Maria do Carmo, referente ao aluguel do imóvel em que está instalada nossa empresa, no valor de $ 900, conforme recibo.

PRÁTICA 3

Fatos ocorridos na Comercial Taubaté:

1. Investimento inicial:
   a. em dinheiro $ 10.000
   b. um automóvel avaliado em $ 15.000
   c. móveis avaliados em $ 5.000 $ 30.000

**2.** Pagamento de despesas com a organização da firma, em dinheiro, conforme relação: $ 1.000.

**3.** Compra de mercadorias, a prazo, de J.A. & Cia., conforme NF n. 4.456, no valor de $ 4.000. Houve aceite, no ato, de quatro Duplicatas, de números 01 a 04, de $ 1.000 cada, com vencimentos de 30 em 30 dias.

**4.** Venda de mercadorias, a prazo, a Olívia Ferreira, conforme nossa NF n. 0001, no valor de $ 3.000. Houve aceite, no ato, de três Duplicatas, de números 01 a 03, no valor de $ 1.000 cada, com vencimentos de 30 em 30 dias.

**5.** Pagamento, em dinheiro, de despesas com o transporte de mercadorias: $ 500.

**6.** Pagamento da Duplicata n. 01, a J.A. & Cia., com 5% de desconto.

**7.** Recebimento da Duplicata n. 01, de Olívia Ferreira, com 10% de juros.

**8.** Recebimento da Duplicata n. 02, de Olívia Ferreira, com 10% de desconto.

**9.** Pagamento efetuado, em dinheiro, ao Sr. Clóvis Azevedo, referente ao aluguel do imóvel em que está instalada a empresa, no valor de $ 1.000.

CAPÍTULO 8

# APURAÇÃO DO RESULTADO DO EXERCÍCIO

## 8.1 Apuração do Resultado

Nos capítulos anteriores, você aprendeu a registrar os Fatos Administrativos. Neste capítulo, você aprenderá os procedimentos necessários para apurar o Resultado do Exercício, mas de forma simplificada, com poucos dados, para que possa dominar bem esta parte da matéria.

Por que a apuração simplificada?

Porque a apuração do resultado do exercício das empresas em geral envolve uma série de procedimentos que vão desde a elaboração do Balancete de Verificação do Razão, passando pela elaboração de inventários físicos de bens de uso e de outros materiais (mercadorias, produtos, materiais de expediente etc.) de conciliações e ajustes de saldos de contas, chegando até a apuração do resultado bruto, do resultado líquido, de cálculos e contabilizações de tributos incidentes sobre o lucro líquido, de participações, reservas e dividendos, concluindo com a elaboração das diversas demonstrações contábeis.*

Portanto, para atender ao estágio dos estudos em que você se encontra, apresentaremos, de forma simplificada, os procedimentos necessários para a apuração do Resultado do Exercício e para a elaboração do Balanço Patrimonial de empresas prestadoras de serviços. Nos Capítulos 13 e 14, você estudará mais detalhadamente tais procedimentos.

Ao fim de cada exercício social, as empresas realizam uma série de procedimentos visando à apuração do Resultado do Exercício e à elaboração das Demonstrações Contábeis.

---

* A Lei das Sociedades por Ações (n. 6.404, 1976) denominou as **Demonstrações Contábeis** de **Demonstrações Financeiras**.

O que significa apurar o Resultado do Exercício?

Apurar o **Resultado do Exercício** consiste em verificar, por meio das Contas de Resultado (Despesas e Receitas), se a movimentação do Patrimônio da empresa apresentou lucro ou prejuízo durante o exercício social.*

A apuração simplificada do Resultado do Exercício de uma empresa de prestação de serviços pode ser resumida em uma única operação: confronto das Receitas com as Despesas. A diferença será **lucro** (quando as Receitas superarem as Despesas) ou **prejuízo** (quando as Despesas superarem as Receitas).

## 8.2 Roteiro para apuração do Resultado

Agora você conhecerá a sequência ideal dos procedimentos que devem ser tomados para se apurar o Resultado do Exercício de uma empresa de prestação de serviços.

### ROTEIRO

**1º** Elaborar um Balancete de Verificação composto por contas cujos saldos serão extraídos do livro Razão ou dos Razonetes.

**2º** Transferir os saldos das Contas de Despesas para a conta transitória **Resultado do Exercício**.

**3º** Transferir os saldos das Contas de Receitas também para a conta transitória Resultado do Exercício.

**4º** Apurar – no livro Razão ou no Razonete – o saldo da Conta Resultado do Exercício. A conta Resultado do Exercício receberá, a seu débito, os saldos das Contas de Despesas e, a seu crédito, os saldos das Contas de Receitas. Logo, se o saldo desta conta for devedor, o Resultado do Exercício corresponderá a prejuízo; se o saldo for credor, o Resultado do Exercício corresponderá a lucro.

**5º** Transferir o resultado da conta Resultado do Exercício para a conta Lucros Acumulados, se for lucro, ou para a conta Prejuízos Acumulados, se for prejuízo. Essas contas são patrimoniais, do grupo do Patrimônio Líquido.

**6º** Levantar o Balanço Patrimonial.

**7º** Transcrever o Balanço Patrimonial no livro Diário.

---

* **Exercício social** compreende o período em que a empresa opera – geralmente equivale a um ano.

**NOTAS:**

- Conforme já dissemos, nesta apuração simplificada serão desconsiderados os cálculos e contabilizações do Lucro Bruto; dos tributos incidentes sobre o lucro líquido (Contribuição Social e Imposto de Renda); da distribuição do Lucro, além de outros procedimentos que são comuns no momento da apuração do Resultado do Exercício, pois o nosso objetivo, neste momento, é capacitá-lo a dominar bem o mecanismo de apuração do Resultado do Exercício desta forma simplificada, domínio este que será fundamental para a compreensão da apuração completa, que veremos mais adiante.
- Todos os lançamentos desta data, a exemplo do que ocorreu durante o Exercício Social, serão escriturados nos livros Diário e Razão (no nosso caso, no livro Diário e nos Razonetes). Também serão transcritos, no livro Diário, o Balanço Patrimonial e a Demonstração do Resultado do Exercício (esta última você estudará no Capítulo 14).

# 8.3 Procedimentos e contabilização

## Exemplo Prático

Suponhamos que uma empresa de prestação de serviços tenha encerrado seus registros contábeis relativos ao exercício x3 e que, em 31 de dezembro, no livro Razão, constavam as seguintes contas com seus respectivos saldos:

RAZONETES

| CAIXA | |
|---|---|
| 10.000 | |

| MÓVEIS E UTENSÍLIOS | |
|---|---|
| 3.000 | |

| CONTAS A PAGAR | |
|---|---|
| | 5.000 |

| CAPITAL | |
|---|---|
| | 6.000 |

| IMPOSTOS | |
|---|---|
| 1.000 | |

| ALUGUÉIS PASSIVOS | |
|---|---|
| 500 | |

| RECEITAS DE SERVIÇOS | |
|---|---|
| | 3.500 |

Para apurar o Resultado do Exercício e levantar o Balanço Patrimonial, vamos seguir os passos enumerados no **Roteiro** apresentado na Seção anterior. Acompanhe:

1º passo – **Elaborar o Balancete de Verificação composto por contas cujos saldos serão extraídos do livro Razão ou dos Razonetes** (no nosso exemplo, extrairemos dos Razonetes).

Veja:

BALANCETE DE VERIFICAÇÃO

| N. | CONTAS | SALDO | |
|---|---|---|---|
| | | DEVEDOR | CREDOR |
| 1 | Caixa | 10.000 | |
| 2 | Móveis e Utensílios | 3.000 | |
| 3 | Contas a Pagar | | 5.000 |
| 4 | Capital | | 6.000 |
| 5 | Impostos | 1.000 | |
| 6 | Aluguéis Passivos | 500 | |
| 7 | Receitas de Serviços | | 3.500 |
| | TOTAIS | 14.500 | 14.500 |

2º passo – **Transferir os saldos das Contas de Despesas para a conta transitória Resultado do Exercício.**

A conta Resultado do Exercício é transitória e não foi utilizada durante o ano para o registro das operações normais da empresa. É esta conta que possibilita a apuração do Resultado do Exercício. Para fazermos essa apuração, precisamos transferir para a conta transitória os saldos de todas as Contas de Despesas, bem como os saldos de todas as Contas de Receitas.

Neste momento, vamos exemplificar a transferência dos saldos das Contas de Despesas.

No livro Razão (Razonetes) da empresa em questão, constam apenas duas Contas de Despesas, que são:

| IMPOSTOS | |
|---|---|
| 1.000 | |

| ALUGUÉIS PASSIVOS | |
|---|---|
| 500 | |

Vamos, inicialmente, transferir o saldo da conta Impostos para a conta Resultado do Exercício.

O que significa transferir o saldo de uma conta?

Transferir o saldo de uma conta para outra, ou seja, de um Razonete para outro, significa zerar o saldo da conta de origem (no Razonete do qual foi transferido) e lançar o respectivo valor na conta de destino (no Razonete para o qual foi transferido), sendo que este valor deverá ficar no Razonete da conta de destino, na mesma posição em que era mantido no Razonete da conta de origem. Assim, se o valor na conta de origem estiver no débito, ele deverá ficar no débito da conta de destino; se estiver no crédito na conta de origem, deverá ficar no crédito da conta de destino.

Observe a conta Impostos. Ela possui no débito um saldo de $ 1.000. Para transferir este saldo para a conta Resultado do Exercício, debitaremos a conta Resultado do Exercício e creditaremos a conta Impostos. Porém, antes de lançarmos esses valores nos Razonetes, precisamos registrar a transferência em partida de Diário.

Veja:

*(1) Resultado do exercício*

*a Impostos*

*Transferência que se processa do saldo da segunda para a primeira das contas supra, para apuração do Resultado do Exercício* .............................. *1.000*

Agora que o Fato já está devidamente registrado no Diário, vamos registrá-lo também nos Razonetes:

| IMPOSTOS | |
|---|---|
| 1.000 | (1) 1.000 |

| RESULTADO DO EXERCÍCIO | |
|---|---|
| (1) 1.000 | |

Observe que, com o lançamento de transferência efetuado no Diário e nos Razonetes, a conta Impostos, que tinha saldo devedor de $ 1.000, ao ser creditada, ficou com saldo zero, encerrando-se. Perceba, também, que a conta Resultado do Exercício recebeu, por transferência, um débito de $ 1.000, o qual, após o lançamento de transferência, ficou no Razonete da conta Resultado do Exercício, no mesmo lado em que constava no Razonete de origem.

Vamos, agora, proceder da mesma maneira com a conta Aluguéis Passivos. Como esta conta tem um débito de $ 500, faremos o seguinte lançamento no Diário:

*(2) Resultado do Exercício*
*a Aluguéis Passivos*
*Transferência que se processa do saldo da segunda para a primeira das contas supra, para apuração do Resultado do Exercício* .......................... *500*

Veja, agora, os registros nos Razonetes:

| ALUGUÉIS PASSIVOS | | |
|---|---|---|
| 500 | (2) | 500 |

| RESULTADO DO EXERCÍCIO | | |
|---|---|---|
| (1) | 1.000 | |
| (2) | 500 | |

Observe que, neste caso, a conta Aluguéis Passivos também ficou com saldo zero, sendo o seu valor transferido, a débito, da conta Resultado do Exercício.

Perceba também que, com a transferência de todos os saldos das Contas de Despesas para a conta Resultado do Exercício, todas as Contas de Despesas ficaram zeradas (sem saldos), e a conta Resultado do Exercício passou a reunir, em seu débito, os valores das Despesas.

**NOTAS:**

- Observe que os dois lançamentos, pelos quais transferimos os saldos das duas Contas de Despesas para a conta Resultado do Exercício, poderiam ter sido feitos em um só. Veja:

*Resultado do Exercício*
*a Diversos*
*Transferências dos saldos das seguintes Contas de Despesas, para apuração do Resultado do Exercício:*
*a Impostos*
*Saldo desta conta* .......................... *1.000*
*a Aluguéis Passivos*
*Idem* .......................... *500* *1.500*

- Observe, finalmente, que se efetuarmos as transferências por lançamentos individualizados (1ª Fórmula) ou por um único lançamento (2ª Fórmula), o resultado será o mesmo, ou seja, as Contas de Despesas serão creditadas, ficando com seus saldos zerados, e a conta Resultado do Exercício terá, no débito, $ 1.500, que correspondem à soma dos saldos das Contas de Despesas.

3º passo – **Transferir os saldos das Contas de Receitas também para a conta transitória Resultado do Exercício.**

No nosso caso, temos apenas uma Conta de Receita:

| RECEITAS DE SERVIÇOS | |
|---|---|
| | 3.500 |

O critério para a transferência dos saldos das Contas de Receitas é o mesmo adotado para a transferência dos saldos das Contas de Despesas. Ocorre que, neste caso, a conta Receita de Serviços apresenta saldo credor; logo, ela será debitada no lançamento de Diário e, consequentemente, a conta Resultado do Exercício, para a qual haverá transferência do saldo, será creditada. Agindo desta forma, a conta Receitas de Serviços ficará zerada e a conta Resultado do Exercício receberá o valor de $ 3.500, na mesma posição em que ele figurava na conta de origem, ou seja, no lado do crédito. Acompanhe:

*(3) Receitas de Serviços*
*a Resultado do Exercício*
*Transferência que se processa do saldo da primeira para a segunda das contas supra, para apuração do Resultado do Exercício* .............................. *3.500*

Veja como ficarão os Razonetes dessas duas contas:

| RECEITAS DE SERVIÇOS | | | |
|---|---|---|---|
| (3) | 3.500 | | 3.500 |

| RESULTADO DO EXERCÍCIO | | | |
|---|---|---|---|
| (1) | 1.000 | (3) | 3.500 |
| (2) | 500 | | |

4º passo – **Apurar, no livro Razão ou no Razonete, o saldo da conta Resultado do Exercício.**

Agora que todas as Contas de Resultado (Despesas e Receitas) estão zeradas (sem saldo) e os seus respectivos saldos transferidos para a conta Resultado do Exercício, precisamos apurar o saldo desta conta no seu respectivo Razonete para sabermos se a empresa apresentou lucro ou prejuízo em suas transações no referido exercício. Veja:

| RESULTADO DO EXERCÍCIO | | | |
|---|---|---|---|
| (1) | 1.000 | (3) | 3.500 |
| (2) | 500 | | |
| Soma | 1.500 | | |
| | | Saldo | 2.000 |

Como o saldo da conta Resultado do Exercício é credor de \$ 2.000, esse saldo corresponde a lucro, pois o total das Receitas (\$ 3.500) foi superior ao total das Despesas (\$ 1.500) em \$ 2.000.

5º passo – **Transferir o saldo da conta Resultado do Exercício para a conta Lucros Acumulados se for lucro, ou para a conta Prejuízos Acumulados se for prejuízo. Essas contas são patrimoniais, do grupo do Patrimônio Líquido.**

Vimos no Capítulo 2 (embora de forma bem simples) quando estudamos as situações líquidas patrimoniais, e, depois, no Capítulo 4, com os fatos modificativos, que o Resultado do Exercício, sendo lucro ou prejuízo, interfere no Patrimônio Líquido. Pois bem, para que o resultado apurado no final do exercício (no nosso caso, lucro de \$ 2.000), possa figurar no Balanço Patrimonial, é preciso transferir o saldo da conta Resultado do Exercício que é uma conta transitória, para uma ou mais contas patrimoniais.

Na vida prática, conforme já dissemos, o Resultado do Exercício, quando positivo (lucro) tem várias destinações: uma parte vai para o governo (Imposto de Renda e Contribuição Social), uma parte poderá ser destinada às pessoas que tenham direito de participar do lucro da empresa (empregados, administradores etc.); uma parte poderá ser destinada à constituição de reservas; outra poderá ser destinada para aumento de capital; e outra parte será destinada aos titulares ou acionistas, em forma de dividendos. Caso constem, no Balanço Patrimonial, prejuízos acumulados apurados em Exercícios anteriores, esses prejuízos deverão ser compensados com parte ou com o total dos lucros apurados. Essas destinações serão estudadas com detalhes no Capítulo 13. Por ora, apenas para caracterizar o aumento do Patrimônio Líquido em decorrência do lucro líquido apurado, vamos transferir todo o saldo credor da conta Resultado do Exercício para a conta Lucros Acumulados.

O critério para transferência do saldo da conta Resultado do Exercício para a conta Lucros Acumulados é o mesmo já adotado quando procedemos às transferências dos saldos das Contas de Despesas e de Receitas.

Portanto, como a conta Resultado do Exercício possui saldo credor, para zerá-la, debita-la-emos e, em contrapartida, creditaremos a conta Lucros Acumulados, veja:

*(4) Resultado do Exercício*

*a Lucros Acumulados*

*Transferência que se processa da primeira para a segunda das contas supra, ref. ao Lucro Líquido apurado no exercício .......................... 2.000*

Veja a posição dessas contas nos seus respectivos Razonetes:

| RESULTADO DO EXERCÍCIO | | | |
|---|---|---|---|
| (1) | 1.000 | (3) | 3.500 |
| (2) | 500 | | |
| Soma | 1.500 | | |
| (4) | 2.000 | Saldo | 2.000 |

| LUCROS ACUMULADOS | | | |
|---|---|---|---|
| | | (4) | 2.000 |

**NOTA:**

- Caso a conta Resultado do Exercício apresentasse saldo devedor, o respectivo saldo representaria Prejuízo do Exercício e sua transferência para a conta Prejuízos Acumulados seria feita no Diário, por meio do seguinte lançamento:

*Prejuízos Acumulados*
*a Resultado do Exercício*
*Transferência que se processa da segunda para a primeira das contas supra, ref. ao Prejuízo do Exercício* ........................................ $

_______________ _______________

Agora que já apuramos o Resultado do Exercício, contabilizando-o em Partidas de Diário e nos Razonetes, todas as Contas de Resultado ficaram zeradas (foram encerradas), permanecendo ainda com saldos, no livro Razão (Razonetes), somente as Contas Patrimoniais, as quais serão utilizadas para a elaboração do Balanço Patrimonial – nosso próximo passo.

6º passo – **Levantar o Balanço Patrimonial.**

Para elaborar o Balanço Patrimonial, você deverá consultar o Elenco de Contas apresentado no Capítulo 3.

Conforme dissemos, no livro Razão (Razonetes), após apurado o Resultado do Exercício e transferido o seu valor para a conta Lucros Acumulados, somente permaneceram com saldos as Contas Patrimoniais, as quais representam a atual situação Patrimonial da empresa, isto é, os Bens, os Direitos, as Obrigações e o Patrimônio Líquido existentes na data do Balanço.

Vamos, então, elaborar o Balanço Patrimonial.

O **Balanço Patrimonial** é uma demonstração contábil que evidencia, por meio das Contas Patrimoniais (divididas em Ativo e Passivo), os Bens, os Direitos, as Obrigações e o Patrimônio Líquido da empresa em um dado momento.

Veja, finalmente, como ficará o Balanço Patrimonial da empresa deste nosso exemplo prático:

Balanço Patrimonial levantado em 31 de dezembro de x3

| 1 — ATIVO | |
|---|---|
| ATIVO CIRCULANTE | |
| Caixa | 10.000 |
| ATIVO NÃO CIRCULANTE | |
| Móveis e Utensílios | 3.000 |
| TOTAL DO ATIVO | 13.000 |
| **2 — PASSIVO** | |
| PASSIVO CIRCULANTE | |
| Contas a Pagar | 5.000 |
| PATRIMÔNIO LÍQUIDO | |
| Capital | 6.000 |
| Lucros Acumulados | 2.000 |
| TOTAL DO PATRIMÔNIO LÍQUIDO | 8.000 |
| TOTAL DO PASSIVO | 13.000 |

**NOTAS:**

- Nos Capítulos 2 e 4, você aprendeu que o Balanço Patrimonial deve ser apresentado em um gráfico em forma de **T** (horizontal); entretanto, o Balanço também pode ser apresentado na forma vertical, como acabamos de fazer, ou seja, em primeiro lugar apresentamos o **Ativo** e, na sequência, o **Passivo**.
- Note que figurou, no grupo do Patrimônio Líquido, a conta Lucros Acumulados com valor de $ 2.000. Este valor corresponde ao lucro líquido apurado no exercício, o qual foi transferido para esta conta por meio do lançamento 4. Se, porventura, o resultado do exercício apresentasse prejuízo, conforme já dissemos, ele seria transferido a débito da conta Prejuízos Acumulados a qual figuraria no Balanço Patrimonial, no mesmo grupo do Patrimônio Líquido, porém, com seu valor entre parênteses e, em vez de somar ao valor do Capital, subtrair-se-ia deste.

7º passo – **Transcrever o Balanço no livro Diário.**

O Balanço Patrimonial deve ser transcrito no livro Diário.

As empresas que efetuam a Escrituração por meio de processamento eletrônico de dados deverão manter livro próprio para transcrição, não só do Balanço Patrimonial como também de todas as demais Demonstrações Contábeis que elaborar.

## Atividades Teóricas 1

**1.** Complete:

No fim de cada Exercício Social, as empresas realizam uma série de procedimentos visando à apuração do .......................................... e à elaboração das Demonstrações .................. .

**2.** Responda:

O que acontece com as Contas de Resultado após a apuração do Resultado do Exercício?

**3.** Escolha a alternativa correta:

I. Apurar o Resultado do Exercício consiste em:

a) Verificar, por meio das Contas Patrimoniais, se a movimentação do Patrimônio da empresa apresentou Lucro ou Prejuízo durante o Exercício Social.

b) Verificar, por meio das Contas de Resultado (Despesas e Receitas), se a movimentação do Patrimônio da empresa apresentou Lucro ou Prejuízo durante o Exercício Social.

c) Somar os débitos e os créditos de todas as contas para verificar o lucro final.

II. As contas que permanecem com saldos no livro Razão, após a apuração do Resultado do Exercício, são:

a) Contas de Resultado.

b) Contas Patrimoniais.

c) N.D.A.

III. Assinale a sequência correta dos acontecimentos:

a) Diário, Razonete, Balanço e Balancete.

b) Diário, Balanço, Razonete e Balancete.

c) Diário, Razonete, Balancete, Apuração do Resultado e Balanço.

IV. As Contas de Despesas que no final do exercício social apresentarem saldos devedores, para terem esses saldos transferidos para a conta Resultado do Exercício, visando a apuração do resultado, no Diário serão:

a) Debitadas, pois seus saldos são devedores; logo, ficarão zeradas.

b) Creditadas, pois seus saldos são credores; logo, ficarão zeradas.

c) Debitadas, pois seus saldos são credores; logo, ficarão zeradas.

d) Creditadas, pois seus saldos são devedores; logo, ficarão zeradas.

V. A conta Resultado do Exercício, ao receber por transferência os saldos de todas as Contas de Despesas, no Diário será:

a) Debitada, pois os saldos das Contas de Despesas deverão figurar nesta conta, na mesma posição em que estavam nos respectivos Razonetes.

b) Creditada, pois os saldos das Contas de Despesas deverão figurar nesta conta, na posição oposta em que estavam em seus respectivos Razonetes.

c) Debitada ou creditada, dependendo do resultado a ser apurado.

d) N.D.A.

VI. As Contas de Receitas que no final do exercício social apresentam saldos credores, para terem esses saldos transferidos para a conta Resultado do Exercício, visando a apuração do Resultado, no Diário serão:

a) Debitadas, pois seus saldos são devedores; logo, ficarão zeradas.

b) Creditadas, pois seus saldos são credores; logo, ficarão zeradas.

c) Debitadas, pois seus saldos são credores; logo, ficarão zeradas.

d) Creditadas, pois seus saldos são devedores; logo, ficarão zeradas.

VII. A conta Resultado do Exercício, ao receber por transferência os saldos de todas as Contas de Receitas, no Diário será:

a) debitada, pois os saldos das Contas de Receitas deverão figurar nesta conta, na mesma posição em que se encontravam nos respectivos Razonetes.

b) creditada, pois os saldos das Contas de Receitas deverão figurar nesta conta, na mesma posição em que se encontravam nos seus respectivos Razonetes.

c) debitada ou creditada, dependendo do resultado apurado.

d) N.D.A.

VIII. Para transferir o saldo de uma conta para outra, procede-se da seguinte maneira:

a) Aplicam-se as regras constantes do Quadro Auxiliar da Escrituração, estudado no Capítulo 5.

b) Se o saldo for devedor, deve-se creditá-lo na conta de origem para zerá-lo e debitá-lo na conta de destino (que recebe o respectivo saldo por transferência).

c) Se o saldo for credor, deve-se debitá-lo na conta de origem e creditá-lo na conta de destino.

d) As alternativas **b** e **c** estão corretas.

## Atividades Práticas 1

PRÁTICA 1 – SOLUCIONADA

Relação das contas extraídas do livro Razão em 31 de dezembro de x3:

| | |
|---|---|
| 01 – Caixa | 100.000 |
| 02 – Clientes | 20.000 |
| 03 – Estoque de Material de Expediente | 10.000 |
| 04 – Imóveis | 200.000 |
| 05 – Móveis e Utensílios | 50.000 |

*(continua)*

*(continuação)*

| | |
|---|---|
| 06 – Fornecedores | 50.000 |
| 07 – Promissórias a Pagar | 20.000 |
| 08 – Capital | 270.000 |
| 09 – Água e Esgoto | 1.000 |
| 10 – Aluguéis Passivos | 10.000 |
| 11 – Descontos Concedidos | 500 |
| 12 – Fretes e Carretos | 500 |
| 13 – Receitas de Serviços | 54.000 |
| 14 – Material de Expediente | 2.000 |
| TOTAL | 788.000 |

Pede-se:

I. Com base na relação de contas apresentada, elabore o Balancete de Verificação;

II. Com base no Balancete de Verificação, elabore os Razonetes. Para facilitar a apuração do Resultado do Exercício, separe as Contas Patrimoniais das Contas de Resultado.

III. Apure o Resultado do Exercício da seguinte maneira:

a) Transfira os saldos das Contas de Despesas para a conta Resultado do Exercício (inicialmente no Diário e, em seguida, nos Razonetes).

b) Transfira os saldos das Contas de Receitas para a conta Resultado do Exercício (inicialmente no Diário e, em seguida, nos Razonetes).

c) Apure o saldo da conta Resultado do Exercício, em seu respectivo Razonete e transfira-o para a conta Lucros Acumulados ou para a conta Prejuízos Acumulados, conforme o resultado seja lucro ou prejuízo (a transferência deve ser efetuada inicialmente no Diário e em seguida nos Razonetes).

IV. Elabore o Balanço Patrimonial.

## *Solução:*

BALANCETE

| N. | CONTAS | SALDO | |
|---|---|---|---|
| | | DEVEDOR | CREDOR |
| 1 | Caixa | 100.000 | |
| 2 | Clientes | 20.000 | |
| 3 | Estoque de Material de Expediente | 10.000 | |
| 4 | Imóveis | 200.000 | |
| 5 | Móveis e Utensílios | 50.000 | |
| 6 | Fornecedores | | 50.000 |
| 7 | Promissórias a Pagar | | 20.000 |

*(continua)*

*(continuação)*

| | | | |
|---|---|---|---|
| 8 | Capital | | 270.000 |
| 9 | Água e Esgoto | 1.000 | |
| 10 | Aluguéis Passivos | 10.000 | |
| 11 | Descontos Concedidos | 500 | |
| 12 | Fretes e Carretos | 500 | |
| 13 | Receitas de Serviços | | 54.000 |
| 14 | Material de Expediente | 2.000 | |
| | TOTAL | 394.000 | 394.000 |

**OBSERVAÇÕES:**

- Embora você encontre, a seguir, os Razonetes devidamente escriturados, lembre-se de que inicialmente você deverá transferir para eles as contas que constarem do Balancete com seus respectivos saldos e, em seguida, à medida que os lançamentos de encerramento forem efetuados no Diário, você deverá transcrever os respectivos valores para os Razonetes.
- As letras **b** colocadas à esquerda dos valores, indicam que os respectivos valores foram extraídos do Balancete.
- Os algarismos colocados à esquerda dos valores, indicam os números dos lançamentos de Diário dos quais os respectivos valores foram extraídos.

RAZONETES

CONTAS PATRIMONIAIS

| CAIXA | | | |
|---|---|---|---|
| (b) | 100.000 | | |

| CLIENTES | | | |
|---|---|---|---|
| (b) | 20.000 | | |

| ESTOQUE DE MATERIAL EXPEDIENTE | | | |
|---|---|---|---|
| (b) | 10.000 | | |

| IMÓVEIS | | | |
|---|---|---|---|
| (b) | 200.000 | | |

| MÓVEIS E UTENSÍLIOS | | | |
|---|---|---|---|
| (b) | 50.000 | | |

| FORNECEDORES | | | |
|---|---|---|---|
| | | (b) | 50.000 |

| PROMISSÓRIAS A PAGAR | | | |
|---|---|---|---|
| | | (b) | 20.000 |

| CAPITAL | | | |
|---|---|---|---|
| | | (b) | 2700.000 |

| LUCROS ACUMULADOS | | | |
|---|---|---|---|
| | | (3) | 40.000 |

CONTAS DE RESULTADO

| ÁGUA E ESGOTO | | | |
|---|---|---|---|
| (b) | 1.000 | (1) | 1.000 |

| ALUGUÉIS PASSIVOS | | | |
|---|---|---|---|
| (b) | 10.000 | (1) | 10.000 |

| DESCONTOS CONCEDIDOS | | | |
|---|---|---|---|
| (b) | 500 | (1) | 500 |

| FRETES E CARRETOS | | | |
|---|---|---|---|
| (b) | 500 | (1) | 500 |

| RECEITAS DE SERVIÇOS | | | |
|---|---|---|---|
| (2) | 54.000 | (b) | 54.000 |

| MATERIAL DE EXPEDIENTE | | | |
|---|---|---|---|
| (b) | 2.000 | (1) | 2.000 |

| RESULTADO DO EXERCÍCIO | | | |
|---|---|---|---|
| (1) | 14.000 | (2) | 54.000 |
| (3) | 40.000 | Saldo | 40.000 |

**DIÁRIO**

*(1) Resultado do Exercício*

*a Diversos*

*Transferências dos saldos das Contas de Despesas para apuração do Resultado do Exercício:*

*a Água e Esgoto*

*Saldo desta conta .......... 1.000*

*a Aluguéis Passivos*

*Idem .......... 10.000*

*a Descontos Concedidos*

*Idem .......... 500*

*a Fretes e Carretos*

*Idem .......... 500*

*a Material de Expediente*

*Idem .......... 2.000 14.000*

*(2) Receitas de Serviços*

*a Resultado do Exercício*

*Transferência do saldo da primeira para a segunda das contas supra, para apuração do Resultado do Exercício ............ 54.000*

---

*(3) Resultado do Exercício*

*a Lucros Acumulados*

*Transferência do Lucro Líquido apurado ............ 40.000*

---

BALANÇO PATRIMONIAL

| | |
|---|---|
| 1 – ATIVO | |
| ATIVO CIRCULANTE | |
| Caixa | 100.000 |
| Clientes | 20.000 |
| Estoque de Material de Expediente | 10.000 |
| TOTAL do Ativo Circulante | 130.000 |
| ATIVO NÃO CIRCULANTE | |
| Imóveis | 200.000 |
| Móveis e Utensílios | 50.000 |
| TOTAL do Ativo Não circulante | 250.000 |
| TOTAL do Ativo | 300.000 |
| 2 – PASSIVO | |
| PASSIVO CIRCULANTE | |
| Fornecedores | 50.000 |
| Promissórias a Pagar | 20.000 |
| TOTAL do Passivo Circulante | 70.000 |
| PASSIVO NÃO CIRCULANTE | |
| PATRIMÔNIO LÍQUIDO | |
| Capital | 270.000 |
| Lucros Acumulados | 40.000 |
| TOTAL do Patrimônio Líquido | 310.000 |
| TOTAL do Passivo | 380.000 |

**NOTA:**

- Você aprendeu que a sequência normal dos acontecimentos na empresa é: Diário, Razão ou Razonetes, Balancete, Apuração do Resultado e Balanço Patrimonial. Entretanto, deve ter observado que, na solução desta **Prática 1**, desenvolvemos as tarefas na seguinte ordem: Balancete, Razonetes, Diário e Balanço Patrimonial. Vamos, então, esclarecer: na empresa, a sequência é a primeira, ou seja, Diário, Razão ou Razonetes, Balancete, Apuração do Resultado e Balanço Patrimonial. Como na escola você não tem em mãos os livros contábeis da empresa, será preciso inverter o momento de execução de alguma tarefa para solucionar Atividades Práticas como as propostas nesta parte dos seus estudos. Em vista disso, você deverá elaborar o Balancete de Verificação a partir de uma Relação de Contas previamente fornecida para, em seguida, reconstituir os Razonetes; a partir dessa reconstituição, você poderá iniciar a apuração do Resultado. Apesar da inversão na ordem de alguns acontecimentos, você deve ter sempre em mente (tanto na vida profissional como na acadêmica) que não se deve lançar nenhum valor no Razão ou nos Razonetes sem a escrituração do respectivo Fato no Diário.

PRÁTICA 2

Relação das contas extraídas do livro Razão da empresa de prestação de serviços Disque Reparos, em 31 de dezembro de x3:

| | |
|---|---|
| 1 – Caixa | 100 |
| 2 – Móveis e Utensílios | 200 |
| 3 – Duplicatas a Receber | 50 |
| 4 – Duplicatas a Pagar | 20 |
| 5 – Capital | 260 |
| 6 – Aluguéis Passivos | 30 |
| 7 – Receitas de Serviços | 100 |
| TOTAL | 760 |

Pede-se:

I. Com base na relação de contas apresentada, elabore o Balancete de Verificação.

II. Com base no Balancete de Verificação, elabore os Razonetes. Para facilitar a apuração do Resultado do Exercício, separe as Contas Patrimoniais das Contas de Resultado.

III. Apure o Resultado do Exercício da seguinte maneira:

a) Transfira os saldos das Contas de Despesas para a conta Resultado do Exercício (inicialmente no Diário e, em seguida, nos Razonetes);

b) Transfira os saldos das Contas de Receitas para a conta Resultado do Exercício (inicialmente no Diário e, em seguida, nos Razonetes);

c) Apure o saldo da conta Resultado do Exercício em seu respectivo Razonete e transfira-o para a conta Lucros Acumulados, se for lucro, ou para a conta Prejuízos Acumulados, se for prejuízo. (A transferência deve ser efetuada inicialmente no Diário e, em seguida, nos Razonetes.)

IV. Elabore o Balanço Patrimonial.

PRÁTICA 3

Relação das contas extraídas do livro Razão em 31 de dezembro de x3:

| | |
|---|---|
| 01 – Bancos conta Movimento | 500 |
| 02 – Duplicatas a Pagar | 630 |
| 03 – Veículos | 2.000 |
| 04 – Energia Elétrica | 80 |
| 05 – Fretes e Carretos | 20 |
| 06 – Café e Lanches | 50 |
| 07 – Impostos e Taxas | 100 |
| 08 – Móveis e Utensílios | 1.000 |
| 09 – Receitas de Serviços | 120 |
| 10 – Capital | 3.000 |
| TOTAL | 7.500 |

Pede-se:

I. Balancete.

II. Razonetes.

III. Apuração do Resultado do Exercício.

IV. Balanço Patrimonial.

PRÁTICA 4

Relação das contas extraídas do livro Razão em 31 de dezembro de x4:

| | |
|---|---|
| 01 – Caixa | 50.000 |
| 02 – Imóveis | 500.000 |
| 03 – Bancos conta Movimento | 130.000 |
| 04 – Clientes | 30.000 |
| 05 – Duplicatas a Receber | 20.000 |
| 06 – Estoque de Material de Expediente | 10.000 |
| 07 – Promissórias a Receber | 20.000 |

| | |
|---|---:|
| 08 – Impostos a Recolher | 5.000 |
| 09 – Duplicatas a Pagar | 75.000 |
| 10 – Promissórias a Pagar | 300.000 |
| 11 – Capital | 288.000 |
| 12 – Fretes e Carretos | 30.000 |
| 13 – Água e Esgoto | 1.000 |
| 14 – Juros Passivos | 12.000 |
| 15 – Despesas Bancárias | 4.000 |
| 16 – Energia Elétrica | 6.000 |
| 17 – Descontos Obtidos | 5.000 |
| 18 – Receitas de Serviços | 150.000 |
| 19 – Móveis e Utensílios | 40.000 |
| 20 – Aluguéis Ativos | 30.000 |
| TOTAL | 1.706.000 |

Pede-se:

I. Balancete.
II. Razonetes.
III. Apuração do Resultado do Exercício.
IV. Balanço Patrimonial.

**AOS PROFESSORES**

- Para os primeiros anos dos cursos profissionalizantes de nível médio, ou para os dois primeiros semestres dos cursos superiores quando divididos em módulos, até aqui é suficiente. Os Capítulos 9 a 14 poderão ser explorados caso haja tempo e conveniência, pois os assuntos neles contidos, embora apresentados observando-se a mesma metodologia fácil dos Capítulos 1 a 8, devem ser ensinados com mais detalhes nas demais séries ou módulos do curso.

# CAPÍTULO 9

# PLANO DE CONTAS

**NOTA:**

- Nos Capítulos 1 a 8, você estudou as noções básicas da Contabilidade; conheceu a estrutura do Patrimônio (ponto de partida para o entendimento desta Ciência); aprendeu a registrar os Fatos Administrativos no Diário e nos Razonetes; conheceu os livros contábeis utilizados pelo setor de Contabilidade; aprendeu a apurar o Resultado do Exercício das empresas de prestação de serviços; a elaborar o Balancete de Verificação do Razão e o Balanço Patrimonial Simplificado. A partir daqui, vamos avançar um pouco mais nos estudos da Contabilidade. Apresentaremos as principais operações que ocorrem no dia a dia das empresas comerciais, concluindo com o estudo das demais Demonstrações Contábeis.

No Capítulo 3, para atender ao estágio dos estudos em que você se encontrava, estudamos o conceito de Plano de Contas tomando como exemplo um Elenco de Contas Simplificado. De agora em diante, para que você possa aprofundar seus estudos, vamos rever o conceito de Plano de Contas e lhe apresentar um Elenco de Contas mais completo, com todos os grupos e subgrupos, de acordo com as exigências da Lei n. 6.404/1976.

## 9.1 Conceito

O **Plano de Contas** é um conjunto de contas, diretrizes e normas que disciplina as tarefas do setor de Contabilidade, objetivando a uniformização dos registros contábeis.

Um Plano de Contas ideal poderá compor-se de três partes: **Elenco de Contas**; **Manual de Contas** e **Modelos padronizados de Demonstrações Contábeis**. Entretanto, de acordo com os interesses de cada empresa e da criatividade do contabilista, o Plano de Contas poderá conter outras informações.

## 9.2 Elenco de Contas

Consiste na relação das contas que serão utilizadas para o registro dos Fatos Administrativos decorrentes da movimentação do Patrimônio da empresa, bem como dos Atos Administrativos considerados relevantes (aqueles cujos efeitos possam acarretar modificações futuras no Patrimônio da empresa).

O Elenco de Contas envolve a intitulação (nome) e o código de cada conta.

Veja, a seguir, um Elenco de Contas no qual as contas estão classificadas em grupos e subgrupos, conforme dispõe a Lei n. 6.404/1976:

GRÁFICO I – CONTAS PATRIMONIAIS

| 1. ATIVO |
|---|
| 1.1 ATIVO CIRCULANTE |
| 1.1.1 DISPONIBILIDADES |
| 1.1.1.01 Caixa |
| 1.1.1.02 Bancos conta Movimento |
| 1.1.1.03 Aplicações de Liquidez Imediata |
| 1.1.2 CLIENTES* |
| 1.1.2.01 Duplicatas a Receber |
| 1.1.2.02 (–) Perdas Estimadas em Créditos de Liquidação Duvidosa** |
| 1.1.3 OUTROS CRÉDITOS |
| 1.1.3.01 Promissórias a Receber |
| 1.1.4 IMPOSTOS E CONTRIBUIÇÕES A RECUPERAR |
| 1.1.4.01 CBS a Recuperar (em vigor a partir de 2026) |
| 1.1.4.02 COFINS sobre Faturamento a Recuperar (extinta a partir de 2027) |
| 1.1.4.03 IBS a Recuperar (em vigor a partir de 2026) |
| 1.1.4.04 ICMS a Recuperar (extinta a partir de 2033) |

(continua)

* No Elenco de Contas do Capítulo 3, utilizamos as contas Clientes e Duplicatas a Receber distintamente. Agora, optamos por denominar Clientes o grupo de contas que representa Direitos a Receber dos Clientes da empresa. Esta forma é mais adequada do ponto de vista técnico, pois os Direitos a Receber de Clientes poderão ser representados por Duplicatas a Receber, Carnês a Receber, Cheques a Receber etc. Esta observação também é válida para as contas Fornecedores e Duplicatas a Pagar.

** Nova denominação da conta Provisão para Créditos de Liquidação Duvidosa.

*(continuação)*

1.1.4.05 PIS Sobre Faturamento a Recuperar (extinta a partir de 2027)

1.1.5 INVESTIMENTOS TEMPORÁRIOS A CURTO PRAZO

1.1.5.01 Ações de Outras Empresas

1.1.6 ESTOQUES

1.1.6.01 Estoque de Mercadorias

1.1.6.02 Estoque de Material de Expediente

1.1.6.03 Estoque de Material de Limpeza

1.1.7 DESPESAS DO EXERCÍCIO SEGUINTE

1.1.7.01 Aluguéis Passivos a Vencer

1.1.7.02 Juros Passivos a Vencer

1.1.7.03 Prêmios de Seguro a Vencer

1.1.7.04 Propaganda e Publicidade a Vencer

**1.2 ATIVO NÃO CIRCULANTE**

1.2.1 ATIVO REALIZÁVEL A LONGO PRAZO

1.2.1.10 Clientes

1.2.1.11 Duplicatas a Receber

1.2.1.20 Outros Créditos

1.2.1.21 Promissórias a Receber

1.2.1.30 Créditos com Pessoas Ligadas

1.2.1.31Títulos a Receber de Diretores

1.2.2 INVESTIMENTOS

1.2.2.01 Participação na Empresa A

1.2.2.02 Imóveis de Renda*

1.2.3 IMOBILIZADO

1.2.3.01Computadores

1.2.3.02 (–) Depreciação Acumulada de Computadores

1.2.3.03 Imóveis

1.2.3.04 (–) Depreciação Acumulada de Imóveis

1.2.3.05 Instalações

1.2.3.06 (–) Depreciação Acumulada de Instalações

1.2.3.07 Móveis e Utensílios

1.2.3.08 (–) Depreciação Acumulada de Móveis e Utensílios

1.2.3.09 Veículos

1.2.3.10 (–) Depreciação Acumulada de Veículos

1.2.4 INTANGÍVEL

1.2.4.01 Fundo de Comércio

1.2.4.02 (–) Amortização Acumulada de Fundo de Comércio

*(continua)*

* Poderá também ser denominada de "Propriedade para Investimentos".

*(continuação)*

| 2. PASSIVO |
|---|
| **2.1 PASSIVO CIRCULANTE** |
| 2.1.1 OBRIGAÇÕES A FORNECEDORES |
| 2.1.1.01 Duplicatas a Pagar |
| 2.1.2 EMPRÉSTIMOS E FINANCIAMENTOS |
| 2.1.2.01 Bancos conta Empréstimos |
| 2.1.2.02 Promissórias a Pagar |
| 2.1.3 OBRIGAÇÕES TRIBUTÁRIAS |
| 2.1.3.01 CBS a Recolher (em vigor a partir de 2026) |
| 2.1.3.02 COFINS sobre Faturamento a Recolher (extinta a partir de 2027) |
| 2.1.3.03 Contribuição Social sobre o Lucro Líquido a Recolher |
| 2.1.3.04 IBS a Recolher (em vigor a partir de 2026) |
| 2.1.3.05 ICMS a Recolher (extinta a partir de 2033) |
| 2.1.3.06 Imposto de Renda a Recolher |
| 2.1.3.07 Impostos e Taxas a Recolher |
| 2.1.3.08 PIS Sobre Faturamento a Recolher (extinta a partir de 2027) |
| 2.1.4 OBRIGAÇÕES TRABALHISTAS E PREVIDENCIÁRIAS |
| 2.1.4.01 Contribuições de Previdência a Recolher |
| 2.1.4.02 Décimo Terceiro Salário a Pagar |
| 2.1.4.03 Férias a Pagar |
| 2.1.4.04 FGTS a Recolher |
| 2.1.4.05 Salários a Pagar |
| 2.1.5 OUTRAS OBRIGAÇÕES |
| 2.1.5.01 Aluguéis a Pagar |
| 2.1.5.02 Contas a Pagar |
| 2.1.6 PARTICIPAÇÕES E DESTINAÇÕES DO LUCRO LÍQUIDO |
| 2.1.6.01 Dividendos a Pagar |
| **2.2 PASSIVO NÃO CIRCULANTE** |
| 2.2.1 PASSIVO EXIGÍVEL A LONGO PRAZO |
| 2.2.1.10 Obrigações a Fornecedores |
| 2.2.1.11 Duplicatas a Pagar |
| 2.2.1.20 Empréstimos e Financiamentos |
| 2.2.1.21 Bancos conta Empréstimo |
| 2.2.1.22 Promissórias a Pagar |
| 2.2.1.30 Débitos com Pessoas Ligadas |
| 2.2.1.31 Títulos a Pagar à Coligada A |
| 2.2.2 RECEITAS DIFERIDAS |
| 2.2.2.10 Resultados Operacionais |
| 2.2.2.11 Aluguéis Ativos a Vencer |

*(continua)*

*(continuação)*

2.2.2.12 Outras Receitas a Vencer

2.2.2.13 (–) Custos ou Perdas Correspondentes

**2.3 PATRIMÔNIO LÍQUIDO**

2.3.1 CAPITAL SOCIAL

2.3.1.01 Capital

2.3.1.02 (–) Titular conta Capital a Realizar

2.3.2 RESERVAS DE LUCROS

2.3.2.01 Reserva Legal

2.3.2.02 Reservas para Investimentos

2.3.3 RESERVAS DE CAPITAL

2.3.3.01 Reserva de Ágio na Emissão de Ações

2.3.4.99 (–) Ações em Tesouraria

2.3.5.99 (+ou–) Ajustes de Avaliação Patrimonial

2.3.6.99 (+ou–) Lucros ou Prejuízos Acumulados

2.3.6.01 Lucros Acumulados

2.3.6.02 (–) Prejuízos Acumulados

GRÁFICO II – CONTAS DE RESULTADO

3. DESPESAS E CUSTOS

**3.1 DESPESAS OPERACIONAIS**

3.1.1 DESPESAS COM VENDAS

Pessoal

3.1.1.01 Café e Lanches

3.1.1.02 Comissões sobre Vendas

3.1.1.03 Contribuições de Previdência

3.1.1.04 Décimo Terceiro Salário

3.1.1.05 Encargos Sociais

3.1.1.06 Férias

3.1.1.07 FGTS

3.1.1.08 Salários

3.1.1.09 Outras Despesas com Pessoal

Outras

3.1.1.11 Fretes e Carretos

3.1.1.12 Propaganda e Publicidade

3.1.1.13 Despesas com Perdas Estimadas em Créditos de Liquidação Duvidosa

3.1.1.14 Despesas Eventuais

3.1.2 DESPESAS FINANCEIRAS

3.1.2.01 Descontos Concedidos

3.1.2.02 Despesas Bancárias

*(continua)*

*(continuação)*

3.1.2.03 Juros Passivos

3.1.3 DESPESAS GERAIS E ADMINISTRATIVAS

Pessoal

3.1.3.01 Café e Lanches

3.1.3.02 Contribuições de Previdência

3.1.3.03 Décimo Terceiro Salário

3.1.3.04 Encargos Sociais

3.1.3.05 Férias

3.1.3.06 FGTS

3.1.3.07 Retiradas Pró-labore

3.1.3.08 Salários

3.1.3.09 Outras Despesas com Pessoal

Gerais

3.1.3.11 Água e Esgoto

3.1.3.12 Aluguéis Passivos

3.1.3.13 Amortização

3.1.3.14 Combustíveis

3.1.3.15 Depreciação

3.1.3.16 Despesas Postais

3.1.3.17 Energia Elétrica

3.1.3.18 Fretes e Carretos

3.1.3.19 Material de Expediente

3.1.3.20 Material de Limpeza

3.1.3.21 Prêmios de Seguro

3.1.3.22 Comunicação (Telefones fixo e móvel, Internet etc.)

3.1.3.23 Serviços de Terceiros

3.1.3.24 Despesas Eventuais

Tributárias

3.1.3.31 Impostos e Taxas

Outras

3.1.3.41 Despesas Eventuais

3.1.4 OUTRAS DESPESAS OPERACIONAIS

3.1.4.01 Despesas (ou Gastos) de Organização

3.1.4.02 Multas Fiscais

3.1.4.03 Multas de Trânsito

3.1.4.04 Despesas Eventuais

**3.2 OUTRAS DESPESAS**

3.2.1.99 Perdas na Baixa de Bens do Ativo Não Circulante

*(continua)*

*(continuação)*

**3.3 CUSTOS OPERACIONAIS**

3.3.1.99 Perdas na Baixa de Bens do Ativo Não Circulante

3.3.1 CUSTOS DAS COMPRAS

3.3.1.01 Compras de Mercadorias

3.3.1.02 Fretes e Seguros sobre Compras

3.3.1.03 (–) Abatimentos sobre Compras

3.3.1.04 (–) Compras Anuladas

3.3.1.05 (–) Descontos Incondicionais Obtidos

**4. RECEITAS**

**4.1 RECEITAS OPERACIONAIS**

4.1.1 RECEITA BRUTA

4.1.1.01 Vendas de Mercadorias

4.1.1.02 Receitas de Serviços

4.1.1.03 (–) Abatimentos sobre Vendas

4.1.1.04 (–) Vendas Anuladas

4.1.1.05 (–) Descontos Incondicionais Concedidos

4.1.1.06 (–) Impostos sobre Serviços (ISS) – extinta a partir de 2033

4.1.1.07 (–) Tributos sobre Vendas – extinta a partir de 2033

4.1.1.08 (–) ICMS sobre Vendas – extinta a partir de 2033

4.1.1.09 (–) COFINS sobre Faturamento – extinta a partir de 2027

4.1.1.10 (–) PIS sobre Faturamento – extinta a partir de 2027

4.1.2 RECEITAS FINANCEIRAS

4.1.2.01 Descontos Obtidos

4.1.2.02 Juros Ativos

4.1.2.03 Rendimentos sobre Aplicações Financeiras

4.1.3 OUTRAS RECEITAS OPERACIONAIS

4.1.3.01 Aluguéis Ativos

4.1.3.02 Perdas Recuperadas

4.1.3.03 Receitas Eventuais

**4.2 OUTRAS RECEITAS**

4.2.1.99 Ganhos na Baixa de Bens do Ativo Não Circulante

**5. CONTAS DE APURAÇÃO DO RESULTADO**

**5.1 RESULTADO BRUTO**

5.1.1.99 Custo das Mercadorias Vendidas (CMV)

5.1.2.99 Custo dos Serviços Prestados (CSP)

5.1.3.99 Resultado da Conta Mercadorias (RCM)

5.1.3.01 Lucro sobre Vendas (Lucro Bruto)

5.1.3.02 (–) Prejuízo sobre Vendas

**5.2 RESULTADO LÍQUIDO**

5.2.1.99 Resultado do Exercício

*(continua)*

*(continuação)*

| GRÁFICO III – CONTAS EXTRAPATRIMONIAIS |
|---|
| 6. CONTAS DE COMPENSAÇÃO |
| 6.1 COMPENSAÇÃO DO ATIVO |
| 6.1.1.99 Seguros Contratados |
| 6.1.2.99 Títulos (ou Duplicatas) em Cobrança |
| 6.2 COMPENSAÇÃO DO PASSIVO |
| 6.2.1.999 Contratos de Seguros |
| 6.2.2.999 Endossos para Cobrança |

# 9.3 Informações sobre o Elenco de Contas

## 9.3.1 Informações sobre o Gráfico I

### Ativo

No Ativo, as contas representativas de Bens e Direitos devem ser classificadas obedecendo-se a ordem decrescente do grau de liquidez.

Grau de liquidez, conforme já estudamos no Capítulo 3, é o maior ou menor prazo no qual Bens e Direitos podem ser transformados em dinheiro.

#### *Ativo Circulante*

Neste grupo são classificadas as contas que representam os valores numerários (dinheiro em caixa e em banco), os Bens destinados à venda ou a consumo próprio, e os Direitos cujos vencimentos ocorram durante o Exercício seguinte ao do Balanço em que as contas estiverem sendo classificadas.

A Lei n. 6.404/1976, no inciso I do artigo 179, observando a ordem decrescente do grau de liquidez das contas, estabelece que, no Ativo Circulante, as contas devem ser classificadas em três grupos: Disponibilidades; Direitos Realizáveis a Curto Prazo e Despesas do Exercício seguinte.

Para melhor adequar os subgrupos do Ativo Circulante à codificação das contas adotadas por nós, e visando facilitar a contabilização por meio do computador, preferimos separar os Direitos Realizáveis a Curto Prazo em cinco categorias: Clientes, Outros Créditos, Impostos e Contribuições a Recuperar, Investimentos Temporários a Curto Prazo e Estoques.

Dessa forma, o Ativo Circulante fica composto por sete subgrupos:

**Disponibilidades:** neste subgrupo são classificadas as contas que representam dinheiro em Caixa, em Bancos e em Aplicações que podem ser transformadas em dinheiro a qualquer momento.

**Clientes:** neste subgrupo encontram-se as contas representativas de Direitos decorrentes de vendas de mercadorias ou de prestação de serviços a prazo.

**Outros Créditos:** não confundir com contas de natureza credora, as quais figuram no Passivo. Neste caso, a palavra **créditos** é empregada como sinônimo de **Direitos**, não representando natureza de saldo de contas. É comum dizermos nos meios comerciais que os Direitos da empresa correspondem a créditos da empresa junto a Terceiros. Como os créditos decorrentes de vendas de Mercadorias e/ou de prestação de serviços devem ser classificados no subgrupo denominado **Clientes**, os demais Direitos Realizáveis durante o curso do Exercício seguinte ao do Balanço, os quais não se enquadram nos demais subgrupos do Ativo Circulante, deverão figurar como Outros Créditos.

Como exemplo, podemos citar os Adiantamentos feitos a Fornecedores, a empregados; os Aluguéis a Receber etc.

**Impostos a Recuperar:** composto por contas que representam Direitos junto aos Governos Municipal, Estadual ou Federal. Decorrem de impostos recolhidos antecipadamente ou indevidamente ou que, por força da Legislação, gerem para a empresa Direito de compensação no curso do Exercício seguinte.

**NOTA:**

- A Reforma Tributária promovida pela Emenda Constitucional n. 132, promulgada pelo Congresso Nacional em 20 de dezembro de 2023, substituiu seis tributos incidentes sobre o consumo de bens e serviços por três novos tributos. Veja detalhes na Seção 10.4.4 do Capítulo 10 deste livro.

**Investimentos Temporários a Curto Prazo:** contas que representam as aplicações efetuadas pela empresa na compra de Títulos e valores mobiliários, podendo ou não ser representativos do capital de outras sociedades. Esses títulos poderão figurar tanto no Ativo Circulante quanto no Ativo Não Circulante (Realizável a Longo Prazo ou Investimentos). Figurarão neste grupo do Ativo Circulante quando a empresa não tiver intenção de manter essas aplicações por mais de um ano.

**Estoques:** compreendem as contas que representam os estoques de Bens destinados à venda ou ao consumo da empresa.

**Despesas do Exercício Seguinte:** neste subgrupo são classificadas as contas que representam as Despesas do Exercício seguinte, pagas no Exercício atual, ou seja, as Despesas pagas antecipadamente.

## *Ativo Não Circulante*

Este grupo é o oposto do Ativo Circulante. Enquanto no Ativo Circulante são classificadas contas que representam bens e direitos que estão em circulação constante na empresa, isto é, que giram em prazo inferior a um ano, no Ativo Não Circulante são classificadas contas representativas de bens e direitos com pequena ou nenhuma circulação.

A Lei n. 6.404/1976 divide o Ativo Não Circulante em 4 grupos:

**a. Ativo Realizável a Longo Prazo**

Neste grupo devem ser classificadas as contas representativas de Direitos cujos vencimentos ocorram após o término do Exercício Social seguinte ao do Balanço em que as contas estiverem sendo classificadas. Com exceção das disponibilidades, todos os demais subgrupos do Ativo Circulante poderão figurar aqui.

Incluímos, ainda, um subgrupo destinado à classificação das contas representativas de Direitos junto a Pessoas Ligadas (1.2.1.30 Créditos com Pessoas Ligadas), pois o inciso II, do artigo 179 da Lei n. 6.404/1976, estabelece que, independentemente do prazo de vencimento, devem ser classificadas no Ativo Realizável a Longo Prazo as contas representativas de Direitos derivados de vendas, adiantamentos ou empréstimos a sociedades coligadas ou controladas, diretores, acionistas ou participantes no lucro da companhia que não constituírem negócios usuais na exploração do objeto da companhia. Entretanto, é preciso cuidado, pois se o Direito com qualquer das pessoas citadas decorrer de operações normais da empresa, como Venda de Mercadorias ou Prestação de Serviços, tais contas deverão obedecer à classificação normal no Ativo Circulante ou no Realizável a Longo Prazo, conforme os demais Direitos da empresa.

**b. Investimentos**

Neste grupo devem ser classificadas as contas representativas das participações permanentes no capital de outras sociedades, bem como aquelas contas representativas dos direitos de qualquer natureza, não classificáveis no Ativo Circulante ou no Realizável a Longo Prazo e que não se destinem à manutenção da atividade principal da empresa, como por exemplo, os investimentos em Obras de Arte ou ainda em bens que gerem receitas para a empresa, independentemente das suas atividades operacionais, como o caso das propriedades para investimentos (Imóveis de Renda).

As participações permanentes no capital de outras sociedades poderão ocorrer em sociedades coligadas, controladas, em sociedades que façam parte de um mesmo grupo ou que estejam sob controle comum (*joint venture*), ou ainda em outras sociedades que não se enquadram nessas mencionadas. Não trataremos desses investimentos dado o caráter introdutório da obra.

**c. Imobilizado**

Neste grupo são classificadas contas representativas de recursos aplicados na aquisição de bens de uso da empresa. São bens corpóreos destinados à manutenção das atividades da empresa, como móveis e utensílios, veículos, computadores etc.

**d. Intangível**

Contas representativas dos recursos aplicados em bens imateriais. São direitos que tenham por objeto bens incorpóreos destinados à manutenção das atividades da empresa ou exercidos com essa finalidade, inclusive aqueles representativos de fundo de comércio adquirido a título oneroso.

## Passivo

Você já sabe que no Passivo são classificadas as contas representativas das Obrigações e do Patrimônio Líquido.

As Obrigações, também conhecidas por Passivo Exigível, são os Capitais de Terceiros. O Patrimônio Líquido representa os Capitais Próprios.

No Balanço, no lado do Passivo, inicialmente são classificadas as contas representativas das Obrigações e, em seguida, as representativas do Patrimônio Líquido. As Contas de Obrigações devem ser classificadas na ordem decrescente do grau de exigibilidade.

Grau de exigibilidade representa o maior ou menor prazo em que a Obrigação deve ser paga.

Assim, as Obrigações são classificadas em dois grupos: Passivo Circulante e Passivo Não Circulante.

### *Passivo Circulante*

Neste grupo constam todas as contas que representam Obrigações, cujos vencimentos ocorram durante o Exercício seguinte ao do Balanço em que as contas estiverem sendo classificadas. Esse grupo poderá conter subdivisões, de acordo com a natureza de cada Obrigação. Essas subdivisões poderão ser:

a. **Obrigações a Fornecedores:** representam compromissos decorrentes da compra de mercadorias a prazo.
b. **Empréstimos e Financiamentos:** são compromissos assumidos na obtenção de recursos financeiros para a empresa, como é o caso de empréstimos efetuados em estabelecimentos bancários.
c. **Obrigações Tributárias:** constituem compromissos com o Governo Federal, Estadual ou Municipal. As contas COFINS a Recolher e PIS sobre Faturamento

a Recolher permanecerão em uso até 31/12/2026, data em que esses tributos serão substituídos pela CBS; a conta ICMS a Recolher, permanecerá em uso até 31/12/2032, data em que o ICMS será substituído pelo IBS.

d. **Obrigações Trabalhistas e Previdenciárias:** são compromissos gerados em decorrência dos serviços prestados à empresa por seus empregados.
e. **Outras Obrigações:** abrangem os compromissos que não se enquadram nos demais subgrupos do Passivo Circulante.
f. **Participações e Destinações do Lucro Líquido:** abrangem contas representativas das parcelas do lucro líquido do exercício distribuídas aos acionistas, bem como a pessoas que tenham direito de participação nos resultados da empresa.

### *Passivo Não Circulante*

O Passivo Não Circulante é dividido em dois grupos:

a. **Passivo Exigível a Longo Prazo:** neste grupo são classificadas as contas representativas das Obrigações, cujos vencimentos ocorram após o término do Exercício Social seguinte ao do Balanço em que as contas estiverem sendo classificadas.

   Os mesmos subgrupos constantes do Passivo Circulante poderão figurar neste grupo, exceto aquele destinado às Participações e Destinações do Resultado, que raramente abrangem obrigações de longo prazo.

b. **Receitas Diferidas:** a Lei n. 6.404/1976, em seu artigo 299-B, estabelece que as contas representativas das receitas recebidas antecipadamente devem ser classificadas no Passivo Não Circulante, deduzidas dos custos e despesas a elas correspondentes.

## Patrimônio Líquido

Neste grupo, as contas que representam os Capitais Próprios devem ser classificadas do seguinte modo:

a. **Capital Social**: subgrupo composto pela conta Capital que representa os valores investidos na empresa pelos titulares e pela conta Capital a Realizar (ou Titular conta Capital a Realizar; Quotistas Conta Capital a Realizar; Acionistas Conta Capital a Realizar etc.) que representa a parcela do capital já subscrita pelos sócios, porém ainda não realizada;
b. **Reservas**: composto pelas contas representativas das reservas constituídas em decorrência de lei ou da vontade do proprietário, dos sócios ou dos administradores. Existem reservas de lucros (constituídas a partir do lucro líquido apurado em cada exercício social) e reservas de capital (decorrentes de algumas receitas que, por força da Lei n. 6.404/1976, não devem transitar pelo resultado do exercício).

c. **Lucros ou Prejuízos Acumulados:** Observe que esta é uma conta principal (sintética) que tem como subcontas (analíticas) as contas Lucros Acumulados e Prejuízos Acumulados.

No Elenco de Contas do Capítulo 3, apresentamos apenas a conta Lucros Acumulados para atender às necessidades daquela etapa dos estudos.

A conta Lucros ou Prejuízos Acumulados é utilizada para receber por transferência o resultado apurado na conta Resultado do Exercício para que sejam dadas as destinações devidas a esse resultado. No Capítulo 8, você aprendeu que o resultado do exercício, sendo positivo, deve ser transferido para a conta Lucros Acumulados e, sendo negativo, para a conta Prejuízos Acumulados. A empresa tem a opção de usar a conta sintética e apresentá-la no Balanço, com sinal negativo quando prejuízo ou com sinal positivo quando lucro. Mais detalhes acerca do uso dessa conta sintética ou das duas analíticas você encontrará no Capítulo 13.

Conforme você pode observar, no grupo do Patrimônio Líquido podem figurar, ainda, os Ajustes de Avaliação Patrimonial, bem como as Ações em Tesouraria, contas que serão comentadas oportunamente.

**NOTA:**

- Com o advento da Lei n. 11.638/2007, as sociedades por ações ficaram obrigadas a dar destinação total aos lucros apurados em cada exercício social. Deste modo, ficou vedada a esse tipo de entidade a manutenção de saldo credor na conta Lucros ou Prejuízos Acumulados (ou na subconta Lucros Acumulados), nos Balanços de final de exercício social. Contudo, esse procedimento não se aplica às demais sociedades e entidades de forma geral, as quais poderão manter em seus Balanços saldo credor na conta Lucros ou Prejuízos Acumulados ou na subconta Lucros Acumulados, para futuras destinações (ver itens 48 a 50 do Comunicado Técnico CTG 2000 aprovado pela Resolução CFC n. 1159/2009).

## Contas Redutoras do Balanço

Você deve ter percebido que tanto no lado do Ativo quanto no do Passivo algumas contas apresentam sinal negativo (–). Elas são denominadas **Contas Redutoras do Ativo ou do Passivo**.

Os valores das Contas Redutoras devem figurar entre parênteses, os quais indicam que esses valores são negativos no respectivo grupo.

### Contas Redutoras do Ativo

As Contas Redutoras do Ativo são de natureza credora e, por força da Lei n. 6.404/1976, no Balanço Patrimonial devem figurar no lado do Ativo, como Contas Redutoras das Contas com base nas quais foram criadas.

No Elenco de Contas que ora analisamos, apresentamos três Contas Redutoras do Ativo:

a. **Perdas Estimadas em Créditos de Liquidação Duvidosa:** veja detalhes acerca dessa conta na Seção 10.8 do Capítulo 10.

b. **Depreciações Acumuladas:** no Elenco de Contas, as Depreciações foram subdivididas em cinco contas: Depreciação Acumulada de Computadores, Depreciação Acumulada de Imóveis, Depreciação Acumulada de Instalações, Depreciação Acumulada de Móveis e Utensílios e Depreciação Acumulada de Veículos. Cada uma delas deverá figurar no Ativo Não Circulante, subgrupo Ativo Imobilizado, como Redutoras das Contas sujeitas à Depreciação que representem os Bens de uso da empresa.

No Capítulo 11 – Depreciação e Amortização, você estudará mais detalhadamente a aplicação dessas contas. Quando a empresa estiver obrigada a publicar o Balanço Patrimonial nos jornais de grande circulação do país (como ocorre com as sociedades anônimas de capital aberto), bem como outras demonstrações contábeis, todas essas intitulações poderão ser agrupadas e denominadas de uma só maneira: Depreciações Acumuladas.

c. **Amortização Acumulada:** corresponde a diminuições dos saldos das contas representativas de bens intangíveis. Mais detalhes você encontrará no Capítulo 11.

### Contas Redutoras do Passivo

São contas de natureza devedora que, por força da Lei n. 6.404/1976, devem figurar no lado do Passivo, como redutoras das contas com base nas quais foram criadas.

No Elenco de Contas em estudo, apresentamos cinco Contas Redutoras do Passivo:

a. **Custos ou Perdas Correspondentes:** figura no grupo Receitas Diferidas. Representa as Despesas e/ou Custos da empresa em decorrência de Receitas recebidas antecipadamente. Veja mais detalhes no Capítulo 12.

b. **Titular conta Capital a Realizar:** integra o grupo do Patrimônio Líquido, subgrupo Capital Social, como redutora da conta Capital. Representa parte do Capital já subscrito pelo Titular, porém, ainda não realizado.

Para rever as informações sobre o funcionamento desta conta, você deverá consultar o Capítulo 5, Seção 5.6.

**c.** **(+ ou −) Ajustes de Avaliação Patrimonial:** esta conta que poderá apresentar saldo devedor ou credor representa a contrapartida de ajustes efetuados em contas do Ativo ou do Passivo. Trata-se de uma inovação trazida pela Lei n. 11.638/2007, que não estudaremos dado o carater introdutório desta obra.

**d.** **(−) Ações em Tesouraria:** corresponde a ações representativas do capital da própria empresa, adquiridas por ela mesma.

**e.** **(−) Prejuízos Acumulados:** conforme vimos, o resultado negativo apurado no exercício social findo ou em exercícios anteriores fica acumulado no Patrimônio Líquido, com essa intitulação, até que seja compensado ou assumido pelos sócios ou titulares. Lembramos, mais uma vez que, opcionalmente, a empresa pode utilizar a conta sintética "Lucros ou Prejuízos Acumulados" para representar esse prejuízo, caso em que o seu saldo figurará no Balanço entre parênteses.

## Contas Extrapatrimoniais

A Lei das Sociedades por Ações (Lei n. 6.404/1976) não contempla essas contas, porém dispõe que, na apresentação do Balanço, os ônus reais constituídos sobre elementos do Ativo, as garantias prestadas a Terceiros e outras responsabilidades eventuais ou contingentes sejam indicadas em Notas Explicativas.

O Conselho Federal de Contabilidade (CFC) trata das Contas de Compensação, nos itens 29 e 30 da Interpretação Técnica ITG 2000 – Escrituração Contábil, aprovada pela Resolução CFC n. 1330/2011.

Estabelece a mencionada ITG 2000 que a escrituração das Contas de Compensação somente será obrigatória quando algum órgão regulador,* ao qual a empresa estiver subordinada, assim o determinar. Entretanto, nos casos em que as Contas de Compensação não forem utilizadas, a entidade deve manter outros mecanismos que possibilitem controlar os atos administrativos relevantes.

Estas contas permitem o controle dos Atos Administrativos relevantes, isto é, aqueles que possam afetar futuramente a Situação Patrimonial da empresa.

Quando, por exemplo, a empresa assina contrato com uma companhia seguradora, o valor segurado deve ser registrado em Contas de Compensação.

Pela inexpressiva importância que a contabilização dos Atos Administrativos representa nesta fase dos seus estudos, apresentaremos apenas dois exemplos de contabilização: um

* Comissão de Valores Mobiliários (CVM), Banco Central do Brasil (BCB), Superintendência de Seguros Privados (SUSEP) etc.

envolvendo Seguros (Capítulo 12, Seção "Despesas com Seguros") e outro envolvendo Cobrança Simples de Duplicatas (Capítulo 15 – Matéria Complementar, Seção 15.1.2).

### 9.3.2 Informações sobre o Gráfico II

No gráfico II do Elenco de Contas do Capítulo 3, estudamos apenas três grupos de contas: Despesas, Receitas e Contas de Apuração do Resultado. Agora, como você já avançou nos estudos, vamos lhe apresentar todos os grupos e subgrupos das Contas de Resultado, conforme estabelece a Lei n. 6.404/1976.

#### Despesas

##### *Despesas Operacionais*

São as Despesas que ocorrem em função da vida normal da empresa. Elas podem ser consideradas necessárias à movimentação do Patrimônio e são subdivididas em:

a. **Despesas com Vendas:** neste subgrupo são classificadas todas as Despesas ligadas à atividade comercial da empresa. Elas podem ser subdivididas em **Pessoal** (Salários, Encargos, Comissões, Lanches, enfim, todos os gastos com o pessoal da área comercial) e **Outras** (consideradas, neste subgrupo, todas as demais despesas da área comercial, como Propaganda e Publicidade, Fretes e Carretos etc.).

b. **Despesas Financeiras:** como o próprio nome sugere, compreendem todos os gastos decorrentes de operações financeiras, isto é, que envolvem dinheiro. Normalmente surgem de transações bancárias, no momento do pagamento de Obrigações ou do recebimento de Direitos. As Despesas Financeiras mais comuns são:

   - **Descontos Concedidos:** correspondem aos descontos que a empresa oferece aos seus clientes no momento do recebimento de Direitos, normalmente provenientes de vendas a prazo.
   - **Despesas Bancárias:** abrangem as Despesas que ocorrem nas transações com os bancos, como juros, comissões, taxas etc.
   - **Juros Passivos:** são as Despesas pagas em decorrência de atrasos no cumprimento de Obrigações.

c. **Despesas Gerais e Administrativas:** compreendem os gastos ligados ao setor administrativo da empresa; essas Despesas podem ser subdivididas em: **Pessoal** (Salários e Encargos, além de outros gastos com o pessoal que trabalha na administração da empresa, incluindo as retiradas pró-labore dos sócios ou do titular); **Gerais** (Despesas com Aluguéis, Depreciação, Amortização, Água e Esgoto etc.); **Tributárias** (gastos ligados às Despesas pagas ou que devem ser pagas aos Governos Municipal, Estadual ou Federal); e **Outras** (as demais Despesas ligadas à Administração que não se enquadram nos subgrupos anteriores).

d. **Outras Despesas Operacionais:** uma dica importante: neste subgrupo, normalmente devem ser classificadas as Despesas que, por eliminação, não se encaixam nos subgrupos das Despesas com Vendas, Financeiras, Administrativas e Outras Despesas.

Veja, por exemplo, a conta Multas Fiscais, a qual não é considerada normal na vida da empresa, porém pode ocorrer no desenvolvimento de suas atividades operacionais normais.

### *Outras Despesas*

Essas Despesas ocorrem fora das atividades operacionais normais da empresa. São raras e resultam de perdas apuradas nas baixas de Bens ou de Direitos classificados no Ativo Não Circulante.

As baixas do Ativo Não Circulante decorrem de vendas, doações, retiradas de uso por obsolescência etc.

No Elenco de Contas, incluímos apenas a conta Perdas em Transações do Ativo Não Circulante, a qual reflete adequadamente os prejuízos (perdas) citados.

## Custos Operacionais

As contas classificadas neste grupo, embora sejam de Resultado, não devem ser consideradas como Despesas, pois representam o Custo de Mercadorias adquiridas para venda.

Neste grupo, as contas **Compras de Mercadorias** e **Fretes e Seguros sobre Compras** representam o Custo das Mercadorias adquiridas para venda; logo, para fins de apuração do Resultado Bruto, seus valores deverão ser somados. Neste mesmo grupo, três contas são negativas, ou seja, Redutoras do Custo das Mercadorias adquiridas: **Abatimentos sobre Compras**, **Compras Anuladas** e **Descontos Incondicionais Obtidos**. São consideradas Contas Redutoras porque, para fins de apuração do Resultado Bruto, seus valores deverão ser diminuídos do Custo das Mercadorias adquiridas. Mais detalhes você encontrará no Capítulo 10, no estudo da apuração do Resultado Bruto do Exercício.

## Receitas

### *Receitas Operacionais*

São todas as Receitas normais, isto é, aquelas que ocorrem em virtude do desenvolvimento das atividades operacionais da empresa. São subdivididas em:

**a.** **Receita Bruta:** representam as Receitas provenientes da atividade principal da empresa; é o caso das Receitas com Vendas de Mercadorias – nas empresas comerciais, e das Receitas de Serviços – nas empresas que prestam serviços. Convém ressaltar que a empresa que comercializa Mercadorias também poderá prestar serviços. Nesse caso, sua Receita Bruta será composta pelas Receitas auferidas tanto na venda de Mercadorias como na prestação de serviços.

   Observe que, neste subgrupo, apresentamos oito contas com sinal negativo. Todas elas são Redutoras da Receita Bruta de Vendas e/ou de Serviços, cujos valores deverão ser diminuídos dos valores das contas Vendas de Mercadorias e/ou Receitas de Serviços, para fins de apuração do Resultado Bruto.

**b.** **Receitas Financeiras:** a exemplo do que ocorre com as Despesas Financeiras, as contas deste subgrupo de Receitas representam os ganhos da empresa em transações financeiras realizadas com aplicações de dinheiro em estabelecimentos bancários, bem como no recebimento de Direitos após as datas fixadas para seus vencimentos e nos pagamentos de Obrigações efetuados antes dos prazos fixados para seus vencimentos. É muito fácil identificar as contas deste subgrupo entre as demais Contas de Receitas, pois são basicamente três: **Descontos Obtidos**, **Juros Ativos** e **Rendimentos sobre Aplicações Financeiras**.

**c.** **Outras Receitas Operacionais:** neste subgrupo são classificadas as Contas de Receitas que não corresponderem à Receita Bruta, à Receita Financeira ou Outras Receitas.

### *Outras Receitas*

A exemplo das Contas classificadas como Outras Despesas, compreendem as Receitas que ocorrem independentemente (fora) das atividades operacionais da empresa. São raras e decorrem de ganhos obtidos nas baixas de Bens ou de Direitos classificados no Ativo Não Circulante.

No Elenco de Contas, incluímos apenas a conta Ganhos na Baixa de Bens do Ativo Não Circulante, a qual reflete adequadamente os lucros (ganhos) citados.

### Contas de Apuração do Resultado

São contas Transitórias, mediante as quais apuramos contabilmente os Resultados Bruto e Líquido do Exercício. No Elenco de Contas, apresentamos apenas a conta Resultado do Exercício que você já conhece.

Pode figurar nesse grupo, ainda, as contas utilizadas para a apuração do resultado bruto como a conta Custo das Mercadorias Vendidas (CMV), a conta Resultado da Conta Mercadorias (RCM) e outras.

## 9.4 Manual de Contas

O Manual de Contas fornece ao contabilista informações detalhadas de cada conta, orientando-o na padronização dos registros de todos os eventos responsáveis pela movimentação do Patrimônio da empresa.

A consulta ao Manual de Contas poderá ajudá-lo a esclarecer dúvidas quanto ao código numérico das contas, bem como intitulação, função, funcionamento, natureza e critérios de avaliação de cada uma delas. No Manual, o contabilista encontra exemplos de lançamentos para o registro de operações raras, roteiros para conciliações de dados e informações sobre documentos que dão suporte aos registros contábeis.

O acesso a todas essas informações é fundamental para o contabilista, que deve conhecer tanto a função das contas, isto é, a razão pela qual existem, quanto o funcionamento de cada uma delas, o qual lhe permitirá determinar em que situação a conta será debitada ou creditada, bem como identificar a natureza do saldo da conta – se devedora ou credora.

Veja, agora, exemplos de como as informações podem constar no Manual de Contas:

**1.1 ATIVO CIRCULANTE**

Composto por contas utilizadas para o registro de Bens e Direitos de qualquer natureza, realizáveis até o término do Exercício Social seguinte.

**1.1.1. DISPONIBILIDADES**

Composto por contas utilizadas para o registro de Bens Numerários de livre e imediata movimentação.

**1.1.1.01 Caixa**

**Função:** representa o valor dos Bens Numerários em poder da empresa, normalmente compostos por dinheiro e cheques.

**Funcionamento:** debitada pelas entradas de dinheiro ou cheques de Terceiros e creditada pelas saídas de dinheiro ou cheques de Terceiros recebidos pela empresa.

**Natureza do saldo:** devedora.

## 9.5 Modelos Padronizados de Demonstrações Contábeis

Nesta parte do Plano de Contas deverão constar modelos das Demonstrações Contábeis, as quais serão elaboradas periodicamente pelo setor de Contabilidade da empresa. No Capítulo 14 você encontrará modelos das Demonstrações Contábeis exigidas pela Lei n. 6.404/1976.

# CAPÍTULO 10

# OPERAÇÕES COM MERCADORIAS

## 10.1 Introdução

Você já sabe que as Mercadorias compreendem todos os Bens que as empresas comerciais compram para revender. As operações que envolvem as compras e as vendas de Mercadorias constituem a atividade principal das empresas comerciais.

Como contabilizar as operações com Mercadorias?

Você deve estar lembrado que, no Capítulo 5, para registrar as compras e as vendas de Mercadorias, utilizamos a conta Estoque de Mercadorias, e que, nas **Atividades Práticas** do Capítulo 7, colocamos uma nota dizendo que você deveria adotar as contas Compras e Vendas para registrar as operações com Mercadorias (Método da Conta Desdobrada).

Pois bem, para contabilizar as operações com Mercadorias existem dois métodos:

a. **Método da Conta Mista:** consiste em utilizar uma única conta, que poderá ser chamada de **Mercadorias**, ou **Estoque de Mercadorias**, ou outra semelhante, para registrar todas as operações com Mercadorias (Estoques inicial e final, Compras, Vendas, Devoluções de Compras e Devoluções de Vendas).

b. **Método da Conta Desdobrada:** consiste em utilizar as três contas básicas: Estoque de Mercadorias (para registrar os estoques inicial e final), Compras de Mercadorias e Vendas de Mercadorias. Podem, ainda, ser utilizadas as contas Compras Anuladas (para registrar as Devoluções de Compras) e Vendas Anuladas (para registrar as Devoluções de Vendas).

A empresa poderá optar por um dos dois métodos, mas não poderá utilizar ambos ao mesmo tempo, para não prejudicar a uniformidade de seus registros contábeis.

Seja qual for o método utilizado, a empresa poderá, ainda, adotar um dos seguintes sistemas:

a. **Inventário Permanente:** consiste em controlar permanentemente o valor do Estoque de Mercadorias. Assim, a cada compra efetuada, o custo da respectiva compra é adicionado ao estoque; da mesma forma, a cada venda efetuada, o custo da respectiva venda é diminuído do estoque. Assim, o Estoque de Mercadorias fica atualizado constantemente.

b. **Inventário Periódico:** por este Sistema, o valor do Estoque de Mercadorias só é conhecido no final do período, após a realização da contagem física de todas as Mercadorias existentes (inventário).

Fizemos estas considerações porque, a partir daqui, adotaremos o Método da Conta Desdobrada com Inventário Periódico, pois, didaticamente, é o mais indicado para o estágio dos estudos em que você se encontra.

## 10.2 Registro das compras e das vendas de Mercadorias durante o ano

Veja como deverão ser contabilizadas as compras e as vendas de Mercadorias pelo Método da Conta Desdobrada com Inventário Periódico:

**a.** Compras de Mercadorias

***Exemplo:***

Compra de Mercadorias, conforme NF n. 341, do Fornecedor Leandro Reis Ltda., no valor de $ 10.000, à vista.

O registro no livro Diário ficará assim:

*Compras de Mercadorias*

*a Caixa*

*Conf. NF n. 341, de Leandro Reis Ltda.* ............... *10.000*

---

**b.** Vendas de Mercadorias

***Exemplo:***

Nossas vendas de Mercadorias, à vista, conforme nossas Notas Fiscais n.$^{\underline{os}}$ 2.000 a 2.020, no valor de $ 15.000.

O registro no livro Diário ficará assim:

*Caixa*

*a Vendas de Mercadorias*

*Conf. Nossas Notas Fiscais n.os 2.000 a 2.020. ........ 15.000*

Como você pode observar, quando a Conta Desdobrada com Inventário Periódico é utilizada para registrar Compras de Mercadorias, no livro Diário debita-se a conta Compras de Mercadorias e credita-se a conta Caixa, Bancos conta Movimento, Fornecedores ou Duplicatas a Pagar, conforme o caso. Da mesma forma, sempre que ocorrer vendas de Mercadorias, credita-se a conta Vendas de Mercadorias e debita-se a conta Caixa, Bancos conta Movimento, Clientes ou Duplicatas a Receber, conforme o caso.

## Atividades Práticas 1

Contabilize, em partidas de Diário e em Razonetes, os seguintes Fatos, ocorridos em uma empresa comercial:

1. Compra de Mercadorias, à vista, de J. C. Santos Ltda., conforme NF n. 814, no valor de $ 10.000.
2. Compra de Mercadorias, a prazo, de Ferrari & Cia., conforme NF n. 1.050, no valor de $ 6.000. Houve aceite, no ato, de duas Duplicatas para vencimentos em 30 e 60 dias.
3. Venda de Mercadorias, à vista, conforme nossa NF n. 180, no valor de $ 4.000.
4. Venda de Mercadorias, a prazo, conforme nossa NF n. 1.200, ao cliente José Carlos de Souza, no valor de $ 3.000. Houve aceite, no ato, de três Duplicatas para vencimentos de 30 em 30 dias.

## 10.3 Resultado SIMPLIFICADO da Conta Mercadorias

Nesta Seção, você aprenderá a apurar o Resultado da Conta Mercadorias para saber se a empresa comercial obteve lucro ou prejuízo em sua atividade principal.

O Resultado da Conta Mercadorias é também denominado **Resultado Operacional Bruto** ou **Resultado Bruto do Exercício.***

* No Capítulo 13 você estudará o resultado líquido do exercício.

Para apurar, no final de um período (normalmente no final de um ano) o Resultado da Conta Mercadorias, precisamos, inicialmente, verificar, no livro Razão, os saldos das Contas utilizadas durante o respectivo período para o registro das operações com Mercadorias.

Vamos assumir que, em determinada empresa, os saldos dessas contas, em 31 de dezembro, foram os seguintes:

- Estoque de Mercadorias – saldo devedor de $ 5.000;
- Compras de Mercadorias – saldo devedor de $ 20.000;
- Vendas de Mercadorias – saldo credor de $ 23.000.

Pelo método por nós adotado, ou seja, Conta Desdobrada com Inventário Periódico, para apurarmos o Resultado da Conta Mercadorias em 31 de dezembro, além das contas acima (que representam o estoque inicial, bem como as compras e as vendas de Mercadorias efetuadas no período), precisamos conhecer o valor das Mercadorias existentes em estoque no último dia do ano. Com esse objetivo, fazemos uma contagem física das Mercadorias, a qual denominamos **Inventário**.

Supondo que o inventário físico realizado em 31 de dezembro tenha sido de $ 12.000, vamos estudar dois processos de apuração: **extracontábil** e **contábil**.

## 10.3.1 Apuração extracontábil

Conheça, agora, a 1ª fórmula aplicada na apuração extracontábil:

**1ª fórmula:**

$$CMV = EI + C - EF$$

em que:
CMV = Custo das Mercadorias Vendidas
EI = Estoque Inicial de Mercadorias
C = Compras de Mercadorias
EF = Estoque Final de Mercadorias
Observe como é fácil a aplicação desta fórmula:

$$CMV = 5.000 + 20.000 - 12.000$$
$$CMV = 13.000$$

Uma vez conhecido o valor do CMV, aplica-se a 2a fórmula:

**2ª fórmula:**

RCM = V – CMV

em que:

RCM = Resultado da Conta Mercadorias

V = Vendas de Mercadorias

CMV = Custo das Mercadorias Vendidas (apurado na 1ª fórmula)

Observe também a aplicação desta fórmula:

RCM = 23.000 – 13.000
RCM = 10.000

Sendo o RCM positivo, significa que o valor das vendas de Mercadorias foi superior ao custo das respectivas Mercadorias vendidas; logo, corresponde a lucro. Esse lucro apurado nas vendas de Mercadorias denomina-se Lucro Bruto do Exercício.

Quando o RCM for negativo, significará que o valor das vendas de Mercadorias foi inferior ao custo das respectivas Mercadorias vendidas; logo, corresponderá a prejuízo. Esse prejuízo apurado nas vendas de Mercadorias denomina-se Prejuízo sobre Vendas.

## 10.3.2 Apuração contábil

Para facilitar a contabilização do Resultado da Conta Mercadorias, tanto no Diário como no Razão ou nos Razonetes, podemos tomar, como roteiro, as duas fórmulas apresentadas (CMV e RCM). Acompanhe:

1º passo – **Reconstituição dos Razonetes**

No início da Seção 10.3 (Resultado da Conta Mercadorias), dissemos que, para apurar o Resultado da Conta Mercadorias ao término de um período, precisamos verificar, no livro Razão, os saldos das contas utilizadas, durante o respectivo período, para o registro das operações com Mercadorias. Dissemos também que, em determinada empresa, os saldos dessas contas, em 31 de dezembro, foram: Estoque de Mercadorias – débito de 5.000; Compras de Mercadorias – débito de 20.000; e Vendas de Mercadorias – crédito de 23.000.

Para contabilizar o Resultado da Conta Mercadorias, devemos ter em mãos o livro Razão. Como não o temos, precisaremos reconstituí-lo e, para tanto, utilizaremos os Razonetes. Observe os Razonetes das três contas movimentadas durante o período, com seus respectivos saldos:

| ESTOQUE DE MERCADORIAS | |
|---|---|
| 5.000 | |

| COMPRAS DE MERCADORIAS | |
|---|---|
| 20.000 | |

| VENDAS DE MERCADORIAS | |
|---|---|
| | 23.000 |

**NOTA:**

- Sugerimos, para melhor aproveitamento, que você tenha em mãos uma folha com Razonetes e uma folha de Diário. Assim, à medida que as explicações forem apresentadas, você poderá acompanhá-las passo a passo, transcrevendo-as nas respectivas folhas. Inicialmente, abra três Razonetes: um para a conta Estoque de Mercadorias, colocando $ 5.000 no débito; outro para a conta Compras de Mercadorias, colocando $ 20.000 no débito; e outro para a conta Vendas de Mercadorias, colocando $ 23.000 no crédito, conforme apresentamos antes desta Nota.

2º passo – **Contabilização do CMV**

Para contabilizarmos a apuração do Custo das Mercadorias Vendidas, devemos transferir os saldos de todas as contas que integram a fórmula do CMV para a respectiva conta Custo das Mercadorias Vendidas (CMV).

Como a conta Custo das Mercadorias Vendidas (CMV) não foi movimentada durante o ano, precisaremos abrir um Razonete para ela.

Se você providenciou uma folha com Razonetes e uma folha de Diário, conforme sugerimos na nota anterior, abra agora um Razonete para a conta Custo das Mercadorias Vendidas. Assim, sua folha com Razonetes deverá conter, até este momento, quatro Razonetes com títulos. O Razonete da conta CMV deve ficar em branco, pois, a partir desse momento, começará a receber, por transferência, os saldos de todas as contas que compõem a fórmula apropriada para a apuração do Custo das Mercadorias Vendidas.

Para facilitar a compreensão, a transferência dos saldos das contas para a conta CMV deve ser feita seguindo a ordem em que essas contas se encontram na fórmula.

Assim, na fórmula do CMV, temos:

$$CMV = EI + \ldots$$

Note que o primeiro elemento da fórmula é o Estoque Inicial, e o seu valor está registrado na conta Estoque de Mercadorias, que apresenta, no respectivo Razonete, saldo devedor de $ 5.000. A transferência do saldo desta conta para a conta Custo das Mercadorias Vendidas (CMV) é feita por meio do seguinte lançamento no Diário:

*(1) Custo das Mercadorias Vendidas*
*a Estoque de Mercadorias*
*Transferência que se processa, da segunda para a primeira das contas supra, ref. ao estoque inicial, para apuração do Resultado Bruto.* ...................... *5.000*

Agora, você deverá transcrever esse lançamento de Diário nos Razonetes. Inicialmente, você lançará no Razonete da conta Custo das Mercadorias Vendidas (CMV), no lado do débito, a importância de $ 5.000 e, em seguida, lançará no Razonete da conta Estoque de Mercadorias, no lado do crédito, $ 5.000.

Veja a posição das duas contas envolvidas neste lançamento, em seus respectivos Razonetes:

| CMV | | | |
|---|---|---|---|
| (1) | 5.000 | | |

| ESTOQUE DE MERCADORIAS | | | |
|---|---|---|---|
| | 5.000 | 1 | 5.000 |

Proceda da mesma forma nas folhas de Diário e de Razonetes utilizadas por você para acompanhar estas explicações.

Note que, após o lançamento n. 1, a conta Estoque de Mercadorias ficou com saldo igual a zero, pois seu valor foi transferido para a conta CMV.

Continuando a fórmula:

A transferência do saldo da conta Compras de Mercadorias para a conta Custo das Mercadorias Vendidas (CMV) é feita por meio do seguinte lançamento no Diário:

$$CMV = EI + C - \ldots$$

*(2) Custo das Mercadorias Vendidas*
*a Compras de Mercadorias*
*Transferência que se processa da segunda para a primeira das contas supra, para apuração do Resultado Bruto.* ................................................ *20.000*

Agora, você deverá transcrever o lançamento n. 2 na folha com Razonetes. Assim, no Razonete da conta Custo das Mercadorias Vendidas (CMV), você lançará, no débito, $ 20.000; e no Razonete da conta Compras de Mercadorias, você lançará, no crédito, também $ 20.000.

Veja a posição das contas envolvidas em seus respectivos Razonetes:

| CMV | | | |
|---|---|---|---|
| (1) | 5.000 | | |
| (2) | 20.000 | | |

| COMPRAS DE MERCADORIAS | | |
|---|---|---|
| 20.000 | 2 | 20.000 |

Note que, após o lançamento n. 2, a conta Compras de Mercadorias ficou com saldo igual a zero, pois seu saldo foi transferido para a conta Custo das Mercadorias Vendidas (CMV).

Continuando com a fórmula, temos:

Chegou o momento de contabilizarmos o Estoque Final.

$$CMV = EI + C - EF$$

O valor do Estoque Final, conforme já dissemos, é apurado mediante levantamento físico (inventário) efetuado no último dia do período, que, no nosso exemplo, é 31 de dezembro. Por este motivo, o valor do Estoque Final não foi ainda registrado pela contabilidade, nem consta em nossos Razonetes. Porém, o seu registro é muito simples:

*(3) Estoque de Mercadorias*

*a Custo das Mercadorias Vendidas*

*Estoque Final conf. levantamento físico realizado n/data, constante de fls ... do livro de Registro de Inventários.* ............................................ *12.000*

Para registrar o valor do Estoque Final, debitamos a conta Estoque de Mercadorias que no Razonete estava zerada, para que, a partir deste momento, ela passe a representar o Estoque de Mercadorias existente nesta data. Assim, ao elaborarmos o Balanço Patrimonial, esta conta constará no Ativo Circulante, representando o Estoque de Mercadorias existente na data do Balanço. Creditamos, também, o mesmo valor na conta Custo das Mercadorias Vendidas, para que o saldo dela reflita apenas o Custo das Mercadorias Vendidas no período.

Para transcrevermos o lançamento n. 3 nos Razonetes, lançamos a importância de $ 12.000 a débito da conta Estoque de Mercadorias e a crédito da conta Custo das Mercadorias Vendidas (CMV):

| ESTOQUE DE MERCADORIAS | | | |
|---|---|---|---|
| | 5.000 | (1) | 5.000 |
| (3) | 12.000 | | |

| CMV | | | |
|---|---|---|---|
| (1) | 5.000 | (3) | 12.000 |
| (2) | 20.000 | | |
| | | | |

Proceda da mesma forma: escriture o lançamento n. 3 na sua folha de Diário e, em seguida, lance-o nos seus Razonetes.

Observe, finalmente, que a conta Estoque de Mercadorias, que teve seu saldo inicial de $ 5.000 transferido para a conta Custo das Mercadorias Vendidas por meio do lançamento n. 1, foi reaberta neste lançamento n. 3, recebendo, a débito, o valor do Estoque Final.

Concluímos, assim, a fórmula do CMV, pois não há mais nenhuma conta a ser lançada.

Vamos, agora, apurar o saldo da conta Custo das Mercadorias Vendidas (CMV).

| CMV | | | |
|---|---|---|---|
| (1) | 5.000 | (3) | 12.000 |
| (2) | 20.000 | | |
| Soma | 25.000 | | |
| Saldo | 13.000 | | |

Observe que o saldo da conta Custo das Mercadorias Vendidas (CMV) é devedor de $ 13.000, cujo valor coincide com o apurado extracontabilmente pela fórmula do CMV.

O próximo passo será proceder da mesma maneira com a fórmula do RCM.

### 3º passo – **Contabilização do RCM**

Como ocorre com o CMV, a contabilização do RCM é feita por meio da transferência de todos os saldos das contas que integram a fórmula do RCM para a respectiva conta Resultado da Conta Mercadorias (RCM).

O critério é o mesmo adotado para contabilização do CMV: as contas deverão ser transferidas na mesma ordem em que se encontram na respectiva fórmula do RCM.

Como a conta Resultado da Conta Mercadorias (RCM) não foi movimentada durante o ano, devemos abrir um Razonete para ela:

| RCM | |
|---|---|
| | |

Faça o mesmo na sua folha com Razonetes: abra um Razonete para a conta Resultado da Conta Mercadorias (RCM).

Seguindo a fórmula do RCM, temos:

RCM = V – ...

A conta Vendas de Mercadorias constitui o primeiro elemento da fórmula. A transferência do saldo desta conta para a conta Resultado da Conta Mercadorias (RCM) é feita por meio do seguinte lançamento no Diário:

*(4) Vendas de Mercadorias*
*a Resultado da Conta Mercadorias*
*Transferência que se processa da primeira para a segunda das contas supra, para apuração do Resultado Bruto.* .............................................. *23.000*

Observe que a conta Vendas de Mercadorias foi debitada neste lançamento, pois possuía saldo credor. Com esse débito, a conta Vendas de Mercadorias ficará zerada, e o seu saldo transferido para a conta Resultado da Conta Mercadorias (RCM).

Agora, precisamos transferir o lançamento n. 4 para os Razonetes. Para isso, basta debitar a importância de $ 23.000 no Razonete da conta Vendas de Mercadorias e creditar a mesma importância no Razonete da conta Resultado da Conta Mercadorias (RCM). Veja:

| VENDAS DE MERCADORIAS | |
|---|---|
| (4) 23.000 | 23.000 |

| RCM | |
|---|---|
| | (4) 23.000 |

Escriture o lançamento n. 4 na sua folha de Diário e, em seguida, transcreva-o na sua folha com Razonetes. Note que, após este lançamento, a conta Vendas de Mercadorias ficou com saldo igual a zero, o qual foi transferido para a conta Resultado da Conta Mercadorias (RCM).

Continuando a fórmula, temos:

RCM = V – CMV

A transferência do saldo da conta Custo das Mercadorias Vendidas (CMV) para a conta Resultado da Conta Mercadorias (RCM) é feita por meio do seguinte lançamento:

*(5) Resultado da Conta Mercadorias*
*a Custo das Mercadorias Vendidas*
*Transferência que se processa do saldo*
*da segunda para a primeira das contas supra, para*
*apuração do Resultado Bruto.* .................................... *13.000*

Agora, basta transferir o valor do lançamento n. 5 para os Razonetes, debitando $ 13.000 na conta Resultado da Conta Mercadorias (RCM) e creditando o mesmo valor na conta Custo das Mercadorias Vendidas (CMV).

Veja a posição das contas envolvidas nos respectivos Razonetes:

| RCM | | | |
|---|---|---|---|
| (5) | 13.000 | (4) | 23.000 |

| CMV | | | |
|---|---|---|---|
| Saldo | 13.000 | (5) | 13.000 |

Escriture o lançamento n. 5 na sua folha de Diário e de Razonetes. Observe que, após este lançamento, a conta Custo das Mercadorias Vendidas (CMV), tendo seu saldo transferido para a conta Resultado da Conta Mercadorias (RCM), ficou com saldo igual a zero.

Como na fórmula não há mais nenhum elemento, também não haverá mais nenhuma conta a ser transferida para a conta RCM. Resta, então, levantar o saldo da conta Resultado da Conta Mercadorias (RCM), o qual deverá coincidir com o Resultado Extracontábil apurado por meio da fórmula do RCM.

Se o saldo da conta Resultado da Conta Mercadorias (RCM) for devedor, corresponderá a Prejuízo sobre Vendas e, se for credor, corresponderá a Lucro sobre Vendas (Lucro Bruto).

Agora, apure na sua folha com Razonetes o saldo da conta Resultado da Conta Mercadorias (RCM) e, em seguida, confira com o seguinte:

| RCM | | | |
|---|---|---|---|
| (5) | 13.000 | (4) | 23.000 |
| | | Saldo | 10.000 |

Com o lançamento n. 5 devidamente escriturado no livro Diário e no livro Razão ou nos Razonetes, encerramos os procedimentos necessários à apuração do Resultado da Conta Mercadorias.

Observe que, após este procedimento, permaneceram abertas e com saldos nos Razonetes, as seguintes contas:

- Estoque de Mercadorias – com débito de $ 12.000 (esse saldo corresponde ao valor do Estoque Final de Mercadorias existente em 31 de dezembro);
- Resultado da Conta Mercadorias (RCM) – com saldo credor de $ 10.000, o qual, por ser credor, corresponde ao Lucro Bruto.

A conta Estoque de Mercadorias é Conta Patrimonial e, no Balanço Patrimonial, deverá figurar no grupo do Ativo Circulante.

A conta Resultado da Conta Mercadorias (RCM), cujo saldo foi credor, representa o Lucro Bruto do Exercício e terá esse saldo transferido para a conta Resultado do Exercício no momento da apuração do Resultado Líquido do Exercício. Entretanto, para fixar melhor o resultado apurado nas operações com Mercadorias, didaticamente podemos transferi-lo para uma conta que reflita adequadamente o respectivo resultado. Assim, como no nosso exemplo o resultado foi lucro, podemos efetuar o seguinte lançamento no Diário:

*(6) Resultado da Conta Mercadorias*
*a Lucro sobre Vendas*
*Lucro Bruto apurado .................................... 10.000*

__________ __________

Caso houvesse prejuízo nas vendas, o que não é muito comum, o lançamento ficaria assim:

*Prejuízos sobre Vendas*
*a Resultado da Conta Mercadorias*
*Prejuízo apurado sobre as vendas ...................... $*

__________ __________

Para encerrar, você deverá transcrever o lançamento n. 6 na sua folha de Diário e de Razonetes.

## Atividades Práticas 2

PRÁTICA 1 – SOLUCIONADA

Saldo das contas da empresa Comercial Tuam Ltda., extraído do livro Razão em 31 de dezembro de x1:

Estoque de Mercadorias (EI) .......... 100.000

Compras de Mercadorias .......... 500.000

Vendas de Mercadorias .......... 700.000

Estoque Final de Mercadorias, conforme inventário físico realizado em 31 de dezembro de x1: $ 200.000.

Pede-se:

Calcular extracontabilmente e contabilizar o Resultado da Conta Mercadorias.

### *Solução:*

Cálculos extracontábeis:

CMV = 100.000 + 500.000 – 200.000 = 400.000

CMV = 400.000

RCM = 700.000 – 400.000 = 300.000

RCM = 300.000

### *Contabilização:*

Inicialmente você deverá abrir Razonetes para as seguintes contas: Estoque de Mercadorias, Compras de Mercadorias e Vendas de Mercadorias. Em seguida, deverá lançar os saldos das três contas em seus respectivos Razonetes, conforme a natureza de cada um. Depois, precisará abrir mais dois Razonetes: um para a conta CMV e outro para a conta RCM.

Feito isso, deverá proceder à contabilização, escriturando os Fatos em partidas de Diário e, posteriormente, nos Razonetes.

A seguir, apresentamos os respectivos lançamentos em Partidas de Diário e nos Razonetes. Faça os lançamentos propostos nesta atividade e, depois, compare as respostas.

Lançamentos em Partidas de Diário

*(1) Custo das Mercadorias Vendidas*

*a Estoque de Mercadorias*

*Transferência que se...* .......... *100.000*

*(2) Custo das Mercadorias Vendidas*
*a Compras de Mercadorias*
*Transferência que se... ............................................................... 500.000*

*(3) Estoque de Mercadorias*
*a Custo das Mercadorias Vendidas*
*Estoque Final... ............................................................... 200.000*

*(4) Vendas de Mercadorias*
*a Resultado da Conta Mercadorias*
*Transferência que se... ............................................................... 700.000*

*(5) Resultado da Conta Mercadorias*
*a Custo das Mercadorias Vendidas*
*Transferência... ............................................................... 400.000*

*(6) Resultado da Conta Mercadorias*
*a Lucro sobre Vendas*
*Lucro Bruto apurado ............................................................... 300.000*

**Razonetes**

| ESTOQUE DE MERCADORIAS | | | |
|---|---|---|---|
| | 100.000 | (1) | 100.000 |
| (3) | 200.000 | | |

| COMPRAS DE MERCADORIAS | | | |
|---|---|---|---|
| | 500.000 | (2) | 500.000 |

| VENDAS DE MERCADORIAS | | | |
|---|---|---|---|
| (4) | 700.000 | | 700.000 |

| CMV | | | |
|---|---|---|---|
| (1) | 100.000 | (3) | 200.000 |
| (2) | 500.000 | | |
| Soma | 600.000 | | |
| Saldo | 400.000 | (5) | 400.000 |

| RCM | | | |
|---|---|---|---|
| (5) | 400.000 | (4) | 700.000 |
| (6) | 300.000 | Saldo | 300.000 |

| LUCRO SOBRE VENDAS | | | |
|---|---|---|---|
| | | (6) | 300.000 |

PRÁTICA 2

Saldos das contas da Comercial Lisboa S/A, extraídos do livro Razão em 31 de dezembro de x1:

Estoque de Mercadorias (EI) .......... 20.000

Compras de Mercadorias .......... 90.000

Vendas de Mercadorias .......... 100.000

Estoque Final de Mercadorias, conforme inventário físico realizado em 31 de dezembro de x1: $ 70.000.

Pede-se:

Calcular extracontabilmente e contabilizar o Resultado da Conta Mercadorias.

PRÁTICA 3

Saldos das contas da Comercial Madri Ltda., extraídos do livro Razão em 31 de dezembro de x1:

Estoque de Mercadorias (EI) .......... 18.000

Compras de Mercadorias .......... 22.000

Vendas de Mercadorias .......... 29.000

Estoque Final de Mercadorias, conforme inventário físico realizado em 31 de dezembro de x1: $ 5.000.

Pede-se:

Calcular extracontabilmente e contabilizar o Resultado da Conta Mercadorias.

## 10.4 Fatos que alteram os valores de compras e vendas

Você estudou até aqui a contabilização das Compras e das Vendas de Mercadorias, bem como a apuração do Resultado da respectiva conta (Resultado Bruto), de forma simplificada, isto é, sem a interferência de Fatos que alteram os valores de Compras e Vendas.

Chegou o momento de você estudar esses Fatos e aprender a apuração da conta Mercadorias com a influência deles.

### 10.4.1 Fatos que alteram os valores de compras

#### Fretes e Seguros sobre Compras

São importâncias pagas diretamente ao Fornecedor de uma empresa, ou a uma empresa transportadora, referentes a Despesas com Seguros e transporte de Mercadorias do estabelecimento do Fornecedor até a empresa que as comprou.

*Exemplo:*

Suponhamos que nossa empresa tenha pago a importância de $ 3.000 à Transportadora Jardins S/A, referente a Fretes e Seguros de transporte, até o nosso estabelecimento, de Mercadorias adquiridas do Fornecedor Leandro Reis Ltda., conforme Nota Fiscal de Serviço de Transporte n. 10.777.

Registro no livro Diário:

*Fretes e Seguros sobre Compras*
*a Caixa*
*N/ pagamento da NF n. 10.777 da Transportadora*
*Jardins S/A, ref. a Fretes e Seguros. ............................ 3.000*

## Compras Anuladas ou Devoluções de Compras

Consiste na devolução total ou parcial das Mercadorias adquiridas tendo em vista fatos desconhecidos no momento da compra.

As Devoluções de compras ocorrem, por exemplo, quando, ao recebermos as Mercadorias adquiridas de nossos Fornecedores, constatarmos que as referidas mercadorias sofreram avarias no transporte; ou não correspondem ao pedido ou ainda, por qualquer outro Fato, não atendam às nossas expectativas.

*Exemplo:*

Suponhamos que nossa empresa tenha devolvido parte da Compra de Mercadorias efetuada junto ao Fornecedor Leandro Reis Ltda. Para acompanhar as Mercadorias devolvidas, emitimos a Nota Fiscal n. 5.202, no valor de $ 2.000. O Fornecedor nos devolveu a importância em dinheiro.

Registro no livro Diário:

*Caixa*
*a Compras Anuladas*
*N/ devolução de parte da compra efetuada*
*do Fornecedor Leandro Reis Ltda. conf.*
*n/ NF n. 5.202 .................................................. 2.000*

## Abatimento sobre compras

Sempre que nossa empresa, ao receber Mercadorias adquiridas de Fornecedores, constatar que tais Mercadorias, por motivos desconhecidos no momento da compra, não atendem às nossas expectativas, poderemos devolvê-las total ou parcialmente, conforme exemplificado na Seção anterior – Compras Anuladas. Entretanto, havendo interesse em ficar com elas, poderemos solicitar abatimento ao nosso Fornecedor.

Se o abatimento no preço de compra nos for concedido, nossa empresa não precisará devolver as Mercadorias, contudo, pagará por elas valor menor que o constante dos documentos fiscais originalmente emitidos.

### *Exemplo:*

Como as Mercadorias adquiridas mediante Nota Fiscal n. 544, do Fornecedor J. C. Santos, chegaram com avarias sofridas no transporte, nossa empresa obteve do Fornecedor um abatimento no valor de $ 5.000. A compra tinha sido efetuada a prazo.

Veja como o Fato será registrado no livro Diário:

*Fornecedores*
*J. C. Santos*
*a Abatimentos sobre Compras*
*Abatimento obtido tendo em vista avaria ocorrida no transporte ref. n/ compra conf. s/ NF n. 544 ........................................................ 5.000*

## Descontos Incondicionais Obtidos

São Descontos que nossa empresa ganha dos Fornecedores no momento em que efetuamos Compras de Mercadorias. Aparecem destacados nas Notas Fiscais e nos são oferecidos sem a imposição de nenhuma condição.

### *Exemplo:*

Compra de Mercadorias, à vista, do Fornecedor Girassol S/A, conforme Nota Fiscal n. 530, no valor de $ 4.000. Houve Desconto destacado na Nota Fiscal no valor de $ 400.

A contabilização desse tipo de Desconto, do ponto de vista técnico, é desnecessária, podendo a compra ser registrada pelo seu valor líquido. Entretanto, havendo interesse, a contabilização poderá ser feita da seguinte maneira:

*Compras de Mercadorias*

*a Diversos*

*Nossa compra, conf. NF n. 530 do Fornecedor Girassol S/A, como segue:*

| | | |
|---|---|---|
| *a Caixa* | | |
| *Valor líquido pago* ........................................... | *3.600* | |
| *a Descontos Incondicionais Obtidos* | | |
| *10% destacados na NF supra* ............................... | *400* | *4.000* |

**NOTA:**

- Tendo em vista que os saldos das contas Fretes e Seguros sobre Compras, Compras Anuladas, Abatimentos sobre Compras e Descontos Incondicionais Obtidos interferem no valor das Compras, eles serão transferidos para a conta CMV, no final do Exercício, por ocasião da apuração do Resultado Bruto.

## Juros Embutidos nas Compras a Prazo

A Lei n. 6.404/1976, em consonância com as normas internacionais de contabilidade (IFRS), ao disciplinar acerca dos critérios de avaliação do Passivo, determinou no inciso III do artigo 184 que as obrigações, encargos e riscos classificados no Passivo não circulante serão ajustados ao seu valor presente, sendo os demais ajustados quando houver efeito relevante.

Em decorrência dessa exigência legal, ao se contabilizar uma compra efetuada para pagamento a longo prazo, ou mesmo para pagamento a curto prazo, porém com efeitos relevantes para o patrimônio, deve-se expurgar do custo da referida compra, o montante dos juros cobrados pelo fornecedor.

É importante destacar que esse procedimento que não era permitido no Brasil antes do advento das Leis n. 11.638/2007 e 11.941/2009, encontra-se devidamente disciplinado nas Normas Brasileiras de Contabilidade NBC TG 12 e 16.

Segundo o item 18 da NBC TG 16, nas compras a prazo, normalmente o preço que o comprador pagará ao fornecedor é superior ao preço que pagaria se efetuasse a compra da mesma mercadoria á vista. Portanto, a diferença entre o preço de compra a prazo e o preço de compra à vista é o custo do financiamento e por esse motivo, deve ser reconhecida como despesa de juros durante o período do financiamento.

Suponhamos o seguinte fato ocorrido em uma empresa comercial:

Compra de mercadorias, a prazo, do fornecedor Nelson S/A, conforme NF 20, no valor de $ 1.000.

Considerar que os juros embutidos pelo fornecedor foram de $ 100; e que o pagamento será efetuado em 10 parcelas mensais iguais de $ 100.

Considerando, ainda, que a empresa adota a conta desdobrada com inventário periódico para o registro das operações com mercadorias, veja como esse fato será contabilizado:

*Diversos*
*a Fornecedores (ou Duplicatas a Pagar)*
*a Nelson S/A*
*Compra de mercadorias conf. NF 20, como segue:*
*Ajuste a Valor Presente (ou Juros Passivos a Vencer)*
*Juros embutidos na operação* .................................. *100*
*Compra de Mercadorias*
*Valor líquido da operação* .................................. *900* *1.000*

---

Observe que a conta "Ajuste a Valor Presente", neste caso, representa despesa financeira antecipada (poderia receber outras denominações como "Despesas Financeiras a Vencer", "Juros Passivos a Vencer" etc.). Esta conta é redutora da conta Fornecedores e figurará no Balanço Patrimonial como segue:

PASSIVO CIRCULANTE

| | |
|---|---|
| *Fornecedores* | *1.000* |
| *(-) Ajuste a Valor Presente* | *(100)* |
| *Saldo* | *900* |

**NOTAS:**

- Por ocasião do pagamento de cada parcela ao fornecedor, a empresa deverá providenciar dois lançamentos no Diário:
  a) um para registrar o valor bruto da parcela paga ao fornecedor, mediante débito na conta Fornecedores e crédito na conta Caixa ou Bancos conta Movimento; e
  b) outro para apropriar como despesa o valor dos juros relativos à parcela paga, mediante débito na conta Juros Passivos e crédito na conta Ajustes a Valor Presente.
- Esse assunto é tratado com detalhes no livro *Contabilidade Comercial*, da Série em Foco, de nossa autoria.

### 10.4.2 Fatos que alteram os valores de vendas

#### Vendas Anuladas ou Devoluções de Vendas

Consiste no recebimento em Devolução do total ou de parte das Mercadorias vendidas, tendo em vista motivos desconhecidos no momento da venda.

As Devoluções de Vendas ocorrem, por exemplo, quando nossos Clientes, ao receberem as Mercadorias, constatarem que as referidas Mercadorias sofreram avarias no transporte, ou não correspondem ao pedido ou ainda, por qualquer outro Fato, não atendam às suas expectativas.

*Exemplo:*

Recebemos do cliente Ronaldo Oliveira, em Devolução, Mercadorias no valor de $ 6.000, referentes à parte de nossa venda efetuada mediante nossa NF n. 2.000. Foi restituído, ao cliente, o valor em dinheiro.

Registro no livro Diário:

*Vendas Anuladas*
*a Caixa*
*Devolução de Venda recebida do cliente*
*Ronaldo de Oliveira, ref. parte da nossa NF*
*n. 2.000. ........................................................ 6.000*

---

#### Abatimentos sobre Vendas

Quando nossos clientes, ao receberem Mercadorias adquiridas de nossa empresa, constatarem alguma irregularidade (avaria em decorrência do transporte, modelo não correspondente ao pedido etc.), eles poderão devolvê-las total ou parcialmente ou solicitar abatimento no preço de custo.

*Exemplo:*

Como as Mercadorias vendidas a J. Nogueira Ltda., constantes da nossa NF n. 333, chegaram com avarias ao seu destino, concedemos ao cliente abatimento no valor de $ 1.000. O valor da NF citada é de $ 8.000, e a venda foi efetuada a prazo.

Veja como fica o registro no livro Diário:

*Abatimento sobre Vendas*
*a Clientes*
*J. Nogueira Ltda.*

*Abatimento concedido por avarias ocorridas no transporte, ref. à nossa NF n. 333.* .......................... *1.000*

---

## Descontos Incondicionais Concedidos

Independentemente de qualquer condição posterior à emissão da Nota Fiscal, nossa empresa também poderá oferecer Descontos, destacando-os nas Notas Fiscais de venda.

### *Exemplo:*

Venda de Mercadorias a Rolota Ribeiro, conforme nossa NF n. 2.030, no valor de \$ 8.000, tendo sido concedido Desconto Incondicional, destacado na própria NF, de \$ 800.

A exemplo do que ocorre com o Desconto Incondicional obtido (estudado na Seção de mesmo nome), a contabilização do Desconto Incondicional Concedido também é desnecessária. Entretanto, havendo interesse em registrá-lo, a contabilização do evento poderá ser efetuada da seguinte maneira:

*Diversos*
*a Vendas de Mercadorias*
*Nossa NF n. 2.030, ref. venda a Rolota Ribeiro, como segue:*
*Caixa*
*Valor líquido da Nota* ........................................ *7.200*
*Descontos Incondicionais Concedidos*
*10% destacados na NF supra* .............................. *800* *8.000*

---

**NOTAS:**

- Os valores dos Fretes e dos Seguros calculados sobre as vendas, quando correrem por Conta do Fornecedor (vendedor), deverão ser contabilizados em contas representativas de Despesas Operacionais, classificadas no grupo das Despesas com Vendas. Portanto, esses gastos não interferem no Valor das Vendas de Mercadorias. Ressaltamos que, na Seção 10.4, estamos tratando somente dos Fatos que interferem nos valores das Compras e das Vendas de Mercadorias.
- Como os saldos das contas Vendas Anuladas, Abatimentos sobre Vendas e Descontos Incondicionais Concedidos interferem no valor das Vendas, eles serão transferidos para a conta RCM, no final do Exercício, por ocasião da apuração do Resultado Bruto.

## Juros Embutidos nas Vendas a Prazo

Pelas mesmas razões já comentadas em relação às compras a prazo, ao se contabilizar uma venda efetuada para recebimento a longo prazo, ou mesmo para recebimento a curto prazo, porém com efeitos relevantes para o patrimônio, deve-se expurgar do montante da referida venda, o valor dos juros cobrados do cliente.

Para fins de aplicação dessa regra, deve-se considerar as taxas de juros usuais no mercado, ainda que o vendedor utilize, em benefício do seu cliente, taxas menores que as usuais.

Suponhamos o seguinte fato ocorrido em uma empresa comercial: venda de mercadorias, a prazo, no valor de $ 5.000, para a cliente Maria Idalina, conforme Nota Fiscal n. 32.

Considerar que os juros embutidos na operação foram de $ 300 e que a venda será recebida em 10 parcelas mensais iguais de $ 500.

Veja como o fato será contabilizado, considerando-se, ainda que a empresa adota a conta desdobrada com inventário periódico para o registro das operações com mercadorias:

*Clientes (ou Duplicatas a Receber)*
*Maria Idalina*
*a Diversos*
*Venda conf. NF n.32 etc., como segue:*
*a Ajuste a Valor Presente (Receita Financeira a Vencer)*
*Juros embutidos na operação etc.* ............................ *300*
*a Vendas de Mercadorias*
*Valor líquido etc.* ............................................ *4.700* *5.000*

A conta "Ajuste a Valor Presente", agora, é redutora da conta Clientes. Essa conta, que neste caso representa receitas de juros antecipados, poderia receber a intitulação de "Receitas Financeiras a Vencer", "Juros Ativos a Vencer" etc.

Veja como ficarão no Balanço:

ATIVO CIRCULANTE

| | |
|---|---|
| *Clientes* | *5.000* |
| *(-) Ajuste a Valor Presente* | *(300)* |
| *Saldo* | *4.700* |

**NOTAS:**

- Por ocasião do recebimento de cada parcela, a empresa deverá providenciar dois lançamentos no livro Diário:
  a) um para registrar o valor bruto da parcela recebida do cliente, mediante débito na conta Caixa e crédito na conta Clientes; e
  b) outro para apropriar como receita o valor dos juros relativos à parcela recebida, mediante débito na conta Ajustes a Valor Presente ou Juros Ativos a Vencer e crédito na conta Juros Ativos.
- Esse assunto é tratado com detalhes no livro *Contabilidade Comercial*, da Série em Foco, de nossa autoria.

## Atividades Práticas 3

Contabilize os seguintes Fatos, em partidas de Diário, considerando que a empresa adota o Método da Conta Desdobrada com Inventário Periódico:

**1.** NF n. 823 do Fornecedor J. Leal S/A, referente à Compra de Mercadorias no valor de $ 20.000. O pagamento foi efetuado por meio do cheque n. 004, de nossa emissão, contra o Banco Urupês S/A.

**2.** NF n. 1.438, da Transportadora Aliança Ltda., referente a despesas com Fretes e Seguros sobre nossa compra junto ao Fornecedor J. Leal S/A. O pagamento foi efetuado em dinheiro, no valor de $ 1.400.

**3.** Tendo em vista que parte das Mercadorias adquiridas do Fornecedor J. Leal S/A continha defeitos de fabricação, o mesmo nos concedeu abatimento, na referida compra, no valor de $ 2.000, conforme NF n. 1.040.

**4.** NF n. 2.399, do Fornecedor Pedro & Pedro Ltda., referente à Compra de Mercadorias, no valor de 40.000. Na própria NF, constou Desconto de $ 4.000, e a Compra foi efetuada a prazo, conforme aceite da Duplicata n. 01, para 30 dias.

**5.** NNF n. 250, referente à devolução de parte da Compra efetuada do Fornecedor Pedro & Pedro Ltda., no valor de $ 3.000.

**6.** NNF n. 374, referente à Venda de Mercadorias, à vista, no valor de $ 5.000. O cliente efetuou pagamento com cheque eletrônico.

**7.** Nossa Nota Fiscal de Entradas nº 401, referente à devolução de parte da venda efetuada ao cliente Marcos Oliveira, no valor de $ 500. O valor foi restituído ao Cliente mediante cheque n. 202, de nossa emissão, contra o Banco Urupês S/A.

**8.** NNF n. 860, referente à Venda de Mercadorias, a prazo, ao cliente Joel Silva, no valor de $ 7.700. Foi concedido ao cliente Desconto, devidamente destacado na própria NF, no valor de $ 700.

**9.** A pedido do cliente Joel Silva, concedemos abatimento no preço das Mercadorias, no valor de $ 100, por causa de avarias sofridas no transporte. Para caracterizar a operação, emitimos a NF n. 921.

### 10.4.3 Tributos incidentes sobre compras e vendas

Nas operações de compra e venda de Mercadorias provavelmente incidirão alguns tributos, os quais poderão ou não estar inclusos no valor de cada Mercadoria negociada.

Nesta Seção, você aprenderá a contabilizar o ICMS, o IPI, o ISS, o PIS sobre Faturamento e a COFINS sobre Faturamento; na Seção 10.4.4, você aprenderá a contabilizar a CBS, o IBS e o IS.

#### ICMS

*O que você precisa saber*

- ICMS – Imposto sobre Operações Relativas à Circulação de Mercadorias e sobre Prestações de Serviços de Transporte Interestadual e Intermunicipal e de Comunicação.
- É um imposto de competência estadual.
- Incide sobre a circulação de Mercadorias e sobre a prestação de serviços de transportes interestadual e intermunicipal, comunicações e fornecimento de energia elétrica.
- Nem todas as Mercadorias ou operações estão sujeitas ao ICMS.
- É considerado "imposto por dentro", ou seja, seu valor está incluso no valor das Mercadorias. Assim, a aquisição de determinada Mercadoria por $ 1.000, com ICMS incidente pela alíquota de 18%, indica que o custo da Mercadoria corresponde a $ 820 e o ICMS, a $ 180. Neste caso, o total da Nota Fiscal será igual a $ 1.000.
- É imposto não cumulativo, isto é, o valor incidente em uma operação (Compra) será compensado do valor incidente na operação subsequente (Venda).
- A alíquota (porcentagem) poderá variar em função do tipo da mercadoria, do destino ou origem etc.
- Existe uma alíquota básica para a maior parte das Mercadorias.
- O ICMS terá suas alíquotas reduzidas a partir de 2029 na seguinte proporção: 10% em 2029, 20% em 2030, 30% em 2031 e 40% em 2032, sendo que, a partir de 2033, será substituído pelo IBS. Veja mais detalhes na Seção 10.4.4 – **Reforma Tributária de 2023**.

### *Mecanismo de incidência do ICMS*

A contabilização do ICMS torna-se muito simples a partir do momento que você passa a conhecer o mecanismo que envolve a sua incidência nas operações de compra e de venda de Mercadorias.

A atividade principal de uma empresa comercial se concentra em duas operações: compra e venda. Quando uma empresa compra Mercadorias, paga ao Fornecedor juntamente com o custo dessas Mercadorias, uma parcela correspondente ao ICMS. Quando uma empresa vende Mercadorias, recebe do cliente, juntamente com o valor da venda, uma parcela correspondente ao ICMS, que terá de ser repassada ao Governo do Estado. Observe, no entanto, que antes de repassar ao Governo do Estado a parcela do ICMS recebida do Cliente (constante da Nota Fiscal de Venda), a empresa poderá compensar, desse total, o valor do ICMS que pagou ao Fornecedor (constante da Nota Fiscal de compra) por ocasião da compra da Mercadoria que está sendo vendida.

### *Exemplo:*

Vamos supor que sua empresa tenha adquirido determinado lote de Mercadorias de um Fornecedor, pagando \$ 100, com ICMS incluso no valor de \$ 18. O Fornecedor, ao receber os \$ 100, deverá repassar \$ 18 ao Governo do Estado. Dessa forma, você pagou ao Fornecedor \$ 100, sendo \$ 82 correspondentes ao Custo das Mercadorias adquiridas e \$ 18 correspondentes ao ICMS.

Vamos assumir, agora, que você tenha vendido o mesmo lote de Mercadorias a um Cliente por \$ 150, com ICMS incluso no valor de \$ 27. Desses \$ 150 que você recebeu (Receita Bruta de Vendas), \$ 123 correspondem à Receita Líquida de Vendas e \$ 27 correspondem ao ICMS que você deveria recolher ao Governo do Estado.

É isso mesmo, deveria recolher, pois, sendo o ICMS um imposto não cumulativo, você poderá compensar (abater) desses \$ 27, devidos em função da venda do lote de Mercadorias, os \$ 18 de ICMS que pagou pelo mesmo lote quando o comprou de seu Fornecedor. Assim, você recolherá ao Governo apenas \$ 9, ou seja, \$ 27 - \$ 18.

Diante do exposto, chegamos à seguinte conclusão:

- O valor do ICMS pago ao Fornecedor, por ocasião da compra, representa Direito para sua empresa junto ao Governo do Estado.
- O valor do ICMS recebido de cliente, por ocasião da venda, representa Obrigação da sua empresa junto ao Governo do Estado.

As operações com ICMS que envolvem Direitos e Obrigações junto ao Governo do Estado podem ser apuradas mensalmente da seguinte maneira:

- no final do mês, somam-se os valores do ICMS incidentes em todas as compras efetuadas durante o referido mês (Direitos da empresa);

- da mesma forma, somam-se os valores do ICMS incidentes em todas as vendas efetuadas no mesmo mês (Obrigações da empresa), ainda que essas Mercadorias vendidas não correspondam àquelas compradas no mesmo mês;
- se o total do ICMS incidente nas compras for superior ao total do ICMS incidente nas vendas, a diferença representará Direito da empresa junto ao Governo Estadual em relação às operações realizadas naquele mês. Se o total do ICMS incidente nas vendas for superior ao total do ICMS incidente nas compras, a diferença representará Obrigação da empresa, devendo ser recolhida ao Estado no mês seguinte.

Agora que você conhece o mecanismo que envolve o funcionamento do ICMS nas operações de compra e de venda, na Seção a seguir você verá como é feita a contabilização desse imposto.

## *Contabilização do ICMS*

Vários critérios podem ser adotados para a contabilização do ICMS.

Estudaremos sua contabilização pelo **Critério da Conta Única**, também conhecido por **Critério da Conta-corrente**, pelo qual adotamos uma só conta para registrar os Direitos e as Obrigações relativas ao imposto.

Assim, os Direitos relativos ao ICMS originados pelas compras e as Obrigações geradas pelas vendas são contabilizados em uma única conta, que poderá ser intitulada Conta Corrente ICMS, ICMS a Recuperar, ou ICMS a Compensar ou ter outra intitulação semelhante.

Suponhamos os seguintes Fatos ocorridos em uma empresa comercial durante o mês de outubro:

1. Compras de Mercadorias, à vista, do Fornecedor Comercial São Carlos S/A, conforme NF n. 501, no valor de $ 10.000, com ICMS incidente de $ 1.800.
2. Vendas de Mercadorias efetuadas durante o mês, à vista, conforme nossas Notas Fiscais n.os 20 a 80, no valor de $ 30.000, com ICMS incidente de $ 5.400.

Considerando que neste mês ocorreram somente essas operações, veja como deverão ser contabilizadas:

*(1) Diversos*
*a Caixa*
*NF n. 501 de Comercial São Carlos S/A,*
*como segue:*
*Compras de Mercadorias*
*Valor líquido das Mercadorias ................................ 8.200*
*ICMS a Recuperar*
*ICMS incidente na compra supra pela*
*alíquota de 18%. ................................................ 1.800 10.000*

**OBSERVAÇÕES:**

- A conta Compras de Mercadorias foi debitada pelo valor do Custo das Mercadorias adquiridas, que corresponde ao total constante da Nota Fiscal diminuído do valor do ICMS. O saldo desta conta será transferido para a conta CMV, no final do Exercício, por ocasião da apuração do Resultado Bruto.
- A conta ICMS a Recuperar, que é do Ativo Circulante e representa Direito da empresa junto ao Governo Estadual, foi debitada pelo valor do ICMS incidente na compra.

*(2) Caixa*
*a Vendas de Mercadorias*
*Conf. N/NF n.os 20 a 80. .................................. 30.000*

---

*(3) ICMS sobre Vendas*
*a ICMS a Recuperar*
*ICMS incidente sobre vendas supra,*
*calculado pela alíquota de 18%. .................................. 5.400*

---

**OBSERVAÇÕES:**

- Observe que no registro das compras sobre as quais houver incidência do ICMS, é suficiente o registro de um só lançamento. O mesmo não acontece no registro das vendas, para os quais são necessários dois lançamentos: o primeiro deve registrar o valor da Receita Bruta de Vendas (valor das Mercadorias no qual está embutido o valor do ICMS); o segundo deve registrar, separadamente, o valor do ICMS incidente.
- A conta Vendas de Mercadorias, creditada no lançamento n. 2, representa a Receita Bruta de Vendas e, por esse motivo, deve ser creditada pelo valor total da Nota Fiscal, no qual consta os valores das Mercadorias e do ICMS. O saldo desta conta será transferido para a conta RCM, no final do Exercício, por ocasião da apuração do Resultado Bruto.
- A conta ICMS sobre Vendas, debitada no lançamento n. 3, é Conta de Resultado, Redutora da Receita Bruta de Vendas, e o seu saldo será transferido para a conta RCM, no final do Exercício, por ocasião da apuração do Resultado Bruto.
- A conta ICMS a Recuperar, creditada no lançamento n. 3, é a mesma que foi debitada no lançamento n. 1. Observe que esta conta funciona como conta-corrente, podendo ser usada tanto para lançar, a seu débito, os Direitos decorrentes do ICMS incidente nas compras como para lançar, a seu crédito, as Obrigações decorrentes do ICMS incidente nas vendas.

Considerando que durante o mês de outubro ocorreram somente essas operações envolvendo ICMS, precisamos apurar, no último dia do mês, o saldo da conta ICMS a Recuperar, para verificar se nesse mês a movimentação com Mercadorias gerou Direito ou Obrigação. Veja:

| ICMS A RECUPERAR | | | |
|---|---|---|---|
| (1) | 1.800 | (3) | 5.400 |
| | | Saldo | 3.600 |

O saldo credor apurado indica que as Obrigações superaram os Direitos no referido mês; logo, essa importância deverá ser recolhida ao Governo do Estado no mês seguinte. Para regularizar a situação, ainda no último dia de outubro, faremos:

*(4) ICMS a Recuperar*
*a ICMS a Recolher*
*Saldo credor apurado nas operações*
*realizadas n/ mês .................................................. 3.600*

Após este lançamento, a conta ICMS a Recuperar fica com saldo igual a zero e a conta ICMS a Recolher, que é do Passivo Circulante, indica a Obrigação da empresa.

No mês em que a conta ICMS a Recuperar apresentar saldo devedor, este saldo indicará que, nesse mês, a movimentação com Mercadorias resultou em Direito da empresa junto ao Governo do Estado. Neste caso, não caberá lançamento de ajuste, pois a conta ICMS a Recuperar, sendo do Ativo Circulante e tendo saldo positivo, reflete o Direito da empresa a ser compensado no movimento do mês seguinte.

## PIS/PASEP E COFINS SOBRE FATURAMENTO

A Contribuição para o Programa de Integração Social (PIS), a Contribuição para o Programa de Formação do Patrimônio do Servidor Público (PASEP) e a Contribuição para o Financiamento da Seguridade Social (COFINS), são modalidades de tributo que as entidades em geral devem recolher mensalmente ao Governo Federal, com base no faturamento.

A legislação tributária trata da Contribuição para o PIS, juntamente com a Contribuição para o PASEP (PIS/PASEP) e esclarece o que se deve entender por faturamento para o cálculo desses tributos pelos regimes de incidência cumulativo e não cumulativo.

## Regime Cumulativo

Nesse regime, as entidades calculam mensalmente os valores das contribuições mediante a aplicação de alíquotas fixadas pelo governo sobre bases de cálculos também fixadas pelo governo e recolhem esses valores aos cofres públicos no mês seguinte ao da ocorrência dos respectivos fatos geradores.

- Contribuintes: todas as pessoas jurídicas de direito público e privado que não estejam obrigadas ao recolhimento do Imposto de Renda com base no lucro Real.
- Alíquotas: PIS/PASEP = 0,65%; COFINS = 3,00%.
- Base de cálculo: faturamento. Nesse caso, a legislação tributária define como faturamento somente a receita bruta da pessoa jurídica, diminuída das vendas canceladas, dos descontos incondicionais concedidos etc.
- A partir de 2027, o PIS e a COFINS serão substituídos pela CBS. Veja mais detalhes na Seção 10.4.4 – **Reforma Tributária de 2023.**

**NOTA:**

- É importante destacar que a legislação tributária prevê outras bases de cálculo e alíquotas a serem observadas por entidades sem fins lucrativos, públicas ou particulares.

## Exemplo Prático

Suponhamos que a empresa Comércio de Veículos Lorena Ltda., auferiu no mês de março de x2, receita bruta com a venda de mercadorias no valor de $ 700.000 e com a prestação de serviços no valor de $ 300.000.

Considerando que essa empresa está sujeita ao regime cumulativo de incidência das contribuições para o PIS/PASEP e COFINS, pede-se:

**a.** Calcular e contabilizar em 31 de março, as contribuições para o PIS/PASEP e COFINS (provisionamento), pelas alíquotas de 0,65% e 3,0% respectivamente;

**b.** Considerando que em 15 de abril a empresa efetuou o recolhimento das contribuições em dinheiro, proceder a respectiva contabilização.

### *Solução:*

Em 31.03.x2

*(1) PIS/PASEP sobre Faturamento*
*a PIS/PASEP a Recolher*
*0,65% sobre $ 1.000.000............................ 6.500*

*(2) COFINS sobre Faturamento*

*a COFINS a Recolher*

*3% sobre $ 1.000.000 ............................. 30.000*

---

**OBSERVAÇÕES:**

- As contas "PIS/PASEP sobre Faturamento" e "COFINS sobre Faturamento", debitadas nos lançamentos 1 e 2, são contas redutoras da receita bruta de vendas e serão transferidas para a conta "Resultado da Conta Mercadorias", por ocasião da apuração do resultado bruto.
- As contas "PIS/PASEP a Recolher" e "COFINS a Recolher", creditadas nos lançamentos 1 e 2, são contas patrimoniais classificadas no Passivo Circulante do Balanço Patrimonial.

Em 15.04.x2

*(3) Diversos*

*a Caixa*

*Recolhimentos efetuados nesta data, como segue:*

*PIS/PASEP a Recolher*

*Conforme guia. ......................................... 6.500*

*COFINS a Recolher*

*Idem. 30.000......................................... 36.500*

---

## Regime Não Cumulativo

Nesse regime, os procedimentos são semelhantes aos praticados no regime cumulativo, contudo, além das alíquotas e bases de cálculos serem diferentes, as entidades podem compensar do montante das contribuições devidas, importâncias dos respectivos tributos devidas por outras entidades em decorrência de transações realizadas com elas.

- Contribuintes: todas as pessoas jurídicas que estejam obrigadas ao recolhimento do Imposto de Renda com base no lucro Real.
- Alíquotas: PIS/PASEP = 1,65%; COFINS = 7,6%.
- Base de cálculo: faturamento mensal, assim entendido o total das receitas auferidas pela pessoa jurídica, independentemente de sua denominação ou classificação contábil.

Para esse fim, a legislação estabelece que o total das receitas compreende a receita bruta da venda de bens e serviços nas operações em conta própria ou alheia e todas as demais receitas auferidas pela pessoa jurídica. (§ 1º do art. 1º das Leis n. 10.637/2002 e n. 10.833/2003).

No § 3º do artigo 1º e no artigo 2º das mencionadas Leis, constam situações que influenciam na base de cálculo, inclusive valores que devem ser excluídos do total das receitas para fins de determinação da base de cálculo, como por exemplo: vendas canceladas; descontos incondicionais concedidos; receitas decorrentes da venda de ativo imobilizado etc.

Conforme dissemos, as pessoas jurídicas sujeitas ao recolhimento das contribuições para o PIS/PASEP e COFINS pelo regime não cumulativo, têm direito de descontar do montante devido, parcelas da contribuição pagas a fornecedores de mercadorias e de outros bens ou serviços.

Esses créditos são apurados pela aplicação da alíquota de 1,65% (PIS/PASEP) ou de 7,6% (COFINS), sobre os direitos arrolados no art. 3º tanto da Lei n. 10.637/2002 quanto da Lei n. 10.833/2003.

## Exemplo Prático

Suponhamos os seguintes fatos ocorridos em uma empresa comercial, durante o mês de fevereiro de x7, considerando que a empresa está sujeita ao regime não cumulativo de incidência do PIS/PASEP e da COFINS:

1. Compra de mercadorias, a prazo, conforme NF n. 272, de J. C. S/A, no valor de $ 40.000, com ICMS incidente no montante de $ 7.200.

**OBSERVAÇÃO:**

- Operação com direito a crédito do PIS/PASEP pela alíquota de 1,65% e da COFINS pela alíquota de 7,6%.

2. Receitas auferidas no mês, recebidas em dinheiro:

   *Vendas de mercadorias:........................... $ 100.000*

   *Receitas de aluguéis: ............................... $ 20.000*

   Pede-se:

   **a.** Contabilizar os fatos em partidas de Diário. Vamos assumir, neste exemplo prático que a receita com vendas sofre a tributação do ICMS (18%), do PIS/PASEP (1,65%) e da COFINS (7,6%) e que a receita de aluguéis sofre a incidência do PIS/PASEP e COFINS pelas mesmas alíquotas citadas.

   **b.** Considerando que no início do período não havia saldo a recuperar nas contas representativas dos tributos, ajustar os saldos das contas de direitos e obrigações do ICMS, PIS/PASEP e COFINS.

### *Solução:*

**a.** Contabilizar os fatos em partidas de Diário, ...

*(1) Diversos*

*a Fornecedores*

*a J. C. S/A*

*Compra de mercadorias conf. s/ NF n. 272, como segue:*

| | | |
|---|---|---|
| *Estoque de Mercadorias (ou Compras de Mercadorias)* | | |
| *Custo da compra* | *29.100* | |
| *ICMS a Recuperar* | | |
| *Pela alíquota de 18%* | *7.200* | |
| *PIS/PASEP a Recuperar* | | |
| *Pela alíquota de 1,65%* | *660* | |
| *COFINS a Recuperar* | | |
| *Pela alíquota de 7,6%* | *3.040* | *40.000* |

*(2) Caixa*

*a Diversos*

*Receitas auferidas no mês, como segue:*

| | | |
|---|---|---|
| *a Vendas de Mercadorias* | | |
| *Conf. livro Registro de Saídas etc.* | *100.000* | |
| *a Aluguéis Ativos* | | |
| *Conforme recibos etc.* | *20.000* | *120.000* |

*(3) ICMS sobre Faturamento*

*a ICMS a Recolher*

| | |
|---|---|
| *18% incidente sobre vendas etc.* | *18.000* |

**NOTA:**

- Note que no lançamento para o registro do ICMS incidente nas vendas, creditamos a conta "ICMS a Recolher" e não "ICMS a Recuperar", conforme vínhamos fazendo até aqui. Trata-se do critério de contas distintas para o registro dos direitos e das obrigações relativas ao ICMS, o mesmo adotado para a contabilização do PIS e da COFINS. Examine as explicações a seguir e você perceberá que é fácil a contabilização do ICMS também por esse critério.

*(4) Diversos*

*a PIS/PASEP a Recolher*

*Pela apropriação da contribuição ref. total das receitas do mês, como segue:*

| | | |
|---|---|---|
| *PIS/PASEP sobre Faturamento* | | |
| *1,65% sobre $ 100.000* ........................ | *1.650* | |
| *PIS/PASEP sobre Outras Receitas* | | |
| *1,65% sobre $ 20.000* ........................ | *330* | *1.980* |

*(5) Diversos*

*a COFINS a Recolher*

*Pela apropriação da contribuição ref. total das receitas do mês, como segue:*

| | | |
|---|---|---|
| *COFINS sobre Faturamento* | | |
| *7,6% sobre $ 100.000* ........................ | *7.600* | |
| *COFINS sobre Outras Receitas* | | |
| *7,6% sobre $ 20.000* ........................ | *1.520* | *9.120* |

**OBSERVAÇÕES:**

- As contas ICMS sobre Faturamento, PIS/PASEP sobre Faturamento e COFINS sobre Faturamento, debitadas nos lançamentos 3, 4 e 5, são contas redutoras da receita bruta de vendas. Os saldos dessas contas serão transferidos para a conta Resultado da Conta Mercadorias, por ocasião da apuração do resultado bruto.
- As contas PIS sobre Demais Receitas e COFINS sobre Demais Receitas, debitadas nos lançamentos 4 e 5, são contas classificadas como Despesas Tributárias, do grupo das Despesas Administrativas. Os saldos dessas contas serão transferidos para a conta Resultado do Exercício, por ocasião da apuração do resultado líquido do exercício.
- As demais contas, creditadas nos lançamentos 3 a 5, são todas contas de obrigação, classificadas no Passivo Circulante do Balanço Patrimonial.

**b.** Considerando que no início do período não havia saldo a recuperar nas contas representativas dos tributos, ajustar os saldos das contas de direitos e obrigações do ICMS, PIS/PASEP e COFINS.

Após os cinco lançamentos efetuados, as contas representativas dos tributos apresentam os seguintes saldos:

*ICMS a Recuperar, saldo devedor de ............. $ 7.200*
*ICMS a Recolher, saldo credor de ................ $ 18.000*
*PIS/PASEP a Recuperar, saldo devedor de ......... $ 660*
*PIS/PASEP a Recolher, saldo credor de .......... $ 1.980*
*COFINS a Recuperar, saldo devedor de .......... $ 3.040*
*COFINS a Recolher, saldo credor de ............. $ 9.120*

Para ajustar os saldos dessas contas, basta debitar a conta que tem saldo credor e creditar a que tem saldo devedor, representativas do mesmo tributo, utilizando o menor dos dois saldos.

Veja:

*(6) ICMS a Recolher*
*a ICMS a Recuperar*
*Transferência que se processa do menor saldo entre as contas supra, para ajuste. ......................................... 7.200*

---

*(7) PIS/PASEP a Recolher*
*a PIS/PASEP a Recuperar*
*Transferência que se processa do menor saldo entre as contas supra, para ajuste. ............................................ 660*

---

*(8) COFINS a Recolher*
*a COFINS a Recuperar*
*Transferência que se processa do menor saldo entre as contas supra, para ajuste. ......................................... 3.040*

---

Após os lançamentos de ajuste, as contas representativas de direitos e obrigações relativas aos tributos envolvidos, ficarão como segue:

As contas ICMS a Recuperar, PIS/PASEP a Recuperar e COFINS a Recuperar, ficaram com saldo igual a zero;

A conta ICMS a Recolher ficou com saldo credor de $ 10.800 a conta PIS/PASEP a Recolher ficou com saldo credor de $ 1.320 e a conta COFINS a Recolher ficou com saldo credor de $ 6.080.

**NOTAS:**

- Quando no cotejo entre as contas PIS/PASEP a Recuperar e PIS/PASEP a Recolher permanecer saldo devedor na conta PIS/PASEP a Recuperar, esse saldo que representa direito da empresa perante o Governo federal, ficará na própria conta de direito (PIS/PASEP a Recuperar) para ser compensado no mês seguinte. Essa informação aplica-se também ao cotejo entre as contas COFINS a Recuperar/COFINS a Recolher e ICMS a Recuperar/ICMS a Recolher.
- As legislações do PIS/PASEP e da COFINS estabelecem, ainda, situações em que uma mesma pessoa jurídica pode estar sujeita à incidência não cumulativa em relação a uma parte de suas receitas e à incidência cumulativa em relação à outra parte. Nesse caso, os valores dos créditos a serem compensados dos montantes dos tributos devidos, serão apurados, exclusivamente, em relação aos custos, despesas e encargos vinculados às receitas tributadas pelo regime não cumulativo.

## Atividades Práticas 4

Operações realizadas na empresa Comercial J. Miranda Ltda.:
Mês de Outubro

1. Compra de mercadorias de J. A. & Cia., conforme Nota Fiscal n. 890, no valor de $ 20.000, à vista. ICMS destacado pela alíquota de 18%.
2. Venda de mercadorias à vista, conforme nossa Nota Fiscal n. 545, no valor de $ 10.000. ICMS destacado pela alíquota de 18%.
3. Nossa devolução ao fornecedor J. A. & Cia. de parte da compra efetuada à vista, conforme nossa Nota Fiscal n. 144, no valor de $ 1.000. ICMS destacado pela alíquota de 18%.
4. Recebemos, em devolução, mercadorias vendidas à vista, conforme nossa Nota Fiscal de entrada n. 14, no valor de $ 2.500. ICMS destacado pela alíquota de 18%.
5. Compra de mercadorias à prazo, mediante aceite de duplicatas, da Casa Palmeiras S/A, conforme Nota Fiscal n. 8.870, no valor de $ 100.000. Valor do IPI: $ 10.000; ICMS calculado pela alíquota de 18%. Mês de Novembro.

**6.** Compra de mercadorias a prazo, com aceite de duas duplicatas, do fornecedor Elias Lopes S/A, conforme Nota Fiscal n. 723. Valor das mercadorias: $ 500.000; valor do IPI: $ 50.000; ICMS destacado pela alíquota de 18%.

**7.** Venda de mercadorias à vista, efetuada durante o mês, conforme livro Registro de Saídas, no valor de $ 1.000.000. ICMS destacado pela alíquota de 18%.

Considerando que a empresa adota contas distintas para o registro das operações com ICMS, que não é contribuinte do IPI e que está sujeita ao regime cumulativo de incidência do PIS/PASEP e COFINS, pede-se:

a) Contabilize no Diário e nos Razonetes, as operações referentes ao mês de Outubro.
b) Em 31 de Outubro, apure os saldos das contas ICMS a Recuperar e a Recolher, e efetue os ajustes necessários.
c) Calcule e contabilize as contribuições para o PIS/PASEP e para a COFINS (provisionamento), sobre o faturamento de outubro, pelas alíquotas de 0,65% e 3,0% respectivamente.
d) Contabilize no Diário e nos Razonetes os fatos ocorridos em Novembro.
e) Efetue os recolhimentos em dinheiro, referentes às obrigações com o PIS/PASEP e com a COFINS de outubro.
f) Apure, em 30 de novembro, os saldos das contas ICMS a Recuperar e ICMS a Recolher e efetue os ajustes necessários.
g) Calcule e contabilize as contribuições para o PIS/PASEP e para a COFINS sobre o faturamento de novembro, pelas alíquotas de 0,65% e 3,0% respectivamente.

## 10.4.4 Reforma Tributária de 2023

### *10.4.4.1 Introdução*

A Reforma Tributária promovida pela Emenda Constitucional n. 132, promulgada pelo Congresso Nacional em 20 de dezembro de 2023, substituiu seis tributos incidentes sobre o consumo de bens e serviços, por um tributo que internacionalmente é conhecido por IVA – Imposto sobre o Valor Agregado (adicionado).

O IVA, em 2023, era adotado em 174 dos 193 países que integravam a Organização das Nações Unidas (ONU) naquele ano. Esse tributo é internacionalmente reconhecido como o melhor modelo de tributação do consumo e foi adotado originalmente na Europa. Os países que o implementaram a partir da década de 1990 costumam chamá-lo de "GST – *Goods and Services Tax*" (Imposto sobre Bens e Serviços).

Os tributos substituídos pelo IVA são: quatro de competência da União (IPI, PIS, IOF-Seguros e COFINS); um de competência dos Estados (ICMS) e um de competência dos Municípios (ISS).

No Brasil, o IVA é composto por dois tributos:

- CBS – Contribuição sobre Bens e Serviços, de competência federal; e
- IBS – Imposto sobre Bens e Serviços, de competência compartilhada entre Estados, Distrito Federal e Municípios.

A Reforma Tributária criou, também, o Imposto Seletivo (IS), de competência federal, destinado a desestimular o consumo de bens e serviços considerados prejudiciais à saúde ou ao meio ambiente. Esse tributo substituirá parte do que era tributado pelo IPI.

A Reforma prevê dois períodos de transição: um geral, de sete anos, que alcançará toda a sociedade brasileira; e outro específico para os entes federativos, de 50 anos, imperceptível para a sociedade.

A transição para a sociedade será iniciada em 2026 e concluída em 2033, ano em que os atuais tributos sobre o consumo estarão extintos e o novo modelo estará em pleno vigor.

Para viabilizar o início da transição, ao longo de 2024 e 2025, foi necessário aprovar as leis complementares que regulamentaram o IBS e a CBS, o Comitê Gestor do Imposto sobre Bens e Serviços, o Fundo Nacional de Desenvolvimento Regional (FNDR) e o ressarcimento dos saldos credores acumulados do ICMS, bem como estruturar o modelo de cobrança dos novos tributos.

O ano de 2026 será de calibragem das alíquotas e testes do sistema. Neste período, o IBS terá uma alíquota de 0,1% e a CBS de 0,9%, passíveis de compensação com PIS/COFINS.

Em 2027, se iniciará a cobrança da CBS pela alíquota cheia e haverá a extinção do PIS, do IOF-Seguros e da COFINS, sendo esta última na parte relativa ao faturamento. Neste mesmo ano, as alíquotas do IPI serão reduzidas a zero (exceto para os produtos manufaturados na Zona Franca de Manaus) e será instituído o Imposto Seletivo.

Quanto ao IOF-Seguros, será substituído pela CBS e pelo IBS. Por não incidir nas operações de compras e vendas de mercadorias, esse tributo não foi tratado no presente livro.

De 2029 a 2032, haverá a transição do ICMS e do ISS para o IBS, com a redução gradual das alíquotas do ICMS e do ISS e o aumento progressivo da alíquota do IBS, de acordo com os percentuais a seguir: 10% em 2029; 20% em 2030; 30% em 2031; e 40% em 2032.

Em 2033, o ICMS e o ISS serão extintos e o novo modelo entrará em vigor integralmente.

Durante o período de transição, o Senado Federal fixará alíquotas de referência dos tributos, que serão adotadas automaticamente pela União, pelos Estados e pelos Municípios.

As alíquotas de referência serão revisadas anualmente, durante o período de transição, visando à manutenção da carga tributária.

É importante salientar que, durante os 7 anos de transição, a sociedade brasileira conviverá com a manutenção, a inclusão e a exclusão de alguns desses nove tributos incidentes sobre o consumo de bens e serviços, ou seja, com os seis atuais mais os três novos.

Em 2026, conviverá com os seis atuais mais a CBS e o IBS, sendo esses dois novos com alíquotas de 0,9% e 0,1%, respectivamente.

A partir de 2027, serão extintos o PIS, o IOF-Seguros, a COFINS sobre Faturamento (somente a prevista nos Incisos I, letra "b" e IV, do art. 195 da Constituição Federal) e o IPI terá suas alíquotas reduzidas a zero. Em substituição ao PIS, à COFINS e ao IPI, a CBS passará a ser cobrada pela alíquota cheia, definida em Lei Complementar.

Portanto, em 2026, ao comprar determinada mercadoria, a empresa comercial poderá estar sujeita ao pagamento dos seguintes tributos incidentes na compra: IPI, ICMS, PIS, COFINS, IBS e CBS. Em algumas operações, poderá estar sujeita, ainda, ao pagamento do ISS.

A partir de 2033, como dissemos, todos os seis atuais tributos incidentes sobre o consumo estarão extintos e vigorando somente a CBS, o IBS e o IS, este último em algumas situações.

### *10.4.4.2 CBS e IBS*

#### *O que você precisa saber*

- A CBS (Contribuição sobre Bens e Serviços) é um tributo de competência federal. Foi instituída pela Emenda Constitucional n. 132/2023 e está prevista no artigo 195, inciso V da Constituição Federal. Entrou em vigor a partir de 2026, pela alíquota de 0,9% (nove décimos por cento). A partir de 2027, terá alíquota cheia e substituirá o IPI, o PIS e a COFINS.
- O IBS (Imposto sobre Bens e Serviços) tem a competência compartilhada entre os Estados, o Distrito Federal e os Municípios. Foi instituído pela Emenda Constitucional n. 132/2023 e está previsto no artigo 156-A da Constituição Federal. Entrou em vigor a partir de 2026, pela alíquota de 0,1% (um décimo por cento). De 2029 a 2032, como já dissemos, haverá a transição do ICMS e do ISS para o IBS, com a redução gradual das alíquotas do ICMS e do ISS e o aumento progressivo da alíquota do IBS, de acordo com os percentuais a seguir: 10% em 2029; 20% em 2030; 30% em 2031; e 40% em 2032. Em 2033, o ICMS e o ISS serão extintos e o novo modelo do IBS entrará em vigor integralmente.

- A CBS e o IBS:
  a. Serão cobrados por fora – o tributo é considerado por fora quando o seu valor é adicionado ao valor da mercadoria ou do serviço prestado. Nesse caso, o tributo não integra sua base de cálculo, ou seja, não está embutido no valor da mercadoria ou do serviço, mas ao valor da mercadoria ou do serviço ele é adicionado.
  b. Serão não cumulativos – o tributo é não cumulativo quando o valor do tributo pago em uma operação é compensado do valor do tributo a pagar na operação subsequente.
  c. A CBS, a partir de 2027, e o IBS, a partir de 2029, terão alíquotas fixadas por lei específica dos respectivos entes. Cada ente, individualmente, fixará a sua própria alíquota, que será considerada como a alíquota padrão para as operações com bens e serviços naquela localidade. Ao fixar sua alíquota própria, cada ente da federação poderá vinculá-la à alíquota de referência da respectiva esfera da federação, por meio de acréscimo ou decréscimo à alíquota de referência em pontos percentuais, ou defini-la sem vinculação à alíquota de referência da respectiva esfera da federação. Caso o ente não estabeleça a sua alíquota por meio de lei específica, será aplicada a alíquota de referência da respectiva esfera da federação.
  d. As alíquotas de referência da CBS e do IBS serão fixadas pelo Senado Federal.
  e. Sempre que possível, terão seus valores informados, de maneira específica, nos respectivos documentos fiscais.
  f. O IBS e a CBS terão regras idênticas aplicáveis em todo o território nacional.

**NOTA:**

- Cabe destacar que a Reforma Tributária de 2023, além das modificações promovidas nos tributos que envolvem o consumo de bens e serviços, promoveu também alterações em outros três tributos, todos relacionados ao patrimônio, com a intenção de aperfeiçoá-los. São eles: Imposto sobre a Propriedade de Veículos Automotores (IPVA), Imposto Predial e Territorial Urbano (IPTU) e Imposto sobre Transmissão *Causa Mortis* e Doação (ITCMD).

### *Mecanismo de incidência do IBS e da CBS*

A contabilização do IBS e da CBS torna-se muito simples a partir do momento em que você passa a conhecer o mecanismo que envolve a incidência desses tributos nas operações de compras e de vendas de bens e serviços.

Vejamos, agora, o mecanismo de incidência do IBS e da CBS nas operações realizadas por empresas comerciais.

Você já sabe que a atividade principal de uma empresa comercial se concentra em duas operações: compra e venda. Quando a empresa comercial compra mercadorias, paga ao fornecedor, juntamente com o custo dessas mercadorias, uma importância correspondente ao IBS e outra correspondente à CBS; quando a empresa comercial vende mercadorias, recebe do cliente, juntamente com o valor das mercadorias, uma importância correspondente ao IBS e outra correspondente à CBS. A empresa comercial deverá repassar as importâncias que recebe de seus clientes, referentes ao IBS e à CBS, aos Governos estadual e federal, respectivamente. No entanto, note que antes de repassar aos Governos estadual e federal as parcelas dos tributos que recebeu de seu cliente (constante da Nota Fiscal de Venda), a empresa comercial terá direito de compensar, dessas importâncias, os valores do IBS e da CBS que pagou ao fornecedor (constantes da Nota Fiscal de compra) por ocasião da compra da mercadoria que está sendo vendida.

## *Exemplo*:

Vamos supor que a sua empresa tenha adquirido um determinado lote de mercadorias de um fornecedor, pagando $ 100 pelo lote de mercadorias, mais $ 20 correspondentes ao IBS e $ 5 correspondentes à CBS incidentes nessa operação.

Estamos assumindo hipoteticamente as alíquotas para o IBS e para a CBS de 20% e 5%, respectivamente.

Seu fornecedor, ao receber os $ 125, deverá repassar $ 20 ao Governo do Estado e $ 5 ao Governo Federal. Dessa maneira, você pagou ao fornecedor $ 125, sendo $ 100 correspondentes ao custo das mercadorias adquiridas, $ 20 correspondentes ao IBS e $ 5 correspondentes à CBS.

Suponhamos, agora, que você tenha vendido o mesmo lote de mercadorias a um cliente por $ 200, com IBS incidente, no valor de $ 40 e CBS no valor de $ 10, recebendo do seu cliente o montante de $ 250.

Desses $ 250 que você recebeu, $ 200 correspondem à receita bruta de vendas, $ 40 ao IBS e $ 10 à CBS; os valores desses tributos, você deveria repassar para os Governos Estadual e Federal, respectivamente. Veja bem: você deveria recolher aos Governos a importância de $ 50. É isso mesmo: deveria recolher, pois sendo o IBS e a CBS tributos não cumulativos, você terá o direito de compensar (abater) desses $ 50 devidos em função da venda do lote de mercadorias, os $ 20 de IBS e $ 5 de CBS que pagou pelo mesmo lote quando o comprou de seu fornecedor.

Assim, você recolherá aos cofres públicos apenas $ 25, ou seja: $ 40 – 20 = $ 20 referentes ao IBS e $ 10 – $ 5 = $ 5 referentes à CBS.

Na verdade, você recolherá aos cofres dos Governos Estadual e Federal somente as parcelas dos tributos incidentes sobre o valor que você agregou à mercadoria (o custo de aquisição foi igual a $ 100 e você vendeu por $ 200, logo, recolherá o tributo sobre os $ 100 que agregou ao custo de aquisição).

Diante do exposto, podemos concluir:

- os valores do IBS e da CBS que você paga ao fornecedor por ocasião da compra representam direitos da sua empresa junto aos Governos Estadual e Federal, respectivamente;
- os valores do IBS e da CBS que você recebe do seu cliente por ocasião da venda representam obrigações da sua empresa junto aos Governos do Estado e da União;

As operações com IBS e CBS envolvendo direitos e obrigações junto aos Governos do Estado e da União podem ser apuradas mensalmente da seguinte maneira:

- no final do mês, você deverá somar os valores do IBS incidentes em todas as compras efetuadas durante o referido mês (direitos da empresa);
- da mesma maneira, você deverá somar os valores do IBS incidentes em todas as vendas efetuadas no mesmo mês (obrigações da empresa), ainda que essas mercadorias vendidas não correspondam àquelas compradas no mesmo mês;
- se o total do IBS incidente nas compras for superior ao total do IBS incidente nas vendas, a diferença representará direito da empresa junto ao Governo Estadual em relação às operações realizadas naquele mês; se, por outro lado, o valor do IBS incidente nas vendas for superior ao valor do IBS incidente nas compras, a diferença representará obrigação da empresa, devendo ser recolhida ao cofre do Governo do Estado no mês seguinte.

Esse mesmo procedimento relativo ao IBS aplica-se à CBS, uma vez que a empresa, como vimos, deve apurar os saldos de cada tributo separadamente. Como já dissemos, os direitos decorrentes do IBS não podem ser compensados com obrigações decorrentes da CBS e vice-versa.

Agora que você conhece o mecanismo que envolve o funcionamento do IBS e da CBS nas operações de compras e de vendas de mercadorias, veja, na Seção a seguir, como é fácil a contabilização desses dois tributos.

### *Contabilização do IBS e da CBS*

**NOTAS:**

- Tendo em vista que, no período compreendido de 2027 a 2032, as operações de compras e vendas de mercadorias poderão estar sujeitas à incidência do ICMS, do IBS e da CBS, incluiremos esses três tributos nos fatos apresentados nesta Seção. Lembramos que o ICMS foi estudado na Seção 10.4.3 deste capítulo.
- Para fins didáticos, utilizaremos alíquotas e bases de cálculo hipotéticas.

Fato 1: Vamos assumir que em 10 de junho de x3, a empresa comercial varejista Modas Cláudia Ltda tenha adquirido mercadorias da Indústria de Confecções Urupês S/A, conforme Nota Fiscal n. 377, tendo pago, à vista, por meio de transferência bancária realizada no Banco Metropolitano S/A, a importância de $ 11.170, como segue:

- Valor das mercadorias incluído o ICMS = $ 10.000
- IBS pela alíquota de 8% sobre 9.000 = $ 720
- CBS pela alíquota de 5% sobre 9.000 = $ 450

  Total pago ao fornecedor = $ 11.170

O ICMS incidente pela alíquota de 10%, embutido no valor das mercadorias, corresponde a $ 1.000, ou seja, 10% de $ 10.000.

Fato 2: Vamos assumir, agora, que em 15 de junho de x3, a comercial varejista Modas Cláudia Ltda., tenha vendido a mesma mercadoria a um cliente, conforme Nota Fiscal n. 144, à vista, tendo recebido a importância de $ 16.755, por meio de transferência bancária realizada no Banco Metropolitano S/A.

Na Nota Fiscal constou:

- Valor das mercadorias incluído o ICMS = $ 15.000
- IBS pela alíquota de 8% sobre 13.500 = $ 1.080
- CBS pela alíquota de 5% sobre 13.500 = $ 675

  Total recebido do cliente = $ 16.755

O ICMS incidente pela alíquota de 10% corresponde a $ 1.500.

Considerando que durante o mês de junho não ocorreram outras operações envolvendo o ICMS, o IBS e a CBS; considerando ainda que a empresa adota contas distintas para o registro desses três tributos e considerando, finalmente, que a empresa comercial varejista Modas Cláudia Ltda. adota o método da conta desdobrada com inventário periódico para o registro das operações com mercadorias, pede-se:

1. Contabilizar os fatos ocorridos durante o mês de junho.
2. Contabilizar os ajustes em 30 de junho para apuração dos saldos dos tributos incidentes nas operações.
3. Contabilizar o recolhimento dos tributos em 31 de julho, por meio de transferência bancária.

É importante destacar que nas duas operações realizadas pela comercial varejista Modas Cláudia Ltda., durante o mês de junho de x3, houve incidência do ICMS, do IBS e da CBS. O ICMS integra sua própria base de cálculo, porém não integra a base de cálculo do IBS nem da CBS. O IBS e a CBS não integram as bases de cálculo deles mesmos, nem a base um do outro, e não integram, tampouco, a base de cálculo do ICMS.

Vejamos melhor: no Fato 1, a base de cálculo do ICMS foi $ 10.000, sendo que a base do IBS e da CBS foi $ 9.000, ou seja, $ 10.000 diminuído do ICMS de 1.000; no Fato 2, a base de cálculo do ICMS foi $ 15.000, enquanto a base de cálculo do IBS e da CBS foi $ 13.500, isto é, $ 15.000 diminuído do valor do ICMS.

## Solução:

1. Contabilizar os fatos ocorridos durante o mês de junho.

Lançamentos em partidas de Diário:

*(1) Diversos*

*a Bancos conta Movimento*

*a Banco Metropolitano S/A*

*Compra conf. NF 377 da Indústria de Confecções Urupês S/A, como segue:*

| | | |
|---|---|---|
| *Compras de Mercadorias* | | |
| *Custo das mercadorias* ........................................ | *9.000* | |
| *ICMS a Recuperar* | | |
| *ICMs pela alíquota de 10% sobre $ 10.000* ............. | *1.000* | |
| *IBS a Recuperar* | | |
| *IBS pela alíquota de 8% sobre 9.000* ...................... | *720* | |
| *CBS a Recuperar* | | |
| *CBS pela alíquota de 5% sobre 9.000* ..................... | *450* | *11.170* |

---

*(2) Bancos conta Movimento*

*Banco Metropolitano S/A*

*a Diversos*

*Conf. nossa NF 144 como segue:*

| | | |
|---|---|---|
| *a Vendas de Mercadorias* | | |
| *Receita bruta etc.* ............................................... | *15.000* | |
| *a IBS a Recolher* | | |
| *IBS pela alíquota de 8% sobre 13.500* ..................... | *1.080* | |
| *a CBS a Recolher* | | |
| *CBS pela alíquota de 5% sobre 13.500* .................... | *675* | *16.755* |

*(3) ICMS sobre Vendas*

*a ICMS a Recolher*

*10% conf. NF supra* ........................................... *1.500*

**2.** Lançamentos de ajustes em 30 de junho.

*(4) ICMS a Recolher*

*a ICMS a Recuperar*

*Transferência que se processa do saldo da segunda para a primeira das contas supra para apuração do ICMS.* ....................... *1.000*

*(5) IBS a Recolher*

*a IBS a Recuperar*

*Transferência que se processa do saldo da segunda para a primeira das contas supra para apuração do IBS.* .......................... *720*

*(6) CBS a Recolher*

*a CBS a Recuperar*

*Transferência que se processa do saldo da segunda para a primeira das contas supra para apuração do IBS.* .......................... *450*

**3.** Contabilização dos recolhimentos em 31.07.x3.

*(7) Diversos*

*a Bancos conta Movimento*

*a Banco Metropolitano S/A*

*Recolhimentos como segue:*

| | | |
|---|---|---|
| *ICMS a Recolher* | | |
| *Conf. guia etc.* ............................................... | *500* | |
| *IBS a Recolher* | | |
| *Idem.* ......................................................... | *360* | |
| *CBS a Recolher* | | |
| *Idem.* ......................................................... | *225* | *1.085* |

### *10.4.4.3 Imposto Seletivo - IS*

#### *O que você precisa saber*

O IS – Imposto Seletivo sobre a produção, comercialização ou importação de bens e serviços prejudiciais à saúde ou ao meio ambiente – é um tributo de competência federal. Foi instituído pela Emenda Constitucional n. 132/2023, está previsto no artigo 153, inciso VIII da Constituição Federal e substituiu parte do IPI.

Entrada em vigor: a partir de 2027.

- O IS incide sobre a produção, extração, comercialização ou importação de bens prejudiciais à saúde ou ao meio ambiente.
- Para fins de incidência do Imposto Seletivo, consideram-se prejudiciais à saúde ou ao meio ambiente os produtos fumígenos (derivados do tabaco); bebidas alcoólicas; bebidas açucaradas; bens minerais extraídos, além de certos veículos, embarcações e aeronaves arrolados na Lei Complementar n. 214 de 16 de janeiro de 2025, que disciplinou esse tributo.
- Esse Imposto é monofásico, ou seja, incide uma única vez sobre o bem.
- É vedado qualquer tipo de aproveitamento de crédito do Imposto com operações anteriores ("crédito para trás") ou geração de créditos para operações posteriores ("crédito para a frente").
- O fato gerador do IS é: a primeira comercialização do bem; a arrematação em hasta pública; a transferência não onerosa de bem mineral extraído ou produzido; a incorporação do bem ao Ativo Imobilizado; a exportação de bem mineral extraído ou produzido; ou o consumo do bem pelo produtor-extrativista ou fabricante.
- A Lei Complementar n. 214, de 16 de janeiro de 2025, que instituiu o IS, estabelece os casos de imunidade e de não incidência do tributo.
- A base de cálculo do IS é: o valor de venda na comercialização; o valor de arremate na arrematação; o valor de referência na transação não onerosa ou no consumo do bem; ou o valor contábil de incorporação do bem ao Ativo Imobilizado.

- Não integram a base de cálculo do IS: o montante da CBS, do IBS e do próprio Imposto Seletivo incidentes na operação; e os descontos incondicionais.
- Até 31 de dezembro de 2032 não integrará, tampouco, a base de cálculo do IS o montante do ICMS incidente na operação.
- Para efeitos do IS, considera-se desconto incondicional a parcela redutora do preço da operação que conste do respectivo documento fiscal e que não dependa de evento posterior.
- As devoluções de vendas geram direito a abater o respectivo IS no período de apuração em que ocorreu a devolução ou nos subsequentes.
- As alíquotas do IS serão determinadas por leis ordinárias.
- O contribuinte do IS é: o fabricante na primeira comercialização, na incorporação do bem ao Ativo Imobilizado, na tradição do bem em transação não onerosa e no consumo do bem; o importador na entrada do bem de procedência estrangeira no território nacional; o arrematante na arrematação; ou o produtor-extrativista que realiza a extração, na primeira comercialização, no consumo, na transação não onerosa ou na exportação do bem.
- O período de apuração do IS é mensal, contudo, a legislação pode reduzir esse período.

### *Mecanismo de incidência do IS*

Como vimos, o Imposto Seletivo incide uma só vez: na primeira comercialização do bem; na arrematação em hasta pública; na transferência não onerosa de bem mineral extraído ou produzido; na incorporação do bem ao Ativo Imobilizado; na exportação de bem mineral extraído ou produzido; ou no consumo do bem pelo produtor-extrativista ou fabricante.

### *Contabilização do IS*

Vamos assumir que a Indústria de Bebidas Alcoólicas Ltda. tenha vendido, à vista, um lote contendo 100 litros de aguardente de cana para a Comercial Atacadista Noroeste Ltda., pelo valor de $ 1.000.

Vamos assumir que sobre essa operação incidiram os seguintes tributos:

- ICMS, pela alíquota de 10%;
- IBS pela alíquota de 8%;
- CBS pela alíquota de 3%; e
- IS pela alíquota de 4%.

Foi emitida a Nota Fiscal Eletrônica n. 700. Considerando que as alíquotas informadas são hipotéticas, proceder:

**a.** Contabilização na empresa industrial; e

**b.** Contabilização na empresa comercial atacadista.

## *Solução:*

Considerando que o ICMS está embutido no valor das mercadorias, que os demais tributos são calculados por fora e que nenhum dos tributos incide sobre o outro, na Nota Fiscal constará:

| | |
|---|---|
| • Valor da mercadoria | 1.000 |
| • ICMS embutido (10% sobre 1.000) | 100 |
| • IBS adicionado (8% sobre 900) | 72 |
| • CBS adicionado (3% sobre 900) | 27 |
| • IS adicionado (4% sobre 900) | 36 |
| Total da Nota Fiscal | 1.135 |

**a)** Contabilização na empresa industrial.

*(1) Caixa*

*a Diversos*

*Venda de mercadorias para a Comercial Atacadista Noroeste, conf. NFE n. 700, como segue*

| | | |
|---|---|---|
| *a Vendas de Mercadorias* | | |
| *Receita bruta de vendas.......................................* | *1.000* | |
| *a IBS a Recolher* | | |
| *Incidente pela alíquota de 8%...............................* | *72* | |
| *a CBS a Recolher* | | |
| *Incidente pela alíquota de 3%...............................* | *27* | |
| *a IS a Recolher* | | |
| *Incidente pela alíquota de 4%...............................* | *36* | *1.135* |

**OBSERVAÇÕES:**

- A conta Caixa foi debitada por $ 1.135, valor recebido do cliente que inclui: $ 1.000 de mercadorias, em cujo valor estão embutidos $ 100 de ICMS; $ 72 referentes ao IBS; $ 27 referentes a CBS e $ 34 referentes ao IS.

- As contas IBS a Recolher, CBS a Recolher e IS a Recolher foram creditadas pelos respectivos valores que a empresa industrial terá de recolher aos cofres do Governo.
- Observe que a base de cálculo do IBS, da CBS e do IS é o valor da operação que, neste caso, é o valor das mercadorias diminuído do ICMS, uma vez que os três tributos citados não incidem sobre o ICMS e tampouco incidem um sobre o outro.
- Observe, finalmente, que o Imposto Seletivo (IS) é monofásico, ou seja, incide uma única vez e na primeira comercialização do bem a ele sujeito.

*(2 ICMS sobre Vendas)*
*a ICMS a Recolher*
*10% sobre a venda supra.* .................................... *100*

---

**OBSERVAÇÃO:**

- Observe que, neste lançamento, devido à sistemática de incidência do ICMS – que na venda deve ser registrado integrando a receita bruta da venda –, debitamos a conta ICMS sobre vendas – que é a conta redutora da receita bruta de vendas – e creditamos a conta ICMS a Recolher para refletir o valor que a empresa deverá recolher aos cofres do Governo Estadual.

**b)** Contabilização na empresa comercial atacadista.

*(1) Diversos*
*a Caixa*
*Compra de mercadorias, à vista,*
*conf. NFE n. 700 de Indústria de Bebidas*
*Alcoólicas Ltda., como segue:*
*Compras de Mercadorias*
*Custo das mercadorias adquiridas* ............................ *936*
*ICMS a Recuperar*
*10% sobre compra supra* ...................................... *100*
*IBS a Recuperar*
*Pela alíquota de 8%* ........................................... *72*
*CBS a Recuperar*
*Pela alíquota de 3%* ........................................... *27* *1.135*

---

**OBSERVAÇÕES:**

- Debitamos a conta Compras de Mercadorias pelo valor das mercadorias diminuído do ICMS incidente na compra e acrescido do IS porque na compra de mercadorias com incidência do ICMS e do IS, o ICMS é recuperável e, por isso, deve ser excluído do valor das mercadorias. Por outro lado, o IS não é recuperável e, por isso, integra o custo da mercadoria adquirida.
- Observe que, conforme já dissemos, o IS é um tributo monofásico, isto é, incide uma única vez na cadeia produtiva e sempre por ocasião da primeira venda.
- Debitamos as contas IBS a Recuperar pelo valor de $ 72 e CBS a Recuperar pelo valor de $ 27 porque esses tributos que são calculados por fora representam direitos da empresa compradora junto ao Governo.
- Creditamos a conta Caixa pelo valor de $ 1.135, que corresponde ao valor do custo das mercadorias e dos tributos recuperáveis pagos ao fornecedor.

## 10.5 Critérios de avaliação de Estoques

### 10.5.1 Introdução

Você estudou que, ao final de cada Exercício Social, diversos procedimentos são realizados nas empresas visando a apuração do Resultado do Exercício e a elaboração das demonstrações contábeis. Dentre esses procedimentos podemos citar a apuração do Resultado Bruto, que, nas empresas comerciais, corresponde à apuração do Resultado da Conta Mercadorias.

Você já sabe que, para apurar o Resultado da Conta Mercadorias, é preciso ter em mãos alguns dados relacionados com a movimentação da conta Mercadorias durante o ano, como o valor do Estoque Inicial, das Compras, das Vendas e do Estoque Final. Você também aprendeu que, dentre esses quatro valores, o Estoque Inicial, as Compras e as Vendas são extraídos do livro Razão no final do período, pois as contas que os registram foram movimentadas durante o ano.*

Porém para conhecer o valor do Estoque Final, é preciso fazer um inventário, ou seja, fazer a contagem física das Mercadorias que não foram vendidas, as quais ficaram estocadas na empresa no último dia do período (ano).

* O livro Razão poderá conter outras contas relacionadas com a movimentação da conta Mercadorias, como é o caso das que se referem aos fatos que alteram os valores das Compras e das Vendas. Essas contas deverão também ser utilizadas na apuração do Resultado da Conta Mercadorias, conforme você estudará na Seção 10.7.

O inventário de Mercadorias é feito em duas etapas: a primeira etapa é relativamente simples, pois não exige conhecimentos técnicos. Consiste em relacionar as quantidades das Mercadorias, separando-as de acordo com a marca, a cor, o modelo etc.; na segunda etapa, deve-se atribuir, a cada unidade de Mercadoria em Estoque, o valor do seu respectivo custo de aquisição, acrescido das Despesas acessórias (Fretes e Seguros sobre Compras e Tributos não recuperáveis Incidentes sobre as Compras*) e excluir os Abatimentos e os Descontos Incondicionais obtidos e os tributos recuperáveis também incidentes sobre as compras.

Como neste momento pode haver em estoque várias unidades de uma mesma mercadoria, cujas unidades foram adquiridas em diferentes datas e por diferentes preços, vários critérios poderão ser adotados para atribuir valores a essas unidades de Mercadorias, tais como: o custo das compras mais recentes, o custo das compras mais antigas; a média entre os diferentes custos; o custo especificamente pago em cada unidade, entre outros.

Portanto, a empresa poderá optar por um dos vários critérios existentes para atribuição de valores aos estoques. Nesta Seção, você estudará os mais comuns.

### 10.5.2 Preço Específico

O critério de avaliação Preço Específico consiste em atribuir, a cada unidade do Estoque, o preço efetivamente pago por ela.

Esse critério só pode ser utilizado para Mercadorias de fácil identificação física, como imóveis para revenda e veículos.

***Exemplo:***

Suponhamos os seguintes Fatos ocorridos durante o Exercício de x1, na empresa comercial Veículos Vale Ltda.:

1. Em 05/10 – compra de um automóvel marca Halley, chassi n. 2.000, por $ 20.000.
2. Em 10/10 – compra de um automóvel marca Lord, chassi n. 134, por $ 45.000.
3. Em 13/10 – compra de um automóvel marca Gurgel, chassi n. 22.221, por $ 22.000.

Vamos assumir que, durante o referido período, tenha sido vendido o automóvel marca Lord, chassi n. 134. Neste caso, no final do período, as duas unidades remanescen-

* Os tributos incidentes sobre as compras, quando incidirem também por ocasião das vendas dessas mesmas Mercadorias, deverão ser excluídos do custo da compra, conforme já comentamos.

tes em Estoque serão avaliadas, cada uma delas pelo respectivo custo da aquisição, pois esse tipo de Mercadoria possibilita facilmente tal identificação.

### 10.5.3 PEPS

Por este critério, atribuem-se aos Estoques os custos mais recentes.

A expressão "Primeiro que Entra, Primeiro que Sai" (PEPS) é tradução da expressão inglesa *First In, First Out* (FIFO).

Vamos considerar os seguintes Fatos ocorridos na empresa comercial Moura Ribeiro S/A, atacadista de portas de mogno, tamanho 2,20 × 0,80 m:

**NOTA:**

- Para fins didáticos, apresentaremos números inteiros e levaremos em conta que os tributos já foram excluídos dos respectivos valores.

1. Em 05/02 – aquisição do Fornecedor Pereira Ltda., de 100 portas por $ 100 cada, conforme NF n. 7.002.
2. Em 08/02 – venda ao cliente Depósito Umaitá Ltda. de 20 portas, conforme NF n. 101.
3. Em 10/02 – aquisição, do Fornecedor Pereira Ltda. de 50 portas por $ 113 cada, conforme NF n. 8.592.
4. Em 19/02 – aquisição, do Fornecedor Pereira Ltda. de 50 portas por $ 159 cada, conforme NF n. 9.721.
5. Em 20/02 – devolução ao Fornecedor Pereira Ltda. de 10 portas, conforme NF n. 115.
6. Em 27/02 – venda ao cliente Taboão S/A de 140 portas, conforme NF n. 102.
7. Em 28/02 – recebimento em devolução,do cliente Taboão S/A de 5 portas, conforme Nota Fiscal de Entrada (NFE) n. 142.

Veja esses sete Fatos devidamente lançados na Ficha de Controle de Estoques, pelo critério PEPS:

CRITÉRIO DE CONTROLE: PEPS

MERCADORIA: Portas de Mogno Tamanho 2,20 × 0,80 m FORNECEDOR: Pereira Ltda.

| | | ENTRADAS | | | SAÍDA | | | SALDO | | |
|---|---|---|---|---|---|---|---|---|---|---|
| DATA | HISTÓRICO | QUANT. | CUSTO UNITÁRIO | CUSTO TOTAL | QUANT. | CUSTO UNITÁRIO | CUSTO TOTAL | QUANT. | CUSTO UNITÁRIO | CUSTO TOTAL |
| 05/02 | NF n. 7.002 | 100 | 100 | 10.000 | — | — | — | 100 | 100 | 10.000 |
| 08/02 | NNF n. 101 | — | — | — | 20 | 100 | 2.000 | 80 | 100 | 8.000 |
| 10/02 | NF n. 8.592 | 50 | 113 | 5.650 | — | — | — | 80 | 100 | 8.000 |
| | | | | | | | | 50 | 113 | 5.650 |
| | | | | | | | | 130 | | 13.650 |
| 19/02 | NF n. 9.721 | 50 | 159 | 7.950 | — | — | — | 80 | 100 | 8.000 |
| | | | | | | | | 50 | 113 | 5.650 |
| | | | | | | | | 50 | 159 | 7.950 |
| | | | | | | | | 180 | | 21.600 |
| 20/02 | NNF n. 115 | (10) | 159 | (1.590) | — | — | — | 80 | 100 | 8.000 |
| | | | | | | | | 50 | 113 | 5.650 |
| | | | | | | | | 40 | 159 | 6.360 |
| | | | | | | | | 170 | | 20.010 |
| 27/02 | NNF n. 102 | — | — | — | 80 | 100 | 8.000 | | | |
| | | | | | 50 | 113 | 5.650 | | | |
| | | | | | 10 | 159 | 1.590 | 30 | 159 | 4.770 |
| | | | | | 140 | | 15.240 | | | |
| 28/02 | NFE n. 142 | — | — | — | (5) | 159 | (795) | 35 | 159 | 5.565 |
| | **TOTAIS** | **190** | | **22.010** | **155** | | **16.445** | **35** | **159** | **5.565** |

**OBSERVAÇÕES:**

- Na coluna de saldo são controladas as quantias estocadas, devidamente separadas ou identificadas pelos respectivos custos de aquisição. A cada venda, a baixa sempre deve ser feita a partir dos custos mais antigos, no caso, pelos menores custos. Assim, o uso desta ficha possibilita o controle das quantias estocadas pelos preços mais recentes. Por isso esse critério é denominado Primeiro que Entra, Primeiro que Sai.
- As Devoluções de compras efetuadas aos Fornecedores são lançadas negativamente (entre parênteses) na coluna das entradas. Por outro lado, as Devoluções de vendas recebidas de Clientes são lançadas negativamente (entre parênteses) na coluna das saídas. Assim, no final do período – normalmente no final do ano –, deve-se encerrar cada uma das Fichas de Controle de Estoques. A soma algébrica da coluna das entradas refletirá o total das compras efetivas, enquanto a soma algébrica da coluna das saídas refletirá o total das saídas efetivas, ou seja, o Custo das Mercadorias Vendidas. Na coluna do saldo estará evidenciado o valor do Estoque Final.

**NOTAS:**

- As Devoluções de compras deverão ser registradas na Ficha de Controle de Estoques pelo valor pago ao Fornecedor por ocasião da respectiva compra.
- As Devoluções de vendas deverão ser lançadas pelos mesmos valores das respectivas saídas.
- Os gastos eventuais, tanto na Devolução de compras como na Devolução de vendas (Fretes, Seguros etc.) deverão ser considerados Despesas Operacionais (e não Custos). Portanto, não serão lançados nas Fichas de Controle de Estoques.

### 10.5.4 UEPS

Por este critério, atribuem-se aos Estoques os custos mais antigos.

A expressão "Último que Entra, Primeiro que Sai" (UEPS) é tradução da expressão inglesa *Last In, First Out* (LIFO).

Veja, na página a seguir, os sete Fatos apresentados na Seção anterior devidamente registrados na Ficha de Controle de Estoques, pelo critério UEPS.

CRITÉRIO DE CONTROLE: UEPS

MERCADORIA: Portas de Mogno Tamanho 2,20 × 0,80 m FORNECEDOR: Pereira Ltda.

| | | ENTRADAS | | | SAÍDA | | | SALDO | | |
|---|---|---|---|---|---|---|---|---|---|---|
| DATA | HISTÓRICO | QUANT. | CUSTO UNITÁRIO | CUSTO TOTAL | QUANT. | CUSTO UNITÁRIO | CUSTO TOTAL | QUANT. | CUSTO UNITÁRIO | CUSTO TOTAL |
| 05/02 | NF n. 7.002 | 100 | 100 | 10.000 | — | — | — | 100 | 100 | 10.000 |
| 08/02 | NNF n. 101 | — | — | — | 20 | 100 | 2.000 | 80 | 100 | 8.000 |
| 10/02 | NF n. 8.592 | 50 | 113 | 5.650 | — | — | — | 80 | 100 | 8.000 |
| | | | | | | | | 50 | 113 | 5.650 |
| | | | | | | | | 130 | | 13.650 |
| 19/02 | NF n. 9.721 | 50 | 159 | 7.950 | — | — | — | 80 | 100 | 8.000 |
| | | | | | | | | 50 | 113 | 5.650 |
| | | | | | | | | 50 | 159 | 7.950 |
| | | | | | | | | 180 | | 21.600 |
| 20/02 | NNF n. 115 | (10) | 159 | (1.590) | — | — | — | 80 | 100 | 8.000 |
| | | | | | | | | 50 | 113 | 5.650 |
| | | | | | | | | 40 | 159 | 6.360 |
| | | | | | | | | 170 | | 20.010 |
| 27/02 | NNF n. 102 | — | — | — | 40 | 159 | 6.360 | | | |
| | | | | | 50 | 113 | 5.650 | | | |
| | | | | | 50 | 100 | 5.000 | 30 | 100 | 3.000 |
| | | | | | 140 | | 17.010 | | | |
| 28/02 | NFE n. 142 | — | — | — | (5) | 100 | (500) | 35 | 100 | 3.500 |
| | TOTAIS | 190 | | 22.010 | 155 | | 18.510 | 35 | 100 | 3.500 |

**OBSERVAÇÃO:**

- A exemplo do que ocorre com o critério PEPS, na coluna do saldo são controladas as quantias estocadas, devidamente separadas ou identificadas pelos respectivos custos de aquisição. A cada venda, a baixa sempre deve ser feita a partir dos custos mais recentes, que, no nosso exemplo, correspondem aos maiores custos. Assim, o uso desta ficha possibilita o controle das quantias estocadas pelos preços mais antigos. Por isso este critério é denominado Último que Entra, Primeiro que Sai.

A adoção do critério UEPS apresenta pelo menos duas implicações: uma delas é de ordem técnica; e a outra, fiscal.

a. **Implicação do ponto de vista técnico:** se a empresa adotar a política de Estoque mínimo e não zerar o estoque antes de efetuar novas compras, com a inflação e troca de moeda – fatos muito comuns no Brasil nas últimas duas décadas do milênio passado –, os valores das moedas antigas se tornarão tão irreais que causarão problemas para valorar as unidades remanescentes em Estoque.
b. **Implicação do ponto de vista fiscal:** a atribuição de preços mais recentes para as Mercadorias vendidas e de preços mais antigos para os estoques remanescentes resultará em lucros menores e, consequentemente, os valores dos impostos recolhidos também serão menores. Em razão disso, o Governo brasileiro não aprova a adoção desse critério.

### 10.5.5 Custo Médio Ponderado Móvel (Média Ponderada Móvel)

Por este critério, as Mercadorias estocadas serão sempre valoradas pela média dos custos de aquisição, sendo estes atualizados a cada compra efetuada.

Este critério é denominado Custo Médio Ponderado Móvel, pois, toda vez que ocorrer compra por custo unitário diferente dos que constarem do Estoque, o custo médio se modificará.

Veja agora, na página a seguir, aqueles mesmos sete Fatos devidamente registrados na Ficha de Controle de Estoques pelo critério do Custo Médio Ponderado Móvel.

CRITÉRIO DE CONTROLE: CUSTO MÉDIO PONDERADO MÓVEL*

MERCADORIA: Portas de Mogno Tamanho 2,20 × 0,80 m FORNECEDOR: Pereira Ltda.

| | | ENTRADAS | | | SAÍDA | | | SALDO | | |
|---|---|---|---|---|---|---|---|---|---|---|
| DATA | HISTÓRICO | QUANT. | CUSTO UNITÁRIO | CUSTO TOTAL | QUANT. | CUSTO UNITÁRIO | CUSTO TOTAL | QUANT. | CUSTO UNITÁRIO | CUSTO TOTAL |
| 05/02 | NF n. 7.002 | 100 | 100 | 10.000 | — | — | — | 100 | 100 | 10.000 |
| 08/02 | NNF n. 101 | — | — | — | 20 | 100 | 2.000 | 80 | 100 | 8.000 |
| 10/02 | NF n. 8.592 | 50 | 113 | 5.650 | — | — | — | 130 | 105 | 13.650 |
| 19/02 | NF n. 9.721 | 50 | 159 | 7.950 | — | — | — | 180 | 120 | 21.600 |
| 20/02 | NNF n. 115 | (10) | 159 | (1.590) | — | — | — | 170 | 117* | 20.010 |
| 27/02 | NNF n. 102 | — | — | — | 140 | 117 | 16.500 | 30 | 117 | 3.510 |
| 28/02 | NFE n. 142 | — | — | — | (5) | 117 | (585) | 35 | 117 | 4.095 |
| | **TOTAIS** | **190** | | **22.010** | **155** | | **17.915** | **35** | **117** | **4.095** |
| | | | | | | | | | | |
| | | | | | | | | | | |
| | | | | | | | | | | |
| | | | | | | | | | | |
| | | | | | | | | | | |
| | | | | | | | | | | |
| | | | | | | | | | | |
| | | | | | | | | | | |

* Suprimimos as casas decimais somente para fins didáticos. É aconselhável adotar o valor mais próximo possível do real, ajustando as diferenças de centavos na saída seguinte, para que, após essa saída, o valor unitário do estoque remanescente, multiplicado pela quantidade existente, resulte em valor exato.

**OBSERVAÇÕES:**

- A coluna destinada ao saldo indicará sempre as quantidades em estoque com seus respectivos valores médios, isto é, atualizados sempre em função das últimas compras.
- Para se obter o Custo Médio Ponderado Móvel das unidades estocadas, após efetuada nova compra com custo unitário diferente do custo unitário do Estoque, procede-se da seguinte maneira: soma-se as quantidades que estavam em Estoque com as quantidades da nova compra; soma-se o valor total do Estoque com o valor total da nova compra; em seguida, divide-se o total obtido pela soma dos valores pelo total obtido pela soma das quantidades, obtendo-se, assim, o novo Custo Médio Ponderado Móvel unitário das unidades em Estoque. Analise a Ficha que apresentamos e refaça os cálculos.

## 10.5.6 Custo Médio Ponderado Fixo (Média Ponderada Fixa)

Adotando este critério, as Mercadorias estocadas serão valoradas somente no final do período (normalmente no final do ano) pela média dos custos das Mercadorias que estiveram disponíveis para venda durante todo o período.

Enquanto o Custo Médio Ponderado Móvel é atualizado durante o Exercício sempre que uma compra for efetuada, o Custo Médio Ponderado Fixo é apurado uma só vez, e no final do Exercício, após a última compra efetuada.

Para obtê-lo, deve-se dividir o custo total das Mercadorias disponíveis para venda pela quantidade total dessas mesmas Mercadorias. Lembramos que o Custo das Mercadorias é obtido somando-se o Custo do Estoque Inicial com o das compras líquidas realizadas no mesmo período.

Convém ressaltar que o custo total das compras líquidas compreende o custo total das compras diminuído ou acrescido dos valores dos fatos que alteram o valor das compras, conforme já estudamos.

O critério do Custo Médio Ponderado Fixo somente pode ser adotado por empresas que utilizam o Sistema de Inventário Periódico, pois só é possível a sua apuração no final do Exercício.

O valor alcançado pela aplicação da Média Ponderada Fixa é atribuído a todas as unidades de Mercadorias existentes em estoque no último dia do ano, bem como a todas as unidades de Mercadorias vendidas durante o ano, independentemente das datas em que ocorreram as respectivas vendas.

Considerando os mesmos sete Fatos ocorridos na empresa Comercial Moura Ribeiro S/A, apresentados na Seção 10.5.3 e que serviram de base para as explicações dos critérios PEPS, UEPS e Custo Médio Ponderado Móvel, veja como ficarão os cálculos:

**a. Cálculo do Custo Médio Ponderado Fixo**

Custo total das Mercadorias disponíveis para venda dividido pelas quantidades totais das Mercadorias disponíveis para venda.

Observe que, no nosso exemplo, não havia Estoque Inicial. Portanto, o custo total, bem como as quantidades de Mercadorias disponíveis para a venda, correspondem ao total das compras líquidas em valor e em unidades.

Para obter esses dois números, você poderá efetuar os cálculos com base nos sete Fatos ocorridos na empresa Comercial Moura Ribeiro S/A ou simplesmente coletá-los em uma das Fichas de Controle de Estoques apresentadas nas seções anteriores.

Faremos:

$$\frac{22.010}{190} = \$\ 115,8421$$

O ajuste dos centavos será feito no cálculo do valor do Estoque Final, na letra **b** a seguir.

**b. Atribuição do custo ao Estoque Final**

Unidades de Mercadorias existentes em estoque no final do período multiplicadas pelo Custo Médio Ponderado Fixo.

Para obter o número de unidades existentes em Estoque no final do período, você poderá efetuar os cálculos com base nos sete Fatos apresentados na Seção 10.5.3 ou simplesmente coletá-los em uma das três Fichas de Controle de Estoques apresentadas nas seções anteriores.

Faremos:

$$35 \text{ unidades} \times 115,8421 = \$\ 4.054,4735$$

Ajustaremos para: $ 4.054,47

**c. Cálculo do Custo das Mercadorias Vendidas**

Custo total das Mercadorias disponíveis para venda diminuído do custo do Estoque Final.

$$22.010,00 - 4.054,47 = \$\ 17.955,53$$

## Atividades Teóricas 1

**1.** Responda:

a) Cite quatro critérios que podem ser utilizados para valorização dos estoques.

b) Em que consiste o critério do Preço Específico?

**2.** Escolha a alternativa correta nos testes seguintes:

I. O critério de avaliação de Estoques que deve sempre ser usado para as Mercadorias de fácil identificação física é:

a) PEPS.
b) Custo Médio Ponderado Móvel.
c) Preço Específico.
d) UEPS.

II. Ao atribuir às Mercadorias estocadas os custos mais recentes, a empresa estará adotando o critério:

a) UEPS.
b) Custo Médio Ponderado Fixo.
c) PEPS.
d) Preço Específico.

III. Atribuindo às Mercadorias em Estoque os custos mais antigos, a empresa estará adotando o critério:

a) PEPS.
b) UEPS.
c) Custo Médio Ponderado Móvel.
d) Média Ponderada.

IV. Valorar sempre as Mercadorias estocadas pela média dos custos de aquisição, atualizando esses custos a cada compra efetuada, significa adotar o critério:

a) Preço Específico.
b) Custo Médio Ponderado Móvel.
c) PEPS.
d) UEPS.

V. Valorar sempre as Mercadorias estocadas pela média dos custos de aquisição, calculados somente no final do período, após a última compra efetuada, consiste em adotar o critério:

a) Custo Médio Ponderado Fixo.
b) Custo Médio Ponderado Móvel.
c) PEPS.
d) UEPS.

## Atividades Práticas 5

PRÁTICA 1

Considere os seguintes Fatos ocorridos em uma empresa comercial, durante o mês de abril:

**1.** No dia 5, compra, à vista, de 10 martelos marca Orelha, por $ 5 a unidade.
**2.** No dia 8, compra, à vista, de 10 martelos marca Orelha, por $ 6 a unidade.
**3.** No dia 20, venda, à vista, de 14 martelos marca Orelha.

Pede-se:

Supondo que não havia Estoque Inicial, indique o valor do Estoque Final em 30 de abril utilizando cada um dos seguintes critérios:

a) PEPS.

b) UEPS.

c) Custo Médio Ponderado Móvel.

d) Custo Médio Ponderado Fixo.

PRÁTICA 2

Fatos ocorridos em uma empresa comercial:

1. Em 01/02 – compra de 100 peças de estabilizador de voltagem BR-2, a $ 10 a unidade, conforme NF n. 234, da Casa Rabelo.
2. Em 02/02 – compra de 100 peças de estabilizador de voltagem BR-2, a $ 11 a unidade, conforme NF n. 324, da Casa Rabelo.
3. Em 03/02 – venda de 50 peças, conforme nossa NF n. 01.
4. Em 04/02 – venda de 60 peças, conforme nossa NF n. 02.
5. Em 05/02 – compra de 100 peças de estabilizador de voltagem BR-2, por $ 20 a unidade, conforme NF n. 3.244, da Casa Rabelo.
6. Em 10/02 – venda de 70 peças, conforme nossa NF n. 03.

Pede-se:

a) Elabore Fichas de Controles de Estoques para os critérios PEPS, UEPS e Custo Médio Ponderado Móvel.

b) Indique o valor do Estoque Final, considerando os critérios PEPS, UEPS e Custo Médio Ponderado Móvel.

## 10.6 Inventário de Mercadorias

Consiste no levantamento físico das Mercadorias existentes em Estoque no final do Exercício Social, realizado para se conhecer o valor do Estoque Final de Mercadorias.

Quando a empresa adota o Sistema de Inventário Permanente, a atribuição de custos às unidades estocadas será feita mediante consulta às respectivas Fichas de Controle de Estoques de cada mercadoria. Assim, os custos serão atribuídos conforme constarem nas Fichas de Estoques, seja qual for o critério de avaliação adotado pela empresa (PEPS, UEPS, Média Ponderada Móvel ou outro).

Quando a empresa adota o Sistema de Inventário Periódico, por não manter Fichas de Controles de Estoques de Mercadorias, a maneira mais sensata para se atribuir custos às unidades estocadas será adotar o critério PEPS, recorrendo-se às últimas Notas Fiscais de compra. Se, por exemplo, no final do Exercício Social constarem em Estoque 50 unidades de determinada mercadoria, e contendo a última Nota Fiscal de compra, datada de 15 de dezembro, apenas 30 unidades, a essas 30 unidades serão atribuídos os custos da referida NF, sendo que para as 20 unidades remanescentes recorrer-se-á à penúltima NF; se esta ainda for insuficiente, recorrer-se-á à antepenúltima NF, e assim sucessivamente, até que sejam atribuídos custos a todas as unidades existentes em Estoque.

**NOTA:**

- No momento da elaboração do Balanço Patrimonial, os estoques deverão ser avaliados pelo custo ou valor realizável líquido, dos dois o menor, conforme disciplinas contidas na NBC TG 16 e no artigo 183 da Lei n. 6.404/1976. Não trataremos desse assunto no presente livro tendo em vista seu caráter introdutório.

# 10.7 Resultado completo da conta Mercadorias

## 10.7.1 Fórmulas

Conforme já estudamos, os valores das compras e das vendas podem sofrer alterações em função de Compras e Vendas Anuladas, Descontos ou Abatimentos Incondicionais Obtidos ou Concedidos, Fretes e Seguros sobre Compras, além de tributos incidentes sobre as compras e vendas.

Assim, para apurarmos o Resultado da Conta Mercadorias em empresas comerciais, nas quais durante o ano ocorreram Fatos que alteraram os valores das compras e das vendas, utilizaremos as seguintes fórmulas:

**1ª Fórmula:**

$$CMV = EI + (C + FC - CA - DIO - AC) - EF$$

Em que:

CMV = Custo das Mercadorias Vendidas

EI = Estoque Inicial

C = Compras de Mercadorias

FC = Fretes e Seguros sobre Compras

CA = Compras Anuladas

DIO = Descontos Incondicionais Obtidos

AC = Abatimentos sobre Compras

EF = Estoque Final

**2ª Fórmula:**

| RCM = (V – VA – DIC – AV – TRIBUTOS) – CMV |
|---|

Em que:

RCM = Resultado da Conta Mercadorias

V = Vendas de Mercadorias

VA = Vendas Anuladas

DIC = Descontos Incondicionais Concedidos

AV = Abatimentos sobre Vendas

TRIBUTOS = Compreendem os Impostos, as Taxas e as Contribuições incidentes sobre as vendas, cujos valores estejam embutidos nos valores das vendas e integrem a base de cálculo dos referidos tributos, ou seja, somente os tributos considerados por dentro

CMV = Custo das Mercadorias Vendidas

Portanto, para contabilizarmos o Resultado da Conta Mercadorias quando aparecem Fatos que alteram os valores das compras e vendas, o procedimento que sugerimos é o mesmo já estudado para as fórmulas simplificadas do CMV e do RCM, ou seja, inicialmente transferem-se para a conta CMV todos os valores dos elementos que compõem a respectiva fórmula (na ordem em que aparecem na fórmula); em seguida, procede-se da mesma maneira em relação ao RCM.

Observe que, na fórmula do CMV, colocamos entre parênteses o conjunto (C + FC – CA – DIO – AC), que nos permite conhecer o valor das compras líquidas; e, na fórmula do RCM, colocamos entre parênteses o conjunto (V – VA – DIC – AV – TRIBUTOS), que nos permite conhecer o valor das vendas líquidas.

## 10.7.2 Rateio dos Fretes e Seguros sobre Compras

Os valores dos Fretes e Seguros sobre Compras devem integrar o Custo das Mercadorias Adquiridas. Entretanto, pelo Sistema que adotamos neste livro (Inventário Periódico), esse gasto pode ser contabilizado em conta própria, denominada Fretes e Seguros sobre Compras. Desta forma, no último dia do período, havendo Estoque Final de Mercadorias, será necessário ratear o valor desses Fretes e Seguros entre as contas CMV e Estoque de Mercadorias (Estoque Final).

O rateio poderá ser feito com base na seguinte fórmula:

$$\text{FC s / Estoques} = \frac{\text{EF}}{\text{C} - \text{CA} - \text{DIO}} \times \text{FC}$$

Em que:

FC s/Estoques = Fretes e Seguros sobre Estoques

O valor encontrado pela aplicação desta fórmula corresponde ao valor da conta Fretes e Seguros sobre Compras, que deverá ser transferido para a conta Estoque de Mercadorias.

O valor a ser transferido para a conta Custo das Mercadorias Vendidas (CMV) corresponde à diferença entre o saldo da conta Fretes e Seguros sobre Compras e o valor encontrado na presente fórmula.

Assim, dois lançamentos serão efetuados:

1º) Transferência para o CMV

*Custo das Mercadorias Vendidas (CMV)*

*a Fretes e Seguros sobre Compras*

*Transferência que se processa da 2ª para a 1ª das contas supra, ref. à parte dos Fretes e Seguros sobre Compras, que devem integrar o CMV neste período, conf. cálculos ..........................* *$*

Esta transferência deve ser efetuada juntamente com as transferências do valor do Estoque Inicial e do valor das Compras de Mercadorias, já que influi no CMV do período atual.

2º) Transferência para o Estoque Final

*Estoque de Mercadorias*

*a Fretes e Seguros sobre Compras*

*Transferência que se processa, ref. à parte dos Fretes e Seguros sobre Compras, que deve integrar o valor do Estoque Final, conforme cálculos. ........................................................* *$*

Este lançamento, cujo valor foi apurado na fórmula apresentada, deve ser efetuado somente após encerrados os procedimentos extracontábeis e contábeis referentes à apuração do Resultado da Conta Mercadorias, pois não interfere no Resultado Bruto do Exercício atual.

**NOTA:**

- Quando os saldos da conta Abatimentos sobre Compras forem expressivos, deve-se adotar o mesmo procedimento de rateio do saldo utilizado na conta Fretes e Seguros sobre Compras.

## Atividades Teóricas 2

**1.** Complete:

a) Vendas de Mercadorias menos Custo das Mercadorias Vendidas é igual ao .................................. .................................... do exercício.

b) O Resultado da Conta Mercadorias, quando credor, representa o ..............................................

**2.** Responda:

a) Qual fórmula é utilizada para apurar extracontabilmente o Custo das Mercadorias Vendidas?

b) Qual fórmula é utilizada para apurar extracontabilmente o Resultado da Conta Mercadorias?

**3.** Lucro Bruto é:

a) V – CMV

b) EI + C – EF

c) Lucro Líquido

d) EI + V – EF

**4.** Coloque **V** se a afirmativa for Verdadeira e **F** se for Falsa:

( ) CMV = EI + C – V

( ) Lucro Bruto = V + VA + CMV

( ) CMV = EI + (C + FC – CA – AC – DIO) – EF

## Atividades Práticas 6

**NOTA:**

- Lembramos que os tributos integrantes das três Práticas desta seção serão extintos, como segue: o PIS e a COFINS, a partir de 2027, e o ICMS a partir de 2033.

Nas três práticas a seguir, apure o Resultado da Conta Mercadorias efetuando os cálculos extracontábeis. Depois, faça a respectiva contabilização em partidas de Diário e em Razonetes:

PRÁTICA 1 – SOLUCIONADA

| | $ |
|---|---|
| Estoque de Mercadorias (EI) | 400 |
| Compras de Mercadorias | 630 |
| Compras Anuladas | 30 |
| Vendas de Mercadorias | 2.090 |
| ICMS sobre Vendas | 230 |
| PIS sobre Faturamento | 17 |
| COFINS | 60 |
| Vendas Anuladas | 20 |
| Descontos Incondicionais Concedidos | 50 |
| Estoque Final de Mercadorias | 700 |

## *Solução:*

Cálculos extracontábeis

CMV = 400 + (630 – 30) – 700 = 300

RCM = (2.090 – 20 – 230 – 60 – 17 – 50) – 300 = 1.413

## *Contabilização:*

Para sua conferência, apresentaremos somente os lançamentos de Diário, sem os respectivos históricos.

*(1) CMV*

*a Diversos*

| | | |
|---|---|---|
| *a Estoque de Mercadorias* | *400* | |
| *a Compras de Mercadorias* | *630* | *1.030* |

*(2) Diversos*

*a CMV*

| | | |
|---|---|---|
| *Estoque de Mercadorias* | *700* | |
| *Compras Anuladas* | *30* | *730* |

*(3) Vendas*

| | | |
|---|---|---|
| *a RCM* | | *2.090* |

| | | |
|---|---|---|
| *(4) RCM* | | |
| *a Diversos* | | |
| *a ICMS sobre Vendas* | *230* | |
| *a PIS sobre Faturamento* | *17* | |
| *a COFINS* | *60* | |
| *a Vendas Anuladas* | *20* | |
| *a Descontos Incondicionais Concedidos* | *50* | |
| *a CMV* | *300* | *677* |

| | |
|---|---|
| *(5) RCM* | |
| *a Lucro sobre Vendas* | *1.413* |

PRÁTICA 2

| | $ |
|---|---|
| Compras de Mercadorias | 1.000 |
| Vendas de Mercadorias | 3.000 |
| Estoque de Mercadorias (EI) | 2.500 |
| ICMS sobre Vendas | 500 |
| PIS sobre Faturamento | 20 |
| COFINS | 70 |
| Estoque Final de Mercadorias | 1.900 |

PRÁTICA 3

| | $ |
|---|---|
| Estoque de Mercadorias (EI) | 30.000 |
| Compras de Mercadorias | 145.000 |
| Compras Anuladas | 5.000 |
| Vendas de Mercadorias | 256.000 |
| Vendas Anuladas | 6.000 |
| Descontos Incondicionais Concedidos | 10.000 |
| ICMS sobre Vendas | 35.000 |
| PIS sobre Faturamento | 2.000 |
| COFINS | 7.000 |
| Estoque Final de Mercadorias | 60.000 |

## LEITURA COMPLEMENTAR

**Saiba mais sobre a conta Mercadorias**

Você já sabe que existem dois métodos e dois sistemas que podem ser utilizados para o registro das operações com Mercadorias, e que a conjugação desses métodos e sistemas pode gerar pelo menos três maneiras de registro:

a) Conta Mista com Inventário Periódico;

b) Conta Desdobrada com Inventário Periódico;

c) Conta Desdobrada com Inventário Permanente.

Você já estudou o registro bem como a Apuração do Resultado da Conta Mercadorias, pelo método da Conta Desdobrada com Inventário Periódico.

Veja, agora, as outras duas maneiras:

**Conta Mista com Inventário Periódico**

Pelo Método da Conta Mista (ou Conta Mista de Mercadorias), adota-se uma só conta com dupla função:

- **Função Patrimonial**, pois registra os Estoques Inicial e Final de Mercadorias;
- **Função de Resultado**, pois registra as compras e as vendas, bem como as Devoluções de compras e de vendas.

A conta poderá ser intitulada **Mercadorias**; **Estoque de Mercadorias**; **Mercadorias em Estoque** (ou ter outras intitulações semelhantes).

Suponhamos os seguintes fatos ocorridos em uma empresa comercial:

1) Compra de Mercadorias, à vista, conforme Nota Fiscal n. 730, no valor de $ 1.200.

2) Venda de Mercadorias, à vista, conforme nossa NF n. 50, no valor de $ 800.

Sabendo-se que o Estoque de Mercadorias existente no início do período era de $ 500, contabilizar os fatos em partidas de Diário e em Razonetes.

**Partidas de Diário**

*(1) Mercadorias*

*a Caixa*

*Conf. NF n. 720* ........................................ *1.200*

---

*(2) Caixa*

*a Mercadorias*

*Conf. nossa NF n. 50* ........................................ *800*

**Razonetes**

| MERCADORIAS | | | |
|---|---|---|---|
| EI | 500 | (2) | 800 |
| (1) | 1.200 | | |

| CAIXA | | | |
|---|---|---|---|
| (2) | 800 | (1) | 1.200 |

*(continua)*

*(continuação)*

**Apuração do Resultado**

Como essa é a maneira mais simples de contabilizar as operações com Mercadorias durante o Exercício, a apuração do Resultado Bruto também será simplificada. Todas as operações envolvendo Mercadorias, ocorridas durante o período, estão concentradas numa só conta no livro Razão (ou no Razonete). Assim, no final do período, no débito da conta Mercadorias encontraremos o registro do valor do Estoque Inicial, das compras e Devoluções de vendas (entradas de Mercadorias na empresa); e no crédito dessa mesma conta, encontraremos o registro dos valores correspondentes às vendas e às Devoluções de compras (saídas de Mercadorias da empresa). Para a apuração do Resultado, é preciso, inicialmente, conhecer o saldo da conta Mercadorias, o qual poderá ser verificado no livro Razão e, em seguida, efetuar o levantamento extracontábil das Mercadorias existentes em estoque no último dia do período.

Ficaremos, então, diante de dois valores:

- Saldo da conta Mercadorias no livro Razão (devedor ou credor);
- Valor do Estoque Final.

A partir desses dois valores, deve-se proceder da seguinte maneira:

1º) Transfere-se o saldo da conta Mercadorias para a conta Resultado da Conta Mercadorias (RCM).

2º) Registra-se o valor do Estoque Final a débito da conta Mercadorias e a crédito da conta Resultado da Conta Mercadorias (RCM).

3º) Apura-se no Razonete o saldo da conta Resultado da Conta Mercadorias (RCM) – se devedor, será igual a Prejuízo sobre Vendas; se credor, será igual a Lucro sobre Vendas.

Exemplo:

Suponhamos que, em 31/12/x1, a conta Mercadorias tenha apresentado no livro Razão saldo devedor de $ 900. Sabendo-se que o Estoque Final foi de $ 1.100, apurar o Resultado Bruto.

**Solução:**

**Partidas de Diário**

*(1) RCM*

*a Mercadorias*

*Transferência do saldo da segunda para a primeira, para apuração do Resultado Bruto. ....................................* *900*

*(2) Mercadorias*

*a RCM*

*(continua)*

*(continuação)*

*Registro do Estoque Final, conforme inventário físico realizado.* ........................................................................ *1.100*

**Razonetes**

| MERCADORIAS | | | |
|---|---|---|---|
| Saldo | 900 | (1) | 900 |
| (2) | 1.100 | | |

| RCM | | | |
|---|---|---|---|
| (1) | 900 | (2) | 1.100 |
| | | Saldo | 200 |

**OBSERVAÇÕES:**

- Uma vez registrados os dois lançamentos, a conta Mercadorias ficou com saldo devedor de $ 1.100, que corresponde ao valor do Estoque Final. Esta conta, bem como seu respectivo saldo, constarão do Balanço Patrimonial.
- A conta Resultado da Conta Mercadorias ficou com saldo credor de $ 200, o qual corresponde ao Lucro sobre as Vendas.
- Quando o saldo da conta Resultado da Conta Mercadorias (RCM) for devedor, representará Prejuízo sobre Vendas.
- Conforme você já aprendeu, o saldo da conta RCM poderá ser transferido para a conta Lucro sobre Vendas ou Prejuízo sobre Vendas, bem como poderá permanecer na própria conta até que o referido saldo seja transferido para a conta Resultado do Exercício, o que ocorrerá no momento em que for apurado o Resultado Líquido.

**Conta Desdobrada com Inventário Permanente**

Você já aprendeu que, pelo Método da Conta Desdobrada, a conta Mercadorias pode ser desdobrada em várias outras, sendo cada uma delas utilizada para registrar operação própria.

Pois bem, adotando-se o Método da Conta Desdobrada com Inventário Permanente, a conta Mercadorias será desdobrada em Estoque de Mercadorias, Custo das Mercadorias Vendidas, Vendas, Vendas Anuladas, Descontos Incondicionais Concedidos, além das contas destinadas ao registro dos tributos incidentes sobre as vendas, desde que tais tributos estejam embutidos nos valores das respectivas vendas e integrem suas próprias bases de cálculo.

Para que os estoques sejam controlados permanentemente, as compras e os Fatos que alteram os valores das compras são contabilizados diretamente a débito e a crédito, respectivamente, da conta Estoque de Mercadorias.

Assim, neste método não são utilizadas as contas Compras, Compras Anuladas, Fretes e Seguros sobre Compras e Descontos Incondicionais Obtidos.

Sempre que se efetuam vendas, deve-se dar baixa nos estoques pelo valor do custo das Mercadorias vendidas; por isso, é necessário conhecer o valor do custo em cada venda efetuada.

*(continua)*

*(continuação)*

Adotando-se o Método da Conta Desdobrada com Inventário Permanente, a cada compra efetuada, o valor do custo da respectiva compra é adicionado aos Estoques; e a cada venda de mercadoria efetuada, o valor do custo da respectiva venda é baixado do valor dos Estoques, mantendo-os, assim, permanentemente atualizados.

Suponhamos os seguintes fatos ocorridos em uma empresa comercial (os mesmos utilizados na conta Mista):

1. Compra de Mercadorias, à vista, conforme Nota Fiscal n. 730, no valor de $ 1.200.
2. Venda de Mercadorias, à vista, conforme nossa NF n. 50, no valor de $ 800 (Custo $ 600).

Sabendo-se que o Estoque de Mercadorias existente no início do período era de $ 500, contabilizar os fatos em partidas de Diário e em Razonetes.

**Partidas de Diário**

*(1) Estoque de Mercadorias*
*a Caixa*
*Conf. NF n. 730 .......... 1.200*

*(2) Caixa*
*a Vendas*
*Conf. NNF n. 50 .......... 800*

*(3) Custo das Mercadorias Vendidas*
*a Estoque de Mercadorias*
*Baixa que se processa nos estoques, tendo em vista venda conf. NNF n. 50 .......... 600*

**Razonetes**

| ESTOQUE DE MERCADORIAS | | | |
|---|---|---|---|
| EI | 500 | (3) | 600 |
| (1) | 1.200 | | |
| Soma | 1.700 | | |
| Saldo | 1.100 | | |

| VENDAS DE MERCADORIAS | | | |
|---|---|---|---|
| | | (2) | 800 |

| CMV | | | |
|---|---|---|---|
| (3) | 600 | | |

| CAIXA | | | |
|---|---|---|---|
| (2) | 800 | (1) | 1.200 |

*(continua)*

*(continuação)*

**Apuração do Resultado**

Suponhamos que, no final do Exercício Social, foram extraídas do livro Razão as seguintes contas, com seus respectivos saldos:

| | $ |
|---|---|
| Estoque de Mercadorias (saldo devedor) | 1.100 |
| Custo das Mercadorias Vendidas (saldo devedor) | 600 |
| Vendas (saldo credor) | 800 |

Lembramos que, além das contas citadas, poderiam ainda constar as contas Vendas Anuladas e Descontos Incondicionais Concedidos, bem como aquelas utilizadas para o registro dos Impostos e das Contribuições sobre as Vendas.

Como o saldo da conta Estoque de Mercadorias fornece o valor do Estoque Final, e como o Custo das Mercadorias Vendidas também já está contabilizado, a apuração do Resultado será feita mediante a transferência, para a conta RCM, dos saldos das contas CMV, Vendas, Vendas Anuladas, Descontos Incondicionais Concedidos e representativas dos Impostos e Contribuições sobre Vendas. Em seguida, apura-se o saldo da conta RCM, o qual será Lucro Bruto, se credor; ou Prejuízo Bruto, se devedor.

Veja:

Partidas de Diário:

*(1) RCM*

*a CMV*

*Transferência do saldo da segunda para a primeira das contas supra, para apuração do Resultado Bruto.* ............ *600*

---

*(2) Vendas*

*a RCM*

*Transferência do saldo da primeira para a segunda das contas supra, para apuração do Resultado Bruto.* ............ *800*

---

Veja a posição da conta RCM, em seu respectivo Razonete:

| RCM | | | |
|---|---|---|---|
| (1) | 600 | (2) | 800 |
| | | Saldo | 200 |

O saldo da conta RCM é credor e, portanto, corresponde a Lucro Bruto. Esse saldo poderá ser transferido para a conta Lucros sobre Vendas ou permanecer na própria conta RCM, da qual será transferido diretamente para a conta Resultado do Exercício, no momento da apuração do Resultado Líquido.

## 10.8 Perdas Estimadas em Créditos de Liquidação Duvidosa

### 10.8.1 Introdução

Perdas Estimadas em Créditos de Liquidação Duvidosa (PECLD), é a nova denominação dada a antiga Provisão para Créditos de Liquidação Duvidosa ou Provisão para Devedores Duvidosos.

Essa nova intitulação foi adotada no processo de adequação da terminologia contábil brasileira aos padrões internacionais de contabilidade IFRS. Para esses padrões internacionais, conforme consta da NBC TG 25, fundamentada no CPC 25, o termo Provisão somente deve ser utilizado na intitulação de contas representativas de passivos de prazo ou valor incertos.

Portanto, Perdas Estimadas em Créditos de Liquidação Duvidosa (PECLD) é uma conta redutora do Ativo, que representa valor provisionado no final do exercício social, para cobrir, no exercício seguinte, perdas prováveis decorrentes do não recebimento de parte dos créditos (direitos) da empresa, existentes na data do levantamento do Balanço.

Contabilmente, quando se provisiona um valor mediante crédito em conta retificadora do Ativo, em contrapartida, debita-se uma conta de despesa, para que a perda estimada ou efetiva seja devidamente reconhecida no resultado do respectivo exercício.

Os direitos sujeitos ao reconhecimento dessa perda são aqueles derivados das vendas a prazo de mercadorias, produtos e serviços, contabilizados nas contas Clientes ou Duplicatas a Receber.

O reconhecimento dessa perda bem como seu provisionamento em conta redutora do Ativo, está previsto tanto na Lei n. 6.404/76 como também nas normas internacionais de contabilidade IFRS consubstanciadas nas NBCS TGS.

Segundo estabelece a Lei n. 6.404/76, no Balanço, a conta Duplicatas a Receber (ou Clientes), deve ser apresentada no Ativo Circulante ou no Realizável a Longo Prazo, pelo seu valor original, ajustado ao valor provável de realização, quando este for inferior. (letra b do inciso I do art. 183)

Segundo a NBC TG 01, fundamentada no CPC 01, convergente com as normas internacionais de contabilidade IFRS, toda entidade deve assegurar que seus ativos estejam registrados contabilmente por valores que não excedam seus valores de recuperação.

Assim, quando um ativo estiver registrado no Balanço por valor excedente ao seu valor de recuperação, esse ativo é caracterizado como sujeito ao reconhecimento de perdas.

Contabilmente, conforme já dissemos, a perda é reconhecida, mediante débito em uma conta de despesa e crédito em uma conta redutora do Ativo.

Deste modo, a perda fica reconhecida tanto no resultado (a despesa reduz o lucro) como também no Balanço (a conta redutora do direito permite que esse direito figure pelo seu valor recuperável, isto é, pelo custo ou valor de emissão (valor original), diminuído da perda devidamente provisionada).

### 10.8.2 Disciplina da NBC TG 48

A entidade deve avaliar, na data de cada balanço patrimonial, se existe ou não qualquer evidência objetiva de que um ativo financeiro – como por exemplo aquele representado pela conta Duplicatas a Receber e pela conta Clientes, ou um grupo de ativos financeiros – esteja sujeito à perda do valor recuperável.

A NBC TG 48 apresenta, no apêndice A, os eventos que impactam negativamente os fluxos de caixa futuros estimados dos ativos financeiros, caracterizando-os como sujeitos à perda dos valores recuperáveis, como: dificuldade financeira significativa do devedor; quebra de contrato (inadimplência ou pagamentos vencidos); probabilidade de falência do devedor etc.

Estabelece a citada norma que o ativo financeiro será considerado como ativo financeiro com problemas de recuperação de crédito quando ocorrerem um ou mais desses eventos.

É importante destacar que, antes da adoção das normas internacionais de contabilidade IFRS, era prática comum no Brasil o reconhecimento no final de cada exercício social, de perdas com créditos de liquidação duvidosa com base em um valor estimado.

Esse valor era fixado em cada empresa por meio de estudos fundamentados, principalmente, nas perdas incorridas nos últimos exercícios.

Esses estudos resultavam sempre em um percentual que era aplicado sobre o saldo da conta Duplicatas a Receber ou Clientes existente no final do exercício social. O montante encontrado era reconhecido como perda no exercício em que ocorriam as receitas com vendas e ao mesmo tempo provisionado em conta redutora da conta Duplicatas a Receber ou Clientes.

Conforme vimos, as normas internacionais mudaram radicalmente esse procedimento, uma vez que reconhecem somente perdas quando houver evidência objetiva de que o montante do crédito não mais será recebido, no todo ou em parte.

**NOTA:**

- É importante salientar que o Fisco brasileiro, desde 1º de janeiro de 1997, não reconhece como dedutível da base de cálculo do Imposto de Renda a despesa estimada com créditos de liquidação duvidosa. Assim, quando a empresa contabiliza essa perda estimada, deve ajustar o resultado do exercício para fins de tributação, no Livro Eletrônico de Escrituração e Apuração do Imposto sobre a Renda e da Contribuição Social sobre o Lucro Líquido da Pessoa Jurídica Tributada pelo Lucro Real (e-Lalur).

### 10.8.3 Exemplo prático

Suponhamos que no final do exercício de x2 o saldo da conta Duplicatas a Receber de uma empresa comercial seja igual a $ 100.000.

Suponhamos, também que estudos realizados por responsáveis pelos setores de vendas, crédito e cobrança da empresa, com fundamento nas regras contidas na NBC TG 48, tenham indicado que o montante das perdas a serem reconhecidas sejam de $ 1.500.

Lembramos que, para fins didáticos, a aplicação de um percentual definido pelo professor sobre o saldo da conta Duplicatas a Receber, facilita os estudos.

Veja, a seguir, como essa perda será contabilizada.

Lançamento no livro Diário:

*(1) Despesas com Perdas Estimadas em Créditos de Liquidação Duvidosa*
*a Perdas Estimadas em Créditos de Liquidação Duvidosa*
*Pelo reconhecimento da perda etc.............................* *1.500*

**OBSERVAÇÕES:**

- A conta debitada é conta de Despesa Operacional, do grupo das Despesas com Vendas. O saldo dessa conta, juntamente com os saldos das demais contas de despesas do período, será transferido para a conta Resultado do Exercício no momento da apuração do resultado.
- A conta creditada, é conta patrimonial que registra o valor provisionado o qual será utilizado para cobrir possíveis não recebimentos dos créditos durante o exercício seguinte. No Balanço Patrimonial essa conta figurará no Ativo Circulante como redutora da conta Duplicatas a Receber ou Clientes (conta que serviu de base para o seu cálculo).

## Baixa de direitos incobráveis

Suponhamos, agora, que em setembro de x3, depois de esgotados todos os recursos disponíveis para a cobrança, considerou-se incobrável uma Duplicata no valor de $ 450.

Para regularizar, basta proceder à baixa. Veja:

O lançamento no livro Diário ficará como segue:

*(2) Perdas Estimadas em Créditos de Liquidação Duvidosa*
*a Duplicatas a Receber*
*Baixa da Duplicata n. X, por ter*
*sido considerada incobrável etc. .................................... 450*

**NOTAS:**

- Recomenda-se que a baixa de uma Duplicata como incobrável somente seja efetuada depois que a empresa tenha esgotado todos os recursos necessários à sua cobrança. Esses recursos podem ser: telefonemas, envio de telegramas, de cobrança por *e-mail*, por cartas, além de outros procedimentos, culminando com o protesto do título em cartório.
- No final de cada exercício social, é preciso verificar se existe saldo remanescente na conta PECLD derivada do exercício anterior.
- Havendo saldo, antes de se contabilizar a nova perda, deve-se reverter esse saldo debitando-se a conta Perdas Estimadas em Créditos de Liquidação Duvidosa e creditando-se a conta Resultado do Exercício ou outra que evidencie a receita com a reversão.
- Mais detalhes envolvendo as perdas estimadas em créditos de liquidação duvidosa podem ser encontrados nos livros Contabilidade Comercial Fácil e Contabilidade Intermediária de nossa autoria.

## Atividades Teóricas 3

1. Responda:
   - 1.1 O que significa o título "Perdas Estimadas em Créditos de Liquidação Duvidosa"?
   - 1.2 Quando se provisiona um valor em conta do Ativo, qual é a contrapartida dessa conta em lançamento de Diário?
   - 1.3 Por que a perda em créditos de liquidação duvidosa deve ser reconhecida no final do exercício social?

1.4 Cite dois eventos que justificam o reconhecimento de perdas no valor recuperável de direitos, conforme a NBC TG 48.

1.5 Quando a empresa reduz seu resultado com o provisionamento de uma perda para atender normas de contabilidade, como deve proceder perante o Fisco?

1.6 Como fica o lançamento de baixa de duplicatas com aproveitamento de saldo na conta PECLD?

## Atividades Práticas 7

PRÁTICA 1

Considerando que no final do exercício de x5, a conta Duplicatas a Receber apresentava saldo igual a $ 450.000 e que, mediante estudos fundamentados na NBC TG 48, a empresa tenha decidido reconhecer uma perda em créditos de liquidação duvidosa no montante de $ 20.000, proceder à contabilização.

PRÁTICA 2

Assumindo que em julho de x7, foram consideradas incobráveis duplicatas no montante de $ 30.000 e sabendo-se que havia saldo de $ 50.000 na conta PECLD, proceder ao registro contábil correspondente.

CAPÍTULO 11

# DEPRECIAÇÃO, AMORTIZAÇÃO E TESTE DE RECUPERABILIDADE

## 11.1 Depreciação

**Depreciação** é a diminuição parcelada de valor que sofrem os Bens de Uso da empresa, em decorrência do desgaste pelo uso, da ação da natureza e da obsolescência.

Contabilmente, depreciar significa considerar como Despesa, ou custo de um período, parte do valor gasto na compra dos Bens de Uso da empresa.

A NBC TG 27 define depreciação como a alocação sistemática do valor depreciável de um ativo ao longo da sua vida útil.

Alocar sistematicamente o valor depreciável de um Bem nada mais é do que "transferir" periodicamente uma parcela do valor gasto na aquisição do bem de uso para o resultado do período. Essa transferência é feita contabilmente.

Valor depreciável do Bem é o seu custo de aquisição ou de fabricação diminuído, quando for o caso, do valor residual, conforme veremos adiante.

Os Bens sujeitos à Depreciação são os corpóreos (tangíveis, materiais), como computadores, móveis e utensílios, imóveis (construções), instalações, veículos etc. Esses bens são contabilizados em contas que figuram no Ativo Não Circulante, subgrupo Imobilizado.

Por que depreciar?

Quando a empresa compra Bens para uso próprio, ela efetua um gasto. Esse gasto, considerado investimento, não pode ser contabilizado como Despesa no momento em que a compra foi efetuada, porque os bens não serão consumidos imediatamente, mas, durante vários anos. Assim, durante os anos em que a empresa utiliza os bens, eles se desgastam e perdem o valor. Por esse motivo, durante esses anos, é feita a Depreciação.

Por meio da depreciação, a empresa considera como Despesa o valor gasto na aquisição dos seus Bens de Uso.

Para se depreciar o valor gasto na aquisição de um Bem é preciso atender a algumas exigências técnicas, tendo em vista, principalmente, o tempo de vida útil econômica do Bem.

Os Bens não duram eternamente; eles têm um tempo de vida útil.

Quando desgastados pelo uso ou em função da natureza ou mesmo pela obsolescência, deixam de ser convenientes para a empresa.

Portanto, as causas que justificam a Depreciação são:

- **Desgaste pelo uso:** você compra um automóvel hoje. Daqui a cinco ou seis anos esse automóvel, sendo usado diariamente, não terá o mesmo desempenho de quando era novo.
- **Ação da natureza:** o próprio automóvel anteriormente citado, por ficar exposto ao sol, à chuva, sofre essas influências climáticas e se desgasta.
- **Obsolescência:** os bens se tornam obsoletos em decorrência dos novos inventos. Antigamente existiam as calculadoras manuais, grandes, de difícil manejo e transporte. Hoje, com os novos inventos, temos calculadoras muito mais eficientes e em tamanhos incomparavelmente menores.

Além desses motivos, e por tais Bens serem usados pelas empresas em vários Exercícios Sociais, é correto que se incorpore ao custo de cada Exercício uma parcela do valor gasto na aquisição desses Bens ao longo do período estimado de sua vida útil.

Sendo assim, é tecnicamente correto que as empresas procedam, no final de cada Exercício Social, à Depreciação dos Bens materiais constantes do Ativo Imobilizado.

Quais procedimentos devem ser tomados para se contabilizar a Depreciação?

O primeiro passo é estimar o tempo de vida útil para o Bem.

Tempo de vida útil de um Bem é o período durante o qual seja possível a sua utilização econômica na produção de seus rendimentos.

Esse tempo, portanto, é determinado em função do prazo em que o bem apresenta capacidade de gerar benefícios (riquezas) para a empresa.

Depois de estabelecer o tempo de vida útil econômica do Bem, o próximo passo será escolher o método de depreciação a ser adotado.

Existem vários métodos de Depreciação, como **método linear** ou **em linha reta, método da soma dos algarismos dos anos com taxas crescentes ou decrescentes, método das unidades produzidas** etc.

O mais usado no Brasil é o **método linear** ou **em linha reta**, que consiste em aplicar taxas constantes durante o tempo de vida útil econômica estimado para o Bem. Por exemplo, se o tempo de vida útil de um Bem foi determinado em dez anos, a taxa anual de Depreciação será de 10%.

Os prazos usualmente admitidos, bem como as respectivas taxas de Depreciação dos Bens mais comuns, são:

| BENS | VIDA ÚTIL | TAXA |
|---|---|---|
| Computadores | 5 anos | 20% a.a. |
| Imóveis (exceto terrenos) | 25 anos | 4% a.a. |
| Instalações | 10 anos | 10% a.a. |
| Móveis e Utensílios | 10 anos | 10% a.a. |
| Veículos | 5 anos | 20% a.a. |

Antes do advento da Lei n. 11.638 de 28 de dezembro de 2007, que promoveu importantes alterações na Lei das Sociedades por Ações, era prática comum entre os contadores do Brasil adotar os tempos de vida útil e as respectivas taxas fixadas pela Secretaria da Receita Federal. Desde 1º de janeiro de 2008, esse procedimento mudou.

Agora, para se proceder à depreciação de um Bem, inicialmente, deve-se estimar um tempo de vida útil econômica para o Bem, que poderá ser baseado nos critérios anteriores, porém, periodicamente as empresas deverão efetuar análise sobre a recuperação dos valores registrados no Imobilizado, a fim de que sejam revisados e ajustados os critérios utilizados para determinação da vida útil econômica estimada e para cálculo da depreciação (§ 3º do art. 183 da Lei n. 6.404/1976). Veja informações sobre o teste de recuperabilidade na Seção 11.3.

A Depreciação pode ser anual ou mensal.

É **anual** quando calculada e contabilizada uma única vez ao ano. O valor da quota anual é obtido aplicando-se a taxa normal de Depreciação sobre o valor do Bem.

É **mensal** quando calculada e contabilizada mensalmente. O valor da quota mensal é obtido dividindo-se o valor da quota anual por 12.

A Depreciação pode ser, ainda, **normal** ou **acelerada**, diferenciando-se tão somente em relação à taxa aplicada, que poderá variar conforme o número de turnos de utilização do Bem a ser depreciado (cada turno corresponde a um período de oito horas — o dia tem três turnos de oito horas).

Assim, se o Bem for utilizado durante um único turno, a ele será aplicada a taxa normal; se for utilizado durante dois turnos, será aplicada a taxa multiplicada pelo coeficiente 1,5; e se for utilizado durante três turnos, será aplicada a taxa multiplicada pelo coeficiente 2,0.

Para se conhecer o valor da quota de Depreciação do Bem em cada Exercício, basta aplicar a taxa sobre o valor desse Bem. Veja:

Vamos calcular o valor da quota de Depreciação da conta Móveis e Utensílios em 31 de dezembro de x1, considerando que o saldo da conta nessa data é de $ 80.000 e a taxa anual é de 10%.

Temos:

$$\frac{\text{taxa} \times \text{valor do Bem}}{100} = \text{quota de Depreciação}$$

Veja os cálculos:

$$\frac{10 \times 80.000}{100} = 8.000$$

A contabilização da quota de Depreciação é feita, no livro Diário, mediante o seguinte lançamento:

*Depreciação*
*a Depreciação Acumulada de Móveis e Utensílios*
*Quota do período, conf. cálculos............................ 8.000*

---

**OBSERVAÇÕES:**

- A conta debitada, Depreciação, corresponde à Despesa do período; portanto, seu saldo será transferido para a conta "Resultado do Exercício", juntamente com os saldos das demais contas de Despesas da empresa, no momento da apuração do Resultado Líquido do Exercício.
- A conta creditada, "Depreciação Acumulada de Móveis e Utensílios", é Patrimonial e representará, sempre, o valor acumulado das depreciações efetuadas durante o tempo de vida útil econômica do Bem.
- No Balanço Patrimonial, a conta "Depreciação Acumulada de Móveis e Utensílios" aparecerá do lado do Ativo como Conta Redutora da conta "Móveis e Utensílios", a qual foi utilizada como base para cálculo da depreciação.

Vamos ver agora um exemplo de aplicação da taxa acelerada.

Suponhamos que uma máquina, contabilizada por $ 20.000, seja utilizada pela empresa industrial, durante dois turnos de oito horas. Sabendo que a taxa normal de Depreciação aplicável ao referido Bem é de 10%, faremos o seguinte:

taxa normal x coeficiente = taxa acelerada

10% x 1,5 = 15%

Logo:

15% de 20.000 = 3.000

O lançamento para a contabilização é semelhante ao já apresentado no exemplo anterior.

**NOTAS:**

- Um Bem só poderá ser depreciado a partir do mês em que for colocado em uso.
- Quando um Bem for adquirido e colocado em uso durante o ano, sua taxa de Depreciação deverá ser proporcional ao número de meses durante o qual foi utilizado. Neste caso, considera-se como mês integral a fração do mês no qual o Bem foi posto em utilização, mesmo que tenha sido usado por apenas um dia.
- Nos casos em que o tempo de vida útil econômica do bem seja superior ao prazo em que ele será utilizado em uma determinada atividade, sendo posteriormente reaproveitado em outra atividade, deve-se fixar um valor residual para que o bem não seja totalmente depreciado. Exemplo: valor do bem: $ 100; menos valor residual: $ 20; igual valor depreciável (a ser depreciado): $ 80.
- Valor residual de um Bem é um valor estimado pela empresa, pelo qual o bem poderá ser vendido após ter sido utilizado por um determinado tempo.
- Quando a Depreciação Acumulada de um Bem que estiver sendo usado pela empresa atingir 100% do seu valor, não haverá mais cálculo nem contabilização de quotas de Depreciação. Nesse caso, o Bem permanece na Contabilidade pelo valor original e no Balanço figurará com esse valor diminuído da conta Depreciação Acumulada que terá idêntico valor, até que seja baixado.
- Quando o Bem depreciado for retirado de uso (baixado), debita-se a conta Depreciação Acumulada e credita-se a conta que representa o respectivo Bem.
- Os bens do Imobilizado podem ser baixados em decorrência de alienação (venda), desapropriação, perecimento, extinção, desgaste, obsolescência, exaustão, liquidação, ou ainda quando não houver mais expectativa de benefícios econômicos futuros com a sua utilização ou alienação.

- Não são depreciados os Bens cujo tempo de vida útil seja inferior a um ano nem os de pequeno valor. Nesses casos, os valores gastos na aquisição dos respectivos Bens devem ser contabilizados na data das respectivas compras, diretamente em Conta de Despesa, pois o curto tempo de vida útil e o pequeno valor descaracterizam a necessidade de depreciá-los.
- Por razões práticas, em vez de se utilizar contas individuais para registrar a Depreciação de cada Bem, pode-se adotar uma só conta, cuja denominação genérica é "Depreciação Acumulada". Nesse caso, deve-se manter controle extracontábil individualizado da Depreciação acumulada de cada conta.

## 11.2 Amortização

**Amortização** é a diminuição do valor dos Bens imateriais classificados no Intangível, em razão do tempo.

A NBC TG 04 define Amortização como a alocação sistemática do valor amortizável de ativo intangível ao longo da sua vida útil.

Enquanto a Depreciação é usada para os Bens materiais (tangíveis), a Amortização é usada para os Bens imateriais (intangíveis), como Fundo de Comércio, Direitos Autorais, Marcas, Patentes etc.

Nem todos os Bens do Intangível estão sujeitos à Amortização. O fator que determina a aplicação ou não da Amortização é a vida útil do Bem imaterial.

Um Ativo Intangível com vida útil definida deve ser amortizado, porém, um Ativo Intangível com vida útil indefinida não deve ser amortizado.

Contudo, é importante esclarecer que esse procedimento não se aplica às empresas de pequeno e médio porte. Para essas empresas, conforme disciplina contida na Seção 18.19 da NBC TG 1000 – Contabilidade para Pequenas e Médias Empresas, todos os Bens imateriais devem ser considerados como tendo vida útil finita e por esse motivo, todos devem ser amortizados.

Contabilmente, a Amortização é um processo semelhante à Depreciação, porém aplicado aos Bens imateriais.

Enquanto por meio da Depreciação considera-se como despesa ou custo do período uma parte do valor gasto na compra dos Bens de Uso da empresa, por meio da Amortização considera-se como despesa ou custo do período uma parte do capital aplicado em Bens imateriais com vida útil definida, integrantes do Intangível.

Quais procedimentos devem ser tomados para se contabilizar a Amortização?

Em primeiro lugar, será preciso definir se o Bem imaterial tem vida útil definida ou indefinida, salvo nas pequenas e médias empresas nas quais todos os Bens serão considerados com vida útil definida.

Se tiver vida útil definida, então o próximo passo será escolher o método de Amortização a ser aplicado.

Os Bens imateriais com vida útil indefinida, não estão sujeitos à Amortização; contudo, a eles deve-se aplicar no final de cada exercício social o teste de recuperabilidade para que o valor contábil seja ou não revisado.

É importante destacar, também, que, segundo estabelece o § 3º do artigo 183 da Lei n. 6.404/1976, as empresas deverão efetuar, periodicamente, análise sobre a recuperação também dos Bens Intangíveis com vida útil definida, para que sejam revisados e ajustados os critérios utilizados para determinação da vida útil econômica estimada e para cálculo da respectiva Amortização.

É importante destacar, mais uma vez, que esse procedimento não se aplica às empresas de pequeno e médio porte.

Caso a vida útil do Ativo intangível não puder ser estabelecida de forma confiável, a vida útil deve ser determinada com base na melhor estimativa da administração, mas não deve exceder a dez anos. (Item 18.20 da NBC TG 1000 (R1)).

Depois de estabelecer o tempo de vida útil do Bem Intangível, o próximo passo será escolher o método de Amortização a ser adotado.

Vários métodos de Amortização podem ser adotados, como **linear, método da soma dos algarismos dos anos com taxas crescentes ou decrescentes, método das unidades produzidas** etc.

O método de Amortização utilizado deve refletir o padrão de consumo pela entidade dos benefícios econômicos futuros. Se não for possível determinar esse padrão com confiabilidade, deve ser utilizado o método linear.

A Amortização, também, pode ser anual ou mensal.

É **anual** quando calculada e contabilizada uma única vez ao ano. O valor da quota anual é obtido aplicando-se a taxa normal de Amortização sobre o valor do Bem.

É **mensal** quando calculada e contabilizada mensalmente. O valor da quota mensal é obtido dividindo-se o valor da quota anual por 12.

A taxa anual de Amortização dependerá do método de Amortização aplicado ao Bem imaterial com vida útil definida. Quando o método for o de linha reta, a taxa será proporcional ao número de anos de Amortização.

Suponhamos que a conta Fundo de Comércio apresente saldo de $ 40.000, o qual deve ser amortizado à taxa de 10% a.a.

Temos: $$\frac{\text{taxa} \times \text{valor do Bem}}{100} = \text{quota de Depreciação}$$

Veja os cálculos: $$\frac{10 \times 40.000}{100} = 4.000$$

Neste caso, o valor a ser amortizado é de $ 4.000.

Veja como ficará o registro no livro Diário:

*Amortização*

*a Amortização Acumulada de Fundo de Comércio*

*Quota do Exercício, conf. cálculos. ..........................* *4.000*

---

**OBSERVAÇÕES:**

- A conta debitada, "Amortização", corresponde à Despesa do período. Portanto, seu saldo será transferido para a conta "Resultado do Exercício", juntamente com os saldos das demais contas de Despesas da empresa, no momento da apuração do Resultado Líquido do Exercício.
- A conta creditada, "Amortização Acumulada de Fundo de Comércio", é Patrimonial e representará, sempre, o total acumulado das amortizações. No Balanço Patrimonial, esta conta constará no lado do Ativo como Redutora da conta Fundo de Comércio, a qual foi utilizada como base para o cálculo da respectiva Amortização.

**NOTAS:**

- Pequenas e médias empresas (PMEs), segundo a NBC TG 1000, são empresas que, por não terem seus instrumentos de dívida ou patrimoniais negociados em mercado de ações, não têm obrigação pública de prestação de contas; elaboram demonstrações contábeis somente para fins gerais, tendo como principais usuários externos os proprietários que não estão envolvidos na administração do negócio, credores existentes e potenciais e agências de avaliação de crédito.
- A Amortização deve ser iniciada a partir do momento em que o Ativo estiver disponível para uso e deve cessar na data em que o Ativo é classificado como mantido para venda ou incluído em um grupo de Ativos classificado como mantido para venda, de acordo com a NBC TG 31, ou, ainda, na data em que ele é baixado, o que ocorrer primeiro.

- Os Bens imateriais com vida útil definida devem ser totalmente amortizados. Contudo, a NBC TG 04 prevê casos excepcionais em que se deve considerar um valor residual para esses Bens.
- Valor amortizável é o custo de um Ativo ou outro valor que substitua o custo, menos o seu valor residual, quando houver.
- No Exercício em que o valor da conta "Amortização Acumulada" de um Bem imaterial atingir 100% do valor da conta que o registra, as duas contas deverão ser baixadas, debitando-se a conta "Amortização Acumulada" e creditando-se a conta que registrava o referido Bem.
- Por razões práticas, em vez de se utilizar contas individuais para registrar a Amortização de cada Bem, pode-se adotar uma só conta, cuja denominação genérica é "Amortização Acumulada". Neste caso, deve-se manter controle extracontábil individualizado da Amortização Acumulada de cada conta.
- Para fins de cálculo das quotas mensais de Amortização, considera-se sempre o mês integral ainda que o início ou término do período de Amortização ocorram durante o mês.

## 11.3 Teste de Recuperabilidade

**Teste de Recuperabilidade** consiste no confronto entre o valor contábil de um Ativo com seu valor recuperável.

**Valor contábil** é o montante pelo qual o Ativo está reconhecido no balanço depois da dedução de toda respectiva depreciação, amortização ou exaustão acumulada e ajuste para perdas.

**Valor recuperável de um ativo** é o maior montante entre o seu valor justo líquido de despesa de venda e o seu valor em uso.

**Valor justo líquido de despesa de venda** é o montante a ser obtido pela venda de um Ativo em transações em bases comutativas, entre partes conhecedoras e interessadas, menos as despesas estimadas de venda.

Segundo a NBC TG 01, a entidade somente deve manter em seu Ativo, contas representativas de bens e direitos registradas por valores que não excedam seus valores de recuperação.

Um Ativo está registrado contabilmente por valor que excede seu valor de recuperação se o seu valor contábil exceder o montante a ser recuperado pelo uso ou pela venda do Ativo.

Se, por ventura, um elemento do Ativo estiver registrado por valor superior ao valor recuperável, esse ativo está sujeito ao reconhecimento de perdas. Nesse caso, a entidade deve reconhecer um ajuste para perdas por desvalorização. Por outro lado, se, por ventura, um elemento do ativo estiver registrado por valor inferior ao valor recuperável, nenhuma providência deverá ser tomada pela entidade.

Contabilmente, o ajuste em decorrência da perda por desvalorização, é feito mediante débito em conta representativa de despesa e crédito em conta redutora do Ativo, que evidencie a respectiva perda.

**NOTAS:**

- A entidade deve avaliar ao fim de cada período, se há alguma indicação de que um Ativo possa ter sofrido desvalorização. Se houver alguma indicação, a entidade deve estimar o valor recuperável do ativo e reconhecer essa desvalorização no respectivo exercício. Além disso, será necessário rever e ajustar o tempo de vida útil remanescente, o método de depreciação, amortização e exaustão ou o valor residual, se houver.
- Exaustão é um processo semelhante à depreciação, porém, aplicado aos bens materiais representativos de recursos naturais como minas, florestas etc.

## Exemplo Prático

Considere as seguintes informações:

- Saldos em 31.12.x2
- Veículos ....................................................................80.000
- (-) Depreciação Acumulada ................................................(32.000)
- A conta Veículos refere-se a um único automóvel de uso.
- A vida útil do veículo foi estimada em 5 anos e a taxa de depreciação em 20% a.a.
- O Veículo já tinha sido depreciado por dois anos de uso, ou seja, 20% em 31.12.x1 e 20% nesta data de 31.12.x2.
- Nesta data, ou seja, em 31.12.x2, a empresa aplicou o teste de recuperabilidade, utilizando as normas contidas na NBC TG 01 e constatou que o valor justo de recuperação do veículo, correspondia a $ 30.000, ou seja, $ 18.000 menos que seu valor contábil que nesta data era $ 48.000 (80.00-32.000).

Diante das informações acima, para atender às disciplinas contidas na NBC TG 01, a empresa deverá reconhecer neste final de exercício de x2, a perda de $ 18.000.

Veja como a perda será reconhecida contabilmente:

*Despesas com Perdas Estimadas*
*a Perdas por Redução ao Valor Recuperável de Veículos*
*Pelo reconhecimento da perda,*
*conforme procedimentos exigidos pela*
*NBC TG 01 etc.* .................................................. *18.000*

______________ ______________

**OBSERVAÇÕES:**

- A conta "Despesas com Perdas Estimadas", representa Despesa do período.
- A conta Perdas por Redução ao Valor Recuperável de Veículos, figurará no Balanço como conta redutora da conta Veículos.

Veja como as contas envolvidas figurarão no Balanço de 31.12.x2:

ATIVO IMOBILIZADO

| | |
|---|---|
| *Veículos* | *80.000* |
| *(-) Depreciação Acumulada* | *(32.000)* |
| *(-) Perdas por Redução ao Val. Recup. de Veículos* | *(18.000)* |
| *Saldo* | *30.000* |

Diante disso, ainda em 31.12.x2, conforme disciplina contida na NBC TG 01, a empresa deverá rever o tempo de vida útil e o método de depreciação.

Considerando que a desvalorização decorreu de perda na capacidade produtiva do bem, o tempo de vida útil remanescente que era de 3 anos, agora foi novamente reestimado em 2 anos.

Assim, a depreciação dos dois próximos exercícios será de 50% a.a., do saldo remanescente de $ 30.000.

Suponhamos, agora que em 31.12.x3, após ter sido computada a depreciação do referido ano no valor de $ 15.000, no Balanço conste:

ATIVO IMOBILIZADO

| | |
|---|---|
| *Veículos* | *80.000* |
| *(-) Depreciação Acumulada* | *(47.000)* |
| *(-) Perdas por Redução ao Val. Recup. de Veículos* | *(18.000)* |
| *Saldo* | *15.000* |

Novamente (agora em 31.12.x3), a empresa submete o bem ao teste de recuperabilidade e constata que, em decorrência de uma valorização espetacular ocorrida no mercado, o veículo alcance nesta data um valor justo de recuperação para venda no mercado, igual a $ 60.000

A valorização decorreu da troca gratuita de peças realizada pela indústria montadora do veículo, tendo em vista falhas no processo de fabricação que foram constatadas somente no final de x3. Veja os procedimentos.

Como o valor contábil do bem corresponde a $ 15.000 e o seu valor justo de recuperação é igual a $ 60.000, ele está valorizado em $ 45.000, acima do seu valor contábil.

Nesse caso, o procedimento será fazer a reversão da perda anteriormente estimada, como segue:

*Perdas por Redução ao Valor Recuperável de Veículos*
*A Receitas com Perdas Recuperadas*
*Pela reversão que se processa,*
*tendo em vista valorização, conf. laudo etc.......................* *18.000*

---

**OBSERVAÇÕES:**

- A conta Perdas por Redução ao Valor Recuperável de Veículos, sendo debitada, ficará com saldo igual a zero.
- A conta Receitas com Perdas Recuperadas, integrará as receitas do período e será apresentada na Demonstração do Resultado do Exercício.

## Atividades Teóricas 1

**1.** Resolva:

I. Coloque A para os Bens sujeitos à Amortização, D para os Bens sujeitos à Depreciação e N para os Bens não sujeitos aos casos em foco:

( ) Móveis e Utensílios
( ) Direitos Autorais
( ) Veículos
( ) Fundo de Comércio
( ) Caixa
( ) Imóveis (prédios)

II. Associe a coluna 1 à coluna 2, com relação aos Bens e às taxas usuais de Depreciação a que estão sujeitos:

a) Computadores ( ) 4% a.a.
b) Imóveis (construções) ( ) 10% a.a.
c) Móveis e Utensílios ( ) 20% a.a.

**2.** Escolha a alternativa correta:

Desgaste pelo uso, por ação da natureza e obsolescência são causas da:

a) Amortização.

b) Depreciação.

c) Correção Monetária.

d) N.D.A.

**3.** Responda:

a) O que você entende por tempo de vida útil do Bem?

b) Cite dois métodos utilizados para Depreciação.

c) Qual a diferença entre a Depreciação normal e a acelerada?

d) O que você entende por valor residual de um Bem?

**4.** Escolha a alternativa correta.

O teste de recuperabilidade consiste:

a) no reconhecimento do valor original de um bem.

b) no confronto entre o valor contábil de um Ativo com seu valor recuperável.

c) no confronto entre o valor contábil de um Ativo com seu valor residual.

d) N.D.A.

**5.** Coloque V se a afirmativa for verdadeira e F se for falsa:

( ) As depreciações só poderão ser feitas por quotas anuais.

( ) As depreciações poderão ser feitas por quotas mensais ou anuais.

( ) As depreciações não serão feitas por quotas mensais.

( ) A NBC TG 04 define Amortização como a alocação sistemática do valor amortizável de Ativo Intangível ao longo da sua vida útil.

**6.** Escolha a alternativa correta.

A contabilização da Depreciação é feita pelo seguinte lançamento:

a) Depreciação
a Móveis e Utensílios

b) Depreciação Acumulada
a Depreciação

c) Depreciação
a Depreciação Acumulada

**7.** Coloque V se a afirmativa for verdadeira ou F se for falsa:

( ) A Conta Depreciação é Conta Patrimonial.

( ) A Conta Depreciação Acumulada é Conta de Despesa.

( ) A Conta Depreciação será encerrada no final do Exercício.

( ) A Conta Depreciação Acumulada aparecerá no Balanço Patrimonial no subgrupo Imobilizado do Ativo Não Circulante, com sinal negativo.

**8.** Escolha a alternativa correta.

A contabilização da Amortização é feita pelo seguinte lançamento:

a) Amortização
a Depreciação

b) Amortização Acumulada
a Amortização

c) Amortização
a Amortização Acumulada

**9.** Complete:

A Conta Amortização é uma Conta de (______________) do período, e a Conta (______________) é Conta Patrimonial, que aparecerá no Balanço Patrimonial, com o seu valor subtraído das respectivas Contas que foram usadas como base para seu cálculo.

a) Amortização
a Depreciação

b) Amortização Acumulada
a Amortização

c) Amortização
a Amortização Acumulada

## Atividades Práticas 1

PRÁTICA 1 – SOLUCIONADA

Contas e saldos extraídos do Balancete de Verificação em 31/12/x1:

| | |
|---|---|
| Veículos | 60.000 |
| (–) Depreciação Acumulada de Veículos | (24.000) |
| Saldo | 36.000 |
| Marcas e Patentes | 30.000 |
| (–) Amortização Acumulada de Marcas e Patentes | (24.000) |
| Saldo | 6.000 |

Calcular e contabilizar:

a) Quota de Depreciação pela taxa de 20% a.a.
b) Quota de Amortização pela taxa de 10% a.a.

### *Solução:*

(Para sua conferência, apenas os lançamentos de Diário.)

*Depreciação*
*a Depreciação Acumulada de Veículos*
*Quota de Depreciação ref. a este Exercício, conf. cálculos............ 12.000*

*Amortização*
*a Amortização Acumulada de Marcas e Patentes*
*Quota de Amortização ref. a este Exercício, conf. cálculos........... 3.000*

## PRÁTICA 2

Contas e saldos extraídos do Balancete de Verificação do Razão em 31/12/x4:

| | |
|---|---|
| Móveis e Utensílios | 100.000 |
| (–) Depreciação Acumulada de Móveis e Utensílios | (40.000) |
| Saldo | 60.000 |
| Fundo de Comércio | 80.000 |
| (–) Amortização Acumulada de Fundo de Comércio | (40.000) |

Calcular e contabilizar:

a) Quota de Depreciação pela taxa de 10% a.a.

b) Quota de Amortização pela taxa de 10% a.a.

## PRÁTICA 3

Contas e saldos extraídos do Balancete de Verificação do Razão em 31/12/x3:

| | |
|---|---|
| Computadores | 6.000 |
| Fundo de Comércio | 50.000 |
| (–) Amortização Acumulada de Fundo de Comércio | (45.000) |

Calcular e contabilizar:

a) Quota de Depreciação pela taxa de 20% a.a., sabendo que os computadores foram adquiridos e colocados em uso no dia 1º de junho de x3.

b) Amortizar a conta Fundo de Comércio pela taxa de 10% a.a.
Observe que, com essa quota, a conta Amortização Acumulada irá se igualar ao valor do Bem; portanto, proceder à respectiva baixa.

# CAPÍTULO 12

# REGIME DE COMPETÊNCIA

## 12.1 Introdução

Neste capítulo, você estudará os principais ajustes que devem ser feitos nas Contas de Resultado no momento da apuração do Resultado do Exercício, em decorrência da aplicação do Regime de Competência.

O Regime de Competência, também denominado de Regime Contábil de Competência, deve ser adotado por todos os contabilistas não só do Brasil, como do mundo todo, visando à uniformização dos registros contábeis.

Esse Regime contábil estabelece que as Receitas e as Despesas devam ser incluídas na apuração do Resultado do período em que ocorrerem, sempre de forma simultânea quando se correlacionarem, independentemente de seu recebimento ou pagamento.

Assim, as Despesas serão consideradas no Exercício (período) a que pertencerem tenha ou não sido pagas; e as Receitas serão consideradas no Exercício (período) em que forem realizadas, tenham ou não sido recebidas.

Em outras palavras, para o Regime de Competência, o que determina a inclusão da Despesa e da Receita na apuração do Resultado do Exercício (período) é a ocorrência do respectivo Fato gerador.

O Fato gerador da Despesa é o acontecimento que dá origem à respectiva Despesa. Em geral, o Fato gerador da Despesa é o consumo de bens e a utilização de serviços.

A Despesa cujo Fato gerador já tenha ocorrido é denominada Despesa incorrida (gerada).

O Fato gerador da Receita, em geral, é a venda de bens ou a prestação de serviços.

A Receita cujo Fato gerador já ocorreu é denominada de Receita realizada (gerada).

Então, conforme dissemos, para que o Resultado do Exercício (período) apurado pela empresa esteja de acordo com o que estabelece esse Regime Contábil, é necessário que sejam consideradas na apuração do Resultado, somente as Despesas e as Receitas que foram geradas no respectivo Exercício (período).

Ocorre, no entanto, que durante o Exercício Social, a empresa poderá ter efetuado pagamentos de Despesas incorridas no Exercício anterior; de Despesas incorridas no próprio Exercício ou ainda, poderão existir Despesas já incorridas e que não foram pagas como ocorre, por exemplo, com os aluguéis e com os salários e encargos de dezembro que são pagos normalmente em janeiro do Exercício seguinte.

Da mesma forma, a empresa poderá ter recebido Receitas que foram realizadas no Exercício anterior; Receitas que foram realizadas no presente Exercício ou poderá ainda, haver no final do Exercício, Receitas cujos Fatos geradores já ocorreram, porém ainda não foram recebidas.

Assim, para que na apuração do Resultado constem apenas as Despesas e as Receitas cujos Fatos geradores ocorreram no período, será preciso proceder a ajustes e apropriações em algumas Contas de Resultado.

Dependendo do momento que as empresas decidirem apurar os seus Resultados ou estiverem obrigadas a fazê-lo, elas deverão efetuar tais ajustes e apropriações no final de cada mês, de cada trimestre, de cada semestre ou somente no final do ano.

## 12.2 Ajustes em Contas de Despesas

### 12.2.1 Despesas incorridas e não pagas

#### Despesas com Aluguéis

Suponhamos que o Aluguel do prédio em que está instalada a nossa empresa, referente ao mês de maio, no valor de $ 5.000, deva ser pago no dia 10 de junho, de acordo com o que estabelece o contrato de locação.

Tendo em vista que o Fato gerador dessa Despesa ocorreu durante o mês de maio, no dia 31 de maio será feita a apropriação da referida Despesa por meio do seguinte lançamento:

*Aluguéis Passivos*
*a Aluguéis a Pagar*
*Pela apropriação do Aluguel deste mês, a ser pago em 10 de junho p.f.* ..................................... *5.000*

Assim, fica apropriada a Despesa de Aluguel em maio, isto é, dentro do mês de sua competência (ocorrência). Se pretendêssemos apurar o Resultado do período correspondente a maio, essa Despesa, tendo sido contabilizada, estaria automaticamente incluída com as demais Despesas contabilizadas no mês. Como o pagamento somente será efetuado no dia 10 do mês seguinte, foi creditada a conta Aluguéis a Pagar para registrar a referida Obrigação.

Veja como será contabilizado, no dia 10 de junho, o pagamento do Aluguel referente a maio:

*Aluguéis a Pagar*
*a Caixa*
*Pagamento efetuado ao Sr. Fulano ref. ao mês de maio.* ........................................................ *5.000*

**OBSERVAÇÃO:**

- Em 10 de junho, por ocasião do pagamento do Aluguel referente a maio, não cabe mais débito em Conta de Despesa, pois a Despesa com o Aluguel já foi apropriada no mês de sua competência (31 de maio). Neste momento, deve-se debitar a conta Aluguéis a Pagar para extinguir a Obrigação registrada no dia 31 de maio.

## Atividades Práticas 1

PRÁTICA 1

A empresa Comercial Ben-ti-vi Ltda., que apura seus Resultados somente no final do ano, não tendo por hábito apropriar as Despesas com Aluguéis mensalmente, efetuou, no dia 10 de abril, o pagamento do Aluguel referente ao mês de março, em dinheiro, no valor de $ 2.000. Contabilizar o Fato no dia do pagamento.

PRÁTICA 2

A empresa Comercial Teixeira Pombo Ltda., que apura seus Resultados mensalmente, paga Aluguel mensal à Imobiliária Sudeste Ltda., referente ao imóvel em que está instalada, no valor de $ 3.000.

Pede-se:

a) Apropriar, no dia 28 de fevereiro, o Aluguel que será pago no dia 10 de março.
b) Contabilizar, no dia 10 de março, o pagamento do Aluguel referente a fevereiro, efetuado mediante cheque de sua emissão contra o Banco Urupês S/A.

PRÁTICA 3

Determinada empresa prestadora de serviços, que costuma apurar seus Resultados somente no final de cada Exercício Social, efetuou, no dia 10 de junho, o pagamento do Aluguel do imóvel em que está instalada. Esse pagamento, cujo valor é de $ 5.000, foi feito em dinheiro e refere-se ao mês de maio.

Pede-se:

Efetuar a contabilização na data do pagamento.

PRÁTICA 4

A Distribuidora de Automóveis Nação S/A, que tem por praxe apurar Resultados mensais, efetuou, no dia 5 de setembro, o pagamento do Aluguel referente ao mês de agosto, no valor de $ 10.000, o qual foi feito por meio do cheque nº 20, de sua emissão, contra o Banco Urupês S/A.

Pede-se:

Apropriar a Despesa, no dia 31 de agosto, e contabilizar o pagamento, no dia 5 de setembro.

PRÁTICA 5

A Comercial Fauna Brasileira Ltda. está estabelecida em imóvel de terceiro, pagando aluguel mensal no valor de $ 5.000.

Pede-se:

a) Em 31 de dezembro de x1, apropriar o aluguel de dezembro que será pago em 10 de janeiro de x2;
b) Em 10 de janeiro de x2, contabilizar o pagamento do aluguel que foi efetuado por meio do cheque n. 500, de emissão da empresa, contra o Banco Urupês S/A.

## Despesas com Salários e Encargos

A exemplo do que ocorre com a contabilização dos Aluguéis, a empresa deve apropriar no final de cada mês, as Despesas com Salários e encargos devidos em decorrência dos serviços prestados a ela pelos seus empregados durante o Referido mês.

A contabilização das Despesas com Salários é feita com base na Folha de Pagamento.

Folha de Pagamento é um documento em que são relacionados os nomes dos empregados da empresa, o valor bruto dos seus salários, as deduções e o valor líquido que cada um tem a receber. Tendo em vista que os empregados trabalham durante o mês e só recebem os salários no mês seguinte, no último dia de cada mês, com base na Folha de Pagamento, a empresa apropriará as Despesas que serão pagas no mês seguinte.

### *Contabilização da Folha de Pagamento*

A contabilização da Folha de Pagamento deve ser feita em duas etapas:

**1ª**) No final do mês, quando ela é elaborada, são efetuados os lançamentos de apropriação das Despesas com Salários e dos Encargos.

**2ª**) No mês seguinte são feitos os lançamentos da liquidação da Folha correspondente ao pagamento do líquido aos empregados e aos recolhimentos dos respectivos Encargos, como Previdência Social, FGTS etc.

Veja um modelo de Folha de Pagamento:

*Natália Moura Ribeiro*
Nome ou carimbo da Firma

*Rua 12 de Junho, 32*
Endereço

# FOLHA DE PAGAMENTO DE SALÁRIOS

**Período de** *01* **a** *30* **de** *abril* **de** *x1*

Folha N. *04*
Secção _____

| N. de Ordem | NOMES | Salários | | | | Deduções | | | | Salário-Família | Líquido a Receber | Assinatura do Empregado |
|---|---|---|---|---|---|---|---|---|---|---|---|---|
| | | Dias Horas # | Dias-Horas Extras # | | Total Salário | Prev. Social | I. Renda | Vales | | | | |
| 01 | Aristides Nogueira | 100 | | | 3.000 | 240 | 600 | | | 100 | 2.260 | |
| 02 | José dos Santos | 100 | | | 3.000 | 240 | 600 | | | 50 | 2.210 | |
| 03 | Manoel Rodrigues | 60 | | | 1.800 | 144 | | | | | 1.656 | |
| 04 | Marcela de Oliveira* | 50 | | | 1.000 | 80 | | | | | 920 | |
| 05 | Andréa Sampaio | 40 | | | 1.200 | 96 | | | | | 1.104 | |
| | Totais | | | | 10.000 | 800 | 1.200 | | | 150 | 8.150 | |
| | | | | | | | | | | | | |
| | | | | | | | | | | | | |
| | | | | | | | | | | | | |
| | | | | | | | | | | | | |
| | | | | | | | | | | | | |
| | | | | | | | | | | | | |
| | *Trabalhou 20 dias | | | | | | | | | | | |
| | | | | | | | | | | | | |
| | | | | | | | | | | | | |
| | | | | | | | | | | | | |
| | | | | | | | | | | | | |
| | | | | | | | | | | | | |

**NOTAS:**

- Os valores descontados dos salários dos empregados para a Previdência Social variam de acordo com a faixa salarial de cada um.
- A faixa salarial estipulada para efeito de cálculos, bem como os percentuais a serem aplicados, podem ser alterados frequentemente pela Legislação Previdenciária.

*Contabilização:*

Na Folha de Pagamento constam:

**a.** Total bruto dos salários;

**b.** Deduções dos salários brutos (retenções da Folha);

**c.** Salário-família;

**d.** Líquido a receber.

No último dia útil do mês de referência, o setor de Contabilidade, mediante a Folha de Pagamento, efetua os seguintes lançamentos:

**1.** Apropriação do valor bruto da Folha:

*(1) Salários*
*a Salários a Pagar*
*Pela elaboração da Folha de Pagamento*
*referente ao mês de abril do corrente. ....................* *10.000*

Lançamento nos Razonetes:

| SALÁRIOS | |
|---|---|
| (1) 10.000 | |

| SALÁRIOS A PAGAR | |
|---|---|
| | (1) 10.000 |

**OBSERVAÇÕES:**

- Debitamos a conta Salários, pois o valor bruto da Folha é considerado Despesa do mês em referência. Com este débito, estamos apropriando a Despesa de salário no mês de sua competência, isto é, no mês em que ela ocorreu.
- Creditamos a conta Salários a Pagar para registrar a Obrigação que a empresa tem para com os empregados (cujo líquido será pago no mês seguinte).

**2.** Registro das retenções sobre os salários dos empregados:

*(2) Salários a Pagar*
*a Diversos*
*Pelas retenções conforme Folha:*
*a Contribuições de Previdência a Recolher*
*8% retidos dos salários dos empregados,*
*conforme Folha* .............................................. | | *800*
*a Imposto de Renda a Recolher*
*IR retido dos empregados conforme Folha* .......... | *1.200* | *2.000*

Veja a posição das contas envolvidas neste lançamento 2, em seus respectivos Razonetes:

| SALÁRIOS A PAGAR | |
|---|---|
| (2) 2.000 | (1) 10.000 |

| CONTRIBUIÇÕES PREV. A RECOLHER | |
|---|---|
| | (2) 800 |

| IMPOSTO DE RENDA A RECOLHER | |
|---|---|
| | (2) 1.200 |

**OBSERVAÇÕES:**

- Debitamos a conta Salários a Pagar pelo valor das retenções, pois essa conta registra o valor que a empresa terá de pagar aos empregados. No lançamento 1, essa conta foi creditada pelo bruto da Folha; já no lançamento 2, está sendo debitada pelas deduções.
- Creditamos as contas Contribuições de Previdência a Recolher e Imposto de Renda a Recolher, pois elas representam a Obrigação que a empresa tem de recolher à Previdência Social e à Receita Federal os valores retidos dos seus empregados.

**3.** Registro do salário-família:

O salário-família é uma ajuda que o Governo, por meio da Previdência Social, concede aos trabalhadores de baixa renda que possuem filhos com até 14 anos de idade, ou inválidos de qualquer idade. O valor da quota do salário-família pago por dependente é fixado periodicamente pela Previdência Social.

Quem paga o salário-família aos empregados é a empresa, que terá direito de compensar o respectivo valor quando efetuar o recolhimento, para a Previdência Social, dos encargos sobre a Folha de Pagamento.

Veja como ficará o lançamento no Diário:

*(3) Contribuições de Previdência a Recolher*
*a Salários a Pagar*
*Valor do salário-família conf. Folha ..................* *150*

Veja a posição das contas envolvidas neste lançamento 3, em seus respectivos Razonetes:

| CONTRIBUIÇÕES PREV. A RECOLHER | | | |
|---|---|---|---|
| (3) | 150 | (2) | 800 |

| SALÁRIOS A PAGAR | | | |
|---|---|---|---|
| (2) | 2.000 | (1) | 10.000 |
| | | (3) | 150 |

**OBSERVAÇÕES:**

- Para baixar o valor da Obrigação recolhida à Previdência Social, debitamos a conta Contribuições de Previdência a Recolher pelo valor do salário-família, pois, conforme já dissemos, a empresa terá direito de compensar o referido valor quando efetuar os recolhimentos, para a Previdência Social, dos encargos sobre a Folha de Pagamento do respectivo mês.
- Creditamos a conta Salários a Pagar para acrescentar, nesta conta, a Obrigação de pagar aos empregados o salário-família correspondente.

Além das Despesas já registradas, a empresa ainda responde pelos seguintes encargos sobre o valor bruto da Folha:

**a.** Contribuição de Previdência, parte patronal – a parte paga pela empresa corresponde a 26,8% do valor bruto da Folha;

**b.** Fundo de Garantia do Tempo de Serviço (FGTS) – corresponde a 8% do valor bruto da Folha, o qual será recolhido numa agência bancária, em nome de cada empregado.

**NOTA:**

- Esse percentual de 26,8% pode variar de acordo com o ramo de atividade da empresa e com o risco que o trabalho possa oferecer aos seus empregados; poderá, inclusive, ser alterado periodicamente pelo Governo. Portanto, o contabilista precisa manter-se atualizado quanto à Legislação Previdenciária para aplicar os critérios que estiverem em vigor em cada ano.

Veja os cálculos:

**a.** Contribuição de Previdência (parte da empresa):

26,8% de 10.000 = 2.680

**b.** FGTS:

8% de 10.000 = 800

**4.** Registro da Contribuição de Previdência (parte da empresa):

*(4) Encargos Sociais*
*a Contribuição de Previdência a Recolher*
*26,8% sobre Folha, ref. contribuição patronal. ...* 2.680

Veja a posição das contas envolvidas neste lançamento 4, em seus respectivos Razonetes:

| ENCARGOS SOCIAIS | | | |
|---|---|---|---|
| (4) | 2.680 | | |

| CONTRIBUIÇÕES PREV. A RECOLHER | | | |
|---|---|---|---|
| (3) | 150 | (2) | 800 |
| | | (4) | 2.680 |

**OBSERVAÇÕES:**

- Debitamos a conta Encargos Sociais para registrar o valor do encargo. Trata-se de Conta de Despesa, cujo saldo será transferido para a conta Resultado do Exercício, no momento da apuração do Resultado.
- Creditamos a conta Contribuições de Previdência a Recolher (a mesma utilizada no registro das retenções dos empregados e salário-família), pois a empresa tem Obrigação de recolher a referida importância à Previdência Social.

**5.** Registro do FGTS:

*(5) Encargos Sociais*
*a FGTS a Recolher*
*8% sobre Folha do mês ..............................* *800*

Veja a posição das contas envolvidas neste lançamento 5, em seus respectivos Razonetes:

| ENCARGOS SOCIAIS | | | |
|---|---|---|---|
| (4) | 2.680 | | |
| (5) | 800 | | |

| FGTS A RECOLHER | | | |
|---|---|---|---|
| | | (5) | 800 |

**OBSERVAÇÕES:**

- Debitamos novamente a conta Encargos Sociais, pois o valor a recolher ao FGTS é Despesa para a empresa.
- Creditamos a conta FGTS a Recolher para registrar a referida Obrigação.

Com esse lançamento n. 5, encerramos os registros contábeis necessários à apropriação da Folha de Pagamento dentro do mês de sua competência.

Veja, agora, a posição de todas as contas envolvidas, em seus respectivos Razonetes:

| SALÁRIOS | | | |
|---|---|---|---|
| (1) | 10.000 | | |

| SALÁRIOS A PAGAR | | | |
|---|---|---|---|
| (2) | 2.000 | (1) | 10.000 |
| | | (3) | 150 |
| | | Soma | 10.150 |
| | | Saldo | 8.150 |

| CONTRIBUIÇÕES PREV. A RECOLHER | | | |
|---|---|---|---|
| (3) | 150 | (2) | 800 |
| | | (4) | 2.680 |
| | | Soma | 3.480 |
| | | Saldo | 3.330 |

| IMPOSTO DE RENDA A RECOLHER | | | |
|---|---|---|---|
| | | (2) | 1.200 |

| ENCARGOS SOCIAIS | | | |
|---|---|---|---|
| (4) | 2.680 | | |
| (5) | 800 | | |
| Soma | 3.480 | | |

| FGTS A RECOLHER | | | |
|---|---|---|---|
| | | (5) | 800 |

No mês seguinte, serão cumpridas as Obrigações referentes a esta Folha de Pagamento. Observe que nos Razonetes constam as seguintes contas:

1. Salários: é Conta de Despesa, com débito de $ 10.000, os quais correspondem ao valor bruto da Folha de Pagamento.
2. Salários a Pagar: com saldo credor de $ 8.150, representa o líquido a ser pago aos empregados.
3. Contribuições de Previdência a Recolher: com saldo credor de $ 3.330, representa o valor a ser recolhido à Previdência Social.
4. Imposto de Renda a Recolher: com saldo credor de $ 1.200, representa Obrigação a recolher referente ao Imposto de Renda retido dos empregados.
5. Encargos Sociais: com saldo devedor de $ 3.480, representa os encargos com Previdência Social (parte da empresa) e com o FGTS.
6. FGTS a Recolher: com saldo credor de $ 800, representa o valor que será recolhido, em nome dos empregados e em uma agência bancária, a título de Fundo de Garantia do Tempo de Serviço.

Suponhamos agora que no dia 5 do mês seguinte, por meio de cheque de sua emissão, a empresa tenha efetuado todos os pagamentos correspondentes às Obrigações sobre a Folha em questão. Veja como ficará o registro no livro Diário:

*(6) Diversos*
*a Bancos conta Movimento*
*Pela liquidação da Folha de Pagamento do mês anterior:*

| | | |
|---|---|---|
| *Salários a Pagar* | | |
| *Líquido pago aos empregados* ............................. | *8.150* | |
| *Contribuições de Previdência a Recolher* | | |
| *Recolhimento conf. guia* ............................. | *3.330* | |
| *Imposto de Renda a Recolher* | | |
| *Recolhido conf. guia* ............................. | *1.200* | |
| *FGTS a Recolher* | | |
| *Recolhido conf. guia* ............................. | *800* | *13.480* |

Após o lançamento da liquidação da Folha, todas as Contas de Obrigações tiveram seus saldos zerados, permanecendo com saldo apenas as duas contas que registraram as Despesas com a Folha: Salários e Encargos Sociais, cujos valores serão transferidos para a conta Resultado do Exercício, no momento da apuração do Resultado Líquido do Exercício.

**NOTAS:**

- Mesmo para as empresas que costumam apurar seus Resultados somente no final do Exercício Social, recomenda-se a contabilização das Folhas de Pagamentos mensais, em duas etapas, conforme explicamos nesta Seção, pois o critério apresentado facilita o controle das Despesas e Obrigações. Entretanto, não havendo interesse pela apropriação mensal, pelo menos em 31 de dezembro o procedimento será obrigatório em relação à Folha de Pagamento do referido mês, em atendimento ao Regime Contábil de Competência.
- Não havendo apropriação mensal, os gastos com a Folha de Pagamentos serão lançados a débito de Contas de Despesas nos dias dos respectivos pagamentos.

## Atividades Práticas 2

PRÁTICA 1 – SOLUCIONADA

Dados extraídos da Folha de Pagamento de setembro:

| | |
|---|---|
| Valor bruto da Folha. | 30.000 |
| Contribuição de Previdência retida dos empregados. | 2.400 |
| Contribuição de Previdência (parte patronal). | 8.040 |
| FGTS. | 2.400 |

Pede-se:

a) Apropriar as Despesas em 30 de setembro;

b) Efetuar a liquidação da Folha em 5 de outubro, considerando que os pagamentos foram efetuados em dinheiro.

### *Solução:*

(Para sua conferência, somente lançamentos de Diário, sem histórico)

a) Apropriação da Folha em 30 de setembro

*(1) Salários*
*a Salários a Pagar ............ 30.000*

*(2) Salários a Pagar*
*a Contribuição de Previdência a Recolher ............ 2.400*

*(3) Encargos Sociais*

*a Diversos*

| | | |
|---|---|---|
| *a Contribuições de Previdência a Recolher* | *8.040* | |
| *a FGTS a Recolher* | *2.400* | *10.440* |

b) Liquidação da Folha, no mês de outubro

*(4) Diversos*

*a Caixa*

| | | |
|---|---|---|
| *Salários a Pagar* | *27.600* | |
| *Contribuições de Previdência a Recolher* | *10.440* | |
| *FGTS a Recolher* | *2.400* | *40.440* |

PRÁTICA 2

Dados extraídos da Folha de Pagamento de março:

Valor bruto da Folha. .................... 5.000

Contribuição de Previdência retida dos empregados (8%).

Contribuição de Previdência, parte patronal (26,8%).

FGTS (8%).

Pede-se:

a) Apropriar as Despesas em 31 de março;

b) Contabilizar a liquidação da Folha em 5 de abril, considerando que os pagamentos foram efetuados em dinheiro.

PRÁTICA 3

Dados extraídos da Folha de Pagamento de julho:

Valor bruto da Folha. .................... 100.000

Contribuição de Previdência retida dos empregados (8%)

Imposto de Renda retido dos empregados. .................... 15.000

Salário-família a ser pago aos empregados. .................... 1.000

Contribuição de Previdência, parte patronal (26,8%)

FGTS (8%).

Pede-se:

a) Apropriar as Despesas em 31 de julho;

b) Contabilizar, em 5 de agosto, somente o pagamento do líquido aos empregados, em dinheiro.

## 12.2.2 Despesas pagas antecipadamente

São Despesas que já foram pagas, embora os Fatos geradores ainda não tenham ocorrido.

Enquanto tais Fatos não acontecerem, esses gastos representam Direitos para a empresa, motivo pelo qual, no dia em que forem pagos, deverão ser contabilizados a débito nas Contas Patrimoniais do Ativo Circulante que espelharem, adequadamente, os respectivos Direitos.

As Despesas mais comuns, pagas antecipadamente, são: Despesas com Seguros, com Aluguéis e com Materiais de Consumo, conforme veremos a seguir.

### Despesas com Seguros

As empresas costumam fazer Seguro para cobrir eventuais perdas causadas por furtos ou decorrentes de Bens danificados por incêndio, vendaval, colisão etc.

Os Bens que estão mais sujeitos a riscos são os veículos e os estoques, embora muitas empresas façam Seguro também de Móveis e Utensílios, de Computadores e de Imóveis.

Para segurar Bens, a empresa solicita a presença de um corretor de seguros em seu estabelecimento, a quem caberá avaliar os respectivos Bens, definindo o valor a ser segurado (a ser coberto contra os riscos).

Consultando tabelas pré-elaboradas e em função do valor a ser segurado, o corretor encontrará o valor da Despesa que a empresa terá de pagar para ter o seu Patrimônio coberto contra os riscos.

O valor da Despesa que a empresa deverá pagar à companhia seguradora é denominado **Prêmio de Seguro**.

Os Seguros costumam ter validade de um ano, isto é, uma vez assinado o contrato, o Patrimônio segurado ficará coberto durante 365 dias. Quando se tratar de ano bissexto, em que o mês de fevereiro esteja incluso no período da cobertura, o Patrimônio ficará segurado por 366 dias.

A cobertura passa a vigorar da zero hora do dia posterior ao que o contrato for assinado às 24 horas do dia em que ele for assinado, porém do ano seguinte. Exemplo: contrato assinado no dia 22 de setembro de x2 vigorará da zero hora do dia 23 de setembro de x2 às 24 horas do dia 22 de setembro de x3.

Quando a empresa decidir pelo pagamento à vista, o próprio corretor de seguros poderá emitir um recibo e, posteriormente, a companhia seguradora encaminhará para a empresa a cópia da respectiva apólice. Há também outras opções para a realização do pagamento à vista como boleto bancário, débito na conta corrente da empresa etc.

Suponhamos que no dia 24 de junho de x1, nossa empresa tenha firmado Contrato de Seguro com a Companhia Seguradora Nacional, referente a um automóvel, avaliado em $ 21.000, tendo pago, no ato, por meio do cheque n. 730.001, de nossa emissão, contra o Banco Urupês S/A, a importância de $ 1.095 de Despesas. O veículo ficará coberto contra o risco, da zero hora do dia 25 de junho de x1 às 24 horas do dia 24 de junho de x2.

Nesta operação estão envolvidos dois acontecimentos:

**a. Um Fato Administrativo.** O pagamento da Despesa antecipada ocasionou a diminuição do Ativo, decorrente da saída de dinheiro da conta-corrente bancária. Ao mesmo tempo, acarretou aumento no Ativo, pois, como a Despesa foi paga antecipadamente e seu Fato gerador ainda não ocorreu, o valor da Despesa paga representará Direito da empresa junto à companhia seguradora, a qual se comprometeu a garantir o Seguro do respectivo Bem.

**b. Um Ato Administrativo.** A assinatura do contrato de Seguro caracteriza um Ato Administrativo relevante, o qual deverá ser contabilizado por meio de Contas de Compensação.

Veja os procedimentos contábeis desse acontecimento, começando pelo Fato Administrativo:

*Prêmios de Seguro a Vencer*
*a Bancos conta Movimento*
*Banco Urupês S/A*
*Pagamento efetuado à Companhia Seguradora Nacional por meio do nosso Ch. 730.001, conf. recibo desta data, ref. apólice de Seguro de automóvel, a vigorar pelo período de um ano.* .................. *1.095*

## OBSERVAÇÕES:

- Para registrar o valor da Despesa paga antecipadamente, foi debitada a conta Prêmios de Seguro a Vencer, que é Patrimonial e pertence ao subgrupo Despesas do Exercício Seguinte, do Ativo Circulante.
- Enquanto não ocorrer o Fato gerador da Despesa de Seguro, o qual se dará com o passar dos dias, o valor da Despesa paga antecipadamente representa Direito da empresa junto à companhia seguradora, a qual se compromete em ressarcir a empresa contratante, até o limite do valor segurado, caso ocorram danos (durante a vigência do contrato) ao Bem segurado.
- No final de cada mês ou no final do ano, conforme o caso, a empresa deverá apropriar o valor da Despesa incorrida no respectivo período, debitando uma Conta de Despesa (Prêmios de Seguro) e creditando a conta que registrou a Despesa paga antecipadamente (Prêmios de Seguro a Vencer).

Para se conhecer o valor da Despesa de Seguro incorrida em um período, mês ou ano, você deverá fazer o seguinte cálculo:

Para obter o valor diário da Despesa de Seguro, divida o valor da Despesa do Seguro por 365 dias ou por 366, quando se tratar de ano bissexto, em que o mês de fevereiro esteja incluído no período de cobertura. Em seguida, multiplique o valor diário do Seguro pelo número de dias do período (mês ou ano), o que lhe permitirá conhecer o valor da Despesa a ser apropriada naquele período.

Conforme já estudamos, as empresas que apuram Resultados mensais deverão apropriar as Despesas com Seguros no final de cada mês; as que apuram os Resultados uma só vez ao ano deverão apropriá-las somente no último dia do respectivo ano. Veja agora os procedimentos de uma empresa que apura Resultados mensais. Utilizaremos os valores do exemplo anterior.

Cálculo da Despesa incorrida em junho de x1:

$$\frac{\$\ 1.095}{365 \text{ dias}} = \$\ 3 \text{ por dia}$$

Como o período de 25 a 30 de junho abrange 6 dias (inclui-se o dia 25 na contagem), faremos:

$$6 \times \$\ 3 = \$\ 18$$

Contabilização em 30 de junho:

*Prêmios de Seguro*
*a Prêmios de Seguro a Vencer*
*Apropriação que se processa da despesa*
*incorrida de 25 a 30 do corrente, conf. cálculos.* ............... *18*

Veja a posição das contas envolvidas, em seus respectivos Razonetes:

| PRÊMIOS DE SEGURO A VENCER | | |
|---|---|---|
| | 1.095 | 18 |
| Saldo | 1.077 | |

| PRÊMIOS DE SEGURO | |
|---|---|
| 18 | |

**OBSERVAÇÃO:**

- Observe a variação do saldo da conta Prêmios de Seguro a Vencer, utilizada para registrar o valor da Despesa paga antecipadamente. O saldo, que antes do lançamento da apropriação era de $ 1.095, passou a ser de $ 1.077 depois do lançamento. Observe também que a conta Prêmios de Seguro, que é de Despesa, quando debitada no lançamento da apropriação, passou a ter saldo devedor de $ 18, valor referente à Despesa incorrida no período. O saldo desta conta será transferido para a conta Resultado do Exercício, juntamente com as demais Despesas, por ocasião da apuração do Resultado. Esse mesmo procedimento deverá ser feito mensalmente até o dia 24 de junho de x2, data em que toda a Despesa de Seguro referente ao contrato em questão já terá sido incorrida.

Veja agora os procedimentos de uma empresa que apura seus Resultados somente no final do ano.

Considerando os mesmos dados do exemplo anterior, teremos:

Cálculos:

$$\frac{\$\ 1.095}{365 \text{ dias}} = \$\ 3 \text{ por dia}$$

Cálculo do número de dias, de 25 de junho a 31 de dezembro de x1: junho, 6; julho, 31; agosto, 31; setembro, 30; outubro, 31; novembro, 30 e dezembro, 31. Total: 190 dias.

$$190 \text{ dias x } \$\ 3 = \$\ 570$$

## *Contabilização em 31/12/x1:*

*Prêmios de Seguro*
*a Prêmios de Seguro a Vencer*
*Apropriação que se processa da Despesa de Seguro incorrida no período de 25 de junho a 31 de dezembro do corrente, conforme cálculos* ...................... *570*

Vamos ver como ficará a contabilização do Ato Administrativo.

Conforme já dissemos nos comentários acerca do Plano de Contas (Capítulo 9), as Contas de Compensação são consideradas Extrapatrimoniais, pois não representam Bens, Direitos, Obrigações, Patrimônio Líquido, Despesas ou Receitas. Elas destinam-se apenas ao registro dos Atos Administrativos considerados relevantes, ou seja, aqueles que poderão provocar, futuramente, modificações no Patrimônio da empresa.

O funcionamento das Contas de Compensação, que são apropriadas para o registro de operações envolvendo Seguros, ocorre da seguinte maneira:

**a.** Debita-se a Conta de Compensação do Ativo e credita-se a sua contrapartida do Passivo, no momento da ocorrência do Ato;

**b.** Quando expirar o prazo do contrato, inverte-se o lançamento anterior para dar baixa no sistema de Compensação.

As Contas de Compensação têm, por finalidade, permitir que os contratos, os ônus, os riscos, os valores de Terceiros que estiverem em poder da empresa, bem como os valores da empresa que estiverem em poder de Terceiros – que possam provocar variações futuras no Patrimônio da empresa –, fiquem devidamente caracterizados nos registros contábeis.

Veja, finalmente, como contabilizaremos o Ato em questão:

*Seguros Contratados*
*a Contratos de Seguros*
*Contrato de Seguro firmado junto à Companhia Seguradora Nacional, pelo período de um ano, conf. apólice n. x.* .......................... *21.000*

---

**OBSERVAÇÕES:**

- Esse registro não interfere nos valores patrimoniais, mas indica que a empresa tem, em seu Patrimônio, uma cobertura no valor de $ 21.000 contra eventuais perdas, de acordo com o que estabelece o respectivo contrato.
- As Contas de Compensação não precisam figurar no Balanço Patrimonial. Basta citar detalhadamente os respectivos Atos Administrativos nas Notas Explicativas que acompanham as Demonstrações Contábeis da empresa.

## Atividades Práticas 3

PRÁTICA 1 – SOLUCIONADA

No dia 19 de maio, nossa empresa firmou contrato de Seguro contra incêndio com a Companhia Sul, tendo pago a importância de $ 1.500, referente ao prêmio, conforme recibo n. 70. O valor segurado, pelo período de um ano, foi de $ 150.000.

a) Contabilizar o pagamento da Despesa, efetuada em dinheiro;

b) Registrar o Ato Administrativo por meio das Contas de Compensação.

### *Solução:*

(Para sua conferência, apenas lançamentos de Diário).

a) Contabilização do pagamento da Despesa:

*Prêmios de Seguro a Vencer*

*a Caixa*

*Paga à Companhia Sul, conf. rec. n. 70* ........................................... *1.500*

________________ ________________

b) Contabilização do Ato:

*Seguros Contratados*

*a Contratos de Seguros*

*Contrato de Seguro firmado com a Companhia Sul, conf. apólice etc.* *150.000*

________________ ________________

PRÁTICA 2

Seguro firmado com a companhia X, em 01 de julho de x1, contra incêndio, conforme apólice Y. O valor segurado foi de $ 200.000, e a Despesa foi paga em dinheiro, no valor de $ 2.000, conforme recibo n. 1.930.

a) Contabilizar o pagamento da Despesa;

b) Contabilizar o Ato Administrativo por meio das Contas de Compensação.

PRÁTICA 3

Em 18 de setembro de x1, nossa empresa firmou Contrato de Seguro contra incêndio com a companhia Y, pelo período de um ano, conforme apólice n. 801. O valor segurado foi de $ 500.000, e a Despesa importou em $ 3.650, paga em dinheiro, no próprio dia 18 de setembro, conforme recibo n. 240.

Considerando que a empresa apura seus Resultados mensalmente, proceder:

a) Contabilizar o Fato e o Ato ocorridos em 18 de setembro;

b) Apropriar a Despesa incorrida até 30 de setembro de x1.

PRÁTICA 4

Seguro contra incêndio firmado com a Companhia Seguradora Nacional, pelo período de um ano, conforme apólice n. 701, a saber:

- Valor segurado: $ 900.000.
- Valor do Prêmio pago por meio do cheque n. 701, de nossa emissão, contra o Banco Urupês S/A: 10.950, conforme recibo n. 333.

A empresa apura seus Resultados somente no final do ano.

a) Contabilizar o pagamento da Despesa em 20 de abril de x2.

b) Contabilizar o Ato em 20 de abril de x2.

c) Apropriar a Despesa incorrida até 31 de dezembro de x2.

d) Apropriar a Despesa incorrida referente ao período de 01 de janeiro de x3 a 20 de abril de x3.

e) Dar a baixa no Sistema de Compensação, no dia 20 de abril de x3, data em que o contrato se encerrou.

## Despesas com Aluguéis

Os Aluguéis constituem outro caso de Despesa que pode ser paga antecipadamente. Suponhamos que no dia 20 de dezembro de x1, nossa empresa decidiu pagar, ao proprietário do imóvel em que está instalada, a importância de $ 5.000, correspondente ao Aluguel do mês de janeiro de x2, cuja Despesa deveria ser paga somente no dia 10 de fevereiro de x2.

### *Contabilização em 20 de dezembro de x1:*

*Aluguéis Passivos a Vencer*
*a Caixa*
*Pagamento efetuado ao Sr. Fulano, ref. ao*
*Aluguel de janeiro de x2.* .......................................... *5.000*

Como o Fato gerador do Aluguel em questão somente ocorrerá no mês de janeiro de x2, e tendo em vista o Regime de Competência, neste Exercício, debitamos a conta Aluguéis Passivos a Vencer, que é Patrimonial e pertence ao subgrupo Despesas do Exercício Seguinte, do Ativo Circulante.

No último dia do mês de janeiro de x2, para apropriar a Despesa que foi paga antecipadamente neste Exercício, faremos o seguinte lançamento de ajuste:

*Aluguéis Passivos*
*a Aluguéis Passivos a Vencer*
*Pela apropriação do Aluguel deste mês*
*pago antecipadamente no Exercício anterior* ...................... *5.000*

## Atividade Prática 4

Uma empresa de prestação de Serviços que apura seus Resultados somente no final de cada ano, efetuou pagamento ao Sr. Pedro Ribeiro, no dia 15 de dezembro de x8, no valor de $ 800, em dinheiro, referente ao Aluguel de janeiro de x9.

Pede-se:

a) Contabilizar o pagamento no dia 15 de janeiro de x9;

b) Apropriar a Despesa em 31 de janeiro de x9.

## Despesas com Materiais de Consumo

Para se contabilizar os materiais que a empresa adquire para consumo próprio, como os Materiais de Expediente e Limpeza, há que se considerar duas situações:

1º – **Quando a empresa compra em pequenas quantidades para consumo imediato.**

Neste caso, seja qual for o sistema de apuração de Resultado adotado pela empresa (mensal ou anual), o valor da compra poderá ser contabilizado a débito de uma Conta de Despesa.

Exemplo: compra, à vista, de 500 folhas de papel ofício e seis canetas esferográficas, conforme NF n. 741, da Papelaria Aliança, no valor de $ 8.

*Contabilização:*

*Material de Expediente*
*a Caixa*
*NF n. 741, da Papelaria Aliança.* .......................... *8*

**OBSERVAÇÃO:**

- A conta Material de Expediente, que é de Despesa Operacional, indica, ao ser debitada, que o referido Fato corresponde à Despesa do período.

2º – **Quando a empresa adquire esses materiais em grandes quantidades para consumo futuro.**

Neste caso, como no momento da compra não é caracterizada a Despesa, pois não há consumo, o procedimento mais correto será contabilizar o valor da compra a débito de uma Conta de Estoque.

Se a empresa adotar o Sistema de Inventário Permanente, toda vez que algum setor requisitar materiais estocados, o responsável pelo pedido deverá emitir um documento, que poderá ser uma Requisição de Material, por meio do qual o Fato deverá ser contabilizado, debitando-se uma Conta de Despesa e creditando-se a Conta do Estoque.

Se a empresa adotar o Sistema de Inventário Periódico, o registro da Despesa poderá ser efetuado somente no final do ano, comparando-se o Estoque físico com o Estoque contábil. **Estoque físico** é o que realmente existe, apurado mediante contagem dos objetos estocados. **Estoque contábil** é o registrado pela Contabilidade, apurado mediante consulta do saldo da respectiva conta, no livro Razão.

Acompanhe os exemplos a seguir:

**a. Sistema de Inventário Permanente (apuração de Resultados mensais)**

Suponhamos que no dia 1º de julho de x1, a empresa tenha adquirido materiais de expediente no valor de $ 10.000, conforme NF n. 1.005, da Distribuidora Nova Aliança Ltda.

*Contabilização:*

*Estoque de Material de Expediente*
*a Caixa*
*NF n. 1.005, da Distr. Aliança Ltda. ...........* *10.000*

**OBSERVAÇÃO:**

- A conta Estoque de Material de Expediente, que é do Ativo Circulante, foi debitada porque a compra de materiais de consumo em grande quantidade não caracteriza a Despesa, pois no ato da compra não houve consumo.

Suponhamos agora que, no dia 5 de julho, foram retirados do Estoque materiais de expediente no valor de $ 20, conforme Requisição n. 1.

*Contabilização:*

*Material de Expediente*
*a Estoque de Material de Expediente*
*Requisição n. 1. .......................................* *20*

**OBSERVAÇÕES:**

- A conta Material de Expediente, que é de Despesa Operacional, foi debitada porque, neste momento, a Despesa ficou caracterizada, ou seja, os materiais foram requisitados para consumo. O saldo desta conta será transferido para a conta Resultado do Exercício, no momento da apuração do Resultado do Exercício.
- A conta Estoque de Material de Expediente foi creditada para dar baixa de $ 20 nos Estoques referentes aos materiais retirados para consumo.

**b. Sistema de Inventário Periódico (apuração de Resultado anual)**

Suponhamos que no dia 10 de agosto de x1, a empresa tenha adquirido, à vista, materiais de expediente no valor de $ 30.000, conforme NF n. 1.001, da Papelaria São Paulo S/A.

*Contabilização:*

*Estoque de Material de Expediente*
*a Caixa*
*NF n. 1.001, da Papelaria São Paulo S/A. .....* *30.000*

---

**OBSERVAÇÃO:**

- Como ocorreu compra em grande quantidade, os materiais foram Contabilizados a débito da conta Estoque de Material de Expediente, que pertence ao Ativo Circulante.

Como esta empresa apura seus Resultados no final do ano, não haverá necessidade de se contabilizar a Despesa nem de se proceder à baixa nos Estoques no momento em que são feitas as requisições de materiais. Neste caso, a contabilização da Despesa será efetuada uma só vez, no final do ano, por ocasião da apuração do Resultado do Exercício, comparando-se o Estoque físico com o Estoque contábil.

Acompanhe:

Vamos assumir que, no dia 31 de dezembro de x1, tenha sido feita uma contagem física (Inventário) dos materiais de expediente, pela qual constatou-se que havia, em Estoque, $ 13.000 de materiais ainda não consumidos.

Como o Estoque contábil indicava saldo de $ 30.000, e o Estoque físico saldo de $ 13.000, concluímos que a diferença de $ 17.000 corresponde ao consumo do período. O ajuste será feito pelo seguinte lançamento:

*Material de Expediente*
*a Estoque de Material de Expediente*
*Ajuste que se processa, ref. ao consumo do período. ....................................................* *17.000*

---

**OBSERVAÇÕES:**

- A conta Material de Expediente, ao ser debitada, indica que no período foram consumidos $ 17.000 de Material de Expediente. O saldo desta conta será transferido para a conta Resultado do Exercício, no momento da apuração do Resultado.
- A conta Estoque de Material de Expediente, ao ser creditada por $ 17.000, ficará com saldo de $ 13.000, que corresponde ao valor do Estoque físico apurado em 31 de dezembro. Esta conta constará no Balanço Patrimonial, classificada no Ativo Circulante.

Veja a posição das contas envolvidas, após o lançamento de ajuste:

| ESTOQUE DE MAT. DE EXPEDIENTE | | |
|---|---|---|
| | 30.000 | 17.000 |
| Saldo | 13.000 | |

| MATERIAL DE EXPEDIENTE | |
|---|---|
| 17.000 | |

## Atividades Práticas 5

Contabilizar, em partidas de Diário, os eventos solicitados nas duas Práticas a seguir.

PRÁTICA 1

Compra de materiais de limpeza, para consumo imediato, conforme NF n. 559, do Supermercado Aliança, no valor de $ 50, cujo pagamento foi efetuado em dinheiro.

PRÁTICA 2

Fatos ocorridos na Comercial Oliveira S/A, que adota o Sistema de Inventário Permanente (apuração de resultados mensais):

a) Em 10 de junho, compra de materiais de expediente, no valor de $ 10.000, em dinheiro, conforme NF n. 998, do Atacadão dos Materiais S/A.

b) Em 20 de junho, requisição de materiais, para consumo, no valor de $ 1.000, conforme Requisição n. 40.

Pede-se:

Contabilizar os Fatos nas respectivas datas.

## 12.3 Ajustes em Contas de Receitas

Os ajustes nas Contas de Receitas também devem ser feitos para registrar tanto as Receitas realizadas (geradas) e não recebidas, como as recebidas e ainda não realizadas.

### 12.3.1 Receitas realizadas (ganhas) e não recebidas

Para apropriação das Receitas ganhas e ainda não recebidas, debita-se uma Conta do Ativo que represente o referido Direito e credita-se uma conta que represente a respectiva Receita.

*Exemplo:*

Nossa empresa alugou um imóvel para o Sr. Rafael, o qual, conforme consta do contrato de locação, paga o Aluguel do mês sempre no dia 10 do mês seguinte. Assim, o Aluguel de dezembro, que é de $ 8.000 e deverá ser recebido no dia 10 de janeiro do ano seguinte, será contabilizado no dia 31 de dezembro mediante o seguinte lançamento:

*Aluguéis a Receber*
*a Aluguéis Ativos*
*Pela apropriação do Aluguel ref. ao mês de*
*dezembro, a ser recebido em 10 de janeiro p.f.* ................. *8.000*

---

**OBSERVAÇÕES:**

- A conta Aluguéis a Receber, ao ser debitada, indica que a nossa empresa tem Direito de receber do seu locatário a importância correspondente ao Aluguel de dezembro.
- A conta Aluguéis Ativos, ao ser creditada, indica que, no mês de dezembro, a nossa empresa ganhou uma Receita com Aluguel, embora ainda não a tenha recebido. Portanto, ao creditarmos a conta Aluguéis Ativos, estamos incluindo o Aluguel realizado no período de sua competência (dezembro).
- As empresas que apuram Resultados mensais devem fazer essa apropriação mensalmente; já as que optaram pela apuração anual dos Resultados, deverão fazer essa apropriação somente no final do ano, referente à Receita de dezembro.

### 12.3.2 Receitas recebidas antecipadamente (recebidas e não ganhas)

**NOTA:**

- Conforme já dissemos, o que determina a realização da Receita é a ocorrência do respectivo Fato gerador. Assim, enquanto não ocorrer o Fato gerador da Receita, mesmo que a empresa já tenha recebido do Cliente o respectivo valor, essa Receita não será considerada realizada ou ganha.

Suponhamos que no dia 20 de dezembro de x1, nossa empresa tenha recebido a importância de $ 4.000, referente ao Aluguel do mês de janeiro de x2, cujo vencimento ocorrerá em 10 de fevereiro do mesmo ano.

Neste caso, no dia 20 de dezembro de x1, data do recebimento, efetuaremos no Diário o seguinte registro:

*Caixa*
*a Aluguéis Ativos a Vencer*
*Recebido, nesta data, do Sr. Fulano, ref. a*
*Aluguel de janeiro de x2 ......................................... 4.000*

---

**OBSERVAÇÕES:**

- Com o débito efetuado na conta Caixa, o valor recebido fica devidamente registrado.
- Como o valor recebido corresponde a Receita Antecipada, foi creditada a conta Aluguéis Ativos a Vencer, a qual integra o grupo Receitas Diferidas do Passivo Não Circulante. Assim, a Receita recebida não fará parte do total das Receitas do presente Exercício.

No dia 31 de janeiro do ano seguinte, quando a referida Receita for realizada, para integrá-la ao Resultado do referido mês, será feita a apropriação pelo seguinte lançamento:

*Aluguéis Ativos a Vencer*
*a Aluguéis Ativos*
*Pela apropriação da receita d/ mês, recebida*
*antecipadamente no Exercício anterior. .......................... 4.000*

---

**OBSERVAÇÃO:**

- Observe que neste lançamento, feito no mês da realização da Receita, ao debitarmos a conta Aluguéis Ativos a Vencer, damos baixa na respectiva conta; e ao creditarmos a conta Aluguéis Ativos, incluímos a Receita no mês da sua competência.

## Atividades Práticas 6

PRÁTICA 1 – SOLUCIONADA

Contabilizar, em partidas de Diário, os Fatos a seguir.

A empresa comercial Canário, que apura seus Resultados mensalmente, aluga parte do seu imóvel, no qual funciona um Escritório de Contabilidade. O valor do Aluguel mensal é de $ 1.200, e o locatário costuma pagá-lo no dia 5 do mês subsequente.

Pede-se:

a) Em 30 de novembro, apropriar o Aluguel referente ao mês;

b) Em 5 de dezembro, contabilizar o recebimento do Aluguel referente ao mês de novembro.

*Solução:*

a) Apropriação em 30 de novembro:

*Aluguéis a Receber*
*a Aluguéis Ativos*
*Apropriação do Aluguel referente a este mês.* .................................. *1.200*

b) Registro do recebimento em 5 de dezembro:

*Caixa*
*a Aluguéis a Receber*
*Recebido conf. recibo.* .................................. *1.200*

PRÁTICA 2

Em 31 de março, apropriar o Aluguel referente a este mês, no valor de $ 400, que será recebido no mês seguinte.

PRÁTICA 3

Em 5 de abril, contabilizar o recebimento de $ 400, referentes ao Aluguel de março, devidamente apropriado no respectivo mês.

PRÁTICA 4

Em 10 de dezembro de x3, recebemos do Sr. Joel a importância de $ 2.000, relativa ao Aluguel de janeiro de x4.

Pede-se:

a) Contabilizar o recebimento em 10 de dezembro de x3.

b) Apropriar a Receita em 31 de janeiro de x4.

PRÁTICA 5

A Comercial J.T. Ltda. alugou um imóvel para a Comercial Medeiros S/A, cujo aluguel de $ 10.000 é pago mensalmente, sempre no dia 10 do mês seguinte ao da ocorrência do respectivo Fato gerador.

Pede-se:

a) Contabilizar nos livros da Comercial J.T. Ltda.:
- No dia 31 de agosto, apropriar o Aluguel ganho no referido mês.
- No dia 10 de setembro, contabilizar o recebimento, em dinheiro, do valor do respectivo Aluguel, apropriado em 31 de agosto, conforme recibo n. 08.

b) Contabilizar nos livros da Comercial Medeiros S/A:
- Apropriar a Despesa incorrida no dia 31 de agosto.
- No dia 10 de setembro, contabilizar o pagamento, em dinheiro, do valor do respectivo Aluguel.

## 12.4 Regimes Contábeis

### 12.4.1 Introdução

Você já sabe que, para conhecer o Resultado de um Exercício, é preciso confrontar o total das Despesas com o total das Receitas correspondentes ao respectivo Exercício.

Você viu também que, em determinado Exercício, podem ser efetuados pagamentos de Despesas ocorridas no Exercício anterior; ocorridas no próprio Exercício; ou que ainda irão ocorrer no Exercício seguinte. Sabe, também, que o mesmo poderá ocorrer com as Receitas: em determinado Exercício pode-se receber dinheiro proveniente de Receitas ocorridas no Exercício anterior; no próprio Exercício; ou ainda provenientes de Receitas que ocorrerão no Exercício seguinte.

Assim, no final de um Exercício Social, no momento da apuração do Resultado do Exercício, dentre as contas existentes no livro Razão, poderão constar algumas Contas de Despesas e/ou de Receitas que não integrarão o respectivo Resultado, bem como outras de Direitos – representativas de Despesas pagas antecipadamente (Despesas Diferidas), ou de Obrigações – representativas de receitas Recebidas antecipadamente (Receitas Diferidas), que deverão integrar o respectivo Resultado.

O Regime Contábil adotado pela empresa é que definirá quais Despesas e Receitas deverão ser consideradas na apuração do Resultado de cada Exercício.

São dois os Regimes Contábeis que disciplinam a apuração do Resultado do Exercício: Regime de Caixa e Regime de Competência.

### 12.4.2 Conceitos

**Regime de Caixa:** na apuração do Resultado do Exercício devem ser consideradas todas as Despesas pagas e todas as Receitas recebidas no respectivo Exercício, independentemente da data da ocorrência de seus Fatos geradores.

Em outras palavras, por esse Regime, somente entrarão na apuração do Resultado as Despesas e as Receitas que passaram pelo Caixa.

**Regime de Competência:** na apuração do Resultado do Exercício devem ser consideradas as Despesas incorridas e as Receitas realizadas no respectivo Exercício, tenham ou não sido pagas ou recebidas.

De acordo com o Regime de Competência, não importa se as Despesas ou Receitas (incorridas ou realizadas) passaram pelo Caixa – o que vale é a data da ocorrência dos respectivos Fatos geradores.

### 12.4.3 Comparação entre Regime de Caixa e Regime de Competência

Suponhamos que, no Exercício de x2, tenham ocorrido os seguintes eventos na gestão de determinada empresa:

1. Pagamentos, em dinheiro, no valor de $ 2.000, de Despesas de Salários e Encargos referentes a dezembro de x1.
2. Pagamentos efetuados durante o Exercício de x2, em cheques, no valor de $ 30.000, referentes a Salários e Encargos incorridos de janeiro a novembro de x2.
3. Salários e Encargos de dezembro de x2, que serão pagos em janeiro de x3, no valor de $ 5.000.
4. Recebida, em janeiro de x2, a importância de $ 500, referente a Aluguéis de dezembro de x1.
5. Recebida, durante o Exercício de x2, a importância de $ 5.500, em dinheiro, referente a Aluguéis correspondentes aos meses de janeiro a novembro de x2.
6. Aluguel de dezembro de x2, que será recebido em janeiro de x3, no valor de $ 500.
7. Recebimento de $ 250, em dinheiro, referente à venda de um Bem de uso da empresa, pelo preço de custo.
8. Pagamentos efetuados, em dinheiro, durante o Exercício de x2, referentes a impostos e contribuições correspondentes aos meses de janeiro a novembro de x2, no valor de $ 12.000.
9. Impostos e contribuições referentes a dezembro de x2, que serão recolhidos em janeiro de x3, no valor de $ 1.900.
10. Serviços prestados durante o Exercício de x2, recebidos à vista, no valor de $ 54.000.
11. Serviços prestados em dezembro de x2, a prazo, para recebimento no Exercício de x3, no valor de $ 15.000.

**12.** Seguro contra incêndio firmado com a Cia. Seguradora Brasil, em 31 de agosto de x2, pelo período de um ano, a vigorar a partir de 1º de setembro. Valor do prêmio pago em 31 de agosto de x2, por meio do cheque n. 200.001, do Banco Urupês: $ 3.650.

**13.** Compra, à vista, de Móveis e Utensílios no valor de $ 800.

Vamos, agora, apurar o Resultado do Exercício dessa empresa pelos dois regimes, para que você possa compará-los e tirar suas conclusões.

**NOTA:**

- Para fins de apuração do Resultado do Exercício pelos regimes de Caixa ou de Competência, as Receitas recebidas e as Despesas pagas em estabelecimentos bancários – débitos ou créditos na conta Bancos conta Movimento – por meio de cheques, boletos bancários, Duplicatas ou outros instrumentos, devem ser consideradas como entradas ou saídas do Caixa.

**a.** Regime de Caixa

Resultado do Exercício

| Despesas | Receitas |
|---|---|
| (1) Salários e Encargos.......2.000 | (4) Receitas de Aluguéis.......500 |
| (2) Salários e Encargos.......30.000 | (5) Receitas de Aluguéis.......5.500 |
| (8) Impostos e Contribuições.......12.000 | (10) Receitas de Serviços.......54.000 |
| (12) Seguros.......3.650 | |
| Soma.......47.650 | Soma.......60.000 |
| | Saldo.......12.350 |

**OBSERVAÇÃO:**

- O Fato n. 7, embora represente entrada de dinheiro no Caixa, não foi considerado na apuração do Resultado, pois não corresponde à Receita. O mesmo ocorreu com o Fato n. 13, que, embora represente saída de dinheiro do Caixa, não foi considerado na apuração do Resultado, pois não corresponde à Despesa.

**b.** Regime de Competência

Resultado do Exercício

| Despesas | Receitas |
|---|---|
| (2) Salários e Encargos ........ 30.000 | (5) Receitas de Aluguéis ........ 5.500 |
| (3) Salários e Encargos ........ 5.000 | (6) Receitas de Aluguéis ........ 500 |
| (8) Impostos e Contribuições ........ 12.000 | (10) Receitas de Serviços ........ 54.000 |
| (9) Impostos e Contribuições ........ 1.900 | (11) Receitas de Serviços ........ 15.000 |
| (12) Seguros ........ 1.220 | |
| Soma ........ 50.120 | Soma ........ 75.000 |
| | Saldo ........ 24.880 |

Analisando os dois Resultados apurados, você poderá notar como o Regime Contábil influencia no Resultado do Exercício. No exemplo em foco, o Resultado apurado pelo Regime de Competência apresentou lucro maior que o apurado pelo Regime de Caixa. É evidente que isso não corresponde à regra geral: dependendo das operações, o Resultado poderá ser maior ou menor, independentemente do Regime utilizado.

No Brasil, as entidades com fins lucrativos devem apurar seus Resultados pelo Regime de Competência, enquanto a adoção do Regime de Caixa é mais comum nas entidades sem fins lucrativos.

## Atividades Teóricas 1

Escolha a alternativa correta:

I. Ao adotar o Regime de Caixa, a empresa deverá considerar, na apuração do Resultado do Exercício:

a) Todas as Despesas incorridas e as Receitas realizadas no respectivo período.

b) Somente as Despesas incorridas e as Receitas realizadas no respectivo período.

c) Somente as Despesas pagas e as Receitas realizadas no respectivo período.

d) Somente as Despesas pagas e as Receitas recebidas no respectivo período, independentemente das datas de ocorrência dos respectivos Fatos geradores.

II. Ao adotar o Regime de Competência, a empresa deverá considerar, na apuração do Resultado do Exercício:

a) Todas as Despesas incorridas e as Receitas realizadas (isto é, as que tiveram seus Fatos geradores ocorridos no respectivo Exercício).

b) Somente as Despesas pagas e as Receitas recebidas no respectivo Exercício.

c) Todas as Despesas pagas e as Receitas ainda não realizadas.
d) Somente as Despesas incorridas e as Receitas recebidas.

III. As intitulações "Despesas Incorridas" e "Receitas Realizadas" representam, respectivamente:
a) Despesas e Receitas ainda não pagas.
b) Receitas e Despesas ainda não pagas.
c) Despesas pagas antecipadamente e Receitas recebidas antecipadamente.
d) Receitas e Despesas cujos Fatos geradores já ocorreram.

IV. Receitas realizadas em um período é o mesmo que:
a) Receitas ganhas ou geradas no respectivo período.
b) Receitas recebidas antecipadamente.
c) Receitas pagas antecipadamente.
d) Receitas recebidas e ainda não ganhas.

V. Na escrituração contábil de uma empresa, consta a conta Receitas Antecipadas, com saldo de $ 250, correspondente a Receitas recebidas antecipadamente no Exercício anterior. A regularização dessa Receita, no presente Exercício, será feita pelo seguinte lançamento:
a) **D** Caixa **C** Receitas Antecipadas.
b) **D** Receitas **C** Receitas Antecipadas.
c) **D** Despesas Antecipadas **C** Receitas Antecipadas.
d) **D** Receitas Antecipadas **C** Receitas.

VI. Na Escrita Contábil de uma empresa constava, no final do Exercício, a conta Prêmios de Seguro a Vencer, com saldo de $ 30, correspondente à Despesa do presente Exercício, a qual foi paga no Exercício anterior. Sua regularização será feita pelo seguinte lançamento:
a) **D** Despesas de Seguro **C** Resultado do Exercício.
b) **D** Prêmios de Seguro **C** Prêmios de Seguro a Vencer.
c) **D** Resultado do Exercício **C** Prêmios de Seguro.
d) **D** Prêmios de Seguro a Vencer **C** Resultado do Exercício.

## Atividades Práticas 7

Eventos ocorridos na empresa de prestação de serviços Disque Reparos, durante o mês de dezembro de x1:

1. Constituição do Capital, com realização em dinheiro, no dia 5 de dezembro de x1, no valor de $ 10.000.

2. Compra, à vista, conforme NF n. 10, da Comercial Potenza Ltda., no valor de $ 3.000, referente a ferramentas para utilização na prestação de serviços.

3. Serviços prestados, à vista, conforme nossas Notas Fiscais n.$^{os}$ 1 a 5, no valor de $ 1.200.
4. Prestação de serviços ao Sr. Frederico Meirelles, conforme NF n. 6, no valor de $ 1.000, com emissão de Duplicata para vencimento em 30 dias.
5. Pagamento, em dinheiro, da Nota Fiscal n. 4.231, referente ao consumo de energia elétrica ocorrido no mês – $ 50.
6. O Aluguel do imóvel em que a empresa está instalada, no valor de $ 250, referente ao mês de dezembro de x1, será pago no dia 10 de janeiro de x2.
7. Recebimento, do Sr. Geraldo Fazanaro, da importância de $ 400, referente a Receitas de Serviços, cujos serviços serão prestados na residência do cliente, no dia 12 de janeiro de x2.

Com base no exemplo de apuração do Resultado do Exercício apresentado nesta Seção e usando Razonete apenas para a conta Resultado do Exercício, apure o Resultado do Exercício adotando, em primeiro lugar, o Regime de Caixa e, em seguida, o Regime de Competência.

# CAPÍTULO 13

# RESULTADO DO EXERCÍCIO

## 13.1 Introdução

Você já aprendeu que no final de cada Exercício Social, o qual normalmente coincide com o final de cada ano, o setor de Contabilidade da empresa realiza uma série de procedimentos visando à apuração do Resultado do Exercício.

Você já aprendeu também que esses procedimentos têm a finalidade de saber se no período a empresa apresentou Lucro ou Prejuízo em suas operações.

Você já sabe, portanto, que para se apurar o Resultado do Exercício, o primeiro procedimento é o levantamento de um Balancete de Verificação, composto por todas as contas utilizadas durante o ano, com seus respectivos saldos extraídos do livro Razão.

De posse do Balancete de Verificação, os procedimentos visando à apuração do Resultado do Exercício envolvem levantamentos físicos (Inventários de Mercadorias, de materiais e de documentos), apuração do Resultado Bruto (conta Mercadorias), apuração do Resultado Líquido (cálculos e contabilizações de Depreciações, Amortizações, Perdas Estimadas em Créditos de Liquidação Duvidosa; ajustes em Contas de Despesas e de Receitas em decorrência da aplicação do Regime de Competência); cálculos e contabilizações das Deduções, Participações e Destinações do Resultado do Exercício, concluindo com a elaboração das Demonstrações Contábeis.

Parte desses procedimentos você já aprendeu. Neste capítulo, você aprenderá como se apura o Resultado Líquido do Exercício e o que fazer com esse Resultado, ou seja, como calcular e contabilizar as Deduções, as Participações e as Destinações que devem ser dadas ao Resultado apurado.

Com relação às Demonstrações Contábeis, além do Balanço Patrimonial, que você já viu de forma simplificada no Capítulo 8, encontrará no capítulo seguinte a Demonstração do Resultado do Exercício, a Demonstração do Resultado do Período, a Demonstração de

Lucros ou Prejuízos Acumulados, a Demonstração das Mutações do Patrimônio Líquido, a Demonstração dos Fluxos de Caixa e a Demonstração do Valor Adicionado.

## 13.2 Resultado Líquido

### 13.2.1 Conceito

O **Resultado Líquido**, em uma empresa comercial, corresponde ao Resultado Bruto (Lucro ou Prejuízo sobre as Vendas de Mercadorias) adicionado ou subtraído das Despesas e das Receitas Operacionais e das Outras Despesas e Receitas.

Portanto, para apurar o Resultado Líquido do Exercício, será preciso transferir, para a conta Resultado do Exercício, o saldo da conta que representa o Resultado Bruto (Lucro ou Prejuízo nas Vendas), bem como todos os saldos das Contas de Despesas e de Receitas. O passo seguinte será apurar, no Razonete da conta Resultado do Exercício, o respectivo saldo. Se for devedor, corresponderá a Prejuízo; se credor, corresponderá a Lucro Líquido.

Recordando:

Vamos supor que, depois de efetuadas a apuração e a contabilização do Resultado Bruto, e feitos os ajustes necessários nas Contas de Despesas e de Receitas, os saldos das Contas de Resultado de uma empresa comercial, constantes do livro Razão, sejam os seguintes:

- Lucros sobre Vendas .......... 10.000
- Salários .......... 2.000
- Encargos Sociais .......... 1.000
- Fretes e Carretos .......... 100
- Aluguéis Passivos .......... 3.000
- Juros Ativos .......... 2.500
- Depreciação .......... 200
- Amortização .......... 50
- Despesas com Perdas Estimadas em Créditos de Liq. Duv. .......... 30

Para apurar o Resultado do Exercício, faremos a seguinte contabilização no Diário:

*(1) Resultado do Exercício*

*a Diversos*

*Transferências dos saldos das seguintes Contas de Despesas para apuração do Resultado do Exercício:*

| | | |
|---|---|---|
| *a Salários* | | |
| *Saldo desta conta* ........................................... | *2.000* | |
| *a Encargos Sociais* | | |
| *Idem* ........................................... | *1.000* | |
| *a Fretes e Carretos* | | |
| *Idem* ........................................... | *100* | |
| *a Aluguéis Passivos* | | |
| *Idem* ........................................... | *3.000* | |
| *a Depreciação* | | |
| *Idem* ........................................... | *200* | |
| *a Amortização* | | |
| *Idem* ........................................... | *50* | |
| *a Despesas com Perdas Estimadas em Créditos de Liq. Duv.* | | |
| *Idem* ........................................... | *30* | *6.380* |

*(2) Diversos*

*a Resultado do Exercício*

*Transferências dos saldos das Contas de Receitas para apuração do Resultado do Exercício:*

| | | |
|---|---|---|
| *Lucro sobre Vendas* | | |
| *Saldo desta conta* ........................................... | *10.000* | |
| *Juros Ativos* | | |
| *Idem* ........................................... | *2.500* | *12.500* |

Veja, a seguir, a posição da conta Resultado do Exercício depois de efetuados esses dois lançamentos:

| RESULTADO DO EXERCÍCIO | | | |
|---|---|---|---|
| (1) | 6.380 | (2) | 12.500 |
| | | Saldo | 6.120 |

Como o saldo é credor de $ 6.120, a empresa comercial obteve Lucro Líquido no respectivo Exercício.

### 13.2.2 Deduções, Participações e Destinações do Resultado do Exercício

#### *13.2.2.1 Introdução*

No Capítulo 8, com o objetivo de evidenciar a repercussão do Lucro Líquido do Exercício no Balanço Patrimonial, orientamos para que ele fosse transferido para uma conta do Patrimônio Líquido, denominada Lucros Acumulados.

Pois bem, ocorre que, antes de transferirmos o saldo da Conta Resultado do Exercício para a Conta Lucros Acumulados, é preciso calcular e contabilizar as Deduções e as Participações do Resultado do Exercício.

Entretanto, antes de estudar as Deduções, é importante que você saiba o que significam Juros sobre o Capital Próprio. Pois, embora esse encargo da empresa não se enquadre entre as Deduções do Resultado, a sua contabilização implica na base de cálculo da Contribuição Social sobre o Lucro Líquido e do Imposto de Renda (parte dos Lucros destinadas ao governo); além disso, seu cálculo e contabilização ocorrem nesta fase da Apuração do Resultado.

#### *13.2.2.2 Juros sobre o Capital Próprio (JCP)*

Correspondem a uma importância que a empresa paga ao seu titular, sócio ou acionista, como remuneração pelos valores por eles investidos na composição do Capital da própria empresa.

Embora não seja obrigatório, grande parte das empresas e, principalmente, das Sociedades Anônimas de Capital aberto, tem remunerado seus acionistas pagando-lhes Juros sobre o Capital Próprio.

O cálculo é feito no final do ano ou do trimestre, conforme seja o regime de apuração do Resultado do Exercício da empresa (trimestral ou anual), mediante a aplicação da Taxa de Juros de Longo Prazo (TJLP) sobre o total do Patrimônio Líquido antes de apurado o Resultado do Exercício.

Tratam desse assunto a Lei n. 9.249/1995 (art. 9º), o RIR/18 (art. 355), a ITG 08-R1 Contabilização da Proposta de Pagamento de Dividendos, aprovada pela Resolução CFC n. 1.398/2012, itens 10 e 11, além de outros dispositivos da legislação tributária.

Para que o valor dos JCP possa ser subtraído da base de cálculo da Contribuição Social sobre o Lucro Líquido (CSLL) e do Imposto de Renda (IR), é necessário que não ultrapasse o limite fixado pelo Fisco por meio da Lei n. 9.249/1995.

Tendo em vista que sobre os JCP a empresa deve reter e recolher Imposto de Renda pela alíquota de 15%, a sua contabilização é feita mediante débito em conta de Despesa Financeira (pode ser a conta "Juros sobre o Capital Próprio") e crédito nas contas: Juros sobre o Capital Próprio a Pagar e IRR Fonte a Recolher, ambas do Passivo Circulante.

## Exemplo Prático

Suponhamos que o Patrimônio Líquido da Comercial Urbana Ltda, em 31 de dezembro de x3, antes de sofrer a influência do Resultado do próprio Exercício, esteja assim constituído:

- Capital........................................50.000
- Reserva Legal........................................5.000
- Reservas para Investimentos........................................20.000
- Total........................................75.000

Considerando que a Taxa de Juros de Longo Prazo (TJLP) do período seja igual a 10%, veja como serão calculados e contabilizados os JCP:

Cálculo do JCP:

10% de 75.000 = $ 7.500

Cálculo do Imposto de Renda a ser Retido na Fonte:

15% de 7.500 = $ 1.125

### *Contabilização:*

*Juros sobre o Capital Próprio (Despesa Financeira)*
*a Diversos*
*Crédito que se processa aos sócios,*
*referente ao Exercício de x3,*
*calculado pela TJLP de 10%, como segue:*
*a Juros sobre o Capital Próprio a Pagar*
*Valor Líquido de Impostos.................................... 6.375*
*a IRR Fonte a Recolher*
*15%.................................... 1.125 7500*

**NOTA:**

- É importante destacar que, no caso de sociedades por ações, a Lei faculta a imputação dos JCP ao dividendo obrigatório.

Havendo essa opção, as sociedades anônimas devem contabilizar o valor líquido dos JCP como distribuição de lucros, mediante débito na conta Lucros Acumulados e a parcela do Imposto de Renda, como Despesa Financeira. (Ver disciplina contida nos itens 10 e 11 da Interpretação Técnica ICPC 08 – R1 – do Comitê de Pronunciamentos Contábeis-CPC)

### *13.2.2.3 Deduções*

As deduções do Resultado do Exercício são duas: Contribuição Social sobre o Lucro Líquido e Imposto de Renda sobre o Lucro Líquido.

Esses dois valores, que serão deduzidos da conta Resultado do Exercício, correspondem a duas Obrigações devidas pela empresa ao Governo Federal, e ambas, obrigatoriamente, precisam ser calculadas e contabilizadas no momento da apuração do Resultado do Exercício.

#### *Contribuição Social sobre o Lucro Líquido*

Essa Contribuição destina-se ao financiamento da Seguridade Social e é calculada sobre o Resultado do Exercício, ajustado de acordo com o que estabelece a Legislação Tributária.

Tanto a alíquota (taxa) como a base de cálculo desta Contribuição podem ser alteradas frequentemente pelo Governo Federal. Em razão disso, o contabilista deve manter-se atualizado e consultar a Legislação Tributária para aplicar os critérios que estiverem em vigor em cada ano.

Para fins didáticos, vamos calcular essa Contribuição pela alíquota de 10%, tendo como base de cálculo o Resultado do Exercício apurado no exemplo anterior, que corresponde a $ 6.120.

O cálculo é simples: suponhamos, conforme já dissemos, que a base para o cálculo dessa Contribuição, no Exercício de x2, seja o próprio Resultado do Exercício, que foi igual a $ 6.120. Faremos:

$$\frac{6.120 \times 10}{100} = \$\ 612$$

Como essa Contribuição será paga sempre no mês seguinte ao da apuração do Resultado, neste momento devemos contabilizá-la em uma conta apropriada, que poderá denominar-se CSLL a Recolher, por meio do seguinte lançamento:

*(3) Resultado do Exercício*

*a CSLL a Recolher*

*Valor que se provisiona para pagamento da Contribuição Social sobre o Lucro Líquido, conf. cálculos.* ........................................................................................*612*

---

Veja a posição das contas envolvidas, nos respectivos Razonetes:

| RESULTADO DO EXERCÍCIO | | | |
|---|---|---|---|
| (3) | 612 | Saldo | 6.120 |
| | | Saldo | 5.508 |

| CSLL A RECOLHER | | | |
|---|---|---|---|
| | | (1) | 612 |

**OBSERVAÇÕES:**

- A conta Resultado do Exercício, ao ser debitada, ficou diminuída de $ 612.
- A conta CSLL a Recolher, que é do Passivo Circulante, ao ser creditada, indica que a empresa terá de recolher ao Governo Federal, no mês seguinte, a importância de $ 612.

## *Imposto de Renda a Recolher*

Depois que calculamos e contabilizamos a Contribuição Social sobre o Lucro Líquido, o próximo passo será calcular e contabilizar o Imposto de Renda sobre o Lucro Líquido, o qual também representa uma Obrigação que as empresas têm para com o Governo Federal.

O Imposto de Renda sobre o Lucro Líquido tem, como base de cálculo, o Lucro Real.

Segundo dispõe a Legislação Tributária brasileira, **Lucro Real** é o Lucro Líquido do Exercício, ajustado pelas adições, exclusões ou compensações prescritas ou autorizadas por essa legislação.

Como essas adições, exclusões e compensações, bem como a alíquota, podem ser modificadas frequentemente pelo Governo Federal, o contabilista deve manter-se atualizado e consultar a Legislação Tributária para aplicar os critérios que estiverem em vigor em cada ano.

Para fins didáticos, vamos calcular o Imposto de Renda sobre o Lucro Líquido pela alíquota de 25%, que será aplicada sobre a mesma base utilizada para o cálculo da Contribuição Social.

O cálculo do Imposto de Renda sobre o Lucro Líquido deverá ser feito da seguinte maneira, considerando-se que o Resultado do Exercício, antes de calculada e contabilizada a Contribuição Social sobre o Lucro Líquido, foi $ 6.120:

$$\frac{6.120 \times 25}{100} = \$\ 1.530$$

**NOTAS:**

- Não se esqueça de que a base para o cálculo do Imposto de Renda sobre o Lucro Líquido é o Lucro Real, o qual, conforme já dissemos, corresponde ao Resultado Líquido do Exercício ajustado conforme estabelece a Legislação tributária. Os cálculos necessários à apuração do Lucro Real devem ser transcritos no Livro Eletrônico de Escrituração e Apuração do Imposto sobre a Renda e da Contribuição Social sobre o Lucro Líquido da Pessoa Jurídica Tributada pelo Lucro Real (e-Lalur).
- Não se esqueça de que, para fins didáticos, neste exemplo, calculamos esse imposto pela alíquota de 25% sobre o Resultado do Exercício, desconsiderando a existência ou não de deduções para se encontrar a base de cálculo correta.

A exemplo do que ocorre com a Contribuição Social sobre o Lucro Líquido, o Imposto de Renda sobre o Lucro Líquido também deve ser recolhido pela empresa aos cofres do Governo Federal, sempre no mês seguinte ao da apuração do Resultado. Em razão disso, contabilizamos o valor do Imposto de Renda sobre o Lucro Líquido a crédito da Conta Imposto de Renda a Recolher, que também é do Passivo Circulante.

Veja o lançamento em partida de Diário:

*(4) Resultado do Exercício*
*a Imposto de Renda a Recolher*
*Valor que se provisiona para pagamento do Imposto de Renda sobre o Lucro Líquido, conf. cálculos.* .............................................................. *1.530*

Veja a posição das contas envolvidas, em seus respectivos Razonetes:

| RESULTADO DO EXERCÍCIO | | | |
|---|---|---|---|
| (4) | 1.530 | Saldo | 5.508 |
| | | Saldo | 3.978 |

| IMPOSTO DE RENDA A RECOLHER | | | |
|---|---|---|---|
| | | (4) | 1.530 |

**OBSERVAÇÕES:**

- A conta Resultado do Exercício ficará com seu saldo diminuído do valor do Imposto de Renda.
- A conta Imposto de Renda a Recolher, que é do Passivo Circulante, ao ser creditada, passa a refletir a respectiva Obrigação da empresa para com o Governo Federal.

### *13.2.2.4 Participações*

As Participações correspondem às parcelas do Resultado do Exercício destinadas aos proprietários de debêntures e de partes beneficiárias, aos empregados, aos administradores e às Instituições ou Fundos de Assistência ou Previdência de Empregados.

Para facilitar o entendimento desse assunto, vamos abordar, inicialmente, alguns conceitos.

**Debêntures** são Títulos de Créditos, emitidos por Sociedades Anônimas, que conferem a seus titulares Direitos de Créditos junto a elas, nas condições constantes das Escrituras de emissão ou dos certificados. Normalmente rendem juros, correção monetária e participação nos Lucros. São garantidas pelo Ativo da empresa emissora e asseguram preferência no resgate sobre os demais Títulos da empresa.

Quando a empresa vende esses Títulos, cria para si uma Obrigação, geralmente a longo prazo, que poderá ser registrada por meio da conta Debêntures a Pagar.

Um dos atrativos das debêntures, além das garantias já apresentadas, é a possibilidade de serem convertidas em ações da própria companhia.

**Partes Beneficiárias** são Títulos negociáveis – sem valor nominal e estranhos ao Capital Social – que podem ser criados pelas Sociedades Anônimas, em qualquer tempo. Eles podem ser negociados pela empresa ou cedidos gratuitamente a empregados, clientes etc., de acordo com a vontade da empresa. O único Direito que o detentor desses Títulos possui é o de participação nos Lucros, a qual não poderá ser superior a um décimo do Lucro apurado.

A empresa poderá também distribuir parte do Resultado Líquido do Exercício como prêmio aos seus empregados e administradores, ou a Instituições ou Fundos de Assistência ou Previdência de empregados. A base de cálculo das Participações é o Resultado do Exercício, após o Imposto de Renda, diminuído dos Prejuízos Acumulados.

Prejuízos Acumulados, neste caso, são aqueles apurados em Exercícios anteriores e que estão devidamente contabilizados por meio da conta Prejuízos Acumulados, classificada no grupo do Patrimônio Líquido.

## Exemplo Prático

Suponhamos que o Resultado do Exercício, após o Imposto de Renda, tenha sido de $ 3.978. Com base neste Resultado, calcule e contabilize as seguintes Participações, considerando que não havia Prejuízo Acumulado no Balanço do Exercício anterior: Debêntures, 10%; Empregados, 10%; Administradores, 10%; Partes Beneficiárias, 10%; e Contribuições para Instituições, 10%.

Cálculos extracontábeis:

- Resultado do Exercício após o Imposto de Renda ............................ 3.978
- (–) Prejuízos Acumulados (Contábil*) ............................................. —
- (=) Base de cálculo para Debêntures ............................................. 3.978
- (–) Participação Debêntures (10%) ................................................. 397
- (=) Base de cálculo p/ Participação Empregados ............................. 3.581
- (–) Participação Empregados (10%) ................................................ 358
- (=) Base de cálculo p/ Participação Administradores ......................... 3.223
- (–) Participação Administradores (10%) ........................................... 322
- (=) Base de cálculo p/ Partes Beneficiárias ...................................... 2.901
- (–) Partes Beneficiárias (10%) ........................................................ 290
- (=) Base de cálculo para Instituições ............................................... 2.611
- (–) Participação para Instituições (10%) ........................................... 261
- (=) Lucro Líquido do Exercício ......................................................... 2.350

* É importante saber que o resultado apurado pela contabilidade denomina-se Lucro ou Prejuízo Contábil Esse resultado é transferido extra contabilmente para o e-Lalur, no qual sofre ajustes (adições, exclusões ou compensações) previstos na legislação tributária, a partir dos quais será encontrada a base para o cálculo do Imposto de Renda Assim, o resultado contábil, após os ajustes no e-Lalur, passa a denominar-se Resultado Fiscal (Lucro ou Prejuízo); quando esse Resultado Fiscal corresponder a Lucro, será denominado, pelo Fisco, Lucro Real. Portanto, o Prejuízo que deve ser subtraído do Resultado do Exercício para encontrar a base de cálculo das Participações, é o Prejuízo contábil, isto é, aquele devidamente registrado na conta Prejuízos Acumulados do grupo do Patrimônio Líquido.

**OBSERVAÇÕES:**

- As taxas das Participações podem ser diferentes, entretanto, nenhuma delas poderá ser superior a 10% do Resultado do Exercício.
- Observe que, no nosso exemplo, embora todas as Participações correspondam à taxa de 10%, o valor de cada uma delas é diferente, pois a base de cálculo incide sempre sobre Resultado obtido após a dedução da Participação anterior, na ordem em que as apresentamos.

## *Contabilização no livro Diário:*

*(5) Resultado do Exercício*

*a Diversos*

*Pelo registro das Participações no Resultado do Exercício, como segue:*

| | | |
|---|---|---|
| *a Participações de Debêntures a Pagar* | | |
| *10% s/ o Resultado do Exercício conf. cálculos.* | *397* | |
| *a Participações de Empregados a Pagar* | | |
| *Idem.* | *358* | |
| *a Participações a Administradores a Pagar* | | |
| *Idem.* | *322* | |
| *a Participações de Partes Beneficiárias a Pagar* | | |
| *Idem.* | *290* | |
| *a Instituições ou Fundos de Assistência ou Previdência de Empregados a Pagar* | | |
| *Idem.* | *261* | *1.628* |

**OBSERVAÇÕES:**

- A conta Resultado do Exercício, sendo debitada pelos valores das Participações, ficou reduzida dos respectivos valores.
- As contas referentes às Participações são Contas do Passivo Circulante e representam as obrigações correspondentes que a empresa deverá pagar para cada beneficiário.

### *13.2.2.5 Lucro Líquido do Exercício*

Segundo o artigo 191 da Lei n. 6.404/1976, Lucro Líquido do Exercício é o resultado do exercício que remanescer depois de deduzidas as participações.

Veja, agora, a posição da conta Resultado do Exercício, em seu Razonete, após o lançamento (5).

| RESULTADO DO EXERCÍCIO | | | |
|---|---|---|---|
| (5) | 1.628 | Saldo | 3.978 |
| | | Saldo | 2.350 |

Pois bem, agora, chegamos no mesmo momento de transferir o saldo da conta Resultado do Exercício para uma conta do Patrimônio Líquido, conforme fizemos no Capítulo 8, lembra-se?

Podemos então transferir para a conta Lucros Acumulados (quando o saldo for credor) ou para a conta Prejuízos Acumulados (quando o saldo for devedor).

Esse procedimento está correto e você já aprendeu.

Contudo, a empresa poderá optar em transferir o saldo da conta Resultado do Exercício, seja devedor ou credor, para a conta "Lucros ou Prejuízos Acumulados", em vez de transferir para aquelas duas que você já conhece.

A conta "Lucros ou Prejuízos Acumulados", que também é do Patrimônio Líquido, funciona como conta bilateral, isto é, serve para registrar o lucro ou o prejuízo do Exercício.

No Elenco de contas apresentado no Capítulo 9, essa conta figura como conta principal (sintética), tendo como subcontas (analíticas) as contas Lucros Acumulados e Prejuízos Acumulados.

Você pode optar em usar a conta sintética, abandonando as analíticas. Nesse caso, quando a conta Lucros ou Prejuízos Acumulados representar prejuízo, no Balanço ela será apresentada com sinal negativo à esquerda e seu valor entre parênteses.

Veja, agora, os procedimentos quando se adota a conta sintética "Lucros ou Prejuízos Acumulados".

**a.** Prejuízo

Se o Resultado do Exercício corresponder a prejuízo (saldo devedor), bastará debitar a conta Lucros ou Prejuízos Acumulados e creditar a conta Resultado do Exercício.

Com esse procedimento, a conta Resultado do Exercício ficará com saldo igual a zero e o prejuízo apurado ficará devidamente registrado na conta própria do grupo do Patrimônio Líquido. Essa conta figurará no Balanço com sinal negativo, como conta redutora do grupo do Patrimônio Líquido. É evidente que esse prejuízo poderá ser assumido pelos sócios, compensado com saldo de reservas etc. Entretanto, como regra geral, o prejuízo inicialmente será transferido para a conta citada.

**b.** Lucro

Se o Resultado do Exercício for lucro (saldo credor), bastará debitar a conta Resultado do Exercício e creditar a conta Lucros ou Prejuízos Acumulados.

Com esse procedimento, a conta Resultado do Exercício ficará com saldo igual a zero e o lucro apurado ficará devidamente registrado na conta própria do grupo do Patrimônio Líquido.

**NOTAS:**

- Com o advento da Lei n. 11.638/07, que promoveu importantes alterações na Lei n. 6.404/76, a partir de 1º de janeiro de 2008, todas as entidades constituídas sob a forma jurídica de sociedade por ações ficaram obrigadas a dar destinação total ao lucro líquido apurado no final de cada Exercício social. Assim, essas entidades não podem manter nos seus Balanços de final de Exercício social a conta sintética Lucros ou Prejuízos Acumulados ou a conta analítica Lucros Acumulados com saldo credor. Contudo, essa obrigatoriedade não alcança as demais entidades constituídas sob qualquer outra forma jurídica desde que não seja a de sociedade por ações. Essas entidades podem manter, no Patrimônio Líquido de seus Balanços, a conta sintética Lucros ou Prejuízos Acumulados ou a conta analítica Lucros Acumulados com saldo credor para futuras destinações.
- Você já sabe que o lucro poderá destinar-se a cobrir prejuízos apurados em Exercícios anteriores, a aumentar o Capital, à constituição de reservas e à distribuição aos acionistas em forma de dividendos.

Contabilmente, antes de dar ao Lucro Líquido do Exercício a sua destinação, conforme já dissemos, deve-se transferir o saldo credor da conta Resultado do Exercício para a conta Lucros ou Prejuízos Acumulados.

Portanto, a conta Lucros ou Prejuízos Acumulados tem por finalidade receber a débito o prejuízo, ou a crédito o Lucro Líquido apurado no Exercício, e dar a ele as devidas destinações. Essa conta servirá também como contrapartida das reversões de reservas de Lucros, bem como dos ajustes de Exercícios anteriores.

Na Seção a seguir, estudaremos as destinações que devem ser dadas ao Lucro Líquido do Exercício. Antes, porém, conforme dissemos, vamos transferir o saldo credor da conta Resultado do Exercício para a conta Lucros ou Prejuízos Acumulados, veja:

*(6) Resultado do Exercício*
*a Lucros ou Prejuízos Acumulados*
*Transferência que se processa da*
*1ª para a 2ª das contas supra, referente*
*ao Lucro Líquido apurado no Exercício .......................... 2.350*

Veja a posição dos saldos das contas envolvidas em seus respectivos Razonetes:

| RESULTADO DO EXERCÍCIO | | | |
|---|---|---|---|
| (6) | 2.350 | Saldo | 2.350 |

| LUCROS OU PREJUÍZOS ACUMULADOS | | | |
|---|---|---|---|
| | | (6) | 2.350 |

### 13.2.2.6 Destinações

#### Reservas

As Reservas compreendem valores acumulados em contas integrantes do Patrimônio Líquido.

Existem dois tipos de Reservas: de Lucros e de Capital.

**1.** Reservas de Lucros

Reservas de Lucros são aquelas extraídas do Lucro Líquido apurado pelas empresas e podem ser:

- Reserva Legal: segundo o artigo 193 da Lei n. 6.404/1976, 5% do Lucro Líquido do Exercício, é aplicado, antes de qualquer outra destinação, na constituição da Reserva Legal, não excedendo 20% do Capital Social. Reservas Estatutárias: criadas em virtude de disposições contidas nos estatutos (sociedades por ações), os quais fixam seus limites e suas Destinações. Nos demais tipos de sociedades, essas Reservas são conhecidas por Reservas Contratuais. Reservas Livres: criadas livremente pela assembleia geral (sociedades por ações) por proposta dos órgãos da administração com fins específicos, por exemplo, as Reservas para Contingências e as Reservas de Lucros a Realizar.

Veja, agora, como se calcula e contabiliza a Reserva Legal, lembrando que esta Reserva é obrigatória somente para as sociedades por ações.

Suponhamos que o Lucro Líquido do Exercício seja de $ 2.350, calcular e contabilizar a Reserva Legal pela taxa de 5%.

*Cálculo:*

$$\frac{2.350 \times 5}{100} = 117$$

*Contabilização:*

*(7) Lucros ou Prejuízos Acumulados*
*a Reserva Legal*
*Pela constituição da Reserva Legal na base de 5% s/ o Lucro Líquido, nos termos do art. 193 da Lei n. 6.404/76* ................................ *117*

**2.** Reservas de Capital

Nos termos do § 1º do artigo 182 da Lei n. 6.404/1976, são classificadas como Reservas de Capital as contas que registrarem:

**a.** a contribuição do subscritor de ações que ultrapassar o valor nominal e a parte do preço de emissão das ações sem valor nominal que ultrapassar a importância destinada à formação do Capital Social, inclusive nos casos de conversão em ações de debêntures ou partes beneficiárias;*

**b.** o produto da alienação de partes beneficiárias e bônus de subscrição.

Conforme observamos, as Reservas de Capital originam-se de ágios (Lucros) obtidos nas transações citadas anteriormente, os quais não devem ser considerados como Receitas normais da empresa.

Assim, para constituir as Reservas de Capital, basta debitar a conta Caixa, Bancos conta Movimento ou uma conta representativa de direito e creditar a conta que represente a respectiva Reserva como:

Reserva de Alienação de Partes Beneficiárias; Reserva de Ágio na Emissão de Ações etc.

*Exemplo:*

Suponhamos que uma determinada empresa tenha vendido partes beneficiárias (Títulos emitidos sem valor nominal), apurando uma receita de $ 50.000. A contabilização desse evento será:

* Partes beneficiárias são Títulos negociáveis, sem valor nominal, emitidos pelas Sociedades Anônimas para presentear pessoas que, de alguma forma, tenham contribuído com o desenvolvimento da companhia como fundadores, empregados etc. Esses Títulos garantem aos seus proprietários direito de participação nos Lucros da empresa.

*Caixa*

*a Reserva de Alienação de Partes Beneficiárias*

*Reserva que se constitui pelo produto de alienação de Partes Beneficiárias etc* ...................... *50.000*

**NOTAS:**

- As Reservas de Capital não estão sujeitas a reversão, sendo utilizadas para aumento de Capital, compensação de Prejuízos ou outros fins, conforme dispõe o artigo 200 da Lei n. 6.404/1976.
- A característica comum a todas as Reservas é servir de reforço para o Capital Social, ainda que elas tenham origens e destinações diversas.

### *Dividendos*

Dividendos são partes do Lucro Líquido que a sociedade por ações destina a seus acionistas.

Acionistas são todas as pessoas físicas ou jurídicas que adquiriram ações da respectiva sociedade.

Assim, os proprietários das sociedades por ações têm direito de receber parte do Lucro Líquido apurado em cada Exercício Social.

O artigo 202 da Lei n. 6.404/1976 estabelece que os acionistas têm direito de receber como dividendo obrigatório, em cada Exercício, a parcela dos Lucros estabelecida nos estatutos,* ou, se este for omisso, metade do Lucro Líquido do Exercício diminuído ou acrescido dos seguintes valores:

**a.** importância destinada à constituição da Reserva Legal;

**b.** importância destinada à formação da Reserva para contingências e reversão da mesma Reserva formada em Exercícios anteriores.

E como se dá na empresa individual e nos demais tipos de sociedades que não sejam por ações? Os proprietários ou sócios também têm direito a receber ou a retirar parcela do Lucro Líquido?

É evidente que sim. Tanto o titular de empresa individual quanto os sócios de qualquer tipo de sociedade, também, a exemplo do que ocorre com os acionistas das sociedades

* Estatuto é a certidão de nascimento das sociedades por ações. Nos demais tipos de sociedades, em lugar dos estatutos, os sócios elaboram contratos sociais.

por ações, têm direito de receber ou retirar parte do Lucro Líquido apurado em cada Exercício Social.

No caso de empresa individual, é o próprio titular quem decide o quanto irá retirar, enquanto nos demais tipos de empresas (sociedades), se não constar dos contratos sociais, os sócios decidirão, em cada Exercício, a parcela dos Lucros que será destinada a eles.

Nas sociedades por ações, o citado artigo 202 da Lei n. 6.404/1976, assegura aos acionistas um valor mínimo com base no Lucro apurado. Entretanto, o percentual, bem como a base sobre a qual os dividendos devem ser calculados, pode variar em cada empresa.

Didaticamente, para calcular o valor dos dividendos, deve-se indicar o percentual, bem como a base de cálculo.

Veja, agora, um exemplo de cálculo e contabilização de dividendos.

Considerando que no exemplo em questão o Lucro Líquido foi igual a $ 2.350, e que a parcela destinada à criação da Reserva Legal foi igual a $ 117, e, considerando, ainda, que não foram previstas constituições de outras Reservas de Lucro, distribuiremos aos acionistas o saldo do Lucro Líquido deduzido do montante da Reserva Legal. Veja:

- Lucro Líquido do Exercício........................................ 2.350
- (-) Parcela destinada à Reserva Legal........................................ (117)
- = Dividendos........................................ 2.233

## *Contabilização em partida de Diário:*

*(8) Lucros ou Prejuízos Acumulados*
*a Dividendos a Pagar*
*conf. Cálculos ........................................ 2.233*

Veja, agora, a posição das contas envolvidas nos dois lançamentos de destinação do Lucro Líquido do Exercício, em seus respectivos Razonetes:

| LUCROS OU PREJUÍZOS ACUMULADOS | | | |
|---|---|---|---|
| (7) | 117 | (6) | 2.350 |
| (8) | 2.233 | | |
| Soma | 2.350 | | |

| RESERVA LEGAL | | | |
|---|---|---|---|
| | | (7) | 117 |

| DIVIDENDOS A PAGAR | | | |
|---|---|---|---|
| | | (8) | 2.233 |

**OBSERVAÇÕES:**

- A conta Lucros ou Prejuízos Acumulados, tendo sido debitada nos dois lançamentos de destinação do Lucro Líquido, ficou com saldo igual a zero, encerrando-se.
- A conta Reserva Legal, sendo creditada, figurará no Balanço Patrimonial, no grupo do Patrimônio Líquido. A finalidade dessa Reserva é manter a integridade do Capital Social podendo ser utilizada para aumento do Capital ou para compensação de prejuízos nos Exercícios futuros.
- A conta Dividendos a Pagar figurará no Passivo Circulante do Balanço Patrimonial, a qual, sendo creditada, indica que a empresa tem o compromisso de pagar aos acionistas o respectivo valor.

Com a contabilização dos Dividendos, estão encerrados todos os procedimentos necessários à apuração, bem como aos cálculos e a contabilização das Deduções, Participações e Destinações do Resultado do Exercício.

Resta, agora, a elaboração das Demonstrações Contábeis, que veremos no próximo capítulo.

Neste momento, no livro Razão, somente as Contas Patrimoniais permanecem com saldos. Portanto, para facilitar a elaboração do Balanço Patrimonial, pode-se levantar o segundo Balancete de Verificação, o qual conterá apenas as Contas Patrimoniais.

## Atividades Práticas 1

PRÁTICA 1 – SOLUCIONADA

Relação das contas extraídas do livro Razão da empresa comercial J. Ferreira S/A, em 31 de dezembro de x1:

1. Caixa .......... 2.800
2. Móveis e Utensílios .......... 3.000
3. Computadores .......... 600
4. Estoque de Mercadorias .......... 4.100
5. Duplicatas a Receber .......... 900
6. Imóveis .......... 5.000
7. Compras de Mercadorias .......... 3.600
8. Vendas de Mercadorias .......... 7.300
9. Duplicatas a Pagar .......... 1.100
10. Aluguéis Ativos .......... 900

| | |
|---|---|
| 11. Honorários da Diretoria | 500 |
| 12. Salários | 1.000 |
| 13. Encargos Sociais | 400 |
| 14. Juros Ativos | 800 |
| 15. Impostos e Contribuições sobre Vendas | 1.980 |
| 16. Salários a Pagar | 100 |
| 17. Encargos Sociais a Recolher | 40 |
| 18. Impostos a Recolher | 140 |
| 19. Capital | 11.000 |
| 20. Reservas para Investimentos | 2.000 |
| 21. Depreciação Acumulada de Móveis e Utensílios | 300 |
| 22. Depreciação Acumulada de Imóveis | 200 |
| TOTAL | 47.760 |

**NOTA:**

- Nesta Prática 1 e também na Prática 3, incluímos a conta Impostos e Contribuições sobre Vendas. Esta conta é própria para o registro dos tributos incidentes sobre a venda de bens e serviços, cujos tributos sejam calculados por dentro, isto é, estejam embutidos no valor dos bens e dos serviços, integrando suas próprias bases de cálculo, como acontece com o ICMS, o PIS e a COFINS. Lembramos, no entanto, que o PIS e a COFINS serão extintos a partir de 2027 e o ICMS, a partir de 2033. Em lugar desses tributos, entrarão em vigor o IBS e a CBS, que serão cobrados por fora e não integrarão suas próprias bases de cálculo. Portanto, com o IBS e a CBS, não haverá mais o registro de despesas com tributos sobre vendas. Maiores detalhes você encontra na Seção 10.4.4 – **Reforma Tributária de 2023**, no Capítulo 10 do presente livro.

**Roteiro e instruções para apuração do Resultado do Exercício**

1. Razonetes

   Transcreva em Razonetes todas as contas constantes da relação supra, com seus respectivos saldos, separando as Contas Patrimoniais das Contas de Resultado.

2. Resultado Bruto

   Apure extracontabilmente e contabilize o Resultado Bruto do Exercício, sabendo que o estoque final de mercadorias, conforme inventário realizado, é de $ 4.500.

3. Ajustes para apuração do Resultado Líquido

   3.1 Deprecie a conta Móveis e Utensílios, pela taxa de 10% a.a.

   3.2 Deprecie a conta Computadores, pela taxa de 20% a.a. (foram adquiridos e colocados em uso no dia 25 de setembro do Exercício atual).

3.3 Deprecie a conta Imóveis pela taxa de 4% a.a.

3.4 As perdas com créditos de liquidação duvidosa foram estimadas em 4% sobre Duplicatas a Receber. Calcular e contabilizar.

**4.** Resultado Líquido do Exercício

Transfira, contabilmente, todos os saldos das contas de Despesas e de Receitas para a conta Resultado do Exercício, apurando seu respectivo saldo.

Se o saldo da conta Resultado do Exercício for devedor, transfira-o para a conta Lucros ou Prejuízos Acumulados e passe para o item 7. Sendo o saldo credor, proceda conforme itens a seguir.

**5.** Deduções do Resultado do Exercício.

Calcule e contabilize:

5.1 Contribuição Social, pela taxa de 10%.

5.2 Imposto de Renda, pela taxa de 15%.

5.3 Transfira o saldo da conta Resultado do Exercício para a conta Lucros Acumulados.

**6.** Destinações do Lucro Líquido do Exercício:

Calcule e contabilize:

6.1 5% para Reserva Legal.

6.2 10% para Reserva para Investimentos, com base no Lucro Líquido diminuído da parcela destinada à Reserva Legal; e

6.3 O restante, distribuir aos acionistas.

**7.** Elabore o segundo Balancete de Verificação:

## *Solução:*

(Para sua conferência, somente lançamentos de Diário)

*(1) CMV*

*a Diversos*

*Transferência dos saldos p/ apuração do Resultado Bruto:*

*a Compras de Mercadorias*

| | | |
|---|---|---|
| *Saldo desta conta.* ........................ | *3.600* | |
| *a Estoque de Mercadorias* | | |
| *Idem.* ........................ | *4.100* | *7.700* |

---

*(2) Estoque de Mercadorias*

*a CMV*

| | |
|---|---|
| *Estoque Final conf. Inventário.* ........................ | *4.500* |

---

*(3) Vendas de Mercadorias*
*a RCM*
*Transf. do saldo da 1ª p/ 2ª p/ apuração*
*do Resultado Bruto.* ........................................ *7.300*

---

*(4) RCM*
*a Diversos*
*Transf. dos saldos p/ apuração do Resultado Bruto*
*a Impostos e Contribuições sobre Vendas*
*Saldo desta conta.* ........................................ *1.980*
*a CMV*
*Idem.* ........................................ *3.200* *5.180*

---

*(5) RCM*
*a Lucro sobre Vendas*
*Lucro Bruto apurado.* ........................................ *2.120*

---

*(6) Depreciação*
*a Depreciação Acumulada de Móveis e Utensílios*
*10% conf. cálculos.* ........................................ *300*

---

*(7) Depreciação*
*a Depreciação Acumulada de Computadores*
*20% conf. cálculos.* ........................................ *40*

---

*(8) Depreciação*
*a Depreciação Acumulada de Imóveis*
*4% conf. cálculos.* ........................................ *200*

---

*(9) Despesas com Perdas Estimadas em Créd. Liqu. Duv.*
*a Perdas Estimadas em Créd. Liqu. Duv.*
*4% sobre Dupl. a Receber.* ........................................ *36*

---

*(10) Resultado do Exercício*
*a Diversos*
*Transf. dos saldos p/ apuração do*
*Resultado Líquido:*

| | | |
|---|---|---|
| *a Honorários da Diretoria* | | |
| *Saldo desta conta.* ........ | *500* | |
| *a Salários* | | |
| *Idem.* ........ | *1.000* | |
| *a Encargos Sociais* | | |
| *Idem.* ........ | *400* | |
| *a Depreciação* | | |
| *Idem.* ........ | *540* | |
| *a Despesas com Perdas Estimadas em Créd. Liqu. Duv.* | | |
| *Idem.* ........ | *1.036* | *2.476* |

---

| | | |
|---|---|---|
| *(11) Diversos* | | |
| *a Resultado do Exercício* | | |
| *Transf. dos saldos p/ apuração do Resultado Líquido* | | |
| *Aluguéis Ativos* | | |
| *Saldo desta conta.* ........ | *900* | |
| *Juros Ativos* | | |
| *Idem.* ........ | *800* | |
| *Lucros sobre Vendas* | | |
| *Idem.* ........ | *2.120* | *3.820* |

---

| | | |
|---|---|---|
| *(12) Resultado do Exercício* | | |
| *a CSLL a Recolher* | | |
| *10% conf. cálculos.* ........ | | *134* |

---

| | | |
|---|---|---|
| *(13) Resultado do Exercício* | | |
| *a Imposto de Renda a Recolher* | | |
| *15% conf. cálculos.* ........ | | *201* |

---

| | | |
|---|---|---|
| *(14) Resultado do Exercício* | | |
| *a Lucros ou Prejuízos Acumulados* | | |
| *Lucro Líquido apurado.* ........ | | *1.009* |

---

*(15) Lucros ou Prejuízos Acumulados*

*a Diversos*

*Destinações do Lucro Líquido*

*a Reserva Legal*
*5% do Lucro Líquido.* ........ *50*
*a Reservas para Investimentos*
*10% conf. cálculos.* ........ *95*
*a Dividendos a Pagar*
*Conf. cálculos.* ........ *864* *1.009*

Segundo Balancete de Verificação, levantado em 31 de dezembro de x1:

| N. | CONTAS | SALDO | |
|---|---|---|---|
| | | devedor | credor |
| 01 | Caixa | 2.800 | |
| 02 | Duplicatas a Receber | 900 | |
| 03 | Perdas Estimadas em Créditos de Liq. Duvidosa | | 36 |
| 04 | Estoque de Mercadorias | 4.500 | |
| 05 | Móveis e Utensílios | 3.000 | |
| 06 | Depreciação Acum. Móveis e Utensílios | | 600 |
| 07 | Computadores | 600 | |
| 08 | Depreciação Acumulada de Computadores | | 40 |
| 09 | Imóveis | 5.000 | |
| 10 | Depreciação Acumulada de Imóveis | | 400 |
| 11 | Duplicatas a Pagar | | 1.100 |
| 12 | Salários a Pagar | | 100 |
| 13 | Encargos Sociais a Recolher | | 40 |
| 14 | Impostos a Recolher | | 140 |
| 15 | CSLL a Recolher | | 134 |
| 16 | Imposto de Renda a Recolher | | 201 |
| 17 | Dividendos a Pagar | | 864 |
| 18 | Capital | | 11.000 |
| 19 | Reserva Legal | | 50 |
| 20 | Reserva p/ Investimentos | | 2.095 |
| | TOTAIS | 16.800 | 16.800 |

PRÁTICA 2

Relação das contas extraídas do livro Razão da empresa Comercial Fagundes & Filhos Ltda., em 31 de dezembro de x1:

1. Caixa ........ 20.000
2. Duplicatas a Receber ........ 1.000
3. Estoque de Mercadorias ........ 50.000
4. Móveis e Utensílios ........ 10.000

| | |
|---|---|
| 5. Depreciação Acumulada | 4.000 |
| 6. Duplicatas a Pagar | 6.000 |
| 7. Capital | 66.000 |
| 8. Compras de Mercadorias | 100.000 |
| 9. Vendas de Mercadorias | 200.000 |
| 10. Aluguéis Passivos | 25.000 |
| 11. Impostos e Taxas | 60.000 |
| 12. Juros Passivos | 10.000 |
| TOTAL | 552.000 |

**Roteiro e instruções para apuração do Resultado do Exercício**

**1.** Razonetes

Transcreva em Razonetes todas as contas, com seus respectivos saldos, separando as Contas Patrimoniais das de Resultado.

**2.** Resultado Bruto

2.1 Calcule, extracontabilmente, o Custo das Mercadorias Vendidas, aplicando a fórmula do CMV, sabendo que o Estoque Final de Mercadorias, conforme Inventário, é de $ 40.000.

2.2 Contabilize o Custo das Mercadorias Vendidas. Apure o saldo desta conta no respectivo Razonete.

2.3 Calcule, extracontabilmente, o Resultado da Conta Mercadorias, aplicando a fórmula do RCM.

2.4 Contabilize o Resultado da Conta Mercadorias. Apure o saldo desta conta no respectivo Razonete: se credor, transfira-o para a conta Lucro sobre Vendas; se devedor, transfira-o para a conta Prejuízo sobre Vendas.

**3.** Ajustes para apuração do Resultado Líquido

3.1 Deprecie a conta Móveis e Utensílios pela taxa de 10% a.a.

3.2 As perdas com Duplicatas a Receber foram estimadas em 2%. Calcular e contabilizar.

**4.** Resultado Líquido do Exercício

4.1 Transfira, contabilmente, todos os saldos das Contas de Despesas para a conta Resultado do Exercício.

4.2 Transfira, contabilmente, o saldo da Conta de Receita para a conta Resultado do Exercício.

4.3 Apure, no respectivo Razonete, o saldo da conta Resultado do Exercício.

**5.** Deduções do Resultado do Exercício

5.1 Calcule e contabilize a Contribuição Social sobre o Lucro Líquido, pela taxa de 10%.

5.2 Calcule e contabilize o Imposto de Renda sobre o lucro líquido pela taxa de 15%.

5.3 Transfira o saldo da conta Resultado do Exercício para a conta Lucros ou Prejuízos Acumulados.

**6.** Destinações do Resultado do Exercício.

Calcule e contabilize as seguintes destinações:

6.1 10% para Reservas para Investimentos.

6.2 Distribuir aos acionistas o saldo que remanescer depois de deduzida a parcela destinada a Reserva para Investimentos.

**7.** Elabore o segundo Balancete de Verificação do Razão.

PRÁTICA 3

Relação das contas extraídas do livro Razão da empresa Frutal Comércio de Frutas S/A, em 31 de dezembro de x1:

1. Bancos conta Movimento ........ 3.200
2. Móveis e Utensílios ........ 11.00
3. Salários ........ 800
4. Duplicatas a Receber ........ 2.000
5. Estoque de Mercadorias ........ 5.000
6. Duplicatas a Pagar ........ 3.000
7. Contribuições de Previdência a Recolher ........ 40
8. Contas a Pagar ........ 520
9. Compras de Mercadorias ........ 6.000
10. Vendas de Mercadorias ........ 10.000
11. Energia Elétrica ........ 500
12. Juros Ativos ........ 1.100
13. Aluguéis Ativos ........ 600
14. Impostos e Contribuições sobre Vendas ........ 260
15. Contribuições de Previdência ........ 300
16. Capital ........ 3.900

TOTAL ........ 38.320

**Roteiro e instruções para apuração do Resultado do Exercício**

**1.** Razonetes

Transcreva em Razonetes todas as contas, com seus respectivos saldos, separando as Contas Patrimoniais das de Resultado.

**2.** Resultado Bruto

2.1 Calcule, extracontabilmente, o Custo das Mercadorias Vendidas, aplicando a fórmula do CMV, sabendo que o Estoque Final de Mercadorias, conforme Inventário, é de $ 8.000.

2.2 Contabilize o Custo das Mercadorias Vendidas. Apure o saldo desta conta no respectivo Razonete.

2.3 Calcule, extracontabilmente, o Resultado da Conta Mercadorias, aplicando a fórmula do RCM.

2.4 Contabilize o Resultado da Conta Mercadorias. Apure o saldo desta Conta no respectivo Razonete: se credor, transfira-o para a conta Lucro sobre Vendas; se devedor, transfira-o para Prejuízo sobre Vendas.

**3.** Ajustes para apuração do Resultado Líquido:

3.1 Deprecie a conta Móveis e Utensílios pela taxa de 10% a.a.

Observação: considere que os Bens sujeitos à Depreciação foram adquiridos no Exercício anterior e serão depreciados pela primeira vez.

3.2 As perdas em créditos de liquidação duvidosa foram estimadas em 3% sobre o saldo de Duplicatas a Receber. Calcular e contabilizar.

**4.** Resultado Líquido do Exercício

4.1 Transfira, contabilmente, todos os saldos das Contas de Despesas para a conta Resultado do Exercício.

4.2 Transfira, contabilmente, todos os saldos das Contas de Receitas para a conta Resultado do Exercício.

4.3 Apure, no respectivo Razonete, o saldo da conta Resultado do Exercício.

**5.** Deduções do Resultado do Exercício

5.1 Calcule e contabilize a Contribuição Social pela taxa de 10% e o Imposto de Renda pela taxa de 15%.

5.2 Transfira o saldo da conta Resultado do Exercício para a conta Lucros ou Prejuízos Acumulados.

**6.** Destinações do Lucro Líquido do Exercício

Calcule e contabilize:

6.1 5% para a Reserva Legal.

6.2 Distribuir aos acionistas o saldo do Lucro Líquido que remanescer após deduzida a parcela destinada à constituição da Reserva Legal.

**7.** Levante o segundo Balancete de Verificação do Razão.

# CAPÍTULO 14

# DEMONSTRAÇÕES CONTÁBEIS (FINANCEIRAS)

## 14.1 Introdução

O artigo 176 da Lei n. 6.404/1976 estabelece que, ao final de cada Exercício Social, a diretoria da empresa deve elaborar, com base na escrituração mercantil, as seguintes Demonstrações Financeiras,* que deverão exprimir com clareza a situação do Patrimônio da empresa e as mutações ocorridas no exercício:

**a.** Balanço Patrimonial;

**b.** Demonstração de Lucros ou Prejuízos Acumulados;

**c.** Demonstração do Resultado do Exercício;

**d.** Demonstração dos Fluxos de Caixa;

**e.** Demonstração do Valor Adicionado.

Em substituição à Demonstração de Lucros ou Prejuízos Acumulados, as empresas podem elaborar a Demonstração das Mutações do Patrimônio Líquido.

A Demonstração do Valor Adicionado é obrigatória somente para as Sociedades Anônimas de Capital Aberto. Todas as Demonstrações Financeiras elaboradas pela empresa deverão ser transcritas no livro Diário.

A Lei n. 6.404/1976 estabelece no art. 289 que as Sociedades Anônimas de Capital Aberto – aquelas que têm autorização para negociar suas ações no mercado de capitais – são obrigadas a publicar suas demonstrações financeiras anualmente nos sítios eletrônicos da Comissão de Valores Mobiliários e da entidade administradora do mercado em que os valores mobiliários da companhia estiverem admitidos à negociação.

Estabelece, ainda, a Lei n. 6.404/1976 que as Demonstrações de cada Exercício devem ser publicadas com a indicação dos valores correspondentes às Demonstrações do Exercício anterior.

---

* A Lei n. 6.404/1976 denominou as Demonstrações Contábeis de Demonstrações Financeiras.

As Demonstrações Financeiras devem, ainda, ser complementadas por Notas Explicativas e por outros quadros analíticos ou Demonstrações Contábeis necessários ao bom esclarecimento da Situação Patrimonial e do Resultado do Exercício.

Nas Demonstrações, as contas semelhantes podem ser agrupadas e os pequenos saldos podem ser agregados, desde que sua natureza seja indicada e que não ultrapassem um décimo do valor do respectivo grupo de contas. Mas é vedada a utilização de designações genéricas, como **Diversas Contas** ou **Contas-correntes**.

## 14.2 Balanço Patrimonial

O **Balanço Patrimonial** é a Demonstração Financeira que evidencia, resumidamente, o Patrimônio da empresa, quantitativa e qualitativamente.

Veja o que estabelece o artigo 178 da Lei n. 6.404/1976:

> Art. 178. No balanço, as contas serão classificadas segundo os elementos do patrimônio que registrem, e agrupadas de modo a facilitar o conhecimento e a análise da situação financeira da companhia.
>
> § 1º No ativo, as contas serão dispostas em ordem decrescente de grau de liquidez dos elementos nelas registrados, nos seguintes grupos:
>
> I – ativo circulante; e
>
> II – ativo não circulante, composto por ativo realizável a longo prazo, investimentos, imobilizado e intangível.
>
> § 2º No passivo, as contas serão classificadas nos seguintes grupos:
>
> I – passivo circulante;
>
> II – passivo não circulante; e
>
> III – patrimônio líquido, dividido em capital social, reservas de capital, ajustes de avaliação patrimonial, reservas de lucros, ações em tesouraria e prejuízos acumulados.

Veja, a seguir, um modelo de Balanço Patrimonial no qual apresentamos os grupos e os subgrupos em que se dividem o Ativo e o Passivo, bem como as Contas Redutoras mais comuns do Ativo e/ou do Passivo. A relação das demais contas você encontra no Capítulo 9 – Plano de contas.

MODELO DE BALANÇO PATRIMONIAL

Companhia:

BALANÇO PATRIMONIAL

Exercício findo em:

| CONTAS | EXERCÍCIO ATUAL $ | EXERCÍCIO ANTERIOR $ |
|---|---|---|
| ATIVO | | |
| ATIVO CIRCULANTE | | |
| DISPONIBILIDADES | | |
| • Caixa e Bancos | | |
| • Aplicações Financeiras de Liquidez Imediata | | |
| CLIENTES | | |
| • Duplicatas a Receber | | |
| • (–) Perdas Estimadas em Créditos de Liquidação Duvidosa | | |
| OUTROS CRÉDITOS | | |
| • Adiantamentos a Fornecedores | | |
| • TRIBUTOS A RECUPERAR | | |
| • Impostos a Recuperar | | |
| INVESTIMENTOS TEMPORÁRIOS A CURTO PRAZO | | |
| • Ações de Outras Empresas | | |
| ESTOQUES | | |
| • Estoque de Mercadorias | | |
| DESPESAS DO EXERCÍCIO SEGUINTE | | |
| • Prêmios de Seguros a Vencer | | |
| TOTAL DO ATIVO CIRCULANTE | | |
| ATIVO NÃO CIRCULANTE | | |
| ATIVO REALIZÁVEL A LONGO PRAZO | | |
| CLIENTES | | |
| • Duplicatas a Receber | | |
| CRÉDITOS COM PESSOAS LIGADAS | | |
| • Empréstimos a Diretores | | |
| TOTAL DO ATIVO REALIZÁVEL A LONGO PRAZO | | |
| INVESTIMENTOS | | |
| • Participações em Outras Empresas | | |
| • Imóveis de Renda | | |
| IMOBILIZADO | | |
| • Computadores e Periféricos | | |
| • (–) Depreciação Acumulada | | |
| INTANGÍVEL | | |
| • Fundo de Comércio | | |
| • (–) Amortização Acumulada de Fundo de Comércio | | |
| TOTAL DO ATIVO PERMANENTE | | |
| TOTAL DO ATIVO | | |

*(continua)*

*(continuação)*

| CONTAS | EXERCÍCIO ATUAL $ | EXERCÍCIO ANTERIOR $ |
|---|---|---|
| PASSIVO | | |
| PASSIVO CIRCULANTE | | |
| OBRIGAÇÕES A FORNECEDORES | | |
| • Duplicatas a Pagar | | |
| EMPRÉSTIMOS E FINANCIAMENTOS | | |
| • Bancos conta Empréstimo | | |
| OBRIGAÇÕES TRIBUTÁRIAS | | |
| • Impostos e Taxas a Recolher | | |
| OBRIGAÇÕES TRABALHISTAS E PREVIDENCIÁRIAS | | |
| • Salários a Pagar | | |
| • Contribuições de Previdência a Recolher | | |
| OUTRAS OBRIGAÇÕES | | |
| ADIANTAMENTOS RECEBIDOS DE CLIENTES | | |
| • CONTAS A PAGAR | | |
| • Aluguéis a Pagar | | |
| PARTICIPAÇÕES E DESTINAÇÕES DO LUCRO LÍQUIDO | | |
| • Participações de Empregados a Pagar | | |
| • Dividendos a Pagar | | |
| TOTAL DO PASSIVO CIRCULANTE | | |
| PASSIVO NÃO CIRCULANTE | | |
| PASSIVO EXIGÍVEL A LONGO PRAZO | | |
| OBRIGAÇÕES A FORNECEDORES | | |
| • Duplicatas a Pagar | | |
| OBRIGAÇÕES A PESSOAS LIGADAS | | |
| • Empréstimos a Pagar à Controlada A | | |
| RECEITAS DIFERIDAS | | |
| • Aluguéis Ativos a Vencer | | |
| • (–) CUSTOS/DESPESAS OU ENCARGOS VINCULADOS ÀS RECEITAS | | |
| TOTAL DO PASSIVO NÃO CIRCULANNTE | | |
| PATRIMÔNIO LÍQUIDO | | |
| CAPITAL SOCIAL | | |
| • Capital | | |
| • (–) Capital a Realizar | | |
| RESERVAS DE CAPITAL | | |
| • Reserva de Ágio na Emissão de Ações/Quotas | | |
| RESERVAS DE LUCROS | | |
| • Reserva Legal | | |
| • (–) Ações em Tesouraria | | |
| • (+ ou –) Lucros ou Prejuízos Acumulados | | |
| TOTAL DO PATRIMÔNIO LÍQUIDO | | |
| TOTAL DO PASSIVO | | |

Você pode observar no modelo de Balanço Patrimonial que tanto no Ativo quanto no Passivo, existem contas precedidas de sinal negativo (–). São as Contas Redutoras do Ativo e do Passivo. As redutoras do Ativo são de natureza credora e as do Passivo de natureza devedora. Por esse motivo figuram no Ativo e no Passivo com sinal negativo.

É importante destacar que a conta Ações em Tesouraria, corresponde a ações representativas do capital da própria sociedade anônima, adquiridas por ela mesma.

Não é permitido que a sociedade anônima adquira ações dela mesma, entretanto há casos especiais em que a própria Lei permite essa operação.

Há duas formas de aquisição de suas próprias ações: mediante compra no mercado de capitais ou mediante reembolso a sócios retirantes da sociedade. Nesses casos, as ações permanecem na tesouraria da empresa até que sejam novamente negociadas.

A Lei n. 6.404/1976 estabelece que a conta Ações em Tesouraria seja destacada, no Balanço, como dedução da conta do Patrimônio Líquido que registrar a origem dos recursos aplicados na sua aquisição.

**NOTA:**

- Cabe ressaltar que existem outras Contas Redutoras do Ativo e do Passivo, as quais não foram apresentadas tendo em vista o caráter introdutório desta obra.

## Exemplo Prático

Conforme já dissemos, após a apuração do Resultado do Exercício e uma vez efetuados os cálculos e contabilizações das Deduções, Participações e Destinações do Lucro Líquido, todas as Contas de Resultado foram encerradas no livro Razão (Razonetes), restando abertas – e com saldos – somente as Contas Patrimoniais, as quais representarão a Situação do Patrimônio da empresa por meio do Balanço Patrimonial.

Com base no segundo Balancete de Verificação do Razão da empresa Moura Ribeiro S/A, levantado em 31 de dezembro de x1, elaborar o Balanço Patrimonial:

Companhia: Moura Ribeiro S/A
BALANCETE DE VERIFICAÇÃO
Exercício findo em: 31 de dezembro de x1

| N. | CONTAS | SALDO | |
|---|---|---|---|
| | | DEVEDOR | CREDOR |
| 01 | Caixa | 30.000 | |
| 02 | Bancos conta Movimento | 706.000 | |
| 03 | Duplicatas a Receber | 400.000 | |
| 04 | Perdas Estimadas em Crédito de Liquidação Duvidosa | | 6.000 |

*(continua)*

*(continuação)*

| N. | CONTAS | SALDO | |
|---|---|---|---|
| | | DEVEDOR | CREDOR |
| 05 | Estoque de Mercadorias | 1.663.500 | |
| 06 | Estoque de Material de Expediente | 20.000 | |
| 07 | Prêmios de Seguro a Vencer | 21.500 | |
| 08 | Móveis e Utensílios | 800.000 | |
| 09 | Depreciação Acumulada de Móveis e Utensílios | | 240.000 |
| 10 | Veículos | 960.000 | |
| 11 | Depreciação Acumulada de Veículos | | 576.000 |
| 12 | Fundo de Comércio | 144.000 | |
| 13 | Amortização Acumulada | | 14.400 |
| 14 | Duplicatas a Pagar | | 686.100 |
| 15 | Impostos e Taxas a Recolher | | 19.000 |
| 16 | Contribuição Previdenciária a Recolher | | 8.000 |
| 17 | FGTS a Recolher | | 2.400 |
| 18 | Salários a Pagar | | 30.000 |
| 19 | Dividendos a Pagar | | 268.355 |
| 20 | CSLL a Recolher | | 37.663 |
| 21 | Imposto de Renda a Recolher | | 94.159 |
| 22 | Capital | | 2.640.000 |
| 23 | Reserva Legal | | 122.923 |
| | TOTAIS | 4.745.000 | 4.745.000 |

Companhia: Moura Ribeiro S/A

BALANÇO PATRIMONIAL

Exercício findo em: 31 de dezembro de x1

| ATIVO | |
|---|---|
| ATIVO CIRCULANTE | |
| DISPONIBILIDADES | |
| • Caixa | 30.000 |
| • Bancos conta Movimento | 706.000 |
| CONTAS A RECEBER | |
| • Duplicatas a Receber | 400.000 |
| • (–) Perdas Estimadas em Créd. Líq. Duv. | (6.000) |
| ESTOQUES | |
| • Estoque de Mercadorias | 1.663.500 |
| • Estoque de Material de Expediente | 20.000 |
| DESPESAS DO EXERCÍCIO SEGUINTE | |
| • Prêmios de Seguro a Vencer | 21.500 |

*(continua)*

(continuação)

| | | |
|---|---|---|
| | • Total do Ativo Circulante | 2.835.000 |
| | ATIVO NÃO CIRCULANTE | |
| | IMOBILIZADO | |
| | • Móveis e Utensílios | 800.000 |
| | • (–) Depreciação Acumulada de Móveis e Utensílios | (240.000) |
| | • Veículos | 960.000 |
| | • (–) Depreciação Acumulada de Veículos | (576.000) |
| | INTANGÍVEL | |
| | • Fundo de Comércio | 144.000 |
| | • (–) Amortização Acumulada | (14.400) |
| | • Total do Ativo Não Circulante | 1.073.600 |
| | • Total geral do Ativo | 3.908.600 |
| PASSIVO | | |
| | PASSIVO CIRCULANTE | |
| | • Duplicatas a Pagar | 686.100 |
| | • Impostos e Taxas a Recolher | 19.000 |
| | • Contribuições de Previdência a Recolher | 8.000 |
| | • FGTS a Recolher | 2.400 |
| | • Salários a Pagar | 30.000 |
| | • Dividendos a Pagar | 268.355 |
| | • CSLL a Recolher | 37.663 |
| | • Imposto de Renda a Recolher | 94.159 |
| | • Total do Passivo Circulante | 1.145.677 |
| | PATRIMÔNIO LÍQUIDO | |
| | • Capital | 2.640.000 |
| | • Reserva Legal | 122.923 |
| | • Total do Patrimônio Líquido | 2.762.923 |
| | • Total geral do Passivo | 3.908.600 |

## 14.3 Demonstração do Resultado do Exercício (DRE)

Essa Demonstração evidencia o Resultado que a empresa obteve (Lucro ou Prejuízo) no desenvolvimento de suas atividades durante um determinado período, geralmente igual a um ano.

Veja o que estabelece o artigo 187 da Lei n. 6.404/1976:

> Art. 187. A demonstração do resultado do exercício discriminará:
>
> I – a receita bruta das vendas e serviços, as deduções das vendas, os abatimentos e os impostos;
>
> II – a receita líquida das vendas e serviços, o custo das mercadorias e serviços vendidos e o lucro bruto;

III – as despesas com as vendas, as despesas financeiras, deduzidas das receitas, as despesas gerais e administrativas, e outras despesas operacionais;
IV – o lucro ou prejuízo operacional, as outras receitas e as outras despesas;
V – o resultado do exercício antes do Imposto sobre a Renda e a provisão para o imposto;
VI – as participações de debêntures, empregados, administradores e partes beneficiárias, mesmo na forma de instrumentos financeiros e de instituições ou fundos de assistência ou previdência de empregados que não se caracterizem como despesa;
VII – o lucro ou prejuízo líquido do exercício e o seu montante por ação do capital social.

**NOTA:**

- Os impostos mencionados no inciso I do artigo 187 da Lei n. 6.404/1976, que devem figurar como redutores da receita bruta de vendas, correspondem àqueles calculados por dentro, isto é, que estejam embutidos na receita bruta de vendas de bens e serviços, como o ICMS e o ISS. Com a Reforma Tributária de 2023, tais impostos, inclusive as contribuições embutidas na receita bruta de vendas, como o PIS sobre Faturamento e a COFINS sobre Faturamento, serão substituídos pelo IBS e pela CBS, tributos que não estarão embutidos na receita bruta de vendas de bens e serviços e, por isso, não figurarão na Demonstração do Resultado do Exercício como redutores da receita bruta. Contudo, é importante esclarecer que o PIS sobre Faturamento e a COFINS sobre Faturamento vigorarão até 2026, e o ICMS e o ISS, até 2032, motivo pelo qual as contas representativas desses tributos continuarão aparecendo em exemplos e em explicações contidas neste livro. Veja outras informações sobre a Reforma Tributária na Seção 10.4.4 do Capítulo 10 deste livro.

## Exemplo Prático

Com base na relação de contas a seguir, extraída do livro Razão da empresa Moura Ribeiro S/A, em 31/12/x1, na qual constam contas já encerradas (Contas de Resultado) e abertas (Contas Patrimoniais), elaborar a Demonstração do Resultado do Exercício.

- Vendas .......... 1.929.975
- Impostos e Contribuições sobre Vendas .......... 496.000
- Custo das Mercadorias Vendidas (CMV) .......... 336.500
- Fretes e Carretos .......... 30.000
- Despesas com Perdas Estimadas em Créditos de Liquidação Duvidosa .... 6.000
- Juros Passivos .......... 5.000
- Juros Ativos .......... 45.000
- Aluguéis Passivos .......... 139.000

- Amortização .......... 11.925
- Depreciação .......... 225.250
- Encargos Sociais .......... 71.000
- Material de Expediente .......... 25.000
- Prêmios de Seguro .......... 15.000
- Salários .......... 200.000
- CSLL a Recolher .......... 37.663
- Imposto de Renda a Recolher .......... 94.159
- Número de ações em circulação que compõem o Capital Social, para cálculo do Lucro Líquido por Ação do Capital: 1.650.000 ações.

**NOTAS:**

- Para obter o valor do Lucro ou Prejuízo Líquido por ação do Capital, basta dividir o Lucro ou o Prejuízo Líquido apurado pelo número de ações em circulação que compõem o Capital da sociedade. É preciso ressaltar, no entanto, que, quando o Capital da empresa for composto por ações de espécie e classes variadas, cujos direitos e vantagens sejam diferenciados, o valor do Lucro ou Prejuízo Líquido por ação deverá ser discriminado de acordo com as classes e espécies existentes. Neste caso, os critérios utilizados para cálculo deverão ser devidamente informados em Notas Explicativas (veja o conceito de Notas Explicativas na Seção 14.8 do presente capítulo).
- Se a empresa possuir ações em Tesouraria, elas deverão ser excluídas do montante das ações para cálculo do Lucro ou Prejuízo Líquido por ação.

Para elaborar a Demonstração do Resultado do Exercício, devemos reunir as Contas de Despesas e de Receitas em seus respectivos grupos, conforme consta da própria Demonstração.

Até que você consiga fazer os agrupamentos automaticamente, sugerimos que consulte o Plano de Contas constante do Capítulo 9.

Veja como agruparemos as referidas contas para solução deste Exemplo Prático:

**Despesas com Vendas**

- Fretes e Carretos .......... 30.000
- Despesas com Perdas Estimadas em Créditos de Liquidação Duvidosa ... 6.000

  TOTAL .......... 36.000

**Despesas Financeiras**

- Juros Passivos .......... 5.000

**Receitas Financeiras**

- Juros Ativos ........................................................ 45.000

**Despesas Gerais e Administrativas**

- Aluguéis Passivos ........................................................ 139.000
- Encargos Sociais ........................................................ 71.000
- Material de Expediente ........................................................ 25.000
- Prêmios de Seguro ........................................................ 15.000
- Salários ........................................................ 200.000
- Depreciação ........................................................ 225.250
- Amortização ........................................................ 11.925

TOTAL ........................................................ 687.175

**NOTA:**

- Com relação às Despesas com Pessoal (Salários, Encargos etc.), quando não houver nas Práticas informação que nos permita identificar a origem de tais Despesas – se relativas a Vendas ou Administrativas –, didaticamente elas poderão ser consideradas Administrativas.

Companhia: Moura Ribeiro S/A
DEMONSTRAÇÃO DO RESULTADO DO EXERCÍCIO
Exercício findo em: 31 de dezembro de x1

| | | |
|---|---|---|
| 1. | RECEITA OPERACIONAL BRUTA | |
| | • Venda de Mercadorias, Produtos e Serviços | 1.929.975 |
| 2. | DEDUÇÕES E ABATIMENTOS | |
| | • Abatimentos Concedidos | |
| | • Vendas Anuladas | |
| | • Descontos Incondicionais Concedidos | |
| | • Impostos e Contribuições sobre Vendas | (496.000) |
| 3. | RECEITA OPERACIONAL LÍQUIDA (1-2) | 1.433.975 |
| 4. | CUSTOS OPERACIONAIS | |
| | • CMV e/ou Custo dos Serviços Prestados | (336.500) |
| 5. | LUCRO BRUTO (3-4) | 1.097.475 |
| 6. | DESPESAS OPERACIONAIS | |
| | • Despesas com Vendas | (36.000) |
| | • Despesas Financeiras | (5.000) |
| | • (–) Receitas Financeiras | 45.000 |
| | • Despesas Gerais e Administrativas | (687.175) |
| | • Outras Despesas Operacionais | |
| 7. | OUTRAS RECEITAS OPERACIONAIS | |
| 8. | LUCRO (PREJUÍZO) OPERACIONAL (5–6+7) | 414.300 |
| 9. | OUTRAS RECEITAS | |
| 10. | OUTRAS DESPESAS | |

*(continua)*

*(continuação)*

| | | |
|---|---|---|
| 11. | RESULTADO DO EXERCÍCIO ANTES DO IR (8+9-10) | 414.300 |
| 12. | CONTRIBUIÇÃO SOCIAL SOBRE O LUCRO LÍQUIDO | (37.663) |
| 13. | IMPOSTO DE RENDA SOBRE O LUCRO LÍQUIDO | (94.159) |
| 14. | RESULTADO DO EXERCÍCIO APÓS O IR (11-12-13) | 282.478 |
| 15. | PARTICIPAÇÕES | |
| | · Debêntures | |
| | · Empregados | |
| | · Administradores | |
| | · Partes Beneficiárias | |
| | · Instituições ou Fundos de Assistência ou Previdência de Empregados | |
| 16. | LUCRO LÍQUIDO DO EXERCÍCIO (14-15) | 282.478 |
| 17. | LUCRO LÍQUIDO OU PREJUÍZO POR AÇÃO DO CAPITAL | 0,1711987 |

**NOTA:**

- **Uma boa dica para a elaboração da DRE é que as informações nela apresentadas podem ser extraídas dos lançamentos de Diário relativos a contabilização do Resultado Bruto, do Resultado Líquido, das Deduções, Participações e das Destinações do Resultado.**

## 14.4 Demonstração de Lucros ou Prejuízos Acumulados (DLPA)

A Demonstração de Lucros ou Prejuízos Acumulados (DLPA) é um relatório contábil que tem por finalidade evidenciar o saldo inicial da conta Lucros ou Prejuízos Acumulados, os ajustes de Exercícios anteriores, as reversões de reservas, o Lucro Líquido do Exercício e a sua destinação. Veja o que dispõe o artigo 186 da Lei n. 6.404/76:

> A demonstração de lucros ou prejuízos acumulados discriminará:
>
> I – o saldo do início do período, os ajustes de exercícios anteriores e a correção monetária do saldo inicial;
>
> II – as reversões de reservas e o lucro líquido do exercício;
>
> III – as transferências para reservas, os dividendos, a parcela dos lucros incorporada ao capital e o saldo ao fim do período.
>
> § 1º – Como ajustes de exercícios anteriores serão considerados apenas os decorrentes de efeitos de mudança de critério contábil, ou da retificação de erro imputável a determinado exercício anterior, e que não possam ser atribuídos a fatos subsequentes.
>
> § 2º – A demonstração de lucros ou prejuízos acumulados deverá indicar o montante do dividendo por ação do capital social e poderá ser incluída na demonstração das mutações do patrimônio líquido, se elaborada e publicada pela companhia.

## Exemplo Prático

Elabore a Demonstração de Lucros ou Prejuízos Acumulados da empresa Moura Ribeiro S/A, cujos dados são os seguintes:

- Lucro Líquido do Exercício .................................................... 282.478
- Reserva Legal .................................................... 14.123
- Dividendos Obrigatórios .................................................... 268.355
- Dividendos por Ação do Capital .................................................... 0,162639393

**NOTAS:**

- Para se conhecer o valor do Dividendo por Ação, em geral, basta dividir o valor dos respectivos Dividendos a serem distribuídos, pelo número de ações em circulação que compõem o Capital da entidade. Deve-se ressaltar, no entanto, que, quando a companhia possuir ações de classes e espécies variadas, cujos Dividendos sejam atribuídos a cada classe ou espécie em porcentagens diferentes, o valor do Dividendo por Ação deverá ser discriminado de acordo com as classes e espécies existentes. Neste caso, os critérios utilizados para cálculo deverão ser devidamente informados em Notas Explicativas.
- Se a entidade possuir ações em Tesouraria, a elas não serão atribuídos Dividendos.

Veja como ficará a DLPA:

Companhia: Moura Ribeiro S/A
DEMONSTRAÇÃO DE LUCROS OU PREJUÍZOS ACUMULADOS
Exercício findo em: 31 de dezembro de x1

| | | |
|---|---|---|
| 1. | Saldo no início do período | ZERO |
| 2. | Ajustes de Exercícios anteriores | ZERO |
| 3. | Saldo ajustado | ZERO |
| 4. | Lucro ou Prejuízo do Exercício | 282.478 |
| 5. | Reversão de Reservas | ZERO |
| 6. | Saldo à disposição | 282.478 |
| 7. | Destinação do Exercício | |
| | • Reserva Legal | (14.123) |
| | • Reserva Estatutária | ZERO |
| | • Reserva para Contingência | ZERO |
| | • Outras Reservas | ZERO |
| | • Dividendos Obrigatórios ($ 0,162639393 por ação) | (268.355) |
| | • Juros sobre o Capital Próprio | |
| 8. | Saldo no fim do Exercício | ZERO |

## LEITURA COMPLEMENTAR

É importante consultar a NBC TG 26, aprovada pela Resolução CFC n. 1.185/09, que apresenta no item 10, o conjunto completo de Demonstrações Contábeis a serem elaboradas por todas as entidades brasileiras a partir de 1º de janeiro de 2010. Entre essas Demonstrações contábeis, constam a Demonstração do Resultado do Período e a Demonstração do Resultado Abrangente do Período.

Veja o modelo de Demonstração do Resultado do Período segundo essa NBC TG:

Companhia:

DEMONSTRAÇÃO DO RESULTADO DO PERÍODO

Exercício findo em:

| DESCRIÇÃO | EXERCÍCIO ATUAL $ | EXERCÍCIO ANTERIOR $ |
|---|---|---|
| 1. RECEITA OPERACIONAL LÍQUIDA | | |
| 2. (–) CUSTOS DAS MERC., PROD. E SERV. VENDIDOS | | |
| 3. (=) LUCRO BRUTO | | |
| 4. (–) DESPESAS OPERACIONAIS | | |
| • Despesas com Vendas | | |
| • Despesas Gerais e Administrativas | | |
| • Outras Despesas Operacionais | | |
| 5. (+) OUTRAS RECEITAS OPERACIONAIS | | |
| 6. (+ou–) RESULTADO DA EQUIVALÊNCIA PATRIMONIAL | | |
| 7. (=) RESULTADO ANTES DAS DESP. E REC. FINANCEIRAS | | |
| 8. (–) DESPESAS FINANCEIRAS | | |
| 9. (+) RECEITAS FINANCEIRAS | | |
| 10. (=) RESULTADO ANTES DOS TRIBUTOS SOBRE O LUCRO | | |
| 11. (–) TRIBUTOS SOBRE O LUCRO: | | |
| • (–) Contribuição Social Sobre o Lucro Líquido | | |
| • (–) Imposto de Renda Sobre o Lucro Líquido | | |
| 12. (=) RESULTADO LÍQUIDO DAS OPERAÇÕES CONTINUADAS | | |
| 13. (+ou-) RESULTADO LÍQUIDO DAS OPERAÇÕES DESCONT.* | | |
| 14. (=) RESULTADO DO PERÍODO ANTES DAS PARTICIPAÇÕES | | |
| 15. (–) PARTICIPAÇÕES | | |
| • Debêntures | | |
| • Empregados | | |
| • Administradores | | |
| • Partes Beneficiárias | | |
| • Instituições ou Fundos Assist. Prev. Empreg | | |
| 16. (=) RESULTADO LÍQUIDO DO PERÍODO | | |

*(continua)*

*(continuação)*

| | | | |
|---|---|---|---|
| 17. | RESULTADO LÍQUIDO DO EXERCÍCIO ATRIBUÍVEL AOS<br>• Acionistas Não Controladores<br>• Acionistras Controladores | | |
| 18. | LUCRO LÍQUIDO OU PREJUÍZO POR AÇÃO DO CAPITAL | | |

* valor líquido dos seguintes itens:

i) resultado líquido após tributos das operações descontinuadas;

ii) resultado após os tributos decorrente da mensuração ao valor justo menos despesas de venda ou na baixa dos ativos ou do grupo de ativos à disposição para venda que constituem a unidade operacional descontinuada.

## NOTAS:

- Note que a DRP inicia com a Receita Operacional Líquida. Havendo interesse, a Receita Operacional Bruta, suas deduções e abatimentos poderão ser informados em Notas Explicativas.
- A NBC TG 26 em seu item 82 estabelece as informações mínimas que devem figurar na DRP, evidenciando também, que devem ser obedecidas as determinações legais. Diante disso, incluímos no final as Participações no Resultado, exigências contidas no artigo 187 da Lei n. 6.404/1976.
- Tendo em vista que as normas internacionais de contabilidade IFRS segregam o resultado em resultado das operações continuadas e resultado das operações descontinuadas, para fins de elaboração da DRP, devemos adicionar as outras despesas e as outras receitas (inciso IV do art. 187 da Lei n. 6.404/1976) entre as Outras Despesas Operacionais e as Outras Receitas Operacionais respectivamente.
- Para encontrar o Resultado Líquido do Exercício atribuível aos acionistas controladores e não controlador basta aplicar ao Resultado Líquido do Exercício, o percentual de participação que cada um desses grupos tem no capital da empresa.

# Atividades Teóricas 1

**1.** Responda:

a) Quais são as Demonstrações previstas na Lei n. 6.404/1976?

b) Onde devem ser transcritas as demonstrações contábeis elaboradas pela empresa?

**2.** Complete:

a) As Demonstrações Financeiras serão complementadas por .......................... .

b) As Demonstrações de cada Exercício serão .......................... com a indicação dos valores correspondentes das .................... do Exercício .......................... .

**3.** Escolha a alternativa correta:

I. No Balanço Patrimonial da conta Capital Social será (serão) deduzida(s):

a) As Reservas.
b) A parcela ainda não realizada.
c) A conta Lucros Acumulados.
d) N.D.A.

II. O Lucro Líquido por Ação do Capital é evidenciado:
a) No Balanço Patrimonial.
b) Na Demonstração do Resultado do Exercício.
c) Na Demonstração de Lucros ou Prejuízos Acumulados.
d) Na Demonstração das Mutações do Patrimônio Líquido.

III. A Situação Líquida Patrimonial da empresa é demonstrada:
a) No Balanço Patrimonial.
b) Na Demonstração do Resultado do Exercício.
c) Na Demonstração de Lucros ou Prejuízos Acumulados.
d) Na Demonstração das Mutações do Patrimônio Líquido.

IV. O Lucro Líquido do Exercício e sua destinação, bem como os Dividendos por Ação do Capital, são demonstrados:
a) No Balanço Patrimonial.
b) Na Demonstração do Resultado do Exercício.
c) Na Demonstração de Lucros ou Prejuízos Acumulados.
d) Na Demonstração das Mutações do Patrimônio Líquido.

4. Coloque **V** se a afirmativa for verdadeira e **F** se for falsa:
( ) Da conta Veículos, no Balanço Patrimonial, serão deduzidas as Amortizações.
( ) A conta Móveis e Utensílios, no Balanço Patrimonial, será adicionada às Depreciações.
( ) Da conta Móveis e Utensílios, no Balanço Patrimonial, são deduzidas as Depreciações.
( ) Do grupo Patrimônio Líquido serão deduzidos os Prejuízos Acumulados e as ações em Tesouraria.

## Atividades Práticas 1

Práticas envolvendo apuração completa do Resultado do Exercício e elaboração das Demonstrações Contábeis.

PRÁTICA 1 – SOLUCIONADA

Relação das contas extraídas do livro Razão da empresa comercial Mil Coisas S/A, em 31 de dezembro de x1:

1. Bancos conta Movimento .......... 17.875
2. Estoque de Mercadorias .......... 42.500
3. Duplicatas a Receber .......... 100.000
4. Móveis e Utensílios .......... 112.000
5. Veículos .......... 168.000
6. Custo das Mercadorias Vendidas (CMV) .......... 212.500

| | |
|---|---|
| 7. Salários | 10.000 |
| 8. Contribuições de Previdência | 2.950 |
| 9. FGTS | 800 |
| 10. Despesas Estimadas com Créditos de Liquidação Duvidosa | 3.000 |
| 11. Depreciação | 32.000 |
| 12. Impostos e Taxas | 500 |
| 13. Publicidade | 1.000 |
| 14. Juros Passivos | 500 |
| 15. Energia Elétrica | 700 |
| 16. Impostos e Contribuições sobre Vendas | 61.125 |
| 17. Combustíveis | 600 |
| 18. Pró-labore | 7.000 |
| 19. Fornecedores | 157.750 |
| 20. Impostos e Contribuições sobre Vendas a Recolher | 9.000 |
| 21. Contribuições de Previdência a Recolher | 300 |
| 22. Bancos conta Empréstimos | 50.000 |
| 23. Capital Social | 105.000 |
| 24. Reservas para Investimentos | 16.800 |
| 25. Vendas de Mercadorias | 350.000 |
| 26. Perdas Estimadas em Créditos de Liquidação Duvidosa | 3.000 |
| 27. Juros Ativos | 36.400 |
| 28. Depreciação Acumulada | 44.800 |
| TOTAL | 1.546.100 |

**Roteiro e instruções para apuração do Resultado do Exercício**

**1.** Razonetes

Transcreva em Razonetes todas as contas, com seus respectivos saldos, separando as Contas Patrimoniais das de Resultado.

**2.** Resultado Bruto

Apure extracontabilmente e depois contabilize o Resultado Bruto do Exercício.

**3.** Resultado Líquido do Exercício

Apure e contabilize o Resultado Líquido do Exercício. Se o saldo da conta Resultado do Exercício for devedor, transfira-o para a conta Prejuízos Acumulados e apresente essa conta no Balanço Patrimonial, no grupo do Patrimônio Líquido, com o valor entre parênteses. Caso o saldo seja credor, proceda conforme item a seguir.

**4.** Deduções do Resultado do Exercício

Calcule e contabilize:

4.1 Contribuição Social sobre o Lucro Líquido, pela taxa de 10%.
Considerar como base para cálculo, o próprio Resultado, sem ajuste algum.

4.2 Imposto de Renda pela taxa de 25%. Considerar a mesma base utilizada para o cálculo da Contribuição Social.

4.3 Transfira o saldo remanescente da conta Resultado do Exercício para a conta transitória Lucros Acumulados.

**5.** Destinações do Lucro Líquido do Exercício:
Calcule e contabilize:

5.1 5% para Reserva Legal.

5.2 20% para Reservas para Investimentos. Considerar como base, o Lucro Líquido diminuído da parcela correspondente a Reserva Legal.

5.3 O restante, distribua aos acionistas.

**6.** Demonstrações Contábeis (Financeiras)
Elaborar:

6.1 Balanço Patrimonial.

6.2 Demonstração do Resultado do Exercício.

6.3 Demonstração de Lucros ou Prejuízos Acumulados.

## *Solução:*

(Para sua conferência, somente lançamentos de Diário e Demonstrações.)

**Diário**

*(1) Vendas de Mercadorias*
*a RCM*
*Transf. do saldo da 1ª p/ 2ª, p/ apuração do Resultado Bruto* ........ *350.000*

---

*(2) RCM*
*a Diversos*
*Transf. dos saldos p/ apuração do Resultado Bruto:*
*a Impostos e Contribuições sobre Vendas*
*Saldo desta conta* ........ *61.125*
*a CMV*
*Idem* ........ *212.500* *273.625*

---

*(3) RCM*
*a Lucro sobre Vendas*
*Lucro Bruto apurado* ........ *76.375*

---

*(4) Resultado do Exercício*
*a Diversos*
*Transferência que se processa dos saldos das seguintes contas, para apuração do Resultado Líquido:*
*a Salários*
*Saldo desta conta* ........ *10.000*
*a Contribuições de Previdência*
*Idem* ........ *2.950*
*a FGTS*
*Idem* ........ *800*

*a Despesas Estimadas com Créditos de Liquidação Duvidosa*

| | | |
|---|---|---|
| *a Despesas Estimadas com Créditos de Liquidação Duvidosa* | | |
| *Idem* | *3.000* | |
| *a Depreciação* | | |
| *Idem* | *32.000* | |
| *a Impostos e Taxas* | | |
| *Idem* | *500* | |
| *a Publicidade* | | |
| *Idem* | *1.000* | |
| *a Juros Passivos* | | |
| *Idem* | *500* | |
| *a Energia Elétrica* | | |
| *Idem* | *700* | |
| *a Combustíveis* | | |
| *Idem* | *600* | |
| *a Pró-labore* | | |
| *Idem* | *7.000* | *59.050* |

| | | |
|---|---|---|
| *(5) Diversos* | | |
| *a Resultado do Exercício* | | |
| *Transf. dos saldos das Contas de Receitas p/ apuração do Resultado Líquido* | | |
| *Juros Ativos* | | |
| *Saldo desta conta* | *36.400* | |
| *Lucro sobre Vendas* | | |
| *Idem* | *76.375* | *112.775* |

| | | |
|---|---|---|
| *(6) Resultado do Exercício* | | |
| *a Diversos* | | |
| *Deduções a saber:* | | |
| *a CSLL a Recolher* | | |
| *10% sobre $ 53.725* | *5.372* | |
| *a Imposto de Renda a Recolher* | | |
| *25% sobre $ 53.725* | *13.431* | *18.803* |

| | | |
|---|---|---|
| *(7) Resultado do Exercício* | | |
| *a Lucros Acumulados* | | |
| *Lucro Líquido apurado* | | *34.922* |

*(8) Lucros Acumulados*
*a Diversos*
*Destinação do Lucro Líquido do Exercício, como segue:*

| | | |
|---|---|---|
| *a Reserva Legal* | | |
| *5% sobre $ 34.922* | *1.746* | |
| *a Reserva para Investimentos* | | |
| *20% sobre $ 34.922 - 1.746 = 33.176* | *6.635* | |
| *a Dividendos a Pagar* | | |
| *Distribuição do saldo remanescente* | *26.541* | *34.922* |

**Balanço Patrimonial levantado em 31 de dezembro de x1.**

| | | |
|---|---|---|
| 1. | ATIVO | |
| | ATIVO CIRCULANTE | |
| | Disponibilidades | |
| | Bancos conta Movimento | 17.875 |
| | Clientes | |
| | Duplicatas a Receber | 100.000 |
| | (–) Perdas Estimadas em Créditos de Liquidação Duvidosa | (3.000) |
| | Estoques | |
| | Estoques de Mercadorias | 42.500 |
| | TOTAL DO ATIVO CIRCULANTE | 157.375 |
| | ATIVO NÃO CIRCULANTE | |
| | Imobilizado | |
| | Móveis e Utensílios | 112.000 |
| | Veículos | 168.000 |
| | (–) Depreciação Acumulada | (44.800) |
| | TOTAL DO ATIVO NÃO CIRCULANTE | 253.200 |
| | TOTAL DO ATIVO | 392.575 |
| 2. | PASSIVO | |
| | PASSIVO CIRCULANTE | |
| | Obrigações a Fornecedores | |
| | Fornecedores | 157.750 |
| | Obrigações Financeiras | |
| | Bancos conta Empréstimos | 50.000 |
| | Obrigações Tributárias | |
| | Impostos e Contribuições sobre Vendas a Recolher | 9.000 |
| | CSLL a Recolher | 5.372 |
| | Imposto de Renda a Recolher | 13.431 |
| | Obrigações Trabalhistas | |
| | Contribuição de Previdência a Recolher | 300 |
| | Outras Obrigações | |
| | Dividendos a Pagar | 26.541 |
| | TOTAL DO PASSIVO CIRCULANTE | 262.394 |
| | PASSIVO NÃO CIRCULANTE | |
| | PATRIMÔNIO LÍQUIDO | |
| | Capital Social | |
| | Capital Social | 105.000 |

*(continua)*

*(continuação)*

| | |
|---|---|
| Reservas | |
| Reserva Legal | 1.746 |
| Reservas para Investimentos | 23.435 |
| TOTAL DO PATRIMÔNIO LÍQUIDO | 130.181 |
| TOTAL DO PASSIVO | 392.575 |

**Demonstração do Resultado do Exercício**

Para proporcionar a elaboração do Resultado do Exercício, vamos separar as Despesas por seus respectivos grupos, conforme constam do Plano de Contas do Capítulo 9. Acompanhe:

**Despesas com Vendas**

- Despesas Estimadas com Créditos de Liquidação Duvidosa ............ 3.000
- Publicidade ............ 1.000

  Soma ............ 4.000

**Despesas Financeiras**

- Juros Passivos ............ 500

**Receitas Financeiras**

- Juros Ativos ............ 36.400

**Despesas Gerais e Administrativas**

- Salários ............ 10.000
- Contribuições de Previdência ............ 2.950
- FGTS ............ 800
- Impostos e Taxas ............ 500
- Energia Elétrica ............ 700
- Combustíveis ............ 600
- Pró-labore ............ 7.000
- Depreciação ............ 32.000

  Soma ............ 54.550

Veja, agora, a Demonstração:

**Demonstração do Resultado do Exercício**

| | | |
|---|---|---|
| 1. | RECEITA OPERACIONAL BRUTA | |
| | • Venda de Mercadorias e/ou Prestação de Serviços | 350.000 |
| 2. | DEDUÇÕES E ABATIMENTOS | |
| | • Abatimentos Concedidos | |
| | • Vendas Anuladas | |
| | • Descontos Incondicionais Concedidos | |
| | • Impostos e Contribuições sobre Vendas | (61.125) |
| 3. | RECEITA OPERACIONAL LÍQUIDA (1-2) | 288.875 |

*(continua)*

*(continuação)*

| | | |
|---|---|---|
| 4. | CUSTOS OPERACIONAIS | |
| | • CMV e/ou Custo dos Serviços Prestados | (212.500) |
| 5. | LUCRO BRUTO (3-4) | 76.375 |
| 6. | DESPESAS OPERACIONAIS | |
| | • Despesas com Vendas | (4.000) |
| | • Despesas Financeiras | (500) |
| | • (–) Receitas Financeiras | 36.400 |
| | • Despesas Gerais e Administrativas | (54.550) |
| | • Outras Despesas Operacionais | |
| 7. | OUTRAS RECEITAS OPERACIONAIS | |
| 8. | LUCRO (PREJUÍZO) OPERACIONAL (5-6+7) | 53.725 |
| 9. | OUTRAS RECEITAS | |
| 10. | OUTRAS DESPESAS | |
| 11. | RESULTADO DO EXERCÍCIO ANTES DO IR (8+9-10) | 53.725 |
| 12. | CONTRIBUIÇÃO SOCIAL SOBRE O LUCRO LÍQUIDO | (5.372) |
| 13. | IMPOSTO DE RENDA SOBRE O LUCRO LÍQUIDO | (13.431) |
| 14. | RESULTADO DO EXERCÍCIO APÓS O IR (11-12-13) | 34.922 |
| 15. | PARTICIPAÇÕES | |
| | • Debêntures | |
| | • Empregados | |
| | • Administradores | |
| | • Partes Beneficiárias | |
| | • Instituições ou Fundos de Assistência ou Previdência de Empregados | |
| 16. | LUCRO OU PREJUÍZO LÍQUIDO DO EXERCÍCIO (14-15) | 34.922 |
| 17. | LUCRO OU PREJUÍZO LÍQUIDO POR AÇÃO DO CAPITAL | |

## Demonstração de Lucros ou Prejuízos Acumulados

| | |
|---|---|
| 1. Saldo no início do período | - |
| 2. Ajustes de Exercícios anteriores | - |
| 3. Saldo ajustado | - |
| 4. Lucro ou Prejuízo do Exercício | 34.922 |
| 5. Reversão de Reservas | - |
| 6. Saldo à disposição | 34.922 |
| 7. Destinação do Exercício | |
| Reserva Legal | (1.746) |
| Reserva Estatutária | (6.635) |
| Reserva para Contingência | - |
| Outras Reservas | - |
| Dividendos Obrigatórios ($ ________ por ação) | (26.541) |
| Juros sobre o Capital Próprio | |
| 8. Saldo no fim do Exercício | - |

PRÁTICA 2

Relação das contas extraídas do livro Razão da Empresa Esportes Mariotto S/A, em 31 de dezembro de x1:

1. Caixa ........ 2.000
2. Bancos conta Movimento ........ 1.500
3. Aplicações de Liquidez Imediata ........ 7.000
4. Duplicatas a Receber ........ 10.000
5. Perdas Estimadas em Créditos de Liquidação Duvidosa ........ 50
6. Imposto de Renda a Recuperar ........ 300
7. Estoque de Mercadorias ........ 20.350
8. Estoque de Material de Expediente ........ 1.800
9. Propaganda e Publicidade a Vencer ........ 300
10. Participações em Outras Empresas ........ 4.000
11. Móveis e Utensílios ........ 2.480
12. Depreciação Acumulada de Móveis e Utensílios ........ 600
13. Fundo de Comércio ........ 5.000
14. Amortização Acumulada de Fundo de Comércio ........ 2.000
15. Duplicatas a Pagar ........ 8.000
16. Salários a Pagar ........ 2.700
17. Contribuições de Previdência a Recolher ........ 950
18. FGTS a Recolher ........ 210
19. Impostos e Contribuições sobre Vendas a Recolher ........ 260
20. Empréstimos Bancários a Longo Prazo ........ 9.900
21. Juros Ativos a Vencer ........ 309
22. Capital ........ 10.000
23. Reserva Legal ........ 400
24. Reservas para Investimentos ........ 2.000
25. Compras de Mercadorias ........ 50.500
26. Compras Anuladas ........ 300
27. Fretes e Seguros sobre Compras ........ 5.000
28. Descontos Incondicionais Obtidos ........ 200
29. Vendas de Mercadorias ........ 101.500
30. Impostos e Contribuições sobre Vendas ........ 20.689
31. Descontos Incondicionais Concedidos ........ 500
32. Salários ........ 7.000
33. Contribuições de Previdência ........ 2.000
34. FGTS ........ 560
35. Impostos e Taxas ........ 400

| | |
|---|---|
| 36. Fretes e Carretos | 600 |
| 37. Honorários da Diretoria | 2.300 |
| 38. Despesas Bancárias | 200 |
| 39. Aluguéis Passivos | 900 |
| 40. Juros Ativos | 6.000 |
| TOTAL | 290.758 |

**Roteiro e instruções para apuração do Resultado do Exercício**

**1.** Razonetes

Transcreva em Razonetes todas as contas, com seus respectivos saldos. Separe as Contas Patrimoniais das de Resultado.

**2.** Resultado Operacional Bruto

Apure e contabilize o Resultado Bruto do Exercício, sabendo que o Estoque Final de Mercadorias é de $ 30.000.

**3.** Ajustes para apuração do Resultado Líquido

3.1 Deprecie Móveis e Utensílios à taxa de 10% a.a. (do saldo existente, $ 480 correspondem à compra de Bens efetuada em 1º de julho do corrente ano, data em que os respectivos Bens foram colocados em uso).

3.2 Amortize Fundo de Comércio à taxa de 20% a.a.

3.3 As perdas com créditos de liquidação duvidosa foram estimadas em 6% sobre o saldo de Duplicatas a Receber. Adote o Método da Reversão, considerando que há saldo remanescente.

3.4 Sabendo que, dos $ 300 registrados na conta Propaganda e Publicidade a Vencer, $ 100 pertencem a janeiro do Exercício seguinte, faça o ajuste.

3.5 Sabendo que o Inventário Físico de Material de Expediente apresentou saldo de $ 600, faça o ajuste.

3.6 Sabendo que, do saldo de $ 309 existente na conta Juros Ativos a Vencer, $ 150 referem-se a Receitas do Exercício de x2, faça o ajuste.

**4.** Resultado Líquido do Exercício

Transfira os saldos das contas de Despesas e de Receitas para a conta Resultado do Exercício; Apure o saldo da conta Resultado do Exercício: se devedor, transfira-o para a conta Prejuízos Acumulados; se credor, proceda conforme o item a seguir.

**5.** Deduções do Resultado do Exercício

5.1 Calcule e contabilize a Contribuição Social sobre o Lucro Líquido pela taxa de 10%.

5.2 Calcule e contabilize o Imposto de Renda pela taxa de 25%.

5.3 Transfira o saldo da conta Resultado do Exercício para a conta Lucros Acumulados.

**6.** Destinações do Lucro Líquido do Exercício

6.1 Calcule e contabilize 5% para Reserva Legal.

6.2 Calcule e contabilize 10% para reserva para investimentos (base: Lucro Líquido do Exercício diminuído da parcela relativa à Reserva Legal).

6.3 Distribua o saldo remanescente aos acionistas.

**7.** Demonstrações Contábeis (Financeiras)

Elaborar as seguintes Demonstrações Contábeis:

7.1 Balanço Patrimonial

7.2 Demonstração do Resultado do Exercício.

7.3 Demonstração de Lucros ou Prejuízos Acumulados.

## 14.5 Demonstração das Mutações do Patrimônio Líquido (DMPL)

### 14.5.1 Conceito

A Demonstração das Mutações do Patrimônio Líquido (DMPL) é um relatório contábil que visa a evidenciar as variações ocorridas em todas as contas que compõem o Patrimônio Líquido em determinado período.

A Lei n. 6.404/1976 não fixa um modelo de DMPL que deva ser utilizado pelas empresas; entretanto, menciona essa demonstração no § 2º do artigo 186, quando permite que a DLPA seja incluída nela, se elaborada e publicada pela companhia. Assim, as mesmas informações que a Lei determina para a DLPA, devem constar na DMPL, considerando que nesta, as informações serão relativas à movimentação de todas as contas do Patrimônio Líquido.

### 14.5.2 Elaboração da DMPL

Os dados para elaboração dessa demonstração são extraídos do livro Razão, bastando, portanto, consultar a movimentação ocorrida, durante o Exercício, em cada uma das contas do Patrimônio Líquido.

## 14.5.3 Modelo de DMPL

Companhia: Moura Ribeiro S/A
DEMONSTRAÇÃO DAS MUTAÇÕES DO PATRIMÔNIO LÍQUIDO
Exercício findo em: 31 de dezembro de x1

| DESCRIÇÃO | CAPITAL SOCIAL | RESERVAS DE CAPITAL | RESERVAS DE LUCROS | AJUSTES DE AVALIAÇÃO PATRIMONIAL | AÇÕES EM TESOURARIA | PREJUÍZOS ACUMULADOS | LUCROS A DESTINAR | TOTAIS |
|---|---|---|---|---|---|---|---|---|
| **Saldo em 31/12/x1** | | | | | | | | |
| **Aumentos de Capital:**<br>· com Reservas de Capital | | | | | | | | |
| **Lucro ou Prejuízo do Exercício** | | | | | | | | |
| **Reversão de Reservas** | | | | | | | | |
| **Destinação do Exercício:**<br>· Reserva Legal<br>· Reserva para Investimentos<br>· Dividendos<br>· Juros sobre o Capital Próprio | | | | | | | | |
| **Saldo em 31/12/x2** | | | | | | | | |
| **Aumentos de Capital:**<br>· com Reservas de Capital | | | | | | | | |
| **Lucro ou Prejuízo do Exercício** | | | | | | | | |
| **Reversão de Reservas** | | | | | | | | |
| **Destinação do Exercício:**<br>· Reserva Legal<br>· Reserva para Investimentos<br>· Dividendos<br>· Juros sobre o Capital Próprio | | | | | | | | |
| **Saldo em 31/12/x3** | | | | | | | | |

## 14.6 Demonstração dos Fluxos de Caixa (DFC)

### 14.6.1 Conceito

A Demonstração dos Fluxos de Caixa (DFC) é um relatório contábil que tem a finalidade de evidenciar as transações ocorridas em um determinado período e que provocaram modificações no saldo do Caixa da empresa.

Para fins da DFC, os fluxos de Caixa englobam não só o movimento da própria conta Caixa (numerário em espécie em poder da empresa) e da conta Bancos conta Movimento (numerário da empresa depositado em estabelecimento bancário), como também o movimento dos Equivalentes de Caixa.

Equivalentes de Caixa são as aplicações financeiras de alta liquidez,com vencimento em prazo não superior a 90 dias.

Portanto, o fluxo de Caixa envolve as contas classificadas no grupo das Disponibilidades do Ativo Circulante do Balanço Patrimonial.

Ao olhar para uma DFC, o usuário deve compreender com facilidade qual foi a origem de todos os recursos financeiros que passaram pelo Caixa da empresa em um determinado período, bem como o destino dos recursos financeiros que ingressaram e não permaneceram para compor o saldo do Caixa no final do mesmo período.

### 14.6.2 Estrutura da DFC

A Lei n. 6.404/1976 também não fixou um modelo de DFC a ser adotado por todas as empresas. Ela limitou-se a estabelecer no inciso I do artigo 188 que a DFC deverá indicar, no mínimo, as alterações ocorridas, durante o exercício, no saldo de Caixa e Equivalentes de Caixa, segregando-se essas alterações em, no mínimo, três fluxos: das operações, dos financiamentos e dos investimentos.

A DFC, quando elaborada, requer que as aplicações financeiras consideradas pela entidade como Equivalentes de Caixa, sejam relacionadas em Notas Explicativas.

O Conselho Federal de Contabilidade, por meio da NBC TG 03, disciplinou a elaboração da DFC, em consonância com as normas internacionais de contabilidade IFRS.

### 14.6.3 Classificação das entradas e saídas de Caixa por atividades

A DFC é uma demonstração muito fácil de ser elaborada e interpretada.

Para elaborá-la e interpretá-la adequadamente, você precisa, inicialmente, saber classificar os fatos que provocaram entradas e saídas de dinheiro no caixa, em três grupos de atividades:

**a.** Atividades Operacionais – compreendem os fatos que ocorrem em função da atividade principal da empresa. Em uma empresa comercial, por exemplo, as entradas de caixa a serem classificadas nesse grupo derivam do recebimento por vendas de mercadorias à vista, do recebimento de direitos de Clientes por vendas efetuadas a prazo etc.; as saídas de caixa derivam principalmente do pagamento de compras de mercadorias realizadas à vista, do pagamento de obrigações a fornecedores em decorrência de compras efetuadas a prazo, do pagamento das despesas necessárias ao desenvolvimento da empresa como aluguel, energia elétrica, salários, juros etc.

**b.** Atividades de investimento – compreendem todos os fatos que provocam aumentos ou diminuições no caixa em decorrência de compras ou vendas de Bens ou de Direitos classificados no Ativo Não Circulante, sendo mais comum no subgrupo do Imobilizado.

**c.** Atividades de financiamento – compreendem os fatos que envolvem a captação de recursos financeiros derivados dos proprietários e de terceiros bem como o pagamento desses recursos. Nesse caso, as entradas de caixa referem-se a integralização do capital e captação de empréstimos; as saídas de caixa derivam da redução do capital e do pagamento de empréstimos, dividendos e juros sobre o capital próprio.

É importante destacar ainda, que uma única transação pode incluir fluxos de caixa classificados em mais de uma atividade. Por exemplo, quando o desembolso de caixa para pagamento de empréstimo inclui tanto os juros como o principal, a parte dos juros pode ser classificada como atividade operacional, mas a parte do principal deve ser classificada como atividade de financiamento. (Item 12 da NBC TG 03).

Uma boa dica para saber em que grupo de atividades deve ser classificada uma entrada ou saída de caixa é que: "quando não for possível classificá-la no grupo das atividades de investimento ou de financiamento, deverá, então, ser classificada entre as atividades operacionais".

## 14.6.4 Métodos de elaboração

Existem dois métodos que podem ser adotados para a estruturação da DFC: Indireto e Direto.

### *14.6.4.1 Método indireto*

Pelo método indireto, também denominado Método da Reconciliação, os recursos derivados das atividades operacionais são demonstrados a partir do lucro líquido do Exercício, ajustado pela adição das despesas e exclusão das receitas consideradas na apuração do resultado e que não afetaram o Caixa da empresa, isto é, que não representaram saídas ou entradas de dinheiro, bem como pela exclusão das receitas realizadas no Exercício e recebidas no Exercício anterior; pela adição das receitas recebidas antecipadamente que não foram consideradas na apuração do resultado e pela inclusão das despesas pagas antecipadamente que representam saída de caixa e não integram o Resultado do Período. Exclui-se, também do Resultado, os Resultados obtidos nas transações de bens do Ativo Não Circulante, uma vez que as baixas referentes a esses bens devem ser indicadas pelos valores brutos entre as atividades de investimento.

Veja, a seguir, um modelo de DFC pelo método indireto.

Companhia:
DEMONSTRAÇÃO DOS FLUXOS DE CAIXA – método indireto
Exercício findo em:

| DESCRIÇÃO | EXERCÍCIO ATUAL $ | EXERCÍCIO ANTERIOR $ |
|---|---|---|
| 1. FLUXOS DE CAIXA DAS ATIVIDADES OPERACIONAIS | | |
| Resultado do exercício do período | | |
| Ajustes para conciliar o resultado às disponibilidades geradas pelas atividades operacionais | | |
| (+) Depreciação e amortização | | |
| (+/–) Resultado na venda de Ativos Não Circulantes | | |
| (+/–) Equivalência patrimonial | | |
| (+) Recebimento de lucros e dividendos | | |
| Variações nos Ativos e Passivos | | |
| (Aumento) Redução em contas a receber | | |
| (Aumento) Redução dos estoques | | |
| Aumento (Redução) em Fornecedores | | |
| Aumento (Redução) em Contas a Pagar | | |
| Aumento (Redução) no IR e na CSL | | |
| (=) Disponibilidades líquidas geradas pelas (aplicadas nas) atividades operacionais | | |
| 2. FLUXOS DE CAIXA DAS ATIVIDADES DE INVESTIMENTO | | |
| (–) Compras de Investimentos | | |
| (–) Compras do Imobilizado | | |
| (–) Compras do Intangível | | |
| (+) Recebimentos por vendas de Investimentos | | |
| (+) Recebimentos por vendas do Imobilizado | | |
| (+) Recebimento por vendas do Intangível | | |
| (+) Recebimento de dividendos | | |
| (=) Disponibilidades líquidas geradas pelas (aplicadas nas) atividades de investimento | | |

*(continua)*

*(continuação)*

| | | |
|---|---|---|
| 3. FLUXOS DE CAIXA DAS ATIVIDADES DE FINANCIAMENTO | | |
| (+) Integralização de capital | | |
| (+) Empréstimos tomados | | |
| (–) Pagamento de dividendos | | |
| (–) Pagamento de Empréstimos | | |
| (=) Disponibilidades líquidas geradas pelas (aplicadas nas) atividades de financiamento | | |
| 4. AUMENTO (REDUÇÃO) NAS DISPONIBILIDADES (1+/-2+/-3) | | |
| 5. DISPONIBILIDADES NO INÍCIO DO PERÍODO | | |
| 6. DISPONIBILIDADES NO FINAL DO PERÍODO (4+/-5) | | |

### *14.6.4.2 Método direto*

A DFC pelo método direto é semelhante à DFC pelo método indireto. O que diverge esses dois métodos é a forma de apresentação das atividades operacionais. No método indireto, os recursos derivados das atividades operacionais são indicados a partir do lucro líquido do Exercício, ajustado, conforme já vimos. No método direto, os recursos derivados das operações são indicados a partir dos recebimentos e pagamentos decorrentes das operações normais, efetuados durante o período.

Se optar pelo método direto, a empresa deverá divulgar uma conciliação do Resultado do Exercício com o valor das disponibilidades líquidas geradas ou utilizadas nas atividades operacionais.

Dado o caráter introdutório da presente obra, deixaremos de apresentar o modelo de DFC pelo método direto.

## 14.6.5 Exemplo prático

Vamos apresentar, a seguir, oito operações realizadas em uma empresa comercial durante dois períodos e os reflexos dessas operações na DFC.

Veja como é fácil:

*Período x1*

Fato 1: Em 10 de novembro, Ronaldo constituiu uma empresa para explorar o ramo de comércio de calçados, com capital de $ 30.000 integralizado em dinheiro.

Fato 2: Em 25 de novembro, tomou emprestado do banco Urupês S/A a importância de $ 20.000.

Fato 3: Em 30 de novembro, comprou móveis para uso, no valor de $ 10.000, tendo pago em dinheiro.

Veja como ficará a DFC da empresa de Ronaldo, considerando somente esses três fatos:

Demonstração dos Fluxos de Caixa

Período X1

| | |
|---|---|
| 1. FLUXOS DE CAIXA DAS ATIVIDADES OPERACIONAIS | |
| 2. FLUXOS DE CAIXA DAS ATIVIDADES DE INVESTIMENTO | |
| (–) Compras do Imobilizado | (10.000) |
| (=) Disponibilidades líquidas aplicadas nas atividades de investimento | (10.000) |
| 3. FLUXOS DE CAIXA DAS ATIVIDADES DE FINANCIAMENTO | |
| (+) Integralização de capital | 30.000 |
| (+) Empréstimos tomados | 20.000 |
| (=) Disponibilidades líquidas geradas pelas atividades de financiamento | 50.000 |
| 4. AUMENTO (REDUÇÃO) NAS DISPONIBILIDADES (2-3) | 40.000 |
| 5. DISPONIBILIDADES NO INÍCIO DO PERÍODO | ZERO |
| 6. DISPONIBILIDADES NO FINAL DO PERÍODO (4+5) | 40.000 |

*Período x2*

Fato 4: em 01 de dezembro, comprou, à vista, um lote de mercadorias no valor de $ 30.000.

Fato 5: em 10 de dezembro, pagou despesas de aluguel, em dinheiro, no valor de $ 2.000.

Fato 6: em 12 de dezembro, vendeu o lote inteiro de mercadorias, à vista, por $ 39.000.

Fato 7: em 15 de dezembro, pagou uma parcela do financiamento no valor de $ 2.000, com juros de $ 50.

Fato 8: em 20 de dezembro, vendeu parte dos Móveis e Utensílios por $ 5.000, cujo custo de aquisição foi igual a 4.000.

Veja, agora como ficará a DFC da empresa de Ronaldo, no final de x2:

Antes, porém, é preciso elaborar a Demonstração do Resultado do Exercício do período, veja:

Demonstração do Resultado do Exercício

Período x2

| | |
|---|---|
| Receita Bruta de Vendas de Mercadorias | 39.000 |
| (–) Custo das mercadorias vendidas | (30.000) |
| = Lucro Bruto | 9.000 |
| (–) Despesas de aluguel | (2.000) |
| (–) Despesas de Juros | (50) |
| (= Lucro Operacional) | 6.950 |
| (+) Outras receitas | 1.000 |
| (=) Resultado antes dos Tributos sobre o Lucro | 6.950 |

Examine a DFC a seguir e você compreenderá os reflexos provocados pelos fatos de x2.

Demonstração dos Fluxos de Caixa

Período x2

| | |
|---|---|
| 1. FLUXOS DE CAIXA DAS ATIVIDADES OPERACIONAIS | |
| Resultado do exercício do período | 7.950 |
| Ajustes para conciliar o resultado às disponibilidades geradas pelas atividades operacionais | |
| (–) Resultado na venda de Ativos Não Circulantes | (1.000) |
| (=) Disponibilidades líquidas geradas pelas atividades operacionais | 6.950 |
| 2. FLUXOS DE CAIXA DAS ATIVIDADES DE INVESTIMENTO | |
| (+) Recebimentos por vendas do Imobilizado | 5.000 |
| (=) Disponibilidades líquidas geradas pelas atividades de investimento | 5.000 |
| 3. FLUXOS DE CAIXA DAS ATIVIDADES DE FINANCIAMENTO | |
| (–) Pagamento de Empréstimos | (2.000) |
| (=) Disponibilidades líquidas aplicadas nas atividades de financiamento | (2.000) |
| 4. AUMENTO NAS DISPONIBILIDADES (1+2-3) | 9.950 |
| 5. DISPONIBILIDADES NO INÍCIO DO PERÍODO | 40.000 |
| 6. DISPONIBILIDADES NO FINAL DO PERÍODO (4+5) | 49.950 |

# 14.7 Demonstração do Valor Adicionado (DVA)

## 14.7.1 Conceito

A Demonstração do Valor Adicionado (DVA) é um relatório contábil que evidencia o quanto de riqueza uma empresa produziu, isto é, o quanto ela adicionou de valor aos seus fatores de produção, e o quanto e de que forma essa riqueza foi distribuída (entre empregados, Governo, acionistas, financiadores de Capital), bem como a parcela da riqueza não distribuída.

Desse modo, a DVA tem por fim demonstrar a origem da riqueza gerada pela entidade, e como essa riqueza foi distribuída entre os diversos setores que contribuíram, direta ou indiretamente, para a sua geração.

O valor adicionado que é demonstrado na DVA, corresponde à diferença entre o valor da Receita de vendas e os Custos dos recursos adquiridos de Terceiros.

Para exemplificar, consideremos que uma determinada unidade de mercadoria adquirida do fornecedor por $ 20, tenha sido vendida pela empresa comercial por $ 30. Nesse caso, o valor adicionado pela empresa comercial corresponde a $ 10 (30 - 20).

Observe bem: embora a Receita Bruta de vendas dessa empresa comercial tenha sido de $ 30, ela agregou à economia do país apenas $ 10, uma vez que os outros $ 20 representam riquezas já geradas por empresas integrantes da cadeia produtiva, porém em outras etapas da produção (agricultura, indústria, comércio atacadista e serviços).

O valor adicionado de $ 10, portanto, corresponde à remuneração dos esforços que a empresa despendeu no desenvolvimento de suas atividades. Entre esses esforços incluem-se os empregados (fonte de mão de obra), os investidores (fonte de Capital Próprio), os financiadores (fonte de Capitais de Terceiros) e o Governo, que será remunerado por meio dos impostos como contrapartida dos benefícios sociais que oferece a toda sociedade, inclusive às empresas.

Assim, o valor adicionado gerado em cada empresa em um determinado período representa o quanto essa empresa contribuiu para a formação do Produto Interno Bruto (PIB*) do país no referido período.

## 14.7.2 Elaboração da DVA

As informações contidas na DVA derivam das Contas de Resultado e também de algumas Contas Patrimoniais.

A exemplo do que ocorre com as demais Demonstrações Financeiras, no momento da elaboração da DVA, todas as Contas de Resultado já estão devidamente encerradas nos registros contábeis da empresa.

As Contas de Resultado que serão consultadas para a elaboração da DVA são todas aquelas que representam as Despesas, os Custos e as Receitas, observado o Regime de competência.

As Contas Patrimoniais das quais serão extraídas informações para a elaboração da DVA são aquelas representativas das Participações de Terceiros (tributos sobre o Lucro Líquido, debenturistas, empregados, administradores etc.), bem como aquelas representativas da remuneração dos acionistas pelo Capital investido (Juros e Dividendos).

Portanto, para elaborar a DVA, o contabilista deve coletar dados diretamente do livro Razão. Caso o livro Razão seja processado manualmente ou por meio do computador e não estejam previstas contas sintéticas que agrupem valores conforme deverão figurar na DVA, torna-se imprescindível fazer esses agrupamentos para facilitar a elaboração desse demonstrativo.

## 14.7.3 Estrutura da DVA

No inciso II do artigo 188, a Lei n. 6.404/1976 apresenta as informações mínimas que devem ser indicadas na DVA, como: o valor da riqueza gerada pela companhia, a sua distribuição entre os elementos que contribuíram para a geração dessa riqueza, tais como empregados, financiadores, acionistas, governo e outros, bem como a parcela da riqueza não distribuída.

## 14.7.4 Modelo de DVA

Veja o modelo de Demonstração do Valor Adicionado, apropriado para as empresas em geral (comerciais, industriais e prestadoras de serviços), constante da NBC TG 09.

---

* O PIB é um indicador próprio para mensurar a atividade econômica de uma região. Consiste na soma (em valores monetários) de todos os bens e serviços finais produzidos em uma região (país, Estado etc.) durante um determinado período (ano, mês etc.).

Companhia:
DEMONSTRAÇÃO DO VALOR ADICIONADO
Exercício findo em:

| CONTAS | EXERCÍCIO ATUAL $ | EXERCÍCIO ANTERIOR $ |
|---|---|---|
| 1 RECEITAS (soma dos itens 1.1 a 1.4) | | |
| 1.1 Vendas de mercadorias, produtos e serviços | | |
| 1.2 Outras receitas | | |
| 1.3 Receitas relativas à construção de ativos próprios | | |
| 1.4 Provisão para créditos de liquidação duvidosa – Reversão / (Constituição) | | |
| 2 INSUMOS ADQUIRIDOS DE TERCEIROS (inclui os valores dos impostos – ICMS, IPI, PIS e COFINS) | | |
| 2.1 Custos dos produtos, das mercadorias e dos serviços vendidos | | |
| 2.2 Materiais, energia, serviços de terceiros e outros | | |
| 2.3 Perda / Recuperação de valores ativos | | |
| 2.4 Outras (especificar) | | |
| 3 VALOR ADICIONADO BRUTO (1 – 2) | | |
| 4 DEPRECIAÇÃO, AMORTIZAÇÃO E EXAUSTÃO | | |
| 5 VALOR ADICIONADO LÍQUIDO PRODUZIDO PELA ENTIDADE (3-4) | | |
| 6 VALOR ADICIONADO RECEBIDO EM TRANSFERÊNCIA | | |
| 6.1 Resultado de equivalência patrimonial | | |
| 6.2 Receitas financeiras | | |
| 6.3 Outras | | |
| 7 VALOR ADICIONADO TOTAL A DISTRIBUIR (5+6) | | |
| 8 DISTRIBUIÇÃO DO VALOR ADICIONADO (*) | | |
| 8.1 Pessoal | | |
| 8.1.1 Remuneração direta | | |
| 8.1.2 Benefícios | | |
| 8.1.3 FGTS | | |
| 8.2 Impostos, taxas e contribuições | | |
| 8.2.1 Federais | | |
| 8.2.2 Estaduai | | |
| 8.2.3 Municipais | | |
| 8.3 Remuneração de capitais de terceiros | | |
| 8.3.1 Juros | | |
| 8.3.2 Aluguéis | | |
| 8.3.3 Outras | | |
| 8.4 Remuneração de capitais próprios | | |
| 8.4.1 Juros sobre o capital próprio | | |
| 8.4.2 Dividendos | | |

*(continua)*

* O total do item 8 deve ser exatamente igual ao item 7.

*(continuação)*

| | | |
|---|---|---|
| 8.5 Lucros retidos / Prejuízo do exercício | | |
| 8.6 Participação dos não controladores nos lucros retidos (Só para consolidação) | | |

**NOTA:**

- Uma boa dica para a elaboração da DVA é que as informações nela apresentadas podem ser extraídas dos lançamentos de Diário relativos à contabilização do Resultado Bruto, do Resultado Líquido, das Deduções, Participações e das Destinações do Resultado.

## 14.8 Notas explicativas

As notas explicativas são esclarecimentos que visam a complementar as Demonstrações Contábeis e informar os critérios utilizados pela empresa, a composição dos saldos de determinadas contas, os métodos de depreciação, os principais critérios de avaliação dos elementos patrimoniais etc. Enfim, elas facilitam a interpretação dos dados contidos nas demonstrações contábeis.

Devem figurar logo em seguida às Demonstrações Contábeis, quando essas forem publicadas pela empresa.

As notas explicativas representam parte integrante das Demonstrações Contábeis.

Veja o que dispõem os parágrafos 4º e 5º do artigo 176 da Lei n. 6.404/1976:

> § 4º As demonstrações serão complementadas por notas explicativas e outros quadros analíticos ou demonstrações contábeis necessários para esclarecimento da situação patrimonial e dos resultados do exercício.
>
> § 5º As notas explicativas devem:
>
> I – apresentar informações sobre a base de preparação das demonstrações financeiras e das práticas contábeis específicas selecionadas e aplicadas para negócios e eventos significativos;
>
> II – divulgar as informações exigidas pelas práticas contábeis adotadas no Brasil que não estejam apresentadas em nenhuma outra parte das demonstrações financeiras;
>
> III – fornecer informações adicionais não indicadas nas próprias demonstrações financeiras e consideradas necessárias para uma apresentação adequada; e
>
> IV – indicar:
>
> a) os principais critérios de avaliação dos elementos patrimoniais, especialmente estoques, dos cálculos de depreciação, amortização e exaustão, de constituição de provisões para encargos ou riscos, e dos ajustes para atender a perdas prováveis na realização de elementos do ativo;
>
> b) os investimentos em outras sociedades, quando relevantes (art. 247, parágrafo único);
>
> c) o aumento de valor de elementos do ativo resultante de novas avaliações (art. 182, § 3º);
>
> d) os ônus reais constituídos sobre elementos do ativo, as garantias prestadas a terceiros e outras responsabilidades eventuais ou contingentes;
>
> e) a taxa de juros, as datas de vencimento e as garantias das obrigações a longo prazo;
>
> f) o número, espécies e classes das ações do capital social;

g) as opções de compra de ações outorgadas e exercidas no exercício;

h) os ajustes de exercícios anteriores (art. 186, § 1º); e

i) os eventos subsequentes à data de encerramento do exercício que tenham, ou possam vir a ter, efeito relevante sobre a situação financeira e os resultados futuros da companhia.

Veja, agora, na íntegra os itens 112 a 116 da NBC TG 26, aprovada pela Resolução CFC n. 1185/2009:

**Notas explicativas**
**Estrutura**

112. As notas explicativas devem:

a) apresentar informação acerca da base para a elaboração das Demonstrações Contábeis e das políticas contábeis específicas utilizadas de acordo com os itens 117 a 124 desta NBC TG 26;

b) divulgar a informação requerida pelas normas, interpretações e comunicados técnicos que não tenha sido apresentada nas demonstrações contábeis; e

c) prover informação adicional que não tenha sido apresentada nas demonstrações contábeis, mas que seja relevante para sua compreensão.

113. As notas explicativas devem ser apresentadas, tanto quanto seja praticável, de forma sistemática. Na determinação de forma sistemática, a entidade deve considerar os efeitos sobre a compreensibilidade e comparabilidade das suas Demonstrações Contábeis. Cada item das Demonstrações Contábeis deve ter referência cruzada com a respectiva informação apresentada nas notas explicativas. (Alterado pela NBC TG 26 (R3)).

114. Exemplos de ordenação ou agrupamento sistemático das notas explicativas incluem:

a) dar destaque para as áreas de atividades que a entidade considera mais relevantes para a compreensão do seu desempenho financeiro e da posição financeira, como agrupar informações sobre determinadas atividades operacionais;

b) agrupar informações sobre contas mensuradas de forma semelhante, como os Ativos mensurados ao valor justo; ou

c) seguir a ordem das contas das Demonstrações do Resultado e de outros resultados abrangentes e do balanço patrimonial, tais como:

i) declaração de conformidade com as normas, interpretações e comunicados (ver item 16);

ii) políticas contábeis significativas aplicadas (ver item 117);

iii) informação de suporte de itens apresentados nas Demonstrações Contábeis pela ordem em que cada demonstração e cada rubrica sejam apresentadas; e

iv) outras divulgações, incluindo:

1) Passivos contingentes (ver NBC TG 25) e compromissos contratuais não reconhecidos; e

2) divulgações não financeiras, por exemplo, os objetivos e as políticas de gestão do risco financeiro da entidade (ver NBC TG 40). (Alterado pela NBC TG 26 (R3)).

115. (Eliminado pela NBC TG 26 (R3)).

116. As notas explicativas que proporcionam informação acerca da base para a elaboração das Demonstrações Contábeis e as políticas contábeis específicas podem ser apresentadas como seção separada das Demonstrações Contábeis.

# CAPÍTULO 15

# MATÉRIA COMPLEMENTAR

Nesta parte, apresentaremos como complemento dos nossos estudos os procedimentos necessários para a contabilização de algumas operações que as empresas realizam com os estabelecimentos bancários, além de operações envolvendo venda de Mercadorias Recebidas por meio de cartão de crédito e de débito.

## 15.1 Operações envolvendo bancos

### 15.1.1 Introdução

Diariamente, as empresas realizam transações com os estabelecimentos bancários, efetuando depósitos e retiradas de dinheiro; aplicações e empréstimos; cobranças e descontos de Duplicatas; pagamentos de contas de telefone, energia elétrica, água e esgoto; recolhimento de impostos, contribuições previdenciárias, FGTS e muitas outras. Neste momento, estudaremos as operações envolvendo Duplicatas.

### 15.1.2 Cobrança Simples de Duplicatas

A Cobrança Simples de Duplicatas é uma operação financeira realizada entre a empresa e um estabelecimento bancário. Nesta operação, a empresa reúne um grupo de Duplicatas de sua emissão e as entrega ao banco, que se incumbirá de providenciar a cobrança dos respectivos Títulos junto aos devedores (Clientes da empresa). Para realizar esse trabalho, o banco cobra uma comissão da empresa. O valor dessa comissão pode variar em função da quantidade ou do valor desses Títulos, podendo ainda ser diferente em cada estabelecimento bancário. Por meio dessa operação, a empresa transfere ao banco somente a posse das Duplicatas, as quais continuam sendo de sua propriedade. Para remeter os títulos ao banco, as empresas os relacionam em um documento conhecido por "**borderô**", ao qual anexa os respectivos títulos.

A operação se reduz às seguintes fases:

1ª – **Pela remessa dos Títulos ao banco:**

1. Registra-se o Ato Administrativo (remessa dos Títulos) por meio de Contas de Compensação. Com esse procedimento, fica registrada a responsabilidade do banco em relação às Duplicatas encaminhadas para cobrança.
2. Registra-se o Fato Administrativo (débito em conta-corrente bancária da comissão cobrada pelo banco).

2ª – **Quando o banco comunica que os Títulos foram quitados pelos nossos Clientes:**

3. Baixa-se a responsabilidade do banco mediante estorno do lançamento de compensação.
4. Registra-se a quitação das Duplicatas. Como os Clientes da empresa quitaram suas Duplicatas junto ao estabelecimento bancário, debita-se a conta Bancos conta Movimento e credita-se a conta Duplicatas a Receber ou Clientes.

*Exemplo:*

Nossa remessa de Duplicatas para Cobrança Simples no Banco do Brasil S/A, conforme relação, composta de 20 Duplicatas. Valor do borderô: $ 50.000. O banco cobrou $ 80, a título de comissões.

Os lançamentos são os seguintes:

**Pela remessa dos Títulos ao banco:**

Registro no Sistema de Compensação:

*(1) Títulos em Cobrança*
*a Endossos para Cobrança*
*Nossa remessa de Duplicatas ao Banco do Brasil S/A, para cobrança simples, conforme borderô.* ........................................................ *50.000*

**Pelo registro da Despesa:**

*(2) Despesas Bancárias*
*a Bancos conta Movimento*
*a Banco do Brasil S/A*
*Sobre cobrança de Títulos, conforme aviso.* ................ *80*

Quando o banco comunicar que os Títulos foram quitados pelos nossos Clientes:

**Pela baixa da responsabilidade:**

Registro no Sistema de Compensação:

*(3) Endossos para Cobrança*
*a Títulos em Cobrança*
*Baixa da responsabilidade, pela liquidação dos Títulos, conforme aviso desta data. .......................... 50.000*

---

**Pela quitação das Duplicatas:**

*(4) Bancos conta Movimento*
*Banco do Brasil S/A*
*a Duplicatas a Receber*
*Pela quitação das Duplicatas n.os ___, conforme aviso bancário, desta data. ............................ 50.000*

---

Na data do vencimento dos Títulos, é comum alguns Clientes deixarem de efetuar os respectivos pagamentos. Conforme o acordo que houver entre a empresa e o banco, poderá ocorrer uma das seguintes situações:

**a.** O banco poderá devolver todas as Duplicatas para a empresa. Neste caso, em relação a esses Títulos, a empresa dará baixa no Sistema de Compensação e os manterá em carteira na própria empresa, aguardando o recebimento;

**b.** A empresa poderá mantê-los junto ao banco até uma determinada data, autorizando o banco a cobrar do Cliente juros, multas e outros acréscimos pelo atraso. Nesse caso, os juros, as multas e/ou acréscimos corresponderão a Receitas da empresa.

## 15.1.3 Desconto de Duplicatas

Existem duas modalidades de descontos de Duplicatas diferindo em relação à transferência substancial ou não para o banco dos riscos e benefícios da propriedade das Duplicatas.

### *15.1.3.1 Desconto sem transferência substancial dos riscos e benefícios*

Esse assunto está disciplinado na letra "b" do item 3.2.6 da NBC TG 48. Essa modalidade de desconto de Duplicatas consiste na transferência dos instrumentos financeiros (duplicatas) ao banco, mediante endosso ao portador.

A empresa endossante fica responsável, coobrigada pela liquidação dos títulos descontados. Essa responsabilidade só desaparece após o pagamento efetuado pelo devedor do título (cliente da empresa).

A operação é semelhante à cobrança simples, no que diz respeito à remessa dos títulos ao banco.

A empresa endossante desconta títulos e recebe do banco o valor nominal (constante dos títulos) diminuído dos juros, comissões, taxas etc., cobradas em função do prazo que falta decorrer para o vencimento dos títulos negociados.

Nesta operação, conforme dissemos, a empresa transfere a posse (encaminhando os títulos ao banco) e a propriedade (por meio de endosso) dos títulos ao banco, contudo, permanece suportando os riscos, caso os devedores deixem de quitar seus compromissos.

## Exemplo Prático

Suponhamos que uma determinada empresa desconte, no Banco Urupês S/A, dez Duplicatas de sua emissão, conforme relação (borderô), no valor nominal total de $ 1.000.

O banco cobra juros no valor de $ 150, comissões e taxas no valor de $ 30.

Neste caso, teremos:

- Valor nominal dos títulos 1.000
- (-) juros ........................................ (150)
- (-) Comissões e taxas ........................................ ( 30)
- Valor atual dos títulos (líquido a receber) ........................................ 820

### *Contabilização:*

**1.** Pela remessa dos títulos e respectiva operação de desconto:

*(1) Diversos*
*a Duplicatas Descontadas*
*a Banco Urupês S/A*
*Nosso desconto de Duplicatas conf. borderô desta data, como segue:*
*Bancos conta Movimento*
*Banco Urupês S/A*
*Líquido creditado .................................... 820*
*Juros Passivos a Vencer*
*Juros cobrados, proporcionais ao prazo de vencimento dos títulos .................................... 150*

*Despesas Bancárias*

*Comissões e taxas .................................... 30 1.000*

___

**OBSERVAÇÕES:**

- Debitamos a conta Bancos Conta Movimento (Ativo Circulante) por $ 820 para registrar o valor líquido que a empresa recebeu na operação.
- Debitamos a conta Juros Passivos a Vencer (Ativo Circulante-Despesas do Exercício Seguinte) por $ 150 referentes ao valor dos juros cobrados antecipadamente.
- Debitamos a conta Despesas Bancárias (Despesas Financeiras) por $ 30 referentes ao valor das comissões e taxas cobradas sobre as Duplicatas Descontadas.
- Caso houvessem outros encargos como impostos, por exemplo, se fossem cobrados proporcionalmente ao prazo do vencimento dos títulos, seriam contabilizados em contas que registrem as despesas antecipadas, caso contrário, em contas de despesas operacionais normais.
- Creditamos a conta Duplicatas Descontadas (Conta de Obrigação que figurará no Passivo Circulante do Balanço Patrimonial). Essa conta representa a obrigação que a empresa assume em pagar ao estabelecimento bancário, os valores dos títulos, caso os devedores não o façam.

**2.** Pela quitação das Duplicatas:

Suponhamos, agora, que, na data do vencimento, o banco receba as importâncias correspondentes a todas as Duplicatas e comunique este fato à empresa por meio de aviso bancário.

Neste caso, faremos os seguintes registros contábeis:

*(2) Duplicatas Descontadas*
*Banco Urupês S/A*
*a Duplicatas a Receber*
*Baixa pela liquidação dos títulos, conf.*
*aviso bancário, desta data. ................................ 1.000*

___

*(3) Juros Passivos*
*a Juros Passivos a Vencer*
*Pela apropriação dos juros correspondentes*
*às duplicatas supra. .......................................... 150*

___

**OBSERVAÇÕES:**

- No lançamento (2), baixamos a Obrigação, que estava registrada na conta Duplicatas Descontadas, contra a baixa dos Direitos que estavam registrados na conta Duplicatas a Receber.
- No lançamento (3) apropriamos a Despesa com os juros que, cobrados antecipadamente, tinham sido contabilizados no lançamento (1), na conta Juros Passivos a Vencer.

Se na data do vencimento das Duplicatas algumas delas não forem quitadas, o banco as devolverá para a empresa e cobrará o respectivo valor por meio de débito em conta-corrente bancária. Nesse caso, a empresa não dará baixa da Duplicata, mas contabilizará o débito efetuado pelo banco por meio de débito na conta Duplicatas Descontadas, e crédito na conta Bancos conta Movimento.

Mediante acordo, a empresa também poderá manter as Duplicatas não quitadas em Cobrança Simples, no próprio estabelecimento bancário. Procedendo dessa maneira, após o registro do débito, ela registrará também a responsabilidade do banco em relação às Duplicatas que ficaram para Cobrança Simples, mediante lançamento no Sistema de Compensação, conforme explicado no exemplo de remessa de Títulos para Cobrança Simples.

#### *15.1.3.2 Desconto com transferência substancial dos riscos e benefícios*

Esse assunto está disciplinado na letra “a” do item 3.2.6 da NBC TG 48. Neste caso, a empresa “vende” as duplicatas ao estabelecimento bancário, transferindo a ele, substancialmente todos os riscos e benefícios da propriedade do ativo financeiro.

Não sendo mais os títulos de propriedade da empresa, uma vez que ela já recebeu adiantadamente o valor nominal diminuído dos juros e outras despesas estipuladas pelo banco em comum acordo com ela, no momento da transação a empresa deverá dar baixa no valor nominal das duplicatas, creditando a conta Duplicatas a Receber e, em contrapartida debitando as contas Bancos conta Movimento pelo valor líquido recebido bem como as contas representativas das despesas incorridas.

### 15.1.4 Empréstimo mediante caução de Duplicatas

A **Caução de Títulos** é outra operação financeira à qual as empresas recorrem para ter numerário disponível para suas atividades (capital de giro).

O banco libera um crédito para a empresa, que lhe entrega, em garantia, Duplicatas de sua emissão. O valor liberado pelo banco é sempre menor que o das Duplicatas caucionadas.

Nessa operação, a empresa e o estabelecimento bancário firmam um contrato, pelo qual ficam estabelecidos:

- o valor do numerário a que a empresa terá direito por um determinado período;
- o valor dos Títulos que a empresa oferecerá ao banco, em cobrança caucionada. Esses Títulos, ao mesmo tempo que representam a garantia da dívida assumida, serão o termômetro para a liberação do total do empréstimo;
- o percentual que se poderá sacar e que ficará entre 70 a 80% do total dos Títulos caucionados;
- os encargos da empresa em relação ao contrato e aos Títulos caucionados.

### *Exemplo:*

A empresa comercial J. C. Oliveira S/A contrata com o Banco do Brasil S/A a abertura de um crédito, por contrato de caução de Duplicatas, pelo prazo de seis meses, no valor de $ 240.000, e compromete-se a manter em cobrança caucionada o valor de $ 300.000 de Duplicatas de sua emissão.

O banco cobrou as seguintes Despesas:

- Taxas sobre o contrato: .............................................................. $ 4.500
- Comissão sobre as Duplicatas: ...................................................... $ 4.000

Veja, a seguir, os procedimentos contábeis em cada fase da operação.

### *Contabilização:*

**Pela remessa de Duplicatas para caução:**

*(1) Duplicatas em Caução Bancária*

*a Caução Bancária de Duplicatas*

*Nossa remessa de Duplicatas, conforme borderô para caução, com Títulos de nossa emissão, conforme contrato firmado, vencível dentro de seis meses, no dia __/__/__, com liberação de crédito de $ 240.000. ...............................* *300.000*

**Pela liberação do crédito em consequência do borderô em caução:**

*(2) Bancos conta Movimento*
*Banco do Brasil S/A*
*a Bancos conta Caução*
*a Banco do Brasil S/A*
*Liberação de crédito pelo contrato de caução de Duplicatas, conforme aviso desta data. ........................ 240.000*

**OBSERVAÇÃO:**

- A conta creditada neste lançamento (Bancos conta Caução) é do Passivo Circulante, pois representa a obrigação que a empresa assumiu em cobrir o valor do empréstimo, caso as Duplicatas caucionadas não sejam quitadas pelos Clientes (Devedores).

**Pelas taxas cobradas pelo banco sobre o contrato:**

*(3) Despesas Bancárias*
*a Bancos conta Movimento*
*a Banco do Brasil S/A*
*Taxas cobradas sobre o contrato de caução n. ___. ....... 500*

**OBSERVAÇÕES:**

- As Despesas cobradas sem vinculação a prazo devem ser contabilizadas diretamente a débito de Contas de Despesas.
- Lembramos que, para exemplificar, apresentamos apenas duas Despesas; entretanto, podem ocorrer outras, como as de Impostos.

**Pela comissão cobrada sobre as Duplicatas Caucionadas:**

*(4) Comissões Passivas*
*a Bancos conta Movimento*
*a Banco do Brasil S/A*
*Comissão cobrada sobre o borderô de Duplicatas Caucionadas, conforme seu aviso de débito desta data. ................................................ 4.000*

**Baixa pelo recebimento das Duplicatas:**

Suponhamos que, após o vencimento dos Títulos, o banco comunique à empresa que estes foram devidamente quitados pelos devedores. O registro contábil será:

*(5) Bancos conta Caução*
*Banco do Brasil S/A*
*a Duplicatas a Receber*
*Baixa das Duplicatas n.os ___, constantes do borderô de __/__/__, tendo em vista quitação, conforme aviso desta data.* ........................................ *300.000*

*(6) Caução Bancária de Duplicatas*
*a Duplicatas em Caução Bancária*
*Pela baixa das Duplicatas constantes do borderô de __/__/__, pela liquidação, conforme aviso bancário.* .................................................... *300.000*

**Pelo registro dos 20% restantes dos Títulos caucionados:**

*(7) Bancos conta Movimento*
*Banco do Brasil S/A*
*a Bancos conta Caução*
*a Banco do Brasil S/A*
*Nosso crédito referente a 20% dos Títulos caucionados, conforme nosso borderô de __/__/__.* .......... *60.000*

**OBSERVAÇÃO:**

- Neste lançamento, debitamos na conta Bancos conta Movimento o valor correspondente aos 20% das Duplicatas caucionadas, que ficaram em garantia do contrato. Observe: pelo lançamento 1, enviamos ao banco $ 300.000 de Duplicatas; porém, no lançamento 2, o banco nos liberou apenas $ 240.000, de acordo com o contrato. Sendo assim, quando os Clientes pagam todos os Títulos, passamos a ter crédito com o banco pela diferença que, no nosso exemplo, foi de $ 60.000. Daí a necessidade do lançamento 7.

**NOTAS:**

- Ocorrendo vencimento do contrato, as Duplicatas que estiverem em caução serão baixadas no Sistema de Compensação e transferidas para Cobrança Simples ou devolvidas para a empresa, conforme seja o acordo existente entre a empresa e o estabelecimento bancário.
- Se houver saldo credor na conta Bancos conta Caução, a empresa cobrirá.
- Conforme dissemos, incluímos neste exemplo apenas dois tipos de Despesas: Taxas e Comissões; entretanto, outras Despesas poderão ocorrer, como é o caso dos Juros e da Correção Monetária, as quais poderão ser cobradas pré ou posfixadas. Esses encargos costumam ser exigidos em função do número de dias de vigência do contrato — caso em que devem ser apropriados, considerando-se sempre o valor cobrado e o número de dias do período em que a Despesa estiver sendo apropriada.

## Atividades Práticas 1

PRÁTICA 1

Contabilize os seguintes Fatos:

1. Em 05/07

   A empresa Pereira Ltda. enviou ao Banco Urupês S/A, para cobrança simples, um borderô de Duplicatas no valor de $ 100.000. O banco cobrou $ 1.000 de comissões.

2. Em 20/07

   O banco comunicou, mediante aviso, o recebimento de todas as Duplicatas.

PRÁTICA 2

Contabilize os seguintes Fatos:

1. Em 01/07

   A empresa Almir Fonseca Ltda. descontou Duplicatas junto ao Banco Urupês S/A, no valor de $ 80.000, conforme borderô desta data. O banco cobrou $ 7.000 de Juros e $ 3.000 de Comissões e Impostos.

2. Em 25/07

   O Banco Urupês S/A comunicou, mediante aviso, o recebimento de todas as Duplicatas.

PRÁTICA 3

1. Em 19/06

   A empresa comercial Real Ltda. contratou o Banco do Brasil S/A para a abertura de crédito, por contrato de caução de Duplicatas, pelo prazo de seis meses, no valor de $ 100.000, comprometendo-se a manter em cobrança caucionada o valor de $ 130.000 em Duplicatas de sua emissão.

   O banco cobrou, nesta data, as seguintes Despesas:

   - Taxas sobre o contrato: .................. $ 500
   - Comissão sobre as Duplicatas: .....$ 1.000

2. Em 25/07

   O Banco do Brasil comunicou, mediante aviso, que nossos Clientes efetuaram o pagamento de todas as Duplicatas dadas como garantia, no valor de $ 130.000.

## 15.2 Venda de Mercadorias RECEBIDAS por meio de cartão de crédito

Nesse tipo de operação, três pessoas estão envolvidas:

**a.** a empresa vendedora de Mercadorias;

**b.** a empresa administradora de cartão de crédito;

**c.** o Cliente comum dessas duas empresas.

Essa operação desenvolve-se da seguinte maneira:

- Determinada empresa vende Mercadorias a um Cliente, que decide pagá-las com seu cartão de crédito.
- Nesse caso, a empresa vendedora das Mercadorias somente receberá o valor da venda alguns dias depois, diretamente da empresa administradora do cartão de crédito.
- A empresa administradora do cartão de crédito é quem assume o risco da transação, cobrando da empresa vendedora, a título de corretagem, uma comissão.
- A administradora do cartão de crédito tem um prazo para efetuar o repasse do dinheiro para a empresa vendedora das mercadorias. Esse prazo que determinará o percentual da taxa da comissão poderá estar vinculado à data de vencimento do cartão (dia fixado para o cliente efetuar o pagamento junto à administradora do cartão).
- A responsabilidade do pagamento da compra passa a ser da administradora do cartão que, por sua vez, receberá o valor do Cliente na data do vencimento do cartão.

No momento em que realiza a venda, a empresa comercial consulta a administradora do cartão, por meio de equipamento apropriado, e recebe autorização para realizar a operação.

### *Exemplo:*

Em 01/02/x1, a empresa Comercial Mil Coisas Ltda. vendeu Mercadorias ao seu Cliente, Sr. José Santana, conforme Nota Fiscal n. 2.221, no valor de $ 5.000. O Cliente efetuou o pagamento por meio do cartão de crédito CREDVIRTUAL. A administradora do cartão cobrou $ 200 de comissão, equivalentes a 4% do valor da venda, tendo fixado a liquidação da autorização de pagamento n. 333 para o dia 19 do mesmo mês.

### *Contabilização:*

Em 01/02/x1 (data da venda)

**a.** Registro da Venda:

*(1) Cartões de Crédito a Receber*
*Administradora CREDVIRTUAL S/A*
*a Vendas de Mercadorias*
*NNF n. 2.221 e autorização de pagamento n. 333.* ........ *5.000*

---

**OBSERVAÇÕES:**

- A conta debitada – Cartões de Crédito a Receber – é do Ativo Circulante e representa o Direito que a empresa Mil Coisas Ltda. tem a receber da CREDVIRTUAL S/A.
- Caso houvesse incidência de ICMS na operação, esse Imposto seria contabilizado normalmente, conforme vimos no Capítulo 10.

**b.** Registro da comissão devida à empresa administradora do cartão:

*(2) Comissões sobre Vendas*
*a Cartões de Crédito a Receber*
*a Administradora CREDVIRTUAL S/A*
*Valor da comissão devida sobre nossa venda*
*conforme NNF n. 2.221 e autorização n. 333. ......* *200*

---

**OBSERVAÇÕES:**

- A conta debitada – Comissões sobre Vendas, do grupo das Despesas com Vendas –, representa o encargo da empresa vendedora referente à operação.
- A conta Cartões de Crédito a Receber, ao ser creditada, fica reduzida do valor da Comissão, cujo saldo representará o valor Líquido que a empresa vendedora das Mercadorias terá a receber da administradora do cartão.

Em 19/02/x1 (data do recebimento)

*(3) Bancos conta Movimento*
*Banco Urupês S/A*
*a Cartões de Crédito a Receber*
*a Administradora CREDVIRTUAL S/A*
*Nosso recebimento referente à autorização*
*n. 333. ..........................................................* *4.800*

---

## 15.3 Venda de Mercadorias RECEBIDAS por meio de cartão de débito

O processo é semelhante ao da venda recebida por meio de cartão de crédito. Nesse tipo de operação, quatro pessoas estão envolvidas:

**a.** a empresa vendedora das Mercadorias;

**b.** a empresa administradora de cartão de débito (cheque eletrônico ou outra);

**c.** o estabelecimento bancário em que o Cliente mantém conta-corrente;

**d.** o Cliente comum da empresa vendedora das Mercadorias e do banco.

Nas vendas de Mercadorias recebidas por meio de cartões de débitos, a operação ocorre da seguinte maneira:

- O Cliente compra a Mercadoria e faz o pagamento utilizando cartão magnético de sua conta-corrente bancária. Para que ele seja concretizado, o Cliente insere o cartão magnético em um equipamento eletrônico apropriado, de propriedade da empresa vendedora das mercadorias.
- No mesmo instante, o dinheiro sai da conta-corrente bancária do Cliente e é repassado para a conta-corrente da empresa administradora do cartão de débito.
- Poucos dias após a venda, conforme acordo entre a empresa vendedora e a empresa administradora do cartão de débito, o dinheiro é repassado da conta-corrente da administradora para a conta-corrente da empresa vendedora das Mercadorias.

Trata-se de uma operação garantida, pois não havendo saldo suficiente na conta-corrente do Cliente, o pagamento não será efetuado e, consequentemente, a compra não poderá ser realizada.

As administradoras de cartões de débito cobram uma comissão das empresas vendedoras de Mercadorias.

Nesta modalidade de transação, o Cliente da empresa não tem vínculo com a administradora do cartão de débito, e a contabilização da venda na empresa vendedora das Mercadorias é semelhante à contabilização das vendas recebidas por meio de cartões de crédito.

## 15.4 Fatura

A **Fatura** é um documento de caráter essencialmente comercial que deve ser emitido nas vendas a prazo com vencimento superior a 30 dias. Esse documento pode ser utilizado para comprovar uma única venda a prazo ou para englobar várias vendas, para as quais tenham sido emitidas Notas Fiscais.

A Fatura discriminará as Mercadorias vendidas ou, quando convier ao vendedor, indicará somente os números e valores das Notas Fiscais expedidas por ocasião das vendas, despachos ou entrega das Mercadorias.

A principal finalidade da Fatura é informar ao comprador a relação das Notas Fiscais correspondentes às compras, bem como a data em que deverá efetuar o pagamento, em uma única vez ou em parcelas.

Veja um modelo de Fatura:

**MODAS NAJU LTDA.**
Roupas feitas em geral
Rua Duque de Caxias, 5000
Taubaté — Est. São Paulo

CNPJ 123.452.345/0001-76
Insc. Est. 688.110.778.399

Data da Emissão: 02 / 09 / x1

| NOTAS FISCAIS | | FATURA | NÚMERO | VALOR R$ | Parcelas | Conta |
|---|---|---|---|---|---|---|
| NÚMERO | VALOR | | 0341/01 | 3.000 | 1 | |
| 0340 | 2.000 | | | | | |
| 0341 | 1.000 | | | | | |

Nome do Sacado: Vera Lúcia Pereira Ribeiro
Endereço: Rua Pedro Borelli, n. 102
Município: São Paulo — Estado: São Paulo
CNPJ/CPF N.: 10.919.532-08 — Insc. Est. N.:

Valor por Extenso: TRÊS MIL REAIS x.x.x.x.x.x.x.x.x.x.x.x.x.x.x.x.x.

Os pagamentos das duplicatas de VENDA MERCANTIL COM PAGAMENTO PARCELADO, referentes a esta FATURA, serão feitos a MODAS NAJU LTDA. ou à sua ordem, na praça e vencimentos indicados.

DISCRIMINAÇÃO DAS DUPLICATAS

| N. | Vencimento | Valor R$ | N. | Vencimento | Valor R$ | Observações |
|---|---|---|---|---|---|---|
| 01 | 18/10/x1 | 3.000 | | | | |
| | | | | | | |
| | | | | | | |
| | | | | | | |
| | | | | | | |

**NOTAS:**

- Nas vendas de Mercadorias à vista, o correto é emitir Nota Fiscal modelo 1 ou modelo 1-A.
- Nas vendas de Mercadorias com prazo de pagamento não inferior a 30 dias, o correto é emitir Fatura.

Por razões práticas, a legislação brasileira permite que a própria Nota Fiscal modelo 1 ou 1-A seja utilizada como Fatura; nesse caso, será denominada **Nota Fiscal Fatura**.

## 15.5 Duplicata

A **Duplicata** é um Título de crédito que pode ser emitido pelas empresas sempre que efetuarem vendas de Mercadorias a prazo. As Duplicatas também podem ser emitidas pelas empresas que prestam serviços a prazo.

A Duplicata tem este nome por corresponder à cópia da Fatura. Ela conterá: a denominação "Duplicata", a data de sua emissão e o número de ordem; o número da Fatura; a data certa do vencimento ou a declaração de ser a Duplicata à vista; o nome e domicílio do vendedor e do comprador; a importância a pagar, em algarismos e por extenso; a praça de pagamento; a cláusula "à ordem"; a declaração do reconhecimento de sua exatidão e da obrigação de pagá-la, que é assinada pelo comprador como aceite cambial; e a assinatura do emitente.

A Duplicata garante ao vendedor (fornecedor) o direito de receber do comprador (Cliente) o valor da venda de Mercadorias efetuada a prazo, constante da respectiva Fatura.

Para cada Fatura deve corresponder uma Duplicata, sendo vedada a emissão de uma só Duplicata para englobar várias Faturas.

A Duplicata, conforme já mencionamos, deverá conter as assinaturas do fornecedor e do Cliente. A assinatura do Cliente denomina-se **aceite cambial**. Ao assinar a Duplicata, ele aceita como verdadeiro o valor da dívida, garantindo ao vendedor o direito de receber do Cliente o valor da venda.

A propriedade da Duplicata poderá ser transferida para Terceiro mediante endosso do emitente. O **endosso** corresponde à assinatura do emitente, feita de próprio punho, no verso da Duplicata. O endosso é muito comum nos casos em que a empresa emitente de Duplicatas precise descontá-las em estabelecimento bancário.

Veja um modelo de Duplicata:

**MODAS NAJU LTDA.**
Roupas feitas em geral
Rua Duque de Caxias, 5000
Taubaté — Est. São Paulo

CNPJ 123.452.345/0001-76
Insc. Est. 688.110.778.399

Data da Emissão: 02/09/x1

| FATURA | | DUPLICATA | | |
|---|---|---|---|---|
| VALOR R$ | NÚMERO | VALOR R$ | Nº DE ORDEM | VENCIMENTO |
| 3.000 | 0341/01 | 3.000 | 01 | 18/10/X1 |

PARA USO DA INSTITUIÇÃO FINANCEIRA

DESCONTO DE 10% ATÉ 30/09/x1
CONDIÇÕES ESPECIAIS

MODAS NAJU LTDA.
*Natalia Maria Ribeiro*
ASSINATURA DO EMITENTE

NOME DO SACADO Vera Lúcia Pereira Ribeiro
ENDEREÇO Rua Pedro Borelli, n. 102
MUNICÍPIO São Paulo ESTADO São Paulo
END. COBRANÇA Rua Pedro Borelli, n. 102
PRAÇA COBRANÇA São Paulo
N. 10.919.532-08 INSC. ESTADUAL N.

| VALOR POR EXTENSO | TRÊS MIL REAIS x.x.x.x.x.x.x.x.x.x.x.x.x.x.x.x.x.x.x.x.x.x.x. |
|---|---|

Em 02/09/x1
DATA DO ACEITE

*Vera L.P.Ribeiro*
ASSINATURA DO SACADO

## 15.6 Triplicata

Quando ocorrer perda ou extravio da Duplicata, o comerciante será obrigado a emitir a Triplicata, que conterá os mesmos efeitos e requisitos, bem como obedecerá às mesmas formalidades da Duplicata (art. 23 da Lei n. 5.474/68).

## 15.7 Nota Promissória

A **Nota Promissória** é um Título de crédito autônomo, próprio para operações financeiras. Por não corresponder à cópia de Fatura, pode ser emitida tanto por pessoas jurídicas como por pessoas físicas (particulares).

Esse documento é uma promessa de pagamento, que deve conter os seguintes requisitos essenciais, lançados por extenso em seu contexto (art. 54 do Decreto n. 2.044, de 31/12/1908):

- a denominação "Nota Promissória";
- a soma de dinheiro a pagar;
- nome da pessoa a quem deve ser paga;
- a assinatura de próprio punho do emitente ou do mandatário especial;
- lugar do pagamento (a Nota Promissória que não indicar lugar do pagamento será pagável no domicílio do emitente).

As Notas Promissórias são utilizadas preferencialmente em operações financeiras realizadas entre empresas ou entre empresas e particulares, como ocorre nos empréstimos de dinheiro efetuados por estabelecimentos bancários a seus Clientes.

Elas também podem ser utilizadas em transações envolvendo particulares a fim de garantir ao credor, o recebimento da importância correspondente à venda de imóveis, veículos etc. Pela Nota Promissória, o devedor se compromete a pagar o valor da dívida no local e data nela estipulados, motivo pelo qual também é conhecida por **promessa de pagamento**.

Veja um modelo de Nota Promissória:

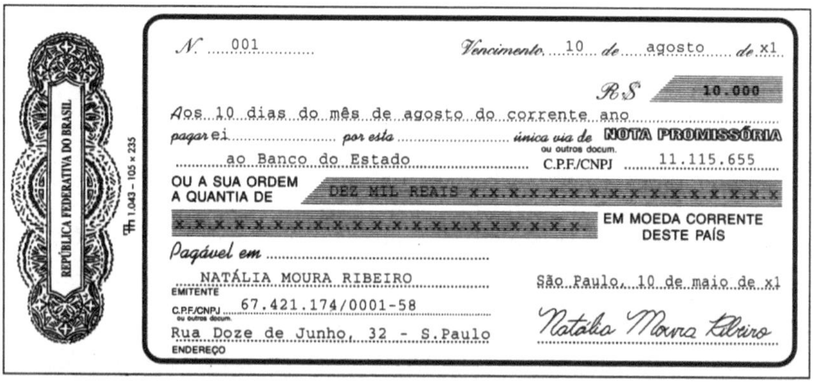

Nº ...001... Vencimento ...10... de ...agosto... de ...x1...

R$ 10.000

Aos 10 dias do mês de agosto do corrente ano

pagarei ... por esta ... única via de NOTA PROMISSÓRIA

ao Banco do Estado ... ou outros docum. C.P.F./CNPJ 11.115.655

OU A SUA ORDEM A QUANTIA DE DEZ MIL REAIS x.x.x.x.x.x.x.x.x.x.x.x.x.x.x.x

x.x.x.x.x.x.x.x.x.x.x.x.x.x.x.x.x.x.x.x.x.x EM MOEDA CORRENTE DESTE PAÍS

Pagável em ...

NATÁLIA MOURA RIBEIRO
EMITENTE

C.P.F./CNPJ ou outros docum. 67.421.174/0001-58

Rua Doze de Junho, 32 - S.Paulo
ENDEREÇO

São Paulo, 10 de maio de x1

Natália Moura Ribeiro

REPÚBLICA FEDERATIVA DO BRASIL

1.043 - 105 x 235

Na emissão da Nota Promissória geralmente aparece a figura de uma terceira pessoa, o avalista, que assinará no verso desse documento, conforme modelo a seguir:

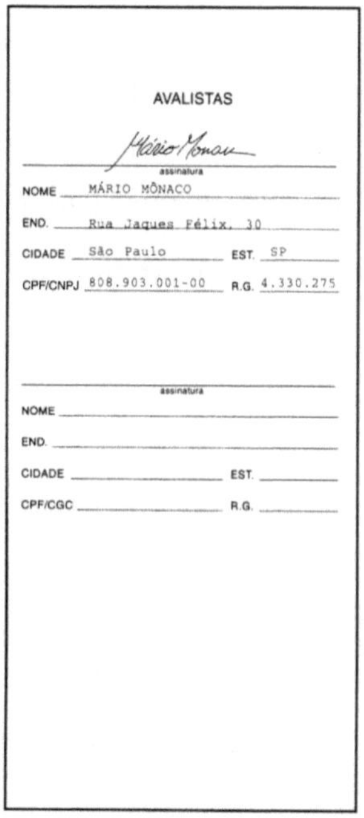

AVALISTAS

Mário Mônaco
assinatura

NOME MÁRIO MÔNACO

END. Rua Jaques Félix, 30

CIDADE São Paulo EST. SP

CPF/CNPJ 808.903.001-00 R.G. 4.330.275

assinatura

NOME

END.

CIDADE EST.

CPF/CGC R.G.

Portanto, na emissão de uma Nota Promissória geralmente estão envolvidas três pessoas:

- **favorecido ou beneficiário:** quem empresta o dinheiro;
- **emitente:** quem toma o dinheiro emprestado;
- **avalista:** quem se compromete a pagar, caso o emitente não o faça.

Convém ressaltar ainda que o beneficiário poderá solicitar mais de um avalista.

## 15.8 Recibo

**Recibo** é um documento pelo qual uma pessoa declara ter recebido alguma coisa de outra pessoa.

Nos meios comerciais, o Recibo é muito utilizado para se dar quitação do recebimento de importâncias em dinheiro.

Não existe modelo oficial único denominado "Recibo", que possa ser utilizado em todas as transações nas quais seja necessário receber uma declaração da pessoa que recebe alguma coisa de outrem.

Portanto, inúmeros são os modelos em uso. Nos mais sofisticados, constam citações legais, como no Recibo de Quitação Geral, fornecido ao empregador pelo empregado no momento em que este se desliga da empresa, como quitação de seus direitos trabalhistas. Nos mais simples, são feitas declarações manuscritas no verso de outros documentos.

Para que um Recibo mereça fé e seja considerado idôneo, produzindo todos os efeitos legais desejados, é preciso que contenha os seguintes requisitos:

- a identificação da pessoa física ou jurídica que transfere a outrem o elemento objeto do Recibo;
- a identificação da pessoa física ou jurídica que recebe de outrem o elemento objeto do Recibo;
- a identificação do elemento transferido de uma pessoa para outra, bem como do motivo da transferência;
- local e data da ocorrência do Fato;
- a assinatura da pessoa que recebe o elemento objeto do Recibo.

Vejamos, a seguir, alguns modelos dos Recibos mais utilizados nos meios comerciais.

### 15.8.1 Recibo de Profissional Autônomo (RPA)

Esse documento é emitido por Profissionais Autônomos (pessoas físicas que prestam serviços por conta própria para várias empresas, como motoristas, encanadores etc.) e entregue às empresas para as quais prestam serviços.

**RECIBO DE PAGAMENTO A AUTÔNOMO - RPA**

| N. DO RECIBO | N. DO TALÃO |
|---|---|
| 025 | |

| NOME OU RAZÃO SOCIAL DA EMPRESA | MATRÍCULA (CNPJ OU INSS) |
|---|---|
| | |

RECEBI DA EMPRESA ACIMA IDENTIFICADA, PELA PRESTAÇÃO DOS SERVIÇOS DE ............................................, A IMPORTÂNCIA DE R$ ........................ ( ........................................................................................), CONFORME DISCRIMINATIVO ABAIXO:

| SALÁRIO BASE | TAXA | VALOR PARA INSS |
|---|---|---|
| | 20% | |

| CARRETEIRO (VR. BASE P/ CÁLCULO DO INSS) |
|---|
| APLICAR 10% SOBRE O VALOR DA MÃO-DE-OBRA (11,71% DO FRETE) |

| NÚMERO DE INSCRIÇÃO |
|---|
| NO INSS: |
| NO CPF: |

| NÚMERO DE INSCRIÇÃO | |
|---|---|
| NÚMERO | ÓRGÃO EMISSOR |
| | / / |

| LOCALIDADE | DATA |
|---|---|
| | / / |

ESPECIFICAÇÃO:

I VALOR DO SERVIÇO PRESTADO: ........................ R$ ........................

II R$ ........................

SOMA R$ ........................

DESCONTOS:

III. RENDA FONTE: R$ ........................

IV. ........................ R$ ........................

V. ........................ R$ ........................ R$ ........................

VALOR LÍQUIDO ........................ R$ ........................

ASSINATURA

NOME COMPLETO

Gramuli COD. 10.231

## 15.8.2 Recibo de aluguel de imóveis

É um documento que o proprietário (locador) de imóvel dá ao seu inquilino (locatário) toda vez que recebe o valor correspondente ao aluguel.

**NELSON MOURA RIBEIRO**
Rua João Leopoldo, 1
São Paulo

Correspondente ao mês vencido em:
31 de maio de x1

| | | |
|---|---|---|
| ALUGUEL | R$ | 6.000 |
| | R$ | |
| | R$ | |
| SOMA | R$ | |
| DEDUÇÃO DO IMP. DE RENDA FONTE | R$ | |
| TOTAL | R$ | 6.000 |

RECEBI(EMOS) DO SR.(S) a. Natália Moura Ribeiro

VALOR POR EXTENSO (SEIS MIL REAIS) .X.X.X.X.X.X.X.X.X.X.X.X.X.X.
X.X.X.X.X.X.X.X.X.X.X.X.X.X.X.X.X.X.X.X.X.X.X.X.X.X.X

PROVENIENTE DE: aluguel do conjunto comercial, n. 52

SITA À: Rua Cons. Moreira de Barros, 16.

São Paulo 31 de maio de x1

ASSINATURA Nelson Moura Ribeiro

1.048 - 90×210

## 15.8.3 Recibo de profissional liberal

Usado por médicos, dentistas, psicólogos etc.

N. R$

Receb_____do(s) Sr.(s)_____

Referente _____

Data ___/___/___

N. **RECIBO** R$

Receb_____do(s) Sr.(s)_____

Endereço _____

a importância de _____

Referente _____

Para maior clareza firm .................... o presente

_____de_____de_____

Emitente _____

Endereço _____

CNPJ - CPF - RG

ASSINATURA

# MENSAGEM FINAL

O nosso propósito nesta obra foi simplificar ao máximo, traduzindo para uma linguagem mais acessível, todas as informações que envolvem o mecanismo da Ciência Contábil. Porém, nem sempre isso foi possível, tendo em vista a necessidade de transcrever até mesmo textos de leis.

Sendo assim, ao concluirmos esta primeira etapa dos nossos ensinamentos, julgamos de suma importância que você não se limite ao conteúdo deste livro, pois a sua cultura contábil precisa ser ampliada. A Contabilidade é dinâmica e acompanha o desenvolvimento tecnológico; é uma ciência presente em todos os setores das atividades humanas, seja pela sua função histórica, registrando a vida das entidades, seja como instrumento de controle, fornecendo informações de ordem econômica e financeira acerca das variações patrimoniais.

Por estar sujeita às mudanças decorrentes de novas leis, regulamentos, normas etc., a Contabilidade exige dos contabilistas permanente estudo, pesquisa e atualização.

Eis os principais documentos que você deverá consultar:

- Lei n. 6.404, de 15 de dezembro de 1976 (Lei das Sociedades por Ações);
- Código Civil Brasileiro (Lei n. 10.406, de 10/01/2002 – arts. 966 a 1195);
- Código Comercial Brasileiro (Lei n. 556, de 25/06/1850);
- Normas Brasileiras de Contabilidade, suas Interpretações e Comunicados Técnicos editados pelo Conselho Federal de Contabilidade;
- Pronunciamentos Técnicos derivados do Comitê de Pronunciamentos Contábeis (CPC);
- Regulamentos do Imposto sobre a Renda, do IBS e CBS além de outros.

Enfim, ao lado dos conhecimentos teóricos e práticos, o contabilista precisa estar atento às alterações que frequentemente ocorrem na legislação societária, tributária, trabalhista, previdenciária etc., para exercer com honestidade, perfeição, dedicação e zelo a sua profissão.

**Osni Moura Ribeiro**

# REFERÊNCIAS

## I – Obras consultadas


CALDERELLI, Antonio. *Enciclopédia Contábil e Comercial Brasileira*. São Paulo: CETEC, 1997.

EISEN, Peter J. *Accounting*. 3ª ed. Nova York: Barron's Business, 1994.

FRANCO, Hilário. *Contabilidade Geral*. 18ª ed. São Paulo: Atlas, 1972.

GOUVEIA, Nelson. *Contabilidade*. 1ª ed. São Paulo: McGraw-Hill do Brasil, 1985.

JACINTHO, Roque. *Biblioteca de Ciências Contábeis em Lançamentos Programados*. São Paulo: Brasiliense, 1981.

NEPOMUCENO, F. *Novo Plano de Contas*. São Paulo: Thomson – IOB, 2003.

WALTER, Milton Augusto. *Introdução à Contabilidade*. São Paulo: Saraiva, 1981.


## II – Legislação consultada


- Lei n. 6.404, de 15 de dezembro de 1976 (Lei das Sociedades por Ações). Diário Oficial da República Federativa do Brasil, Brasília, 15 dez. 1976.
- Lei n. 11.638, de 28 de dezembro de 2007 – alterou e revogou dispositivos da Lei n. 6.404/1976 e deu outras providências.
- Medida Provisória n. 449, de 3 de dezembro de 2008 – convertida na Lei n. 11.941, de 27 de maio de 2009 –, alterou e revogou dispositivos da Lei n. 6.404/1976 e deu outras providências.
- Código Civil Brasileiro. (Lei n. 10.406, de 10/01/2002 – arts. 966 a 1195)
- Código Comercial Brasileiro. (Lei n. 556, de 25/06/1850)
- Emenda Constitucional n. 132/2023 que promoveu significativas alterações no Sistema Tributário Nacional (Reforma Tributária de 2023).

## III – Outros documentos consultados

- Normas Brasileiras de Contabilidade, suas Interpretações e Comunicados Técnicos editados pelo Conselho Federal de Contabilidade (CFC) – período: 1980/2025;
- Regulamentos do ICMS, do IPI e outros;
- Deliberações, Instruções e outros atos normativos expedidos pela Comissão de Valores Mobiliários (CVM) – período: 1990/2025;
- Portarias, Pareceres e outros atos normativos expedidos pela Secretaria da Receita Federal do Brasil, envolvendo tributos federais – período: 1976/2025;
- Pronunciamentos Técnicos do Comitê de Pronunciamentos Contábeis (CPC), n^os^ 1 a 50.

# ÍNDICE ALFABÉTICO

## D

## E

## F



## G



## I



## J



## L

## S



## T



## U



## V



2026/1